# BoP 저소득층

# 비즈니스
# 블루오션

# BoP 저소득층

# 비즈니스
# 블루오션

## BoP BUSINESS
## BLUE OCEAN

급성장한 글로벌 BoP 시장을
겨냥한 비즈니스 전략

김윤호 지음

# 서 문

BoP(저소득층, Base of the economic Pyramid)는 소득 계층을 구성하는 경제 피라미드에서 소득 계층이 낮은 최하층을 가리키는 말이다. BoP는 전 세계 인구의 약 70%인 약 40억 명이 이에 해당되며, 1인당 연간소득이 2002년 구매력 평가기준으로 3,000달러 이하로 생활하는 계층이다.

BoP 비즈니스를 전 세계에 소개한 프라할라드(C. K. Prahalad) 전 미시간 경영대학원 교수는 국내에서 잘 알려지지 않았지만, 세계적인 명망을 지닌 경영 석학이다. 그는 '타임'이나 '비즈니스 위크'에서 가장 영향력이 있는 경영 전략의 대가로 여러 차례 소개된 바 있다. 그의 연구는 일반 교수와는 조금 다른 접근방법을 취했는데, 그 이유는 그가 태어난 인도가 심각한 빈곤 국가 중 하나였기 때문이다. 그는 유엔으로 대표되는 빈곤국에 대한 원조 정책이 실패했다고 주장했다. 원조 정책이 몇몇 국가를 제외하고, 빈곤국의 상황을 전혀 개선하지 못하고, 부자와 가난한 자의 소득 양극화를 더욱 심화시켰다고 주장하였다. 그래서 그는 다국적기업이 가진 역량과 노하우를 잘 활용한다면, 다국적기업과 빈곤국의 저소득층이 서로 상생할 수 있는 방법을 모색할 수 있다고 역설하였다.

프라할라드(Prahalad)와 하트(Hart)의 공동 논문인 <저소득층의 부(The Fortune at the Bottom of the Pyramid)(2002)>의 발표는

BoP 비즈니스 개념을 세상에 알리는 계기가 되었다. 두 학자의 주장은 어떻게 하면 다국적기업이 그들의 비즈니스 범위를 저소득층 소비자까지 확대할 수 있는가에 대한 논쟁을 촉발시키는 촉매제 역할을 하였다. 위 논문의 아이디어는 "저소득층의 고객화(Selling to the Poor)"이며, 마케팅의 관점에서 특히 이익지향이라는 점에서 BoP 버전 1.0이라고 부른다. 그 후 하트(2007)는 BoP 버전 1.0을 개량하여, BoP 버전 2.0으로 진화시켰다. 이것은, 즉 BoP 비즈니스의 기업전략이 버전 1.0, 즉 "저소득층의 고객화(Selling to the Poor)"에서 버전 2.0 "상호 가치의 창조(Working with the Poor)"로 진화한 것을 말한다.

BoP 인구는 전 세계적으로 40억 명에 이르며, 시장규모는 5조 달러에 달한다. 전 세계의 글로벌 기업들은 BoP 시장을 '차세대 거대지역(Next Volume Zone)', '차세대 시장(Next Market)'으로 간주하고, 이들 계층을 대상으로 하는 사업을 본격적으로 추진하고 있다.

한편, 정보통신기술(ICT)은 개발도상국으로 하여금 지난 수십 년간 선진국들이 겪어왔던 시행착오를 밟지 않으면서도, 최신 기기와 소프트웨어를 이용해 빠른 경제발전을 가능케 하는 수단으로 각광을 받아왔다. ICT는 정보와 전문지식을 접촉할 수 있는 물리적·경제적 여건이 제한된 사람들에게 원하는 정보를 접근할 수 있게 해주며, 저소득층의 생활여건 개선과 관련 기업가의 지속가능한 성장을 이룩하는 데 도움을 주었다. 저소득층은 특정 국가나 지역에 국한되지 않고, 저소득층의 글로벌한 소비행태도 일부 표준화(예, 저가 휴대폰, 문자메시지 서비스 등)가 되어 있다. 따라서 저소득층이라는 특수 계층에 대한 글로벌한 공략이 가능하다는 장점이 있으며, 저소득층이 일정 기간이 지나면 MoP(Middle of the economic Pyramid, 중산층)로 편입되기 때문에 향후에 거대 시장으로 발전할 가능성이 매우 높다.

2005년부터 2030년의 세계 소득 계층별 인구와 가계 지출 총액의 변화를 보면, 2005년 BoP 시장은 4.9조 달러로서, 21.3조 달러의 MoP(중산층) 시장보다 규모가 작다. 그러나 2030년에는 BoP층의 소득 향상에 따라 35.2억 명의 BoP층이 MoP층으로 이동한다. 이에 따라 45.9조 달러의 새로운 중산층 시장이 탄생한다. 즉, 현재의 BoP 시장이 가까운 미래에 거대한 MoP 시장을 형성한다는 것을 의미한다. 특히 향후 10~20년 동안 급격한 성장을 맞이하는 지역은 아시아 국가들이다. 인도, 인도네시아, 방글라데시 같은 인구가 많고, 인구 증가가 계속될 나라는 앞으로 큰 변화가 예상된다. 지역별 BoP층 인구 비율 자체도 아시아 지역에서의 BoP층의 인구는 전 세계 40억 명 중 28억 5,800만 명으로 압도적으로 많다.

한편, BoP 비즈니스는 기존 선진국·중진국 시장이 위축될 경우를 대비하고, 미래의 새로운 성장 동력을 확보하는 차원에서 UN과 선진국의 다국적 기업을 중심으로 빠르게 전개되고 있다. 2000년 9월 유엔(UN)회의는 BoP 비즈니스를 포용적 비즈니스(Inclusive Business)라고 정의하고, '밀레니엄 개발목표(MDGs)'를 채택하여 2015년까지 1일 1달러 미만 빈곤인구를 절반으로 줄이는 계획을 지원하였다. 그 외에도 BoP 비즈니스에 참여하는 민간 기업을 지원하는 GSB(Growing Sustainable Business) 프로그램과 현지 정부와의 협조 및 해당국 기업의 기술협력 등의 사업을 추진하고 있다. 미국 국제개발청(USAID)은 민간 기업을 비롯하여 재단, 대학, NGO 등과 연계하여 개도국의 개발과제를 해결하는 PSA(Private Sector Alliances) 프로그램을 실시하고 있다. 일본 정부도 2009년을 '일본 BoP 비즈니스의 원년'이라고 명명하고, 장기적인 성장 동력의 확충을 위한 BoP 시장 개척에 주력하고 있다. 특히 일본 정부는 식음료, 환경, 가전 등 BoP 비즈니스 중점지원 분야를 선정하고, 'BoP 비즈니스 지원센터'를 중심으로 종합적 지원체계를 구축하고 있다.

한국의 입장에서 보면 BoP 시장은 포스트 브릭스(BRICs : 브라질, 러시아, 인도, 중국)의 역할을 할 것으로 전망되고 있으며, 성장 가능성이 높은 시장으로 평가되고 있다. 따라서 우리나라의 정부, 기업은 장기적인 안목을 가지고 준비를 해야 하며, 혁신경제 체제 아래에서 성장 동력 발굴, 새로운 수출지역 확보, 일자리 창출 등을 위해 BoP 시장으로의 진출 가능성을 구체적으로 검토하는 것이 시급하게 요청된다.

문재인 정부는 핵심 경제 정책으로 '소득주도 성장', '혁신성장', '공정경제'를 내세우고 있다. 이를 통해 일자리 창출, 소득 분배 개선, 국민 삶의 질 향상 등을 추진하고 있다. BoP 비즈니스로 대표되는 포용 성장(Inclusive Growth)은 소득주도 성장보다 넓은 개념으로 임금 인상, 복지, 동반 성장 등을 아우른다. 그런 측면에서 저소득층과 다국적 기업이 윈윈(win-win)하여 동반 성장하는 BoP 비즈니스는 현 정부의 소득주도·공정·혁신 경제정책에 시사하는 바가 있을 것으로 기대된다.

본 연구자는 지난 15여 년 동안 인도, 일본을 중심으로 한 아시아 지역 저소득층의 지속가능한 발전, 팹랩·메이커스페이스, 인터넷·모바일·콘텐츠가 가져오는 사회·경제 현상 등에 대해 집중적인 연구를 진행해 왔다. 2004년 이후 한국연구재단 등재지(후보지 포함)에 30여 편의 논문을 게재하였다. 2014년에는 아시아 지역의 저소득층 시장에 주목하여 '인도의 ICT를 기반으로 한 저소득층 비즈니스 모델' 등 다수의 BoP 관련 논문을 학술지에 게재하였다. 2015년 한국연구재단의 저술출판지원사업에 "글로벌 저소득층(BoP) 비즈니스 전략"이 선정되어, 3년간 연구를 마치고, 그 연구결과를 바탕으로 정리한 것이 본 도서이다.

본 도서는 3개의 장으로 구성되어 있다. 1장에서는 BoP 비즈니스의 개요로서, BoP 비즈니스의 개념과 비즈니스의 가능성을 설명하고 있다. 세부적으로 살펴보면, BoP의 개념을 정의하고, BoP 비즈니스와 CSR, 소셜 엔터프라이즈의 차이점을 비교하였다. BoP 비즈니스가 버전 1.0에서 버전 4.0으로 진화하는 모습을 설명하고 있으며, 전 세계 BoP층 실태와 비즈니스 동향을 소개하고 있다. 이어서 BoP 비즈니스와 ICT의 접목을 통한 기업의 글로벌 전략에 대해 사례를 통해 살펴본다.

2장에서는 BoP 비즈니스 전략에 대한 이론적 고찰을 하고, 그에 따른 BoP 시장 진출 전략을 수립하였다. 세부적으로 살펴보면,

BoP 비즈니스의 전략을 BoP 비즈니스 연구, 기업 전략 이론 연구, 사회・경제성 연구, 신흥 시장 연구 등 다양한 관점에서 비교・분석하였다. 이어서 BoP 비즈니스 전략을 개발하기 위해 유망 BoP 시장 분석 틀을 만들었으며, 작성된 분석 틀을 바탕으로 남아프리카공화국과 인도의 시장 진출 전략을 제시하였다.

3장에서는 다양한 BoP 비즈니스 사례를 분석하였다. 구체적으로 살펴보면 대기업의 BoP 비즈니스 전략 사례(네슬레, 바스프, 피엔지, 다농 등), 기업과 국제금융공사(IFC)의 협업 사례(코카콜라, 다이얼로그 텔레콤 등), ICT 기반의 비즈니스 모델(드리쉬트, 나라야나 병원, e-초팔, 피노, 로이터 마켓 라이터 등)을 살펴보았다. BoP 비즈니스의 최대 시장인 인도의 분야별(금융・복합서비스, 보건・의료, 농업, 기타 분야) ICT 활용 사례를 분석하였으며, 마지막으로 아시아, 아프리카 지역에서 새롭게 각광받고 있는 BoP 비즈니스의 모델을 소개하였다. 구체적으로는 일본의 야마하발동기, 아프리카의 소규모 원예농민 조직 강화 프로젝트, SK이노베이션의 페루 사회적기업 야차이와시, 벤처기업 노을의 모바일 말라리아 진단 키트 등을 살펴보았다.

한편, 기존 신흥국의 주요 진출 시장이 브릭스(BRICs) 국가에서 아시아, 아프리카 BoP 시장으로 바뀌고 있다. 지금까지 우리나라 기업은 국가별, 지역별 특성에 맞는 현지화 전략을 구사해 왔다. 앞으로는 세계 공통의 저소득층을 대상으로 한 거대 시장을 공략하는 비즈니스 전략 수립이 필요한 시점이다.

끝으로, 이 책의 발간을 계기로 "BoP 비즈니스"가 가지는 사회

경제적 가치가 널리 알려지고, 한국형 BoP 비즈니스 모델을 만드는 데 다소나마 도움이 되기를 바라는 마음이다. 본 도서가 출판될 수 있도록 아낌없이 도와주신 이담북스 대표 외에 관계자분들께 감사를 드린다. 마지막으로 이 책이 나오기까지 격려해주신 이명무 교수, 아내와 두 아들에게 감사의 말을 전한다.

조국(인도)과 인류에 대한 연민을 바탕으로 "BoP 비즈니스"라는 개념을 만들어, 전 세계인의 빈부 격차 해소에 기여한 프라할라드 교수(2010년 작고)에게 경의를 표한다.


2018년 가을 광교호수에서
저자 씀

# CONTENTS

# 2부  BoP 비즈니스 전략

# 3부 BoP 비즈니스 사례 분석

# | 표 목 차 |

# | 그 림 목 차 |

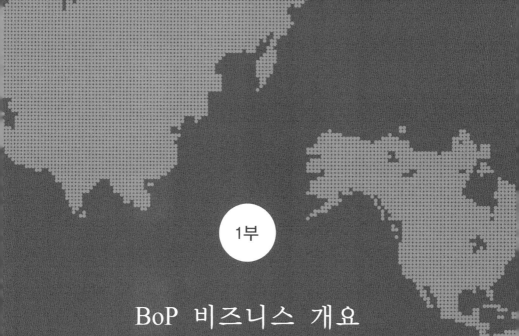

1부

# BoP 비즈니스 개요

# 1장 BoP의 개념과 비즈니스의 가능성

## 1. BoP의 개념

### 1) BoP 비즈니스의 탄생

BoP(Base of the Economic Pyramid)라는 용어는 오래전부터 사용되고 있었다. 예를 들어 1932년 미국 루즈벨트 대통령이 라디오 연설에서 경제의 하층부에 위치하는 국민의 중요성을 표현하기 위해 사용한 적이 있다.

BoP는 세계 경제 피라미드의 최하층을 구성하는 빈곤층을 말한다. BoP라고 불리는 사람들은 세계에서 40억 명이 존재하고, 그 시장규모는 5조 달러에 이른다(Allen Hammond et al., 2007).

BoP 비즈니스는 세계의 빈곤 시장에서 새로운 사고방식, 새로운 비즈니스 방식을 제안하고 있다. BoP 비즈니스의 선구자로서 널리 알려진 프라할라드(C. K. Prahalad)는 매우 유능한 전문가, 컨설턴트이며, 수년 동안 빈곤 문제의 해결책을 찾고 있었다. 프라할라드는 전 세계 빈곤층에 대한 연민의식을 바탕으로 "우리는 전 세계 소득 피라미드의 가장 하층부에 있는 사람들을 위해 어떤 일을 하고 있을까?, 기술, 경영, 자본을 가지고 있으면서도 전 세계에 만연한 빈곤 문제의 해결에 도움을 주지 못하는 이유는 무엇일까"라는 문제의식을 가지고, 저소득층의 빈곤 문제 해결 방안을 모색해왔다(프라할라드, 2006).

그는 1997년 이후 학술, 경영자, 정부관련 등 각종 모임을 통해 저소득층이 하나의 시장으로 가능성이 있으며, 혁신의 원천이 될 수 있다고 주장하였다.[1] 그는 그 후 5년간 여러 NGO · NPO, 대학, 경영자와 함께 포괄적인(Inclusive) 접근방법의 필요성과 그 해결책으로서 민간 부문과 기업들의 잠재적인 역할에 대해 논의하였다.

2002년 <전략과 비즈니스(Strategy+Business)>에 스튜 하트와 함께 쓴 <저소득층의 부(The Fortune at the Bottom of the Pyramid)>를 발표하면서, BoP 비즈니스는 사회적인 이슈로 부상하게 되었다. 그 후 해먼드와 팀을 이루면서 BoP 비즈니스에 대해 연구를 해왔다(Prahalad & Hammond, 2002; Prahalad & Hammond, 2004). 2004년 "The Fortune at the Bottom of the Pyramid : Eradicating Poverty Through Profits"를 출판하고 다국적 기업이 수익을 창출하면서 빈곤을 퇴치하는 전략을 제시했다. 이 책은 다양한 이해관계자들로부터 넓은 공감대를 이끌어 냈다. 예를 들어, 패스트 컴퍼니(Fast Company)는 2004년 가장 훌륭한 도서라고 발표했다. 또한 아마존의 2004년 베스트셀러 리스트에 올랐으며, '이코노미스트'에서도 2004년 가장 좋은 비즈니스, 경제학 서적으로 평가하였다.

기업이 이윤을 얻으면서도 전 세계적인 빈곤 문제의 해결에 기여한다는 동 서적의 관점은 많은 주목을 받았다. 여기에서 프라할라드의 생각은 "빈곤 문제에 대해 해결책은 공창(공동 창조)이다", "거대한 규모의 기업 활동이 중요하다(Prahalad, 2004)"라는 점이다. 그리고 경제 발전과 사회 변화에 대해 민간 기업, 정부, NGO, 그리고 가난한 사람들이 어떻게 협력해야 하는지에 대해 말하고 있다.

프라할라드는 부패를 감소시키는 자유와 투명한 민간 기업, 우리의 현재의 논리에 대한 도전, BoP 비즈니스를 인식하는 중요성, 신흥경제에 대한 수요 또한 신흥 경제에 있어 시장경제 원리를 심어줄 필요성을 설명하고 있다. 이러한 관점은 BoP에게는 성장의 기회이며, 민간 기업은 상품, 서비스, 조직, 관리, 기술 면에서의 혁신자원으로 비즈니스 모델의 변화 기회이다. 또한 프라할라드는 "BoP 시장은 민간 기업의 비즈니스에 필수적인 요소가 될 것"이며, "향후 핵심 사업의 일부가 된다고 생각해야 하고, CSR을 담당하는 부서에 맡겨야 한다."(Prahalad, 2004, p.29)고 주장했다.

또한 프라할라드는 BoP 시장의 혁신을 위한 12개 원칙을 주장했다. 그중에서 "BoP 시장의 기본이 되는 것은 패키지 단위가 작고, 한 단위당 이윤도 낮다. 시장 규모는 크지만, 적은 자본으로도 이익을 낼 수 있는 사업이다"고 설명하고 있다. 그리고 "BoP시장의 요구에 대응하기 위해서는 단위 가격당 성능을 극적으로 향상시킬 필요가 있다"고 주장하였다. 프라할라드는 이 원칙에 따르는 것이 새로운 세계에 참여하는 것을 가능하게 한다고 생각했다. 그 결과, BoP 소비자가 글로벌 경제에서 협력으로 이어지고, 저소득층의 자존심을 높이면서 빈곤 문제를 줄이는 '상향식'혁신을 일으키면 비용 구조가 10~200배 향상될 (이것은 부유층 대상의 제품을 조금변경하여 대응하는 기존 방식과 대조적이다.) 가능성이 있는 것으로 나타났다(전게서, p.34).

프라할라드는 동 서적에서 지금까지 누구로부터도 상대하지 않앉던 잠자는 거대한 시장을 세상 사람들 앞에 환기시키고, "가난한 사람은 희생자이고, 짐이다(Prahalad, 2004)"라는 선입견을 버리고, "그들은 내적으로 힘을 감추고 있는 창조적인 기업가이며, 가치를 중시하는 소비자이다(전게서, p.22)"라는 인식으로 바꾸면 비즈니스 기회가 넘치는 새로운 세계가 열린다는 것을 주장한 것이다. 그 후, 민간 기업에 의한 BoP층에 대한 진출 활동이 활발하게 전개되어, 전 세계적으로 BoP 비즈니스에 대한 연구기관이 속속 설립되고 있다. 또한 빈곤과 관련된 사회적인 투자도 높아지고 있다.

이와 같이 프라할라드는 BoP 시장을 발굴하고, 민간 기업, 국제 기구, NGO 등의 행동에 큰 영향을 주었다. 그러나 경영학자들 사이에서 BoP 비즈니스에 대한 의심이 높아져온 것도 사실이다. 프라할라드가 먼저 제안했던 "빈곤층에 판매(selling to the poor)"라는 비즈니스 모델은 많은 연구자로부터 비판이 잇따랐다. 이러한 끊임없는 논쟁 속에서 BoP 비즈니스론이 성장해온 것이다.

BoP 비즈니스의 찬성파는 BoP 비즈니스의 가능성을 지지하면서 수많은 추진력이 있는 BoP 비즈니스 이론을 내세웠다. 2004년 코넬대학의 지속적인 기업연구센터(Center for Sustainable Enterprise)는 BoP 비즈니스의 연구를 추진하기 위한 가이드라인으로 "BoP 프로토콜 1.0"을 발표했다. 또한 2008년 동 연구소는 "BoP 프로토콜 1.0"의 개정판 "BoP 프로토콜 2.0"을 발표하고, BoP층 소비자 층으로 파악한 마케팅 기법을 뛰어넘어 파트너로서 파악하는 가이드라인으로 발전했다. 이것은 즉 BoP 비즈니스 기업전략 버전 1.0 즉 "빈곤층의 고객화(selling to the poor)"에서 버전 2.0 "상호 가치의 창조(Working with the Poor)"로 변모한 것으로 의미하고 있다(Hart, 2007).

또한 프라할라드는 2010년 "The Fortune at the Bottom of the Pyramid : Eradicating Poverty Through Profits"의 증보 개정판을 발간하고, BoP 비즈니스는 '빈곤층'을 '고객'으로 바꾸는 수익 지향 관점에서 "개인의 권리 존중, 정보기술과 조직화를 통해 도시 부유층과 농촌 빈곤층 간의 격차 완화, 환경적으로 지속 가능한 해결책의 중시(Prahalad, 2010)"를 추가하였다. 그 이후 프라할라드 (2010)는 BoP 비즈니스 발전의 경로가 이익 지향에서 적절한 사회 지향으로 변천해간다는 점을 명백히 밝혔다.

프라할라드는 신흥 시장에서의 경쟁을 유발하고 이 새로운 빈곤 해결책과 전략에 의해 BoP비즈니스 개념을 더 발전시킨 것이다.

프라할라드의 BoP 비즈니스의 견해는 기존의 비즈니스에 대한 도전이며, 기업 혁신에 있어서 인센티브로서 역할을 한다. 또한 BoP 계층의 소비자의 생활 조건과 품질 개선으로 이어질 가능성도 있다. 그의 주요 저서는 BoP 비즈니스에 관심을 보이면서 글로벌 빈곤 문제를 우리의 눈앞에 제시하고, 기업의 새로운 도전을 뒷받침하게 되었다.

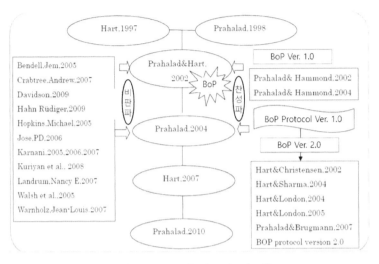

<그림 1-1> BoP 비즈니스 연구의 흐름

## 2) BoP층의 존재 근거

먼저 하나의 의문을 명확히 할 필요가 있다. 그 의문은 "왜 BoP 층이 존재하는가."이다. 이 의문을 밝힌 것이 하트(1997)이다. 하트에 따르면 세계경제라고 하는 것은 시장경제(Market economy), 생존경제(Survival economy), 자연경제(Nature's economy)라는 서로 겹치는 세 가지 경제로 구성되어 있다고 주장하였다.

### ① 시장경제

시장경제 이른바 화폐경제는 잘 알려진 제조와 비즈니스의 세계이며, 선진국 경제와 신흥국가 경제, 양쪽에서 이루어진다. 구성원은 약 20억 명, 그중 부유한 선진국에 사는 사람은 절반에도 이르지 못한다. 이 풍요로운 사회는 세계의 에너지와 자원 소비의 75%

이상을 차지하고 있으며, 대량의 산업 폐기물과 유해 폐기물과 일반 폐기물을 배출하고 있다. 그러나 최근 선진국에서는 오염 배출 수준이 비교적 낮게 억제되고 있다. 그 하나의 원인으로 가장 오염도가 높은 활동(상품 가공 및 중공업을 신흥국에 재배치한 것)을 들 수 있다. 따라서 선진국의 환경 보호는 어느 정도 신흥국 환경의 희생 위에 성립된다고 볼 수 있다. 신흥국의 공업화에 따라 일어나는 것이 도시화이다. 농촌을 떠나 취업을 원하여 도시로 이주하여 살고 있으며, 현재 세계 약 세 명 중 한 명이 도시에 살고 있다. 이 추세대로 진행되면, 2025년에는 세 명 중 두 명이 되어, 인구 800만 명을 넘는 거대 도시가 30개 이상, 인구 100만 명이 넘는 도시가 500개 이상으로 증가할 것으로 예상되고 있다.

② 생존경제

생존경제 이른바 전통경제는 개발도상국의 도시 지역 이외에서 볼 수 있는 전통적인 촌락 공동체를 기초로 하는 생활양식이다. 인류 2/3에 달하는 약 40억 명으로 구성되며, 인도, 중국, 중남미, 아프리카에 많고, 자급자족하고 생활에 필요한 물건을 직접 자연에서 얻고 있기 때문에 현금, 즉 화폐경제와의 관계는 최소한에 그친다. 인구통계학자에 따르면 현재 매년 약 1억씩 증가하고 있는 세계 인구는 금세기 중반 넘어서 80억~100억 명에 도달하고 보합 상태에 이르게 된다. 개발도상국이 인구 증가의 90%를 차지하고, 그 대부분을 생존경제가 차지하는 형국이다. 그러나 시장 경제의 급성장에 따라 생존경제의 존속은 점점 불안정해지고 있다. 공동체 속에서 충족한 검소한 자급 생활을 보내는 것을 원칙으로 해온 토착 문화

는 화폐와 임금 고용과 같은 개념이 들어감으로써 돌이킬 수 없을
정도로 변화되고 있다. 구조 조정, 민영화, 무역 자유화가 이 흐름
에 박차를 가하고 있다.

시장경제의 침투 사태가 공동체의 유대와 전통 문화를 훼손시켜,
결과적으로 대량의 빈민을 양산해내는 것이다. 생존경제가 의존하는
생태계가 채취 산업 및 인프라 개발에 의해 파괴되는 경우도 많다.

### ③ 자연경제

자연경제는 시장경제와 생존경제를 지탱하는 자연 생태계와 천
연 자원으로 구성된 경제이다. 그러나 이 시장 경제와 전통 경제를
지탱해온 시스템은 21세기부터 서서히 안에서부터 무너지고 있다.

하트는 "오늘 우리가 지금 알고 있는 BoP는 개발시대의 산물"이
라고 주장하고 있다(Hart 2007). 그의 말에 따르면, 선진국 기업은
공업 생산을 번영에 이르는 유일한 길로써 세계에 강요해왔다. 그
결과 50년 세월에 걸쳐, 사실 복잡하고 다양하고 고유한 문제에 획
일적인 만능형 솔루션을 사용하여 대처해 왔다는 것이다. <그림
1-2>에서 나타낸 바와 같이, 화폐 경제가 전통 경제, 자연 경제로
점점 침투하여 전통 사회가 파괴되었다. 화폐 경제에 대한 의존도
가 높아지는 것이 유감이지만, 소득이 가장 중요한 것이 되었다.

하지만 불행히도, 노동 시장에 유입되고 사람들의 고용 기회는
자연 경제에는 없다. 개발이 지역의 속박이고, 전통 문화를 파괴하
고 대부분의 사람들을 땅이나 물 등의 자원에서 분리했기 때문에,
이것이야말로 현대적 해석에 의한 대량의 빈곤이 출현한 것이라고
말했다. 이렇게 생각하면, BoP 층의 존재는 세계화에서 남겨신 부

분보다는 글로벌화에 따라 만들어진 것이라는 것이 더 적합하다고
생각된다.

자료 : Hart(1997), "Beyond Greening : Strategies for a Sustainable World,"
Harvard Business Review, January-February

<그림 1-2> 3개의 경제와 화폐경제의 침투

## 3) BoP 비즈니스의 정의

BoP 비즈니스는 BoP층의 새로운 생각, 새로운 비즈니스 모델을
제안하고 있다. BoP층에 제공하는 제품과 비즈니스 프로세스의 혁
신을 위해서는 기존의 주변 비즈니스 지향에서 핵심 사업 중심으로
전환할 필요가 있다. 프라할라드는 "BoP 시장은 인류의 80%를 차
지하고 있다. 삶의 질 향상을 추구하는 40억 명의 사람들에 의해 전
례가 없는 엄청난 시장이 형성될 것으로 기대한다는 의미가 있다.
민간 기업이 시장 개발에 참여함으로써 BoP 계층의 소비자와 민간
기업 모두에게 이익을 가져다주고, 모든 관계자들이 배울 수 있다"
고 주장하고 BoP 비즈니스의 중요성을 역설하고 있다(Prahalad, C.
K. 2004, 2005).

현재까지 BoP 비즈니스의 정의는 다양하게 존재한다. 2011년 하

트 & 런던의 공저인 "Next Generation Business Strategies for the Base of the Pyramid : New Approaches for Building Mutual Value"가 출판되었다. 이 저서는 BoP 비즈니스의 정의에 대해 명확히 한 선구적인 저서로서 폭넓게 받아들여지고 있다. 하트와 런던은 "BoP 비즈니스는 BoP층에서 생활하고 있는 사람들을 소비자, 판매자 또는 기업가로서 취급하고, 수익을 창출하는 기업이다"라고 정의하고 있다(Hart & London, 2010, pp.9-10). 그들은 제품을 BoP층에 판매할 뿐만 아니라, 자원 또는 상품을 BoP층에서 구입할 수도 있다. BoP 비즈니스에는 "BoP 소비자에게 서비스를 제공하는 것"과 "BoP 생산자에게 서비스를 제공하는 것"이라는 두 가지 방법이 있으며, BoP 비즈니스는 양쪽에 모두 대처하는 것이 가능하다. 즉, 기업은 상품이나 서비스를 BoP 커뮤니티와 시장에 침투하여, BoP층을 고객화한다. 또한 기업은 현지의 생산자와 제휴하여 현지 제품을 다른 국가나 글로벌 시장에서 판매한다.

일본 경제산업성은 BoP 비즈니스에 대해 "주로 개발도상국에서 BoP층을 대상(소비자, 생산자, 판매자 중 하나 또는 그들의 조합)으로 한 지속 가능한 사업이며, 현지의 다양한 사회적 과제(물, 생필품·서비스 제공, 빈곤 감소 등)의 해결에 이바지할 것으로 기대되는 새로운 비즈니스 모델"이라고 정의하고 있다(경제산업성, 2010, p.21). 이 정의에서는 BoP 버전 1.0, 즉 "BoP층을 고객화한다"는 의미, BoP 버전 2.0, 즉 "최종 이해관계자와 상호가치 창조"라는 의미를 모두 포함하는 용어로 정의되고 있다. 이러한 정의는 BoP 비즈니스의 세계적 권위자인 하트 & 런던이 내놓은 BoP 비즈니스의 정의와 같다

BoP의 정의는 다양한 해석이 있지만,[2] 세계은행이 발행한 "The Next 4 Billion(2007)"에 따르면, BoP는 연간 소득 3,000달러 미만의 저소득층을 가리킨다. BoP층은 세계 인구의 약 72%에 해당하는 44억 명에 이르며, 특히 중국과 인도를 중심으로 한 아시아 국가에서 다수 존재한다. 그 시장 규모는 5조 달러로 추정되며, 매우 큰 잠재력을 가진 시장으로 간주되고 있다.

특히 아프리카와 아시아에서 많은 빈곤 국가가 존재하고, 아프리카에서는 브룬디, 콩고, 아시아에서는 미얀마와 네팔 등이 최빈국이다. 이 밖에도 유엔이 최빈국으로 규정한 국가는 2005년 49개국이 존재하고, 현재에도 세계 국가의 1/3이 여전히 빈곤에 허덕이고 있다.

한편, 빈곤층의 소득은 최근 신흥국을 중심으로 경제성장에 힘입어 서서히 확대되는 조짐을 보이고 있다. 국제통화기금(IMF)에 따르면, 최빈국을 포함한 개발도상국의 1인당 명목 GDP는 지난 5년간 평균 7%씩 성장하고 있으며, 선진국의 2.4%에 비해 3배에 가까운 속도로 확대되고 있다. 선진국은 인구 감소와 고령화 등의 요인으로 인해 상대적으로 큰 경제성장이 어려워지고 있지만, 반면에 개발도상국에서는 인구의 증가와 높은 경제 성장이 예상되고 있으며, 이러한 국가의 중산층 시장 이른바 "볼륨존(Volume Zone)"으로서 잠재력을 가진 시장으로 전 세계적으로 주목받기 시작하고 있다.

<표 1-1> 국가별 BoP 인구

| 순위 | 국가명 | BoP인구<br>(백만 명) | BoP층의<br>인구비율(%) | BoP소득<br>(1인당, 달러) |
|---|---|---|---|---|
| 1 | 중국 | 1,046.2 | 80.8 | 154.0 |
| 2 | 인도 | 1,033.9 | 98.6 | 90.6 |
| 3 | 인도네시아 | 213.0 | 97.8 | 112.8 |
| 4 | 방글라데시 | 144.0 | 100.0 | 988.2 |
| 5 | 나이지리아 | 121.0 | 100.0 | 615.0 |
| 6 | 브라질 | 114.5 | 65.0 | 1,498.6 |
| 7 | 러시아 | 86.4 | 60.0 | 190.1 |
| 8 | 베트남 | 76.2 | 95.0 | 1,110.0 |
| 9 | 이집트 | 65.6 | 95.0 | 1,273.5 |
| 10 | 태국 | 46.6 | 75.0 | 1,708.9 |

자료 : World Bank(2007), The Next 4 Billion
주) BoP 소득은 2002년 구매력평가기준. 수치는 국가별로 차이가 있지만 2000~2003년 기준

## 4) BoP 비즈니스의 목적

BoP 비즈니스의 목적에 대해 생각해 본다. BoP 비즈니스의 목적은 다른 비즈니스와 구별할 필요가 있다. 하트 & 런던에 따르면, 첫째, BoP 비즈니스가 목표로 하고 있는 것은 기업의 경제적 자립 (Economic self-sufficiency)이다(Hart & London, 2010, p.10). BoP 비즈니스는 적어도 투자한 자본을 BoP 비즈니스의 정착에 기여할 것이다. 그리고 BoP 비즈니스가 다른 지역이나 국가로 사업을 확대하는 것도 고려할 수 있다. 또한 기업의 경제적인 자급자족 운영과 사업 확장을 1차적으로 고려하면서 국가 또는 현지 정부의 원조 지원에 접근하는 것도 중요하다. 선진국의 많은 비즈니스 영역(예를 들어, 농업, 에너지, 자연 과학, 기술, 항공우주학, 의학 등)은 정부에서 단기, 장기에 걸쳐 다양한 수준의 지원을 받고 있다. 마찬가지

로, BoP 비즈니스는 정부나 국제기구에서 "스마트한 원조"를 받는 것으로, 소비자와 생산자에 대한 서비스 제공을 원활하게 할 수 있으며, 경제적인 자립 운영과 사업 확대에도 연결된다고 생각된다. 한편, 보조 및 지원에 접근할 수 없으면 기업이 BoP층에서 시장 개발 및 사업 운영을 할 때 사업의 실행 가능성에 어려움이 따르게 된다.

하트 & 런던의 정의는 <그림 1-3>과 같이 나타낼 수 있다. BoP 비즈니스는 ToP(Top of Pyramid)/MoP(Middle of Pyramid)/BoP (Base of Pyramid)를 통합하는 사업이라고 할 수 있다.

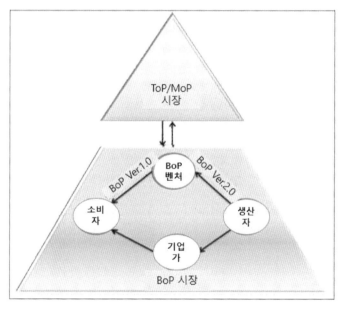

자료 : Hart & London(2010), pp.9 - 10.

<그림 1-3> BoP 비즈니스의 정의

즉, BoP 비즈니스를 하는 기업은 기존형태의 기업의 자선 활동과 차별화한 지속가능한 발전을 지향하는 사업이 요구된다. BoP 비즈니스라는 표현이 등장한 이후, 다양한 파생 용어도 등장했다. 예를 들어, 지속가능한 생계 수단(Sustainable Livelihoods), 빈곤에 대항하는 비즈니스(Business Against Poverty) 하이브리드 가치 사슬(Hybrid Value Chains), 성장하는 포용적 시장(Growing Inclusive Markets) 빈곤 비즈니스(Pro-Poor Business), 대다수를 위한 기회(Opportunities for the Majority), 소셜 비즈니스(Social Business), 창조적 자본주의(Creative Capitalism) 등이 존재한다. 각 용어는 다르지만, "비즈니스 기술을 이용하여 빈곤을 완화하고 해소"한다는 비전에 관해서는 공통점이 있다.

## 5) BoP 비즈니스의 특징

국제적 기관이나 각국의 정부에 의해 추진되어 온 개발 원조는 빈곤층 중에서도 하루 소득이 1달러(국내 구매력)에 못 미치는 10억 명의 최빈곤층의 요구를 충족시키는 데 중점을 두어왔다. 그러나 이 숫자를 훨씬 넘는 저소득층, 즉 BoP 40억 명은 서방 국가의 빈곤라인을 크게 밑돌고 있어, 이들에게 눈을 돌려야 한다. 그리고 이 경우 시장 기반의 접근방법의 대상으로 BoP층을 파악하는 것이 중요하다.

지출에 대해서도 뚜렷한 경향을 간파할 수 있다. 당연히, BoP 가정의 식료품 비율은 압도적으로 높은 비중을 차지하고 있다. 그러나 소득의 증가에 따라 식료품비의 비율은 감소하고 있다. 이에 비해 주거비의 비중은 비교적 일정하다. 교통비 및 통신비의 비중은 소득에 따라 급속하게 커지고 있다. 모든 지역에서 BoP 가정의 보건, 의료비의 절반은 약품 구매에 충당되고 있다. 또한, 동유럽을 제외한 모든 지역에서 BoP의 저소득층은 장작으로 요리를 만들고 있으며, 좀 더 소득이 높은 계층은 프로판 가스 및 기타 현대적 연료를 사용하여, 요리를 하고 있다.

위와 같이 큰 BoP시장이 충분한 공급이 이루어지고 있지 않다는 점은 BoP 가정에게 불리할 뿐만 아니라 기업에게도 기회의 손실이다. 그러나 최근 BoP 시장에 대한 충분한 정보가 존재하고 있고, 실현 가능한 비즈니스 전략의 경험이 충분히 축적되어 있기 때문에 기업이 BoP 시장의 비즈니스 기회에 주목하고 있는 것은 당연하다. 또한 시장 기반의 접근 방식에 따르면, 보다 다수의 BoP층이 공식 경제에 참여하거나, 소득 분류에 대해 필수적인 서비스가 더 잘 제공되고 있다. 따라서 개발 원조 커뮤니티(국가 및 국제기관 등)가 이러한 접근방법에 그 어느 때보다 주목하는 것도 당연하다.

이러한 논의의 출발점은 BoP의 빈곤 문제가 아니다. BoP층의 대부분이 세계 시장 경제에 통합되지 않고 남겨져, 그 혜택을 받지 못하고 있는 것도 사실이다. 또한 BoP는 이 밖에 다음과 같은 특징이 있다.

### ① 채워지지 않는 거대한 니즈
BoP층의 대부분은 은행 구좌를 갖고 있지 않으며, 현대적인 금융 서비스에 대해 접근할 수 없다. 대다수는 전화도 없다. 다수는 주거의 공식적인 권리도 없는 비공식적인 생활 기반에서 수돗물, 위생 서비스, 전기, 기초적 보건 의료 서비스가 결여된 삶을 살고 있다.

## ② 비공식 영역(섹터)에 의존 또는 자급자족 생활

BoP층의 대부분은 자신의 노동력이나 수공업 제품과 작물을 판매하는 시장에 대한 접근성이 충분하지 않고, 그들을 착취하는 지역 고용주와 중개인에 판매하는 것 외에 선택의 여지가 없다. 자급자족의 소농과 어업 종사자인 BoP층은 그 생활을 의존하는 자연 자원의 파괴에 대해 매우 취약하고, 그들을 보호하는 힘을 가지지 않고 있다(세계자원연구소, 2005). 실제로 비공식 부문에 대한 의존도와 자급자족형 상황은 그들에게 빈곤의 함정이다.

## ③ BoP 페널티(Penalty)의 타격

BoP층의 다수 또는 아마도 대부분이 기초적인 상품이나 서비스에 부유한 소비자보다 높은 금액을 현금 또는 이들을 얻기 위해 지불해야 하는 노력의 형태로 지불하고 있다. 그리고 많은 경우 품질이 떨어지는 제품이나 서비스를 받고 있다. 이러한 가난한 사람이 높은 비용을 지불하는 상황은 폭넓게 목격되고 있다. 치료를 위해 먼 곳의 병원이나 진료소에 가기 위해 많은 교통비를 지불하거나, 또한 대출 및 외국의 친척으로부터 송금에 법외적인 수수료를 요구받는 것은 최빈곤층만은 아니다.

BoP의 충족되지 않은 니즈를 충족시키기 대책은 그들의 복지, 생산성, 소득 향상을 위해 BoP 가정이 스스로 자신만의 빈곤 탈출 방법을 발견하는 것이 필수적이다. BoP층을 공식 경제로 편입시키는 것은 부의 창출, 그리고 모든 사람을 포함하는 성장 전략의 핵심적인 부분이다. 또한 BoP 페널티를 제거해버리면 BoP층의 소득은 증가한다. 또한 채워지지 않은 니즈, 비공식(약식)의 함정, BoP

페널티 등이 비효율적이고 독점적인 시장이나 무관심, 투자의 결여에서 유래하고 있다. 그렇지만 이러한 장벽에 맞설 경우 기업에게도 큰 시장 기회의 창출로 이어질 수도 있다.

저소득층 시장은 단순히 최빈곤층뿐만 아니라 BOP층 전체로 구성되어 있으며, 아마도 무엇보다 중요한 것은, 비록 시장기반 해결책을 이용할 수 없고, 혹은 부족한 시장 부문이 있었다 해도, 먼저 그 시장 전체를 분석하고 민간 부문의 전략의 유효성을 시도해 보는 것이 중요하다.

### ④ BoP 비즈니스는 공식적 경제 및 비공식적 경제의 교량 역할을 수행

비공식적 경제에서 불합리한 비용, 부패, 구태의연한 규칙이 있기 때문에 합법적으로 인정되는 것이 어렵다. 그것은 많은 BoP 시장의 특징이기도 하다. BoP 비즈니스의 도전은 다원적 영리 행위(mutually beneficial manner)에서 공식 경제와 비공식 경제를 함께 작동시켜 생산성을 창출하는 것을 말한다. BoP 비즈니스는 두 세계의 "좋은 모습"을 창출하는 장소이기도 하다. 즉, 공식 경제에서 자원과 기술력, 비공식 경제에서 현지 지식, 인간다움, 문화에 대한 이해를 얻을 수 있다(Hart 2007).

### 6) BoP 비즈니스의 접근 방법

먼저, 빈곤층이라는 말에 포함된 의미를 살펴본다. 자본시장주의적 가치를 전제로 할 때, 소비는 행복의 원천이라는 견해가 존재한다. 이러한 사고의 틀은 물건을 많이 소비하는 것이 행복한 상태이며, 가난하여 충분하게 물건이 살 수 없는 것은 불행한 일이라고 인식한다. 소비가 행복의 기본이라는 견해는 미국에서 가장 보편적으로 나타나고 있다. 미국의 GDP는 70%가 개인 소비로 구성되어 있으며, 이 수치는 미국적 가치를 표명하고 있다. 미국에서는 소비는 미덕이며, 소비의 확대는 미덕의 증가로 이어지며, 행복이 커진다. 따라서 어느 정도 자유주의적 가치를 지지하는 정부는 "풍부한 (때로는 과잉) 소비"를 정책의 전제 조건으로 삼는다. 이러한 가치관에서 보면 빈곤층은 불행한 사람들이다. 자본주의 사회에서는 소득의 많고 적음에 따라, 사회적 계급이 결정된다. 이는 소득의 많고 적음이 소비의 많고 적음을 결정하기 때문이다.

이제까지 기업들이 BoP 비즈니스에 관한 정확한 인식에 어려움이 있었다면, 그 이유는 빈곤층은 '불행한 사람들'이라는 암묵적 가치관에서 출발한다. BoP의 환경에서 사는 사람들(개발도상국의 최하위층)은 분명히 경제적으로 혜택을 받지 못하고 있다. 그렇다고 그들이 불행한 사람인 것은 아니다. 지속가능한 사회의 발전을 위해 작은 욕심을 줄이고, 청빈한 삶에 만족하는 것은 빈곤이라고 볼 수 없다. 지구 환경이 포화 상태에 이르고 있는 현 시점에서 '검약한 소비'는 인간의 지혜이며, 지구 환경 윤리의 출발점이기도 하다. 개발도상국의 저소득층은 자영 농민인 경우가 많다. 그들은 그들만의 전통적인 생활양식과 문화를 지속시켜 왔다. BoP를 구성하는 저소득층의 대부분은 자급자족으로 생활하는 사람들이다. 자기와 그 가족이 가난하다고 생각하는 것은 사회에서 불평등(격차)이 크고, 그것을 부당하다고 느낄 때이다. 불행은 사회에서 개인이나 가족의 처한 상황으로 결정된다. 따라서 불행은 1인당 국민 소득의 차이로 정해질 수 없는 것이다.

1인당 국민 소득이 1일 8달러 이하의 생활에서는 풍요로운 소비 생활을 누릴 수 없다. 특히 도시 지역의 빈민가에 사는 실업자와 그 가족, 난민 캠프에 생활하는 사람들에게 빈곤은 절실한 과제이다. 그렇지만 개발도상국의 내륙과 연안 지역에서 전통적인 농업과 어업에 종사하면서, 부업으로 도시 지역 이주 혹은 파트타임제로 일하는 사람들은 검약한 소비생활 속에서도 TV와 오토바이 등 고급 소비재를 구매하는 경우가 자주 있다. 1인당 GDP가 1일 8달러 이하의 국가에서도 대가족을 구성하는 일가에는 보통 5~6명의 일꾼이 존재한다. 부모와 장남 부부, 차남 부부 그리고 출가하지 않은 딸과 손자들이 한 가족으로 모여 살고 있다. 아버지가 농업을 주업으로 부업도 하고 있으며, 장남과 차남이 인근 공장에서 일하고, 장남과 차남의 부인 역시 가내 수공업으로 봉제 작업을 일하고 있다. 어머니가 손자를 돌봐주거나 가사 노동을 담당한다. 미성년자인 딸은 학교에 다니고 있다. 이러한 대가족은 어느 개발도상국에서도 흔히 볼 수 있는 풍경이다. 이 경우 대가족의 가처분 소득은 일꾼의 수만큼 증가한다(小森 외 2011). 이들에게는 휴대폰, 자동차, 인터넷이 생각보다 빠르게 보급되고 있다. 이는 오락, 이동 수단의 확보, 지식과 정보의 교환 수단이 인간의 지적 호기심을 충족시키고, 가족에게 편의성을 제공하기 때문이다. 따라서 소비를 가족 단위로 보지 않으면, BoP 시장의 잠재 가능성은 제대로 판단할 수 없게 된다.

이상에서 살펴본 바와 같이, 개발도상국의 저소득층은 1인당 GDP가 낮기 때문에 물건이 구매할 수 없다는 것은 편견에 가깝다. 가족 당 가처분 소득을 기준으로 저소득층을 판단하는 것이 바람직하다. 핵가족화한 선진국형의 판단 기준은 BoP 시장의 잠재력을 잘못 이해하게 만들고 있다. 또한 자본수혜국의 문화와 사회 구조, 가족 사회학에 대한 지식을 이해하지 못하면, 기업에서는 저소득층에게 팔리는 상품을 개발하기가 어려워진다. 따라서 21세기 지속가능한 사회의 실현이라는 관점에서 볼 때, BoP에 대해 개발도상국의 저소득층의 입장에 서서, 시장을 바라보는 안목을 키울 필요가 있다.

## 7) 기업의 BoP층에 대한 오해

BoP는 빈곤층이다. 이들은 소득이 매우 낮기 때문에 고가의 재화를 구입할 여력이 없다. 많은 BoP층은 열악한 주거 환경과 낮은 소득 때문에 고통스러워하고 있다. 이러한 이유로, 아무래 BoP 비즈니스라고 해도, 다양한 사회적 과제를 안고 있는 사람들을 대상으로 제대로 된 수익(수익이 확보된) 사업을 할 수 있을지 의문이라고 치부해버리는 사람이 경영자 및 기업가들이 다수 존재한다.

비즈니스와 빈곤의 관계는 오랫동안 서로 대립하는 관계라고 생각되며, 대부분의 기업은 빈곤 지역에 진출하기를 주저하고 있었다. 이러한 현상은 기업이 어떻게 BoP층을 생각하느냐에 따라 달라진다고 생각된다. 본 절에서는 기업이 BoP계층에 대해 잘못 이해하고 있는 점을 다음 세 가지 관점에서 분석한다.

첫째, 도식적 추론(Schematic Reasoning)은 새로운 사물에 대해 자신의 고유의 지식과 거쳐 징후로 판단하는 것이다(Kegley & Raymond, p.11). 일부 연구자들은 BoP 시장은 저소득층의 낮은 수입과 극도의 빈곤으로 인해 과대 포장된 시장이라고 주장하였다 (Aiyar 2006; Karnani, 2007; Jaiswal, 2007). 이들 연구자들의 비판의 주요 논점은 저소득층의 심각한 소득 부족으로 인하여 특정한 제품이나 서비스를 보다 실용주의자 관점에서 소비한다는 것이다. 적당한 품질의 제품을 생산하는 비용이 여전히 높은 경우, 저소득 층에서 받아들여지기 어렵고, 기업의 수익으로 이어지기 힘들다.

기존 기업의 관점에서는 BoP층은 가난한 곳으로 부는 존재하지 않는다고 판단했다. 기업과 BoP층과의 접점을 고려할 때 우선은 기존 신흥시장에서의 비즈니스 모델이 이용된다. 즉 다국적기업 (Multinational Corporation)은 신흥시장을 선진국 보완 시장으로 취급하고, 기존 생산 라인에서 상품까지를 그대로 개발도상국에 도 입해왔다. 그리고 현지에서의 자원 착취와 값싼 노동력의 추구를 중심으로 한 기업 활동을 해왔다. 또 하나의 접점은 기업이 외부의 소리(특히 개발원조기관)에 대한, 혹은 라이선스를 얻기 위해 빈곤 층에 대해 기부 활동적 지원을 계속하는 기업 활동을 별여왔다. 이 러한 두 종류의 패턴은 모두 표면적으로 비즈니스의 원리를 추구하 지 않아 BoP층에게 가져다주는 빈곤 감축 효과가 없었다. 기업이 BoP층에 대해 상기 두 종류의 유형의 비즈니스 모델을 경험해왔던 점에서 기업이 BoP층에서 비즈니스를 하는 것은 어렵다는 오해가 뿌리 깊게 내려오고 있다.

둘째, 미러 이미지(Mirror Image)란 상대를 자신과 비슷하게 떠 올리는 것이다(Kegley & Raymond, p.14). 만일 기업이 BoP층에서 비즈니스를 할 때 ToP(Top of Pyramid)와 MoP(Middle of Pyramid) 에서 운영 모델을 그대로 선택하는 경우가 대부분이다. 그러나 기 업 전략에서 상품 판매까지 BoP층의 요구에 맞지 않아, 결과적으 로 기업은 BoP시장에서 철수하는 경우가 발생한다. 예를 들면, 나이키는 1990년대 후반 중국의 저소득층을 대상으로 스포츠 신발을 생산하려다 실패하였다(Hart, 2007, p.242). 나이키의 "월드 슈즈"는 1개당 10~15달러라는 비교적 낮은 가격 설정을 통해 나이키의 고급 라인에는 접근할 수 없었던 일반 대중의 입맛에 맞는 제품으로 디자인되었다. 중국에서는 나이키 제품은 전부 기존 계약 공장 네트워크를 통해 생산되었다. "월드 슈즈"도 예외는 아니고, 유통에 관해서도 이미 확립한 유통망을 이용하여 판매됐다. 나이키의 "월드 슈즈"의 디자인부터 판매까지 모두 "자기적 이미지"에서 현지 고객의 처한 상황을 이해하려고 하지 않았다. 백미러를 통해 상대방을 바라보면 현지 상황을 정확히 파악하지 못하게 되어, 기존 모델과 현지 시장 사이에 존재하는 모순을 해소할 수 없게 되는 것이다.

셋째, 인지 부조화(Cognitive Dissonance)는 기존의 신념과 새 정보 간의 차이를 부정 혹은 합리화하는 것을 피한다(Kegley & Raymond, p.13). 기업은 BoP층을 대상으로 한 비즈니스를 해도 결국 실패하는 경우가 많았다. 기업 측은 첫 번째 시장 개척의 목적과 최종적으로 실패의 결과의 차이를 "합리화하는"것에서 피하는 것이 일반적인 반응이었다. 즉, BoP층의 사람들은 자사 상품을 소비하는 능력이 없기 때문이라고 판단한다. Landrum(2007)은 BoP층에서 소비의 증가는 필연적으로 지속적인 것이 아니고, 이러한 생각은 서구나 다국적기업의 성향을 보여주는 것이라고 주장하였다. 결과적으로 BoP층을 대상으로 한 비즈니스의 가능성을 포기하게 된다는 것이다.

이상의 세 가지 관점은 지금까지 기업이 BoP계층에 대한 오해를 가지는 원인은 무엇인지에 대한 설명이다. BoP층의 인구는 역동적으로 증가하고 있으며, 다국적기업에게 천재일우의 비즈니스 기회가 될 전망이지만, BoP 비즈니스에 대해서는 아직 오해도 많다. 기업측면에서는 고유한 고정관념이 BoP시장을 목표로 한 비즈니스 행동은 지지부진하다. 여기에는 비즈니스와 빈곤의 관계는 서로 어긋나는 관계 또는 자선적인 지원 관계로 끝나게 된다. 그러나 아시아, 아프리카의 인구는 폭증하면서 BoP층 전체로서의 구매력은 커져, 5조 달러의 세계적 소비 시장이 잠재되어 있다(Hammond et al., 2007). 앞으로 기업은 과거의 고정관념에 쌓여 있는 의식을 버리고 장기적인 관점에서 BoP 비즈니스에 대처하는 것이 필요하다. 또 BoP 비즈니스를 주변 사업으로 하는 것이 아니고 본업으로 받아들이도록 전략상의 변화도 요구된다.

BoP층에 속하는 사람들은 지구상에 40억 명이나 존재한다. 즉 전체 인류의 70%가 BoP층에 속해 있다고 볼 수 있다. 이러한 거대 시장을 BoP라는 용어로 뭉뚱그려버리는 데서 오해가 시작된다. 40억 명이나 되는 거대 시장에는 다양한 세계가 펼쳐지고 있다. BoP 시장에 어떠한 사업 기회가 숨어 있는지, 시장은 어떻게 형성되고 있는지 꼼꼼히 되짚어볼 필요가 있다. 따라서 기업은 BoP층의 시각을 바꾸지 않는 한, 미래 시장을 잃고 지속 가능한 발전을 할 수 없게 될 가능성도 있다. 이처럼 기업은 BoP층에 진출하는 것이 단순히 BoP층을 돕는 게 아니라, 오히려 기업에게 큰 장점을 얻게 된다.

지금 BoP층을 고객으로 설정해 사업 추진을 진지하게 고민하는 기업 및 사업형 NPO, 사회적 기업가가 계속 등장하고 있다. 특히 전 세계를 무대로 사업을 벌이고 있는 글로벌 기업들은 미래의 시장구조 변화를 예견하고, 이 거대 시장을 향해 발 빠르게 움직이고 있다.

## 2. 영리와 비영리 BoP 비즈니스의 차이

BoP 비즈니스에 진출하는 이해관계자는 영리를 목적으로 하는 기업과 비영리를 목적으로 하는 사회사업가가 있다. 본 절에서 이 둘 간의 차이점을 비교·분석하고자 한다. 즉 양자 간의 차이를 목적과 주제, 과제의 명확화, 현상 파악, 원인 분석 등 4가지 관점에서 살펴보고자 한다.

### 1) 목적과 주제의 차이

비영리 BoP 비즈니스의 목적은 "빈곤층 문제 해결에 의한 소득의 증가(빈곤 퇴치)"에 있다(Prahalad, 2005). 비즈니스의 도입은 빈곤층의 자립과 사회사업을 위한 수단이며, 이들의 목적은 빈곤의 감소에 있다. 영리 BoP 비즈니스의 목적은 개발도상국의 저소득층 시장 개척이며, 개발도상국의 비즈니스 기회에서 수익을 창출하는 것이다(天野, 2010). 따라서 영리 기업의 BoP 전략은 선진국이 중심이었던 글로벌 전략을 전제로 하여, BoP라는 새로운 시장의 발견을 의미한다.

### 2) 과제의 명확화

비영리 BoP 비즈니스가 필요한 이유는, 개발도상국의 빈곤 퇴치라는 목표에 대해 글로벌 경제원조 활동이 기대한 만큼 성과를 거두지 못하기 때문이다(菅原 2010). 비영리 BoP 사회사업가들의 접근방법은 정부기관 등으로 부터의 원조가 아니라, 현상과 현실감을 중시하는 BoP층과 호혜적 비즈니스를 기반으로 한 협력에서 출발한다. 대표적인 사례는 그라민은행을 통해 널리 알려진 소액금융이다. 저소득층에 '자선을 베푸는 것'이 아니라 '생활자금을 빌려 준다'(소액금융)는 개념으로 시작하였다., 돈을 빌려간 저소득층에게는 자금 상환의 의무가 부여된다. 반환하지 않아도 되는 개발 경제적 원조는 수혜자인 BoP층의 근로 의욕을 저하시켜, 더 나아가 BoP층을 나약하게 만들 우려가 존재한다. 이러한 사회사업가의 BoP 활동은 저소득층의 목소리에 귀를 기울이고, 그들의 요구에 성실하게 대응해 나가고자 하는 시민운동인 것이다. 빌 게이츠, 록펠러 등 유명한 기부가들은 정부의 도움 없이 민간의 힘으로 빈곤 퇴치 활동에 나서고 있다(五井平和財団, 2010).

## 3) 현상 파악

비영리 BoP 비즈니스의 핵심은 BoP층 가운데 가장 아래 부분에 위치하고 있는 하루 1달러 이하의 수입에 의존하여 생활하는 전 세계 12억 명의 저소득층(BoP)이다. BoP층은 현금 수입이 매우 적어, 그들에게 선택은 존재하지 않는다. 저렴한 가격, 그것도 상상할 수 없을 정도의 낮은 가격이 절대적인 조건이다. 또한 저가일뿐 만 아니라 품질과 서비스도 어느 정도 뒷받침되어야 한다. 지금까지 많은 상품개발자들이 BoP를 위한 제품 개발을 시도했지만, BoP층이 원하는 가격대를 맞춘 제품은 매우 드물었다(Smith, 2009, p.111). 그렇지만, 다농, 네슬러 등 선진국 기업들은 기존 제품을 개발도상국의 저소득층을 대상으로 한 브랜드를 침투시키는 마케팅 기법 중의 하나로 '소량 판매'를 적극적으로 추진하고 있다. 즉, 기존 제품의 품질, 성능 등을 저하시키지 않고, 제조원가를 낮추면서 패키지의 용량과 제품의 크기를 작게 하여, 개발도상국의 저소득층 및 더 나아가 중산층이 구매하기 쉬운 가격대로 판매하는 것이다.

또한 장기적으로 볼 때 현재 저소득층은 점차 소득이 증가함에 따라 중산층으로 편입될 가능성이 높기 때문에, 미래 잠재 고객을 확보한다는 의미에서 저소득층을 대상으로 한 비즈니스는 의미가 있다.

### 4) 원인 분석

비영리 BoP 비즈니스의 핵심 과제는 저소득층에게 자립의 의욕을 갖게 하는 것이다. 인도의 경우 카스트 제도 경우나 소수인종에 대한 각종 차별로 인해 사회적 진출이 막혀있는 경우도 있다. 이런 의미에서 비영리 사회사업가적 접근 방법은 저소득층에게 꿈을 심어 주고, 경제적으로 자립된 생활을 영위할 수 있게 함으로써, 사회 전체의 개혁을 지향하는 것을 목표로 하고 있다. 이러한 '사회 개혁에 대한 의욕', '근로에 대한 동기부여'를 비즈니스적 접근방법으로 이끌어내고 있다.

저소득층에게 경제적 자립의 기회를 주기 위해서는 초기투자가 필요하며, 소액금융은 그 대안 중의 하나이다. 국가나 지역에 따라 전통적인 금융 방식의 '계모임' 등도 도움이 된다. 이러한 소액 금융의 목적은 '기한을 한정'한 상환 의무를 갖게 하는 것이다. 기간 설정의 중요성은 목적·계획·실시·성과의 틀을 강하게 의식하면서, 자율적으로 행동하게 하는 습관을 심어준다. 일반적으로 개발도상국에서는 책임의식에서 남성보다 여성이 뛰어나다고 말한다.

여성의 자립과 창업은 하나의 틀로 이해할 수 있다.

<표 1-2> BoP 비즈니스에 대한 두 가지 접근방법의 비교

| 과제의 제시 | 사회사업가 접근방식(비영리) | 기업의 비즈니스 접근방식(영리) |
|---|---|---|
| 1. 목적과 주제 | 빈곤층의 문제 해결, 소득 증가 | 저소득층 시장 개척 및 수익 창출 |
| 2. 과제의 명확화 | · 국제원조 활동·개발경제학의 한계<br>· 경제 원조가 현지인의 자립심·근로 의욕을 감퇴시킴(동기 부여 상실)<br>· 사업가 마인드/인센티브의 도입(보람, 새로운 자본주의)<br>· 초기 투자·소액금융 등을 통한 위험분담의 구조만들기 (그라민은행 방식) | · 40억 명의 잠재적 시장 개척<br>· 개도국 대상 제품·서비스 개발 및 마케팅, 리스크 관리 체제 구축 (BoP·새로운 글로벌 경영 과제)<br>· 표준 품질의 제품과 서비스의 저렴한 제공<br>· 현지 시장에 밀착한 개발·생산·판매 체제 구축, 현지 사정에 적합한 SCM<br>· BoP시장 제품 및 서비스에 대한 혁신 발휘<br>· 현지 인재의 능력 개발(현지화를 통해) |
| 3. 현상 파악 | · 선진국 제품의 1/10~1/20의 가격이 아니면 판매가 곤란<br>· 빈곤층을 위한 제품 디자인(지속가능한 디자인)을 개발하지 않으면 생활환경을 파괴한다.<br>· 문맹 퇴치와 교육 수준을 고려한 제품의 사용 방법, 간단한 수리 방법이 필요 | · 경쟁사는 기존 제품을 기반으로 개량, 비용 절감, 공정 개선으로 대응하고 있음<br>· 개발도상국의 중산층 아래까지가 대상층<br>· 선진국의 1/2~1/3의 가격대 이하가 아니면 팔리지 않는다.<br>· 경쟁사는 빈곤층에 대해 소액으로 쓸 수 있는 상품으로 해당 브랜드 침투에 노력 |
| 4. 원인 분석 | · 현지인들은 어려움에 대처하려는 마음가짐, 계획성이 결여되어 있다(타인 의존성)<br>· 자신의 돈(부채)로 투자, 관리, 이윤획득의 경험이 없다(생존에만 집중)<br>· 간단한 기술조차 부족한 현상에서는 문제 해결은 어려움, 교육과 지식의 부족<br>· 농촌 여성은 근면하고, 규율적, 비즈니스를 할 능력이 있지만 사회적 제약이 많음. | · 선진국 시장을 중시하고, 개도국 시장을 경시해 왔음<br>· 선진국의 다국적 기업이 BoP시장에 주목하고 접근을 시작(부진의 위기의식)<br>· 유럽, 북미 시장의 성장률이 침체하고 있기 때문에 BoP 시장은 향후 희망적임<br>· 선진국의 공통 과제 '저출산 고령화', 내수 산업 부진으로 개발도상국에 진출할 수밖에 없음<br>· 젊은 사원은 영어 이외의 언어를 배우려고 하지 않음 |

두 집단 간의 가장 중요한 과제를 살펴보면, 사회사업가(비영리)는 자본주의 정신을 개발도상국의 빈곤층에 심어 주어 경제적 자립(GDP의 형성)을 추구하며, 그 수단으로 비즈니스 기법을 보급한다. 적극적인 자원 봉사 인재를 발굴하여 교육하고, 해외 파견하는 구조를 만든다. 또한 개발도상국의 유학생을 기용, 그들을 자국의 빈곤 퇴치에 기여하도록 동기 부여한다. 이에 비해 기업(영리)은 저가격, 저 품질의 제품 개발에 누가 대응할 것인가에 대해 최고경영자의 리더십, 투자자의 BoP 전략의 승인·지지를 얻기 위한 기업홍보(IR) 활동이 필요하다. 개발도상국에서의 성과를 평가하고 근무평정에 반영시키는 평가 시스템을 어떻게 개발할 것인지 등에 대한 연구가 필요하다.

## 3. BoP 비즈니스, CSR, 소셜엔터프라이즈와 비교

현재 BoP 비즈니스에 대한 관심이 높아지고 있고, BoP 비즈니스에 대한 기업 전략의 접근방법을 비롯해 다양한 논의가 이루어지고 있다. 확실히 BoP 비즈니스는 기업전략의 혁신적인 접근방법으로 인정되어, 개발도상국 진출 모델로서 논의되고 있다. 그렇지만, BoP 비즈니스를 추진하는 입장에서 보면 "이윤을 얻고 빈곤을 줄인다."는 기본 원리 자체는 새롭지 않다는 견해도 있다(Landrum, 2007; Walshe et al., 2005; Kamal, 2010.). 특히 경영학 분야에서 개발도상국의 사회적 과제 해결을 목표로 한 사업 방향으로 전략적 CSR(기업의 사회적 책임)과 소셜 엔터프라이스(사회석 기업)의 영역을 생각할 수 있다. 이하에서는 전략적 CSR과 소셜 엔터프라이즈에 대해 검토한 후, BoP 비즈니스와의 관련성에 대해 살펴본다.

## 1) 전략적 CSR과 BoP 비즈니스

CSR의 연구는 1950 년대까지 거슬러 올라간다. 기업 시민, 기업의 지속적인 책임, 기업 책임 및 기업의 사회적 성과를 포함한 총괄적인 용어로 널리 사용되고 있다. 1970년대 후반에 들어서면 단순한 자선 활동이 아니라 잠재적인 사업 기회를 기본으로 하는 이론이 주목받기 시작했다.

데이비스 & 블룸스톰(K.Davis & R.Blomstorm)의 "비즈니스와 사회"에서는, 사회적 문제는 이익이 될 수 있다는 점을 역설하여, 많은 사회적 문제는 기업의 혁신 능력에 따라 이익을 만들어 낸다고 주장하였다(Keith Davis & Robert L.Blomstrom, 1975). 현재 전문 분야로의 CSR은 글로벌 비즈니스 경쟁이나 시민 사회와 기업 거버넌스가 증가하면서 주목을 받고 있다(Andrew al., 2008, pp.3-15).

한편, CSR의 중요성이 높아지는 요소로서 지난 10년간 사회적책임투자(SRI)가 상당히 증가해 온 점도 있다(전게서, pp.249-280). 또한 전문적인 CSR 관련 컨설턴트 활동 및 봉사 단체가 증가하고 CSR의 실천을 세계적으로 제도화 조화시키는 것을 목표로 하여, CSR 규범, 모니터링, 감사 및 보증의 역할이 급속히 퍼지고 있다. 정부 간 조직도 CSR에 대한 투자를 장려를 통해 사회에 좋은 영향을 미치는 기업을 공표하고, 또한 그 CSR 수단을 공공 정책으로 도입하는 사례가 늘고 있다. 또한 다양한 활동가와 NGO는 단순히

CSR을 촉진뿐만 아니라 비판적인 관점에서 CSR 규범을 형성해왔다(전게서, pp.3-15).

CSR을 둘러싼 다양한 논의 중 "본업을 통해 사회에 공헌한다."는 전략적 CSR가 주목받기 시작했다. 전략적 CSR은 "선량한 기업시민", "가치 사슬의 악영향의 완화"에서 한 걸음 내 디딘 사회와 기업에 대한 영향도가 높은 장점을 가지고 활동에 집중하는 것을 의미한다. 전략적 CSR의 경우 "내부에서 외부로의 영향"과 "밖에서 안으로의 영향"을 둘 다 포함된다. 여기에 "공통의 가치'"를 실현하는 기회가 숨어 있다(Porter & Kramer, 2006).

포터 & 크레이머의 논문 "경쟁우위의 CSR 전략"에서 네슬레의 전략 사례를 들고 있다. 네슬레는 소규모 농가와의 직거래를 바탕으로 우유 집하 장소를 마련해 농민들을 교육시켜, 높은 기술을 도입하는 방식을 통해 "본업을 통해 이익을 준다."에 이어져 네슬레도 성공 지역 사회도 번영하는 윈윈관계가 형성되었다.

많은 기업들이 BoP층에서 빈곤층의 건강문제, 수질문제 등을 해결하는 것을 자사의 CSR 활동의 일환으로 생각해왔다. 이를 위해 BoP층에 상품을 무료로 제공하고 돈을 기부하는 기업활동을 실시해 왔다. 하지만 이러한 활동은 BoP층의 빈곤 문제를 일시적으로 완화할 뿐이지 이들의 구매력을 증가 시키지는 못한다. 즉 새로운 시장의 형성으로 이어지지는 않는다. 이것은 BoP 시장이라는 거대한 넥스트 마켓을 무시하는 결과로 이어진다.

반면 능동적 BoP 비즈니스는 지속 가능한 비즈니스 관점에서 출발하여 시장 원리를 도입하고 현지에서의 비즈니스 환경을 전제로 성립되는 모델이다. 또한 공동 디자인, 원재료 생산, 소매 판매, 배송 등의 일련의 가치연쇄 속에서 기업 활동을 하는 것으로, 기업과 BoP층에 공통 가치를 실현하는 기회를 제공해 준다. 능동적 BoP 비즈니스는 BoP 버전 1.0, BoP 버전 2.0을 모두 포함한다.

수동적 BoP 비즈니스(예를 들어, 전략적 CSR)를 넘어 능동적 BoP 비즈니스(BoP 버전 1.0, 2.0)로 발전하는 것은 기업에게 많은 혜택을 가져다주고, 더 나아가 비즈니스를 통해 저소득층의 빈곤 문제를 완화하는 시발점이 된다. 전략적 CSR의 수동적인 BoP 시장 진출과 대비시켜, 능동적 BoP 비즈니스를 비교한 것이 <표 1-3> 이다.

<표 1-3> 수동적인 전략적 CSR과 능동적 BoP 비즈니스 프레임워크 비교

| | 수동적 비즈니스 | 능동적 비즈니스 | |
| --- | --- | --- | --- |
| | 전략적 CSR | BoP 버전 1.0 | BoP 버전 2.0 |
| 목적 | 이해관계자에 대처 | 영리 추구 | 이익을 올리고 빈곤 문제를 해결하면서 사회 혁신 |
| 주력 사업과 관련성 | 주변 사업 | 본업 | 본업 |
| 현지 사람들과 연결 포인트 | 일시적 지원 | 고객화 | 비즈니스의 이해관계자로서 공동창조 |
| 가치사슬과 관련성 | 배달 | 소매판매, 배달 | 공동디자인, 원재료 생산, 판매, 배송 |
| 경쟁강도 | 없음 | 높음 | 높음 |
| 이익 | 없음 | 있음 | 있음 |
| 비즈니스모델 | 지원형 | 시장주도형 | 생산주도형 |

전략적 CSR(수동적 비즈니스)에 비해 능동적 BoP 비즈니스는 기업이 BoP 시장의 잠재 능력을 발견하고 BoP층의 다양한 사회 문제를 현지인을 이해관계자로 편입하여 공동창조를 하는 것이다. 기업은 BoP층을 대상으로 한 새로운 시장으로 개발하기 위해 BoP 계

층에 대해 일련의 기업 활동을 한다. BoP층 요구의 정확한 파악 →
BoP층의 사람들과 공동으로 제품 디자인(BoP 버전 2.0) → 원재료
생산·제품 생산(BoP 버전 2.0) → 소매 판매·배송 (BoP 버전
1.0) → BoP층의 고객에게 판매(BoP 버전 1.0) 이라는 과정을 통
해, 결과적으로 BoP층의 요구를 충족하고 현지 고용을 창출하고
사람들의 수입을 올리고 빈곤 문제를 완화한다. 이러한 일련의 기
업 활동은 BoP 계층의 사회적 요구를 충족함과 동시에 기업에게도
큰 혜택을 주게 된다. 이를 통해 직원은 일하는 자부심, 만족도가
향상되고 효율성에 연결된다. 투자자들의 지지를 획득하고 주가 안
정 상승도 기대할 수 있다. 고객 만족도가 향상되고 매출이 증가한
다. 거래처로부터 신뢰를 얻고 지속적인 거래를 할 수 품질향상과
비용절감을 실현한다.

이상과 같이, CSR 및 BoP 비즈니스 관계를 동일시할 수 없다.
오히려 BoP 비즈니스가 전략적 CSR의 발전형으로 진화해 온것으
로 생각된다. 기업이 개발도상국 BoP층을 대상으로 사업을 진행하
면서 현지인들의 생활 개선을 달성하는 것은 사업과 빈곤 감소의
양립을 목표로 사회적 과제의 해결에 공헌하는 것이다. 이 개념은
"본업을 통해 사회에 공헌한다."는 전략적 CSR의 연장선이라고 볼
수 있다.

## 2) 소셜 엔터프라이즈와 BoP 비즈니스

전략적 CSR이 이익을 확대하기 위해 CSR이 어떻게 사용되는지
에 대해 검토하고 있는데 비해, 소셜 엔터프라이즈(사회적 기업)는
NGO의 전통적인 구조 속에 수익 창출을 위한 비즈니스 모델을 어

떻게 통합하는지에 대해 검토하고 있다(Lounsbury & Strang, 2009). 소셜 엔터프라이즈에 관해서는 1980년대에서 1990년대 이후 새로운 스타일의 기업과 NGO·NPO가 다양한 영역에서 활약하기 시작했다. 그것은 현재의 사회 경제시스템에서 로컬·글로벌 커뮤니티가 안고 있는 다양한 문제 특히 복지, 환경, 빈곤, 건강, 커뮤니티 재개발 등의 영역에서 여러 문제에 대해 해결을 과거와 같이 정부·행정기관에 의존하는 것이 아니라, 더 나아가 그 교착 상태를 벗어나기 위해 사회적 기업가가 새로운 아이디어와 방법을 제시하고 사업으로 대처해가는 것이다. 새로운 도전에 직면하는 가운데, 사회적 기업가 정신을 가지고 기업이나 NPO 등 조직을 만들어, 새로운 방법을 통해 문제 해결에 노력하고 있다.

소셜 엔터프라이즈를 둘러싼 다양한 논의에서 일반적 사업과 소셜 엔터프라이즈 경계는 아직 명확하지 않다. 이익 중심 조직과 소셜 엔터프라이즈 사이에 폭넓게 유사성이 존재하고 있지만 순수한 영리 기업은 소셜 엔터프라이즈는 아니라고 오스틴 등(Austin et al.)은 강하게 주장하고 있다(James Austin et al., 2006). 오스틴에 따르면, 일반 영리 기업은 새로운 고성장을 위한 기회에 초점을 맞추고 있는 반면, 소셜 엔터프라이즈는 사회적인 역할을 완수하기 위해 다양한 이해관계자에게 잠재적으로 가치 있는 경쟁 우위를 규명하고, 조직적인 지원 아래 충분한 서비스를 받지 못한 지역의 기본 요구를 충족하는 것을 목표로 하고 있다.

따라서 소셜 엔터프라이즈 및 BoP 비즈니스는 서로 다르지만 겹치는 부분도 있다. BoP 비즈니스는 소셜 엔터프라이즈가 빈곤층에서 실시하는 활동의 영리 버전이고, BoP 비즈니스를 하려면 반드시 소셜 기업가정신을 가져야 한다.

이상과 같이, BoP 비즈니스의 개념은 전략 사업(CSR)과 사회 공헌(소셜 엔터프라이즈)의 단순한 융합이 아니다. 전략적 CSR은 중요한 사회적 책임을 논하고 있으며, 기업 자원으로서 관심있게 지켜봐야 할 분야로 여겨진다. 취급한다. 소셜 엔터프라이즈는 NGO · NPO의 전통적인 기반 하에서 수익 창출을 위한 비즈니스 모델의 통합 전략을 습득하게 해준다(Kamal.M et al., 2010, p253).


## 4. BoP 비즈니스의 유형화

### 1) BoP 비즈니스의 4가지 유형

BoP 비즈니스는 비즈니스 분야의 하나의 이론으로 최근까지 주목받고 발전해왔다. BoP 비즈니스는 CSR과 소셜 엔터프라이즈와 비슷하지만, 같지는 않다. 현재 BoP 비즈니스 개념 정의 및 범위는 아직 모호하다. BoP 비즈니스의 유형도 다양하고, 모든 BoP 층에 적응하는 유일한 최선의 패턴이 존재하는 것은 아니다. 이하에서는 BoP 비즈니스의 유형화에 대한 의견을 검토하기로 한다.

프라할라드와 하트가 BoP 비즈니스 개념을 주창하고 BoP 시장이 새로운 시장, 거대한 잠재적인 기회가 숨어 있다는 점에 주목하고 나서 10년이 경과하고, BoP 비즈니스를 둘러싼 논의는 "selling to the poor"에서 "working with the poor"로 발전해왔다. 또한 카말 등(Kamal et al.)은 "BoP층에서 사는 사람들이 더 풍부한 지식을 배우고 우수한 기술을 몸에 익히면 경제발전을 위해 BoP층 통합의 수준을 높여 빈곤 완화에 연결될 것이다"(Kamal et al., 2010, p.266)며, BoP 비즈니스를 다음 4개의 그룹으로 구분하고 있다. 즉, 시장 주도형, 유통 주도형, 생산 주도형, 지식주도형의 4가지이다. 네 가지 유형은 <표 1-4>와 같이 표시되어 있다.

<표 1-4> BoP 비즈니스의 유형

| 비즈니스 유형 | 시장주도형 | 유통주도형 | 생산주도형 | 지식주도형 |
|---|---|---|---|---|
| BoP비즈니스 구성 | 최종사용자 피드백: 시장조사에 참여 | 소매판매: 배송 | 원자재 생산: 상품생산 | 연구&개발: 특수생산 |
| 다국적기업의 투자 비율 | 극소 | 적음 | 중간 | 높음 |
| 정부의 참가 | 규제 | 규제 | 규제·공동창조 | 공동창조 |
| 기업전략상 위치 | BoP버전 1.0 | BoP프로토콜 1.0 | BoP버전 2.0 | BoP프로토콜 2.0 |

자료 : Kamal. et al.(2010), "Beyond the hype : Taking business strategy to the 'Bottom of the pyramid', "Advances in Strategic Management, Vol. 27, p.266을 바탕으로 정리

시장 주도형은 제품을 판매하기 위해 BoP 계층의 소비자에게 피드백을 통해 최종사용자의 요구를 파악하여 제품을 수정하는 행동이다. 그러나 시장 원리는 수동적으로 BoP계층의 소비자를 관찰하는 것만으로, 현지 사람들이 직접 기업의 생산 사슬(네트워크)에 참가하는 것은 불가능하다. 이와 같이 BoP층의 관찰 행동이 중심이된다는 점에서 다국적 기업의 투자도 적은 수준에 머물게 된다. 이단계에서의 기업 전략은 BoP 버전 1.0으로 자리매김한다.

유통 주도형은 현지 사람들을 직접 고용하여 생산 사슬에 참여시킨다. BoP 계층의 사람들은 현지의 유통 채널에서 활약하고, 소매판매·배송 업무에 종사하고, 기업의 지원 없이도 성공에 연결된다. 그러나 유통 주도형은 스킬(전문성)이 없어도 고용되어 기본적인

스킬에서 새로운 스킬로 전환에는 연결되지 않는다. 기업은 투자의 측면에서 현지인을 고용한다. 그러나 스킬이 없다는 점에서 BoP층의 고용이 다른 사람으로 대체하기 쉽다는 것을 의미한다. 따라서 다국적 기업의 투자는 낮은 수준으로 평가된다. 이 단계에서의 기업 전략은 BoP 프로토콜 1.0으로 평가된다.

생산 주도형은 현지 사람들을 원료 공급자로 고용하기 위한 것이다. 현지 사람들은 기존의 스킬을 사용할 수 있으며, 또한 그들은 기업 측으로부터 기술을 흡수하고 기존의 스킬을 한층 향상시킬 수 있다. 다국적 기업은 현지의 사람들에게 더 효율이 높은 기술을 가르치면, 이와 같은 투자는 중간 수준에서 자리매김한다. 그러나 원재료 생산은 BoP층의 잠재적 능력의 가치를 극대화하고, 생산 사슬의 지식 인센티브 영역에 도달하는 데 불충분하다. 이 단계에서의 기업 전략은 BoP 버전 2.0으로 자리매김한다.

지식 주도형은 보다 고차원의 지식 인센티브 분야에서 생산 사슬의 고부가가치를 요구한다. 예를 들어, 연구개발, 특수생산을 생각할 수 있다. 동시에, 기술적인 지식은 다국적 기업의 투자 수준을 높이 요구하고 있다. 이 단계에서 기업 전략은 BoP 프로토콜 2.0에 위치한다. 또한 BoP층에서 정부 기능이 과도하게 발휘되면, BoP 비즈니스의 성공률이 높아진다고 생각된다. 따라서 정부가 어떻게 참여해야 하는지에 관해서도 4개 그룹마다 달라진다.

시장 주도형 BoP 비즈니스는 BoP층에서 지식을 수집하지만 약간의 스킬을 현지에 제공하고, 수익을 반환하는 착취적인 수단으로 간주된다. 따라서 이 수준에서 현지 정부는 기업에 최소한의 현지 고용을 주구하고, BoP층을 다국적 기업의 생산사슬에 편입하려는 규제를 실시해야 한다.

유통 주도형 BoP 비즈니스는 기본적으로 현지 인력을 고용하지만, 저임금으로 착취적인 노동력을 추구할 가능성이 있다. 또한 스킬이 부족한 노동력의 고용 가능성이 높기 때문에 충분한 기회를 BoP층에 제공할 수 없다. 따라서 현지 정부는 사업이 BoP층의 잠재 능력을 얻을 수 있도록 훈련 프로그램을 지원하는 규제를 할 필요가 있다.

생산 주도형 BoP 비즈니스는 다국적 기업은 이미 현지인을 공급 사슬로서 취급, BoP층의 스킬을 살려 새로운 스킬을 만드는 일을 하고 있다. 이 경우 현지 정부가 기업과 협력하여 안정된 공급 업체를 육성하기 위해 현지 사람들에게 훈련과 스킬의 지원을 촉진하고 기업과 현지인들의 적절한 계약을 하는 규제를 실시한다. 지식 주도형 BoP 비즈니스는 고 부가가치의 성공 가능성을 높이기 위해 현지 정부와 기업이 상호 보완적인 관계가 성공을 위해 서로 협력한다.

## 2) BoP 비즈니스의 향후 과제

프라할라드와 하트가 BoP 비즈니스 개념을 주창한 후 10년간 BoP 비즈니스를 둘러싼 논의가 다양하게 이루어져, BoP 비즈니스 전략의 초점은 "selling to the poor"에서 "working with the poor"로 이동하고, 가치 공창이 요구되게 되었다. 이 절에서는 BoP 비즈니스 연구의 역사를 거슬러 BoP 비즈니스의 발전 경위를 설명했다. 향후 과제로는 다음과 같은 점을 생각할 수 있다.

BoP 비즈니스 기업 전략이 "기존의 신흥시장 개발 비즈니스 모델에서 BoP 프로토콜 2.0으로 완전히 바뀌는 것은 아니다."라는 점이다. BoP 시장에서는 제국주의적인 비즈니스 모델이 여전히 존재하고 BoP 버전 1.0, BoP 프로토콜 1.0, BoP 버전 2.0, BoP 프로토콜 2.0이 공존하는 상태이다. 지속가능한 발전을 목표로 세계를 대상으로 비즈니스를 펼치는 기업은 어떻게 하면 BoP 프로토콜 2.0을 실현할 수 있는지에 대해 더 많은 실증 연구가 필요하다. 또한 BoP 비즈니스의 발전은 대기업, 중소기업, 소기업, NPO·NGO, 정부 등이 적극적으로 연계하여 협력하는 것이 필수적이다. 이러한 연계 방향에 대해 추가 연구가 필요하다.

## 5. BoP 비즈니스의 진화

### 1) BoP 비즈니스의 진화 방향

하트(Hart, 1997)와 프라할라드(Prahalad, 1998)가 발표한 논문 "경제 파라미드의 최하층에 대한 관심"을 BoP 연구의 시작점으로 본다면, 프라할라드와 하트(Prahalad & Hart, 2002)가 발표한 논문에서 BoP 비즈니스 개념을 등장시키는 계기가 되었다. 프라할라드(Prahalad, 2004)가 발표한 저서에 의해 BoP 비즈니스의 논의는 정절에 도달하였다. 이 저서의 핵심 아이디어는 "selling to the poor"이며, 마케팅의 관점에서 특히 이익 지향이라는 점에서 BoP 버전 1.0이라고 부른다. 다수의 비판론자들은 BoP 버전 1.0에 대해 심각한 의문을 제기하고 있다. 그러나 이러한 심각한 의문이나 반발은 BoP 비즈니스 이론의 발전의 원동력이 되었다.

그 후 하트(Hart, 2007)는 BoP 버전 1.0을 쇄신하고 BoP 버전 2.0으로 진화시켰다. 그 주요 아이디어는 "working with the poor" 이며, 기업이익과 현지사회에 공헌의 호혜적 관점에서 출발하여, 핵심을 공동 창조가치로 전환시켰다. 그 후 프라할라드(Prahalad, 2010)는 BoP 비즈니스 발전의 경로가 이익 지향에서 적절한 사회 지향 변천해가는 점을 명백히 하였다. 하트(Hart, 2007, p.257)는 지금까지 BoP 버전과 향후 요구되는 BoP 버전을 <표 1-5>와 같이 정리하고 있다.

<표 1-5> BoP 비즈니스 기업 전략

| BoP 1.0 | BoP 2.0 |
|---|---|
| · 가격 변경<br>· 패키지 변경<br>· 저비용 생산<br>· 유통 확대<br>· 세계의 NGO와 제휴<br>　→ 빈곤층의 고객화 | · 깊은 대화<br>· 우선순위를 변경<br>· 능력 개발<br>· 도약 솔루션<br>· 현지 파트너의 에코 시스템<br>　→ 상호 가치의 창조 |

자료 : Hart(2007), p.257

## 2) BoP 비즈니스 1.0

프라할라드의 초기 BoP 비즈니스 견해는 전형적인 BoP 버전 1.0이다. 이것은 BoP층에서 생활하고 있는 사람들에게 그들이 살 수 있는 가격대의 제품을 제공함으로써 매출을 올린다는 개념이다. 'selling to the poor' 혹은 '빈곤층의 고객화'를 키워드로 한 개념이다. 글로벌 다국적 기업의 대부분은 혁신적인 비즈니스 모델을 채택하는 대신 기존의 비즈니스 모델을 단편적으로 적용하려고 했다. 즉 기존 제품을 소량 포장을 하거나 기존 제품의 판매 채널을 빈민가와 농촌 지역으로 확대한 것뿐이다. BoP 시장의 각 개인의 소비량은 적지만 총량은 크다. 따라서 '저변 시장 확대에 큰 잠재력이 있고, 이 기회를 놓칠 수는 없다'라는 것이었다. 프라할라드와 하트(Prahalad & Hammond, 2002, p.49)가 '피라미드의 최하층에 잠자는 부(Fortune at the Bottom of the Pyramid)'라는 말을 주장한 이래, 이 주제에 대한 논의가 활발하게 일어났다.

### (1) BoP 버전 1.0에 대한 비판

BoP 비즈니스 1.0을 둘러싸고 다양한 논의가 진행되었다. 그중에서도 프라할라드(Prahalad, 2004)에 대해서는 여러 회의적인 시각(Walsh, Kress and Beyerchen, 2005; Landrum, 2007; Karnani, 2007)이 나타났다. 카르나니(Karnani, 2007)는 BoP 비즈니스에 대한 비판의 대표적 연구자이다. 그는 프라할라드(Prahalad, 2004)의 BoP 비즈니스에 대한 설명에 포함된 오류를 상세하게 지적하였으며, 프라할라드(Prahalad, 2004)가 주장하는 BoP 계층은 선진국 기업에게 유망한 소비 시장이라는 견해를 비판하였다. 그는 BoP층을 소비자가 아닌 생산자·공급자로 파악하는 것이 우선 순위가 높다고 주장하고 있다. 카르나니(Karnani, 2007)는 기업이 BoP 계층에서 생산 요소를 현지 조달하고 현지에서 BoP 층을 고용하고 제품을 제조하여, 그 제품을 그 나라 시장의 중간·부유층에 판매하거나 또는 다른 신흥국과 선진국 시장에 수출하는 비즈니스 모델을 예로 들고, 이 모델이 BoP의 수익 기회창출에 효과적이라고 주장한다. 카르나니(Karnani)를 시작으로, 많은 비판들도 프라할라드의 BoP 비즈니스 이론에 의혹의 시선을 보냈다. BoP 비즈니스는 CSR

의 일부라고 생각하는 연구자도 있다(Hopkins, 2005). 다국적 기업은 BoP층의 기본적인 요구를 경시하고 사치품을 제공해야 하는 것인가에 대한 의문도 있었다(Bendell, 2005; Karnani, 2007). BoP층의 요구를 기업이 결정하는 입장에 있기 때문에 매우 서양적인 자기중심주의를 반영하고 있다고 생각하는 연구자도 있었다(Landrum, 2007). BoP 비즈니스 윤리 경영을 중시해야 한다는 비판도 존재하였다(Hahn Rodiger, 2009; Karnani, 2007). BoP 1.0 비즈니스 이론을 둘러싼 비판적 관점은 <표 1-6>과 같이 정리할 수 있다.

<표 1-6> BoP 1.0에 대한 비판

|  | 세부 항목 | 주요 연구자 |
|---|---|---|
| 비즈니스 관점 | BoP 비즈니스는 CSR의 일부분이 아닌가? | Hopkins, 2005. |
|  | 다국적 기업이 BoP 시장에 적합한 것인가? | Karnani, 2007. |
|  | 다국적 기업은 기본적인 니즈를 경시하고 사치품을 제공해야 하는가 ? | Bendell 2005; Karnani, 2007; Landrum 2007. |
| 시장의 관점 | 시장 규모의 산출에 문제가 있다. | Karnani 2005. |
|  | BoP층은 잠재적인 구매력을 가진 것인가? | Karnani 2005; Karnani 2009. |
| 사회적 관점 | 단지 판매만으로 BoP에서 사는 사람들의 생활수준을 바꿀 수 있을까? | Bendell 2005; Karnani, 2007 |
|  | 프라할라드의 BoP 비즈니스는 정부의 역할을 약화시키는 것은 아닐까? | Karnani 2009; Landrum |

<표 1-6>에서 알 수 있듯이, BoP 버전 1.0에 대한 비판적 시각은 크게 세 가지 종류로 나눌 수 있다. 즉 비즈니스의 관점에서 비판,

시장의 관점에서 비판, 그리고 사회적 관점에서의 비판이다. 이러한 논의에 따라 BoP 비즈니스의 연구 영역이 단순히 비즈니스 연구뿐만 아니라 많은 인접 부문과 복잡하게 얽혀, 상호간에 관련되고 있는 점을 확인할 수 있다. 따라서 BoP 비즈니스 사상을 추진하기 위해서는 다방면의 조사, 복합적인 견해가 필요할 것으로 생각된다. BoP 버전 1.0의 새로운 전개가 필요하다는 것을 보여준다.

### (2) BoP 비즈니스 이론의 전환 - BoP 프로토콜 1.0

코넬대학의 '지속가능 기업 센터(Center for Sustainable Enterprise)'는 2004년 BoP 비즈니스를 추진하기 위한 지침으로 BoP 프로토콜 1.0을 만들었다. 코넬대학은 BoP 비즈니스 관련 분야(인류학, 사회사업론, 인문지리학 등), 방법론(참여형 농촌 조사법, 민속지학 등)을 기반으로 프로토콜의 과정을 세 가지 활동 단계로 구분하고 있다. 1단계는 상호 간 대화를 통해 현지의 요구, 능력, 사업 기회를 공동으로 발굴하는 것이다. 2단계는 공동 창조된 비즈니스 개념의 실현에 필요한 지역 사회와 현지 파트너와의 상호 호혜적 관계를 구축하는 것이다. 3단계는 모든 구성원에게 지속가능한 가치를 가져다주는 점에 역점을 두는 것이다. BoP 프로토콜 1.0은 '빈곤층'을 '고객화' 하는 단계에서 진일보하여 현지에서 다차원적 대화를 통해, BoP 고객에 대한 정보를 수집하고, 그들의 요구를 충족시키는 단계로 전환했다. 그러나 BoP 프로토콜 1.0은 제품·서비스의 소비자로서의 BoP층에 역점을 두고, 마케팅 기법을 개발하는 것이었기 때문에, 다수의 한계점을 내포하고 있다.

## 3) BoP 버전 2.0

BoP 버전 1.0이 가지고 있는 다수의 한계점으로 인해 다양한 비판을 받았다. 따라서 기업을 통해 저소득층의 빈곤 완화의 대책을 활성화 시키려면, BoP 버전 2.0, 즉 '상호가치의 창출'로 전환하는 것이 필요하다. BoP 버전 2.0에서 필요한 것은 현지의 목소리에 귀를 기울이면서, 깊은 대화를 나누는 것이다. 이를 통하여 다양한 이해관계자를 파트너로서 끌어들여, 현지 파트너와 신뢰를 바탕으로 지속가능한 네트워크를 구축할 필요가 있다. BoP시장으로 진출하기 위해서는 비즈니스의 '공동 개발'과 '상호 가치'의 창조가 필요하다(Hart, 2007).

### (1) BoP 버전 2.0의 발전 과정

하트(Hart)는 BoP 비즈니스 개념의 주창자의 한 사람으로서, BoP 비즈니스에서 저소득층을 비즈니스의 공동 창조자로서 바라보고, BoP 버전 1.0을 발전시켰다. 그의 저서 『Capitalism at the Crossroads(2007)』을 통해 지속가능성과 관련된 과제인 환경문제와 빈곤문제에 중점을 두고, 비전을 가지고 지속적인 개선이 아닌 창조적 파괴를 주장하고 있다. 그는 근본적으로 변하지 않으면, 아무리 개선, 개량을 해도 일시적인 미봉책에 지나지 않는다는 점을 강조하고 있다. 하트는 BoP 비즈니스에 대한 몇 가지 주제를 다음과 같은 순서로 재구성하고 있다. "하위층으로 대약진(2002)" → "기업의 틀을 넓히기 위해 현지 이해관계자와의 제휴(2004)" → "신흥 시장을 위한 최신 프로젝트 : 다국적기업 모델을 뛰어 넘기(2004)" → "현지화 능력을 익힌다(2005)"의 순서가 발전시켜 왔다. 이러한 과정을 통해 BoP 1.0이 파괴적 혁신이 이루어져, BoP 2.0으로 진화되고 있는 것이다.

## (2) BoP 버전 2.0의 새로운 진화 - BoP 프로토콜 2.0

BoP 버전 2.0에서는 저소득층을 '고객화'하는 점에서 한 걸음 더 나아가, 저소득층을 파트너로 취급하고, '상호 가치의 창조(co-creating mutual value)'를 강조하고 있다. 그 후 2008년 코넬대학의 '지속가능 기업연구센터'는 'BoP 프로토콜 2.0'을 발표하고, 비즈니스 및 저소득층의 관계성을 보다 폭넓게 파악하고, '비즈니스 소비자로서의 저소득층'이 아니라 '비즈니스 이해관계자로서의 저소득층'을 바라보고 있다.

위에서 살펴본 바와 같이, 1997년부터 현재에 이르기까지 BoP층에 대한 기업 전략의 발전 경로를 살펴보면 다음과 같이 정리할 수 있다. BoP 비즈니스 기업 전략이 기존 신흥 시장에서 비즈니스 모델, 즉 자본시장 경제적 사고방식의 경영을 넘어서, BoP 버전 1.0에 진입하였다. 이윽고, BoP 비즈니스의 사고의 틀 전환을 통해 BoP 프로토콜 1.0이 만들어졌다. 이어서 BoP 버전 2.0으로 진화하고, 마지막으로 BoP 프로토콜 2.0으로 발전해 온 것이다.

## (3) 소 결론

본 절에서는 BoP 비즈니스에 대해 그 개념과 진화에 대해 다음 다섯 가지 사항을 분석하였다. BoP 비즈니스에 접근하는 방법, BoP 비즈니스의 참여자 비교(영리 및 비영리), BoP 비즈니스와 전략적 CSR의 차이점, BoP 비즈니스가 BoP 1.0에서 2.0으로 진화하는 과정을 설명하였다.

한편, BoP 비즈니스에 대한 기업의 전략이 기존 신흥시장의 개발 비즈니스 모델에서 BoP 버전 2.0으로 완전히 바뀌는 것은 아니다. BoP 시장에서는 자본시장 경제적 비즈니스 모델이 여전히 존재하고 있으며, 더 나아가 BoP 버전 1.0, BoP 프로토콜 1.0, BoP 버전 2.0 BoP 프로토콜 2.0이 다양한 형태로 공존하는 상태이다. 지속 가능한 세계의 발전을 위해, 기업은 어떻게 하면 BoP 프로토콜 2.0을 실현할 수 있는지에 대해, 좀 더 실증적인 연구가 필요하다. 또한 BoP 비즈니스의 발전에는 정부, 대기업, 중소기업, 소기업, NPO·NGO 등이 적극적으로 연계하여 협력하는 것이 필수적이다.

# 2장 전 세계 BoP층 실태

## 1. 전 세계 BoP층 현황

### 1) 전 세계의 인구 구성 변화

세계 인구의 변화 추세를 살펴보면, BoP 비즈니스의 성장 가능성이 두드러진다. 유엔(UN)에 따르면, 2012년 전 세계 인구는 72억 명을 넘어섰다. 세계 주요 지역별로 인구 구성을 살펴보면, 아시아 인구가 가장 많았고, 2050년 52억 명에 이를 것으로 추정된다. 또한 아프리카 인구 증가도 두드러져, 2011년 10억 명에서 2100년에는 36억 명으로 증가할 것으로 전망되고 있다. 이에 비해 유럽, 북미, 라틴 아메리카, 오세아니아 등의 인구 증가는 완만한 추세를 보이고 있다.

글로벌화가 진행되고 있는 지속 발전성의 관점에서 살펴보면, 인구가 증가하는 지역에서는 시장 규모도 더불어 확대되는 것을 예상할 수 있다. 따라서 향후 아시아·아프리카 시장은 기업에게는 차세대 신시장이고, 새로운 비즈니스 경쟁의 장이 될 것이다. 또한 아시아, 아프리카 개발도상국에서는 대부분의 현지 주민이 연간 3,000달러 이하의 열악한 삶을 영위하고 있다.

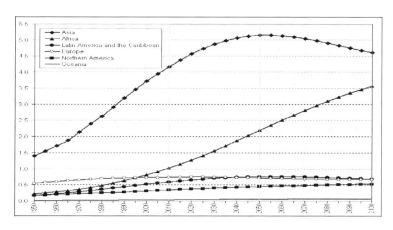

자료 : UN, World Population Prospects, the 2010 revision(2011년 4월 15일 접속)
http://esa.un.org/unpd/wpp/Analytical-Figures/htm/fig_2.htm

<그림 1-4> 1950년 - 2100년까지 세계 주요지역의 인구 구성 변화(단위 : 10억 명)

UN에서 실시한 조사에 따르면, BoP 인구는 아시아 전체 인구의 83.4%를 차지하고 있다(표 1-7). 그중에서 방글라데시는 인구의 100%가 BoP층이며, 인도는 98.6%, 중국은 80.8%에 이른다. BoP층 소득은 아시아 전체 총소득의 41.7%를 차지하고 있다. 그리고 아프리카의 BoP 층은 아프리카 전체 인구의 95.1%를 차지하고 있다. 그중에서 말리, 나이지리아, 잠비아, 탄자니아에서는 BoP의 비율은 100%인 것으로 나타났다. 아프리카 BoP층의 소득은 아프리카 총소득의 70.5%를 차지하고 있다.

<표 1-7> BoP층의 인구와 소득

| BoP인구와<br>소득<br>지역 | BoP인구<br>(단위:<br>백만 명) | 전체 인구에서<br>차지하는 BoP<br>비율(%) | BoP소득<br>(단위 : 백만 달러) | | 총소득에서<br>차지하는<br>BoP비율(%) |
|---|---|---|---|---|---|
| | | | PPP | 미 달러 | |
| 아프리카(22개국) | 486 | 95.1 | 429,000 | 120,000 | 70.5 |
| 아시아(16개국) | 2,858 | 83.4 | 3,470,000 | 742,000 | 41.7 |

주: PPP(Purchasing Power Parity) 구매력 평가.
자료 : Hammond et al.(2007), The Next 4 Billion, WRI & IFC, p.111를 참조로 정리

위의 <그림 1-4>와 <표 1-7>을 비교해 보면, <그림 1-4>에서는 인구의 성장에 따라 시장 규모가 확대된다고 예측되고 있지만, <표 1-7>은 성장해 나갈 인구의 대부분이 빈곤층이라는 실망적인 결과를 보여주는 데이터였다. 이 두 개의 데이터에서 얻을 수 있는 정보는, 기업은 늘어나는 BoP 층에서 어떻게 수익을 올리면서, 자사의 비즈니스 영역을 넓혀 나가고, 시장 규모를 확대해 나가는 가? 또한, 기업은 어떤 방법을 통해 BoP층의 빈곤을 완화하면서 더 나은 사회를 추진해 나가야 하느냐는 점이다. 이러한 관점을 기반으로, 아래에서는 비즈니스와 빈곤의 관계를 분석한다.

## 2) 전 세계 BoP층 인구

경제 피라미드의 소득 구분 또는 BoP 및 중간 소득층의 경계를 나타내는 BoP 소득 데이터는 WRI & IFC의 보고서 "Next 4 Billion"[3]의 분석에 이용한 가계 조사의 국제 표준화 기준년도인 2002년 달러(구매력 평가 환산)로 표시하고 있다. BoP 계층은 1인당 연간 소득이 3,000달러 이하의 가구를 밀함(기준년도 2002년

PPP 환산). 중간 소득층(MoP)은 1인당 연간 소득이 3,000달러를 넘어 2만 달러 이하의 가구(PPP 환산). 고소득층(ToP)은 20,000 달러 이상의 가구이다(PPP 환산). 이들은 현재의 달러 환산으로 1일 소득이 브라질 3.35달러, 중국 2.11달러, 가나 1.89달러, 인도 1.56 달러에도 못 미치는 소득층이다.

"Next 4 Billion"보고서는 국가별 통계를 통해 BoP 계층을 500 달러마다 6개로 세분류하여, BoP 500(500달러 이하), BoP 1000 (500~1,000달러 이하), BoP 1500(1,000 달러~1,500 달러 이하) 등으로 표시하고 있다. BoP 계층과 중간 소득층(MOP)의 경계는 2005년 달러 표시로 각각 3,260달러, 21,371달러이다.

동 보고서에서는 가계 조사 자료가 있는 110개국(한국 포함)을 대상으로 하였으며, 국가별 BoP층 현황을 한국을 제외한 개발도상 국을 중심으로 49개국에 대한 정보를 제공하고 있다<표 1-8>.

<표 1-8> 전 세계 BoP 인구와 소득

| | BoP 인구 (단위: 백만) | 전 인구 중 BoP 비율(%) | BoP 소득(단위: 백만) | | 총소득 중 BoP비율(%) |
|---|---|---|---|---|---|
| | | | PPP | 달러 | |
| 아프리카 | 486 | 95.1 | 429,000 | 120,000 | 70.5 |
| 카메룬 | 14.7 | 95.0 | 15,354.1 | 4,710.1 | 75.6 |
| 코모드부아르 | 15.6 | 95.0 | 14,242.9 | 6,536.1 | 75.9 |
| 에디오피아 | 65.6 | 95.0 | 83,544.1 | 10,151.1 | 85.8 |
| 말리 | 12.6 | 100.0 | 9,202.7 | 2,769.2 | 100.0 |
| 모잠비크 | 17.6 | 95.0 | 12,917.6 | 2,408.3 | 71.1 |
| 나이지리아 | 121.0 | 100.0 | 74,419.2 | 27,572.1 | 100.0 |
| 세네갈 | 9.3 | 95.0 | 9,303.8 | 2,942.6 | 72.6 |
| 남아프리카 | 33.6 | 75.0 | 43,511.1 | 10,072.7 | 30.9 |
| 탄자니아 | 36.2 | 100.0 | 11,318.0 | 5,408.2 | 100.0 |
| 우간다 | 23.8 | 95.0 | 22,303.5 | 3,696.5 | 76.8 |

| | | | | |
|---|---|---|---|---|
| 잠비아 | 18.5 | 100.0 | 9,315.3 | 4,008.3 | 100.0 |
| 아시아 | 2858 | 83.4 | 3,470,000 | 742,000 | 41.7 |
| 방글라데시 | 144.0 | 100.0 | 142,293.9 | 29,187.9 | 100.0 |
| 중국 | 1,046.2 | 80.8 | 161,127.6 | 32,986.1 | 55.2 |
| 인도 | 1,033.9 | 98.6 | 93,710.1 | 16,962.1 | 92.7 |
| 인도네시아 | 213 | 97.8 | 24,035.8 | 6,177.1 | 92.2 |
| 말레이시아 | 19.2 | 80.0 | 38,072.3 | 16,274.6 | 43.0 |
| 네팔 | 23.4 | 95.0 | 22,981.7 | 3,736.0 | 74.2 |
| 필리핀 | 23.6 | 30.0 | 56,023.7 | 13,096.4 | 10.8 |
| 스리랑카 | 17.1 | 90.0 | 21,788.9 | 5,325.2 | 67.3 |
| 태국 | 46.6 | 75.0 | 79,632.7 | 23,383.6 | 46.7 |
| 베트남 | 76.2 | 95.0 | 84,582.8 | 16,003.3 | 82.9 |
| 동유럽 | 254 | 63.8 | 458,000 | 135,000 | 36.0 |
| 그루지아 | 4.9 | 95.0 | 5,546.6 | 1,613.4 | 82.6 |
| 카자흐스탄 | 13.1 | 85.0 | 23,933.6 | 6,720.7 | 69.1 |
| 폴란드 | 17.4 | 45.0 | 37,423.4 | 17,489.1 | 22.6 |
| 루마니아 | 20.2 | 90.0 | 34,471.8 | 10,741.8 | 78.3 |
| 러시아 | 86.4 | 60.0 | 16,423.0 | 4,741.6 | 33.4 |
| 우크라이나 | 29.4 | 60.0 | 65,818.4 | 11,673.0 | 41.5 |
| 우즈베키스탄 | 23.9 | 95.0 | 22,936.9 | 5,273.9 | 82.9 |
| 남미 & 카리브 | 360 | 69.9 | 509,000 | 229,000 | 28.2 |
| 아르헨티나(도시) | 17.1 | 45.0 | 28,990.7 | 7,318.4 | 13.4 |
| 볼리비아 | 7.7 | 90.0 | 7,473.0 | 2,700.9 | 56.0 |
| 브라질 | 114.5 | 65.0 | 171,585.3 | 58,272.0 | 22.6 |
| 칠레 | 8.6 | 55.0 | 15,927.1 | 7,019.0 | 20.1 |
| 콜롬비아 | 30.5 | 70.0 | 41,979.7 | 12,061.2 | 28.2 |
| 코스타리카 | 2.4 | 60.0 | 4,086.7 | 2,394.3 | 27.1 |
| 도미니카공화국 | 5.6 | 65.0 | 9,746.0 | 3,666.2 | 28.6 |
| 에쿠아도르 | 11.5 | 90.0 | 12,558.6 | 6,740.4 | 61.0 |
| 엘살바도르 | 4.5 | 70.0 | 5,928.2 | 2,679.0 | 25.8 |
| 과테말라 | 10.2 | 85.0 | 13,472.0 | 6,395.4 | 54.9 |
| 아이티 | 7.8 | 95.0 | 4,260.6 | 958.2 | 62.9 |
| 온두라스 | 5.8 | 85.0 | 7,435.4 | 2,768.8 | 50.3 |
| 자마이카 | 2.2 | 85.0 | 2,304.6 | 1,879.0 | 46.9 |
| 멕시코 | 76.5 | 75.0 | 105,075.0 | 75,052.0 | 39.8 |

| 니카라과 | 4.3 | 80.0 | 5,647.9 | 1,319.6 | 36.7 |
| 파나마 | 2.2 | 70.0 | 2,988.2 | 1,972.5 | 28.3 |
| 파라과이 | 3.8 | 65.0 | 5,552.6 | 1,223.8 | 25.4 |
| 페루 | 21.4 | 80.0 | 33,797.2 | 14,243.7 | 54.1 |
| 수리남 | 0.3 | 85.0 | 360.6 | 108.2 | 50.4 |
| 우루과이(도시) | 1.4 | 45.0 | 2,705.6 | 1,271.9 | 16.4 |
| 베네수엘라 | 21.4 | 85.0 | 26,741.4 | 18,784.6 | 57.9 |

자료 : WRI & IFC(2007), Next 4 Billion, p.128

## 3) BoP층의 미래상

아시아, 아프리카 지역을 중심으로 한 신흥국, 개발도상국의 인구 증가로 인하여 세계 인구는 70억 명에 이르고 있으며, 그중에서도 BoP는 47억 명, 5조 달러의 거대시장을 형성하고 있다. 향후 BoP층이 MoP(중간소득층)으로 성장할 것으로 예상된다. BoP층은 특정 국가나 지역에 한정하여 존재하지 않기 때문에 전 세계를 대상으로 글로벌한 공략이 가능하다는 장점이 있으며, 저소득층이 일정 기간이 지나면 MoP로 편입되기 때문에 향후에 거대 시장으로 발전할 가능성이 매우 높다. 기업 관점에서 보면 2030년에 거대한 MoP시장이 형성되지만, 시장이 너무 크기 때문에 그때 투자를 하면 시기를 놓치게 된다. 따라서 지금부터 BoP 시장에 진출하고 장래 유망 고객과의 접점과 신뢰 관계를 다지며 그들의 급격한 성장과 함께 사업을 발전시켜 나가는 것이 필요하다.

노무라종합연구소가 추산한 2005년부터 2030년의 세계 소득 계층별 인구와 가계 지출 총액의 변화를 보면 2005년 시점에서는 BoP시장은 4.9조 달러의 거대 시장이지만, 2030년이 되면 21.3조 달러의 MoP(Middle of the economic Pyramid, 중산층)시장보다 규모가 작아지는 것을 볼 수 있다. 2030년에는 BoP층의 소득 향상에 따라 35.2억 명의 BoP층이 MoP층으로 편입된다. 이에 따라 45.9조 달러의 새로운 중산층 시장이 탄생한다. 즉, 현재의 BoP시장이 장래의 거대한 MoP시장을 형성한다는 것을 의미한다. 2030년에는 55억 명, 70억 달러 시장으로 성장할 것으로 기대된다<그림 1-5>.

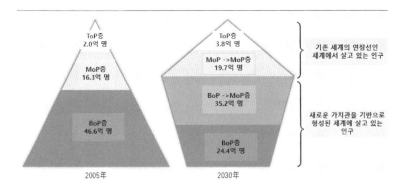

자료 : 노무라종합연구소(2012)

<그림 1-5> 인구 측면에서 살펴본 글로벌 시장의 구조적 변화

현재 상태 개발도상국과 신흥국이 경제성장을 계속하여 <그림 1-6>과 같이, 2030년에는 MoP층은 전 세계적으로 약 54.9억 명, 또 MpoP층의 가계지출 총액은 약 71.6조 달러에 도달할 것으로 예상된다. 2030년 시점의 MoP층 중 원래 BoP층이었던 사람들은 약 35.2억 명, 원래 MoP 계층에 속한 사람들이 약 19.7억 명으로 구성될 것으로 예측했다. 즉, 2030년 시점의 MoP층에서 약 64%의 사람들은 소득 수준이 향상된 결과, BoP층에서 MoP층으로 이동한 것으로 보인다.

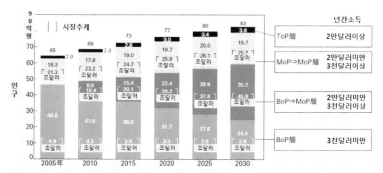

주) BoP : Base of the Economic Pyramid, MoP : Middle of the Economic Pyramid, ToP : Top of the Economic Pyramid
자료 United Nations "World Population Prospects, the 2010 Revision", The World Bank "World Development Indicators", Allen L.
Hammond, William J.Kramer, Robert S. Katz, Julia T. Tran, Courtland Walker "The Next 4 Billion: Market Size and Business
Strategy at the Base of the Pyramid" World Resource Institute, International Finance Corporation (2007) : 등을 참고로 작성

자료 : 노무라종합연구소(2012)

<그림 1-6> 세계의 소득 계층별로 본 인구 규모와 가계 지출 총액의 예측

유엔인구기금이 발표한 '세계 인구 백서'에 따르면 2011년 10월 31일에 세계 인구가 70억 명에 도달했다. 또한 10년 후인 2021년에는 국가 별 인구로 세계를 유지해온 중국이 인도에 뒤쳐진다고 추산되고 있다. 따라서 인구 동태의 관점에서 보면, 2020년~2030년 사이에 국가 간의 역학 관계도 크게 바뀌어 갈 것으로 전망된다.

각국별로 보면, <그림 1-7>과 같이, 아시아 지역에서 경제 성장이 두드러진 인도에서는 2030년 MoP층이 약 7.9억 명(전체 인구 15.9억 명의 약 52%)에 달하고, MoP층의 가계지출 총액은 2005년 8배에 가까운 약 10.3조 달러에 이를 것으로 전망된다. 또한 2030년 시점의 MoP층 중 2005년 시점에서 BoP층이었던 사람들은 약 7.0억 명으로 예측된다. 즉 인도에서는 2030년 시점의 MoP 층의 약 89 %가 BoP층에서 소득의 향상으로 MoP층으로 이동할 것으로 전망된다.

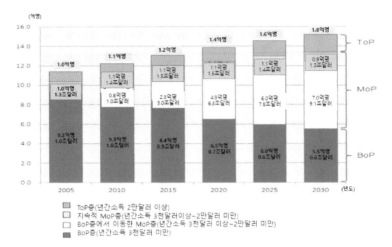

자료 : 노무라종합연구소(2012)

<그림 1-7> 인도 소득 계층별로 본 인구 규모와 가계 지출 총액의 예측

<세계은행의 빈곤관련 자료>

세계은행은 2030년까지 극심한 빈곤을 세계에서 3%까지 줄이고, 또한 모든 개발도상국에서 소득 하위 40% 사람들의 소득 확대를 촉진한다는 두 가지 목표를 내걸고 있으며, 빈곤에 대한 다양한 데이터를 수집·분석하고 있다.

국제 빈곤선(하루 1.90달러 미만)을 이용한 경우 빈곤층은 2012년 8억 9600만 명(세계 인구의 12.7 %), 2015년 7억 200만 명(세계 인구의 9.6%)으로 감소할 것으로 예측되고 있다.

※ 세계은행은 2015년 10월 국제 빈곤선을 2011년 구매력 평가(PPP)에 따라 1 일 1.90달러로 설정하고 있다(2015년 10월 이전에는 1일 1.25달러).

- 세계 빈곤율과 빈곤층의 수
 · 빈곤율 : 1990년 37.1%, 2012년 12.7%
 · 빈곤층의 수 : 1990년 19억 5,800만 명, 2012년 8억 9,600만 명
 (* 2011년 구매력 평가에 따라 국제 빈곤선을 1일 1.90 달러로 계산)

## 4) BoP층의 세분화

지난 수년간에 걸쳐 기업의 마케팅 전략은 전통적인 통합적 마케팅 커뮤니케이션에 반응하는 소비자군, 한 층 강화된 구매에 대한 지원과 제품에 접근하는 소비자군, 제품을 위하여 지속적인 가격을 지불할 수 있는 소비자군 등 소비할 역량을 가진 소비자에 대한 정의 및 마케팅 세분화에 초점을 맞추어 왔다(Chikweche & Fletcher, 2012). 이는 선진국과 다수의 개발도상국 시장에서 다국적기업이나 중소기업이 형성해 온 비즈니스 모델이다.

1990년대 중반 이후 글로벌의 확산은 기존 모델을 비판적 시각에서 바라보는 연구자들이 등장을 불러왔다(Prahalad, 2005; Prahalad and Hart, 2002). 이들 연구자들은 연간소득이 3,000달러 이하인 40억 명의 거대한 소비자집단의 존재에 중점을 두고 있다. 이들 집단은 글로벌 경제적 피라미드의 하위집단(the Base of the Pyramid : BoP) 혹은 최하층 집단(Bottom of the Pyramid : BoP)으로 불린다.

세계의 빈곤층 지출과 소비에 관한 가장 심도 있는 연구 중의 하나는 Hammond et al.(2007), 세계자원연구소(World Resources Institute)와 국제금융기관(WRI, IFC)에 의해 이루어졌다. 이들의 연구(Next 4 Billion)에 따르면, BoP 시장은 아프리카, 남아시아, 동유럽, 라틴 아메리카 및 카리브해에 살고 있으며 주로 농촌에 거주한다. BoP 자체는 하나의 세그먼트(단일 시장)가 아니며, 이들의 소득은 지역 및 국가별로 다를 수 있다. BoP층은 아시아, 아프리카에서는 농촌에 살고 있는데 비해, 동유럽, 라틴아메리카에서는 도시 지역에 살고 있다. 그러나 아시아와 아프리카의 많은 젊은이들은 일자리를 찾아 농촌에서 도시로 이주하고 있다. 도시 이주 노동자들은 낮은 품질의 제품, 높은 가격(빈곤층의 페널티)과 열악한 유통 환경이 제공하는 비효율적인 비공식 경제에 의존하고 있다(Subrahmanyan & Gomez-Arias, 2008). 노동 및 서비스에 대해 조직화가 되어 있지 않고, 불확실한 시장은 공정한 수입을 얻기 어렵게 만들고, 노동의 전문화에 따른 인센티브를 감소시킨다(Banerjee and Duflo, 2007). 아직 BoP 소비자들은 그들이 필요로 하는 것보다 많이 부족한 상황에 직면하고 있지만, 그럼에도 불구하고 전 세계적으로 5조 달러를 소비하고 있다.

한편, 저소득층(BoP)에 속하는 사람들을 대상으로 기업의 수익을 얻는 것은 매우 어려운 과제로 인식되어 왔다. 이 시장은 전통적으로 정부의 원조기관, 비영리 단체, NGO 및 기타 자선단체의 영역으로 간주되어 왔다. 그러나 최근 다수의 저서와 논문에서도 지적하고 있듯이, 저소득층 비즈니스는 기업이 수익을 얻기 위해 관심을 가져야만 하는 분야로 각광받고 있다(Prahalad and Hart, 2002; Letelier et al., 2003; Hammond and Prahalad, 2004; Prahalad, 2004; Kirchgeorg and Winn, 2006; Hammond et al., 2007).

이 시장을 옹호하는 지지자들은 단지 시장의 거대한 규모에 현혹되지 말고, 거대한 시장의 요구사항과 현지의 니즈에 맞추기 위해, 서구적 접근방식에 기초한 전형적인 유형(stereo-type)의 비즈니스 모델의 개혁이 필요하다고 강조한다(Prahalad and Hart, 2002; Mahajan and Banga, 2005; Viswanathan et al., 2008).

BoP 시장은 하나의 거대한 동종 단일시장이 아니고, 다른 니즈와 시스템 요구사항을 지닌 다른 세그먼트로 구성되어 있다. 이 시장에 진출하는 기업은 BoP와 효과적인 참여를 촉진하고 그들의 비즈니스 모델을 적용하기 위해 BoP를 이해할 필요가 있다. 글로벌 마케터를 위한 구별된 도전의 기회를 제공하는 BoP의 특징이 다수 존재한다. 즉, BoP는 인구통계학적으로 젊은 층이 많고, 성 차별, BoP가 거주하는 농촌과 도시 지역의 성격, 주거 크기, 환경의 불확실성과 변화 정도, 비공식 경제의 존재와 인프라의 적합성과 성격이 존재한다(Mahajan and Banga, 2005). BoP 시장은 독특한 도전을 수행하는 글로벌 기업과 현지 기업 모두에서 비즈니스 기회를 제공한다.

그러나 BoP 비즈니스를 추진할 때 BoP 시장에 대한 지식과 고객의 정보를 수집하는데 한계가 있으며, 비즈니스를 수행하는 기업 매니저들의 제한된 현지화로 인하여, 이들 시장에 대한 편견을 가지고 글로벌 비즈니스를 수행하는 매니저가 존재하고 있다. 따라서 많은 기업이 BoP 시장에서 제공하는 충분한 기회를 구현하지 못하고 있다. 이러한 편견과 지식의 결여는 남아시아 지역의 BoP 시장에서 두드러진다. 즉, 남아시아 지역에 대한 핵심적 소비자 행동 이슈에 대한 정보가 결여되어 있어, 기업이 효과적으로 BoP 세그먼트에 맞추어 마케팅 전략을 개발하고 수행하는데 어려움이 따른다.

# 3장 BoP 비즈니스 동향

## 1. BoP 비즈니스 동향

### 1) BoP 비즈니스 동향

BoP 연구가 글로벌 비즈니스의 연구대상으로 인식된 것은 최근의 일이다. 글로벌 비즈니스 분야에서 BoP가 기업들에게 강하게 인식되지 못했던 이유는 소비시장으로의 매력에 결여되어 있었기 때문이다. 프라할라드의 업적은 BoP층을 소비자로서 재발견했다는 한 점이다. BoP층이 새롭게 각광받는 이유를 살펴보면 다음과 같은 점을 들 수 있다. 선진국 경제가 성숙되고, 더 이상의 성장을 기대할 수 없게 상황에 이르게 됨에 따라, 개발도상국에서 현지 생산, 현지 소비를 통해 비즈니스를 완성하는 개발도상국의 저소득층을 소비자로 글로벌 시장에 편입시킬 필요가 있었다. 이러한 시장에서의 개척 요구가 오늘날 BoP 비즈니스로 이어지고 있는 것이다. 이에 따라 다국적기업을 포함한 글로벌 기업들은 BoP 비즈니스의 대상으로 개발도상국에 거주하는 40억 명의 저소득층을 마지막 미개척 시장으로 정의하고, 이들 시장에 대한 진입경쟁을 벌이고 있는 것이다.

기업의 BoP 시장에 대한 관심이 높아지고 있다. 다국적 기업, 특히 식품 및 소비재 산업의 다국적 기업이 선구자이다. 개발도상국 내의 대기업은 BoP 계층의 요구를 충족하는 데 가장 혁신적이고, 특히 주택, 농업, 소비재, 금융 서비스 분야에서 BoP 소비자·생산 자의 니즈에 대응하고 있다. 또한 소규모 신생기업과 사회적 기업 가도 BoP 시장에 집중하고, 그 수를 급속히 늘리고 있다. 하지만 어쩌면 BoP 시장에서 가장 힘이 강하고 극적인 성공을 거두고 있 는 것은 휴대전화 서비스 업체이다.

2000~2005년 사이에 개발도상국의 휴대전화 가입자 수는 5배 증가하여 14억 명에 도달하였다. 전 지역에서 휴대 전화의 이용은 급속히 증가하지만, 특히 사하라이남 아프리카 지역이 가장 빠르다. 나이지리아의 계약자 수는 불과 4년 만에 37만 명에서 1,680만 명 으로 증가했다(세계은행, 2006). 가계 조사 결과도 압도적 다수의 BoP 인구가 휴대폰을 이용하고, 그 수가 계속 증가하고 있음을 입 증하고 있다. 휴대전화를 통해 고용, 의료 서비스, 시장 가격, 출가 가족과 송금에 대한 접근성, 그리고 점차 금융서비스에 접근할 수 있게 되어 혜택을 누릴 수 있다(보다폰, 2005).

저소득 소비자에게 강력한 가치의 제시가 휴대전화 회사의 재무 적인 성공을 가져왔다. 아프리카에서 가장 가난하고 불안정한 국가 에서 창업가로서 사업을 하고 있던 셀텔(Celtel)은 사업 개시 불과 7년 만에 전기통신 분야의 거대 기업이 되었다. 2005년에 34억 달 러에 인수 된 Celtel는 현재 아프리카 15개국에서 휴대전화 사업을 개시하고, 사업 면허는 동 대륙의 30% 이상을 포함하고 있다.

그러나 모든 분야가 BoP 시장에 참여하고 있는 것은 아니다. 예 를 들어 개발도상국의 민영화된 도시 수도 사업은 자금, 정치적인

면에서 어려움에 직면한 결과, 저소득층 커뮤니티에 대한 보다 양질의 서비스 제공도 기업의 성공도 보기 어렵다. 에너지 분야도 마찬가지로, 농촌의 BoP 커뮤니티에 대한 송전망에 연결하지 않는 저렴한 전기나 조리용 청정 연료를 제공하는 데 그치고 있다. 그러나 이들 분야에서 조차도 용기를 낸 새로운 벤처가 나타나고 있으며, 기술과 비즈니스 모델의 개발이 더욱 진행되면, 이러한 분야의 BoP 시장도 확대될지도 모른다. 아래에서는 BoP시장에서 비즈니스의 변화 양상과 향후 방향성에 대해 설명한다.

### (1) 기존 신흥시장에서의 비즈니스 모델

프라할라드에 따르면 다국적기업(MNCs)은 유일한 전략적 목표였던 부유층의 아래층에 진출해야 하지만, 기존의 신흥 시장에서의 비즈니스 모델은 잘 적용되지 않는다고 주장하고 있다(Prahalad.CK & Kenneth Liberthal., 1998). 프라할라드는 다국적 기업이 성장을 계속 추구하는 한, 중국, 인도, 인도네시아 및 브라질 등 거대 신흥 시장에서 경쟁해야 하는 것이다. 1980년대 초기 시장 참여가 늘어날 때 다국적기업은 이른바 제국주의적인 사고방식의 경영을 하고 거대 신흥 시장을 구식 제품의 신규 시장이라고 생각하고 있었다고 지적하고 있다(전게서, pp.68-79). 기존 다국적기업은 선진국 시장이 포화 상태가 되었기 때문에 신흥 시장을 선진국의 보완 시장으로 취급하고 기존 생산 라인에서 제품까지 그대로 개발도상국에 도입하였다. 물론 기존 신흥 시장에서 비즈니스 모델은 현지 시장의 요구와 특성 등을 파악할 수 있는 것은 아니다. 또한 비용을 추구하기 때문에 개발도상국에 공장을 설립하고, 값싼 노동력을 고용하여 생산한 제품을 선진국에 역수입하는 비즈니스도 적지 않았다. 또한 다국적기업은 부유한 엘리트 고객 또는 신흥 중산층시장에 적합한 제품만을 제공하고, 경제 피라미드의 하위층 사람들의 요구는 전혀 무시하고 있는 것이 기존의 비즈니스 모델의 심각한 문제이다. 이것은 선진국 시장의 비즈니스 모델을 재작업만으로는 잘되지 않는 것을 의미한다.

### (2) 전 세계의 경제 피라미드

"신흥 시장의 진정한 주인공은 개발도상국의 소수의 부자도 아니고, 중산층 소비자도 아니다. 사실은 처음 시장 경제에 참여하려는 빈곤층인 것이다"(Prahalad & Hart 2002, p.2). <그림 1-8>은 일반적으로 목표로 해왔던 세계 경제피라미드의 일부분이다. 지금까지 제1층을 추구해온 반면, 제2층, 또는 제4층에도 비즈니스 기회가 존재하고 있음을 명확하게 표현한 것이다.

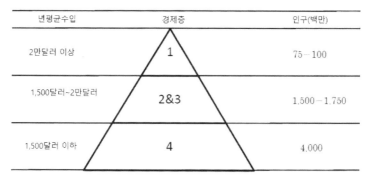

자료 : Prahalad & Hart(2002), "The fortune at the bottom of the pyramid", Strategy & Business, issue 26, p.4.

<그림 1-8> 세계의 경제 피라미드

또한 프라할라드와 하트는 단지 제1층과 제4층 사이의 빈부 격차를 지적했을 뿐만 아니라, 그 분배에 관해서도 큰 불균형이 확대되어 왔음을 강조했다. 1960년 시점에서 세계의 부유층의 20%가 총소득의 70%를 차지하고 있었지만, 그 비율은 2000년이 되어 85%로 증가했다. 동시에 20%의 BoP층이 세계에서 차지하는 소득 비중은 2.3%에서 1.1%로 떨어졌다(Praharad & Hart 2002, p.3). 이러한 부의 분배의 극단적인 불균형은 경제 피라미드 4층의 글로벌 시장 경제에 참여하기 어려운 점을 시사하고 있다. 그러나 세계은행의 전망에 따르면 세계 인구 증가의 대부분이 가장 빈곤층에서 일어나고 있는 점에서 제 4층에서의 인구는 향후 70억 명을 넘을 것으로 추정되고 있다. 이 층이 상당 규모의 시장을 구성하고 혁신, 활력, 성장의 원동력이 되어가는 것을 분명히 지적되고 있다.

## 2) 일본의 BoP 비즈니스 동향

2009년은 일본의 "BoP 비즈니스 원년"이라고 불린다(스가와라, 2010, p.59). 일본의 경제산업성, JICA(국제협력기구), JETRO(일본무역진흥기구) 등의 공공 기관은 일본 기업의 BoP 비즈니스 활동을 추진하기 위해 본격적인 지원 제도를 잇달아 내놓으며, 일본 기업의 BoP 비즈니스 실천을 지원하고 있다. 예를 들어, 경제산업성의 "경제산업성 위탁 사업에 관련 F/S 조사, JICA의 협력 준비조사(BoP 비즈니스 연계 촉진)", JETRO의 "BoP 비즈니스 파트너십 구축 지원 사업"이 시작되어 일본 기업의 응모 수가 매년 증가하고 있다. 그중에서 2012년까지 JICA의 공모 제도에 응모 건수를 보면 이미 200개 이상의 기업이 BoP 사업을 검토하고 있다(와타나베 외, 2012, p.31).

또한 2010년 10월 경제산업성이 중심이 되어 "BoP비즈니스지원센터"가 설립되었다. BoP비즈니스지원센터는 관계 부처, 지원기관, 민간기업, NGO가 일체가 되어 일본 기업의 BoP 비즈니스 활동을 추진하는 플랫폼이다. 코야마 사토시씨(경제산업성 무역경제협력국 무역금융·경제협력 과장)에 따르면 BoP 비즈니스지원센터가 설립되고 나서, 회원수 및 접속 건수가 크게 증가하고 있다. 회원 내역은 다음과 같다. 등록된 기업 수는 1,235건, 학생은 404건, 정부 관련 기관 188건, NGO·NPO는 112건, 학술 기관은 69개 국제기구는 22건, 기타 177건이다(2012년 1월 현재). 이상과 같이 일본에서 BoP 비즈니스에 도전하려는 기업 수가 증가 추세에 있다.


## 2. BoP 시장 현황

### 1) BoP 비즈니스의 지역별 시장

세계은행의 'next 4 billion'[4]보고서에 따르면, BoP 가계 소득은 총 연간 5조 달러에 달하며, 잠재적으로 중요한 세계시장소 중 하나이다. BoP 시장 중에서도, 지역, 국가, 산업 분야에 따라 규모 및 기타 특징이 크게 다르다.

아시아(중동 포함)는 다른 지역을 훨씬 능가하는 최대 규모의 BoP 시장이다. 조사를 실시하고 있는 19개국에서 28억 6,000만 명이 3조 4,700억 달러의 소득을 얻고 있다. 이 BoP 시장은 아시아 인구 전체의 83%를 차지하고, 그 구매력은 급성장하는 아시아의 소비자 시장의 42%인 상당 수준의 점유율을 차지하고 있다. 농촌에서 BoP 계층은 시장을 지배하고 있다. 중국 농촌에서는 가계 소득의 76%를, 인도 및 인도네시아의 농촌 지역에서 사실상 100%를 차지하고 있다.

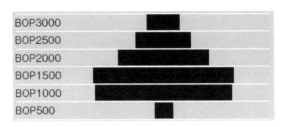

자료 : WRI & IFC(2007), "The Next 4 Billion", p.19

<그림 1-9> BoP시장 소득별 구분(아시아 3조 4,700억 달러)

동유럽 BoP 시장 규모는 4,580억 달러, 이 지역 인구의 64%에 해당하는 조사대상 국가 28개국의 2억 5,400명의 BoP층이 전체 소득의 36%를 차지하고 있다. 지역 최대의 국가인 러시아 BoP 시장에서는 8,600만 명이 1,640억 달러를 차지하고 있다.

남미에서는 조사 대상 21개국의 전체 인구의 70%에 해당하는 3억 6,000만 명이 5,090억 달러 BoP 시장을 형성하고 있다. 다른 개발도상국에 비해 남미 전체 소득에서 차지하는 비중은 낮고, 28%에 지나지 않는다. 브라질과 멕시코 BoP층은 인구의 75%를 차지해 각각 1,720억 달러, 1,050억 달러의 소득을 창출하고 있다.

아프리카 BoP 시장은 동유럽 또는 남미에 비해 작은 4,290억 달러 규모이지만, 구매력은 다른 지역을 훨씬 능가하는 71%이고, 아프리카의 소비 시장을 지배할 전망이다. 조사 대상 22개국의 인구 95%를 차지하는 4억 8,600만 명이 BoP층이다. 아프리카 최대의 경제력을 가진 근대 국가인 남아프리카 공화국에서 조차도 인구의 75%가 여전히 BoP층에 포함되어 그 시장 규모는 440억 달러이다. 에티오피아(840억 달러), 나이지리아(740억 달러)가 대표적인 사례이지만, 아프리카의 기타 국가들은 남아프리카 공화국보다 큰 BoP 시장 기회를 제공하고 있다.

## 2) BoP 비즈니스의 산업 분야별 시장

세계자원연구소(WRI)에 따르면 5조 달러의 BoP 시장은 주로 8개의 BoP 산업 분야에 집중하고 있다. 구체적으로는 살펴보면, 보건 의료 시장, 정보 통신 기술 시장, 수도 시장, 운송시장, 주택 시장, 에너지 시장 식품 시장과 금융 서비스 시장이다. <그림 1-10>과 같이 식품(2조 8,950억 달러)과 같이 규모가 큰 분야도 있으며, 보건·의료분야(1,584억 달러), 운수(1,790억 달러), 주택(3,320억 달러), 에너지(4,330억 달러)의 각 분야는 중간 규모이다.

다. 각 분야별 내용을 세부적으로 살펴보면 다음과 같다.

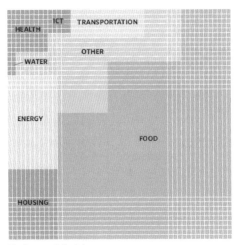

주) 총 5조 달러 시장
자료 : WRI & IFC(2007), "The Next 4 Billion", p.29

<그림 1-10> 산업분야별 BoP 시장(추정)

① 보험·의료

BoP층의 보험·의료 시장의 규모는 1,584억 달러로 추정된다. BoP 가정이 의료 보험을 충분히 받을 수 없기 때문에 질병을 예방하지 못하고, 노동 효율이 막히고 또한 빈곤을 유발시킨다. BoP층은 자가 치료가 일반적이며, 약품과 의료 보험 관련 소비재(수도여과용 필터, 말라리아 대책용 모기장 등)을 어떻게 확산시킬 것인가는 큰 과제이다.

② ICT

BoP층의 정보통신기술(ICT) 시장은 514억 달러로 추정된다. PC·휴대전화를 이용히기니 정보 통신 네드워크에 참여를 통해 BoP층이 글로벌 경제 활동에 참여할 수 있다.

### ③ 물

BoP층의 물 시장은 201억 달러로 추정된다. 비위생적인 물과 노후화된 수도 시설이 BoP층 가정이 설사에 걸리는 요인이 되고 있다. 이러한 문제를 해결하기 위해 고안된 POU(Point-Of-Use) 수도 시스템을 BoP층으로 확산될 것으로 기대되고 있다.

### ④ 운송

BoP층의 운송 시장은 1,790억 달러로 추정된다. BoP층은 교통수단이 없는 점, 혹은 이용할 수 있는 교통 수단이 비싼 것 등이 그들의 구직 활동이나 시장에 제품을 제공하고, 조달하는 것을 방해하여, 의료 서비스를 받는 데 장애가 되고 있다.

### ⑤ 주택

BoP층의 주택 시장은 3,320억 달러로 추정된다. 이 시장은 임대료, 모기지, 수선비, 기타 서비스가 포함된다. 그러나 불법 점유 지역의 주택에 법률상의 권리가 없는 점이나 모기지에 대한 접근성 결여가 BoP의 잠재적인 시장 확대의 제약이 되고 있다.

### ⑥ 에너지

BoP층의 에너지 시장은 4,330억 달러로 추정된다. BoP층은 인체에 유해한 연료를 이용하게 되어, 더 나아가 빈곤의 굴레를 벗어나기 어렵게 된다. 깨끗하고 저렴한 에너지를 보급하는 것이 기대되고 있다.

### ⑦ 식품

BoP층의 식품 시장은 2조 8,950억 달러로 추정된다. 최대 BoP 시장이다. BoP층을 대상으로 식품 접근성을 확충하고 더 영양가 높은 좋은 음식을 제공하기 위한 흐름의 개선에 큰 비즈니스 기회가 있다.

### ⑧ 금융서비스

BoP층의 금융서비스 시장에 대한 데이터는 보이지 않는다. 그러나 무하마드 유누스가 소액 금융서비스를 제공함으로써 BoP 금융서비스에 요구가 높아지는 점도 있고, 융자에 접근할 수 있어, 현지 기업가도 활약하는 경우가 늘어나고 있다.

이상에서 살펴본 8개 세부 BoP 산업시장은 서로 연결되어 있다. 기업의 하나의 사회적 문제를 해결하면 다른 사회문제도 유연하게 해결된다고 생각할 수 있다.

한편, BoP 페널티(불이익)는 여러 분야에서 명확하게 볼 수 있다. 보다 부유한 중간 소득 가구는 수도 서비스에 대한 접근성이 BoP 가구의 7배이다. 24%의 BoP 가구가 전기에 대한 접근성이 없는 반면, 중간 소득 가구는 불과 1%이다. 농촌 BoP 세대의 ICT 관련 지출은 매우 적고, 전화를 소유하는 가구 수가 농촌의 중간 소득 가구 또는 도시의 BoP 가구에 비해서도 압도적으로 적은 상황이다. 이것은 농촌지역에서 ICT 서비스에 대한 접근성이 부족하다는 것과 일맥상통한다.

## 3) 산업 분야별 시장의 특징

### (1) 시장 크기

40억 명의 BoP 소비자의 산업 분야별 시장 규모가 다양하다. 물 (200억 달러), ICT(조사 시점에서는 510억 달러. 급성장한 결과 현재는 2배 정도) 등의 분야는 비교적 소규모이다. 보건의료분야(1,580억 달러), 운송(1,790억 달러), 주택(3,320억 달러), 에너지(4,330억 달러)의 각 분야는 중간 규모이다. 식품(2조 8,950억 달러) 등 매우 규모가 큰 분야도 있다. 아시아 BoP 시장(중동 포함) 지역의 인구의 크기를 반영하여 최대 규모이다. 비교적 적은 BoP 인구와 동부 유럽과 남미는 상대적으로 소득의 크기를 반영, 아프리카, 동유럽, 남미·카리브해의 산업 분야별 시장의 크기는 거의 비슷하다.

### (2) 시장 분포의 특징

BoP 시장은 BoP 계층을 6개로 세분류하여 어느 분류에 지출이 집중되어 있는지에 따라 하위 또는 상위 집중, 플랫트형으로 특성화할 수 있다. 아시아와 아프리카 BoP 시장은 하위 집중형이 지배적, 동유럽과 남미는 상위 집중 시장이다. ICT 시장을 제외하고 모든 지역에서 일반적으로 지출이 고소득 부문에 집중하고 있다.

### (3) 가계의 지출 경향

거의 모든 산업 분야에 대해 평균적 BoP 가계의 지출은 다른 지역에 비해 남미가 압도적으로 높은 경향을 보이고 있다. 예를 들어, ICT에 대해서는 BoP 가계의 지역 평균의 중앙값은 아프리카가 34

달러, 아시아 54달러, 동유럽 56달러에 비해, 남미는 107달러이다. 마찬가지로 보건의료 지출은 아프리카 154달러, 아시아 131달러, 동유럽 152달러에 대해, 남미가 325달러이다. 운송에 대해서는 아프리카와 아시아가 211달러, 동유럽이 141달러인데 비해, 남미는 521달러를 지출하고 있다. 식품에 대해서는 지출액은 모든 지역에서 다른 지역에 비해 높은 반면, 뚜렷하게 차별화된 지역은 없다. 아프리카 2,087달러, 아시아 2,643달러, 동유럽 3,687달러에 비해, 남미는 3,050달러이다.

### (4) 산업 분야별로 본 시장의 위치

모든 지역에서 물, ICT, 주택의 BoP 시장은 도시가 지배하고 있다. 운송과 에너지는 농촌이 압도적으로 지배하고 있는 아시아를 제외하고, 도시 지역에 집중되어 있다. 식료품 및 보건 의료는 아프리카와 아시아의 대부분의 국가에서는 농촌 BoP시장이 도시보다 크고, 동유럽과 남미의 대부분 국가에서는 도시 BoP 시장이 농촌을 능가하고 있다.

### (5) BoP의 구매 성향

조사 데이터에서 BoP 가계의 가장 흥미 있는 구매 경향을 나타내고 있다. 예를 들어 보건의료 지출의 절반 이상이 약품 구입에 사용되고 있다. ICT에 대해서는 전화서비스 요금이 조사에 기록된 지출액의 압도적인 부분을 차지하고 있다. BoP 가계의 대부분은 물을 위해 돈을 지불하지 않는다. 아프리카 BoP 가계의 17%는 물 자원을 주로 지표수에 의존하고 있다. 또한 아프리카는 안전을 담보할 수 없는 우물을 이용하는 가계의 비율이 비교적 많은 나라도 있다. 동유럽은 실질적으로 모든 가계가 전기를 이용하고, 아시아와 남미의 BoP 가계의 다수가 전기가 있는 생활을 하고 있지만, 아프리카에서는 전기에 대한 접근성이 있는 가계는 상당히 적은 상황이다. 동유럽 제외한 전 지역에서 BoP의 저소득층은 장작으로 요리를 만들고, BoP층 보다 높은 소득층과 도시 BoP층은 프로판가스 및 기타 현대적 연료를 사용하고 있다.

### (6) BoP 페널티 증거

BoP 가계 페널티(높은 제품 비용, 낮은 서비스의 질, 접근성의 결여)는 여러 분야의 데이터로 소개되어 있다. 보다 부유한 중간소득 가계는 수도 서비스에 대한 접근성이 BoP 가계의 7배에 이른다. 24%의 BoP 가계가 전기에 대한 접근이 없는 반면, 중간소득 가계는 1%이다. 농촌 BoP 가계의 ICT 관련 지출은 매우 적고, 전화를 소유한 가계 수가 농촌의 중간 소득 가계 혹은 도시의 BoP 가계에 비해서도 압도적으로 적은 상황이다. 이는 농촌에서 ICT 서비스에 대한 접근성이 부족한 것과 일맥상통한 결과이다.

### 4) BoP 비즈니스의 미래

신흥국, 개발도상국의 부흥으로 세계경제의 중심이 선진국에서 아시아, 아프리카를 중심으로 한 지역으로 이동하고 있다. 그 가운데서도 "BoP에는 2005년 시점에서 47억 명, 5조 달러(2005년 달러 국제 달러 기준)"라는 거대 시장이 존재하며, 새롭게 성장기회를 모색하는 기업에게는 매력적인 시장이 되고 있다.

BoP 비즈니스 '이미 현재화되어 있는 거대 시장의 획득'과 '향후 BoP층이 MoP(Middle of the Economic Pyramid : 연간소득 3,000 달러 이상에서 2만 달러 미만)층으로 성장할 것으로 기대되는 거대한 시장의 획득'을 목표로 한 비즈니스이다.

BoP 비즈니스는 신흥국, 개발도상국이 안고 있는 사회문제를 해결하는 것도 기대할 수 있다는 점에서 BoP 비즈니스를 지원하는 대책이 최근 정부기관 관계조직이나 국제기관에서 수립되고 있으며, BoP 비즈니스에 진출하려는 기업에게도 이러한 조직, 기관의 지원으로 도움을 받을 수 있다는 의미에서 지금이 중요한 시기가 되고 있다.

노무라종합연구소(NRI)는 2030년까지 세계는 크게 변한다고 추정하였다. 예를 들어, '한 자녀 정책'의 영향도 있어, 중국에서는 2026년에는 인구가 감소세로 바뀐다. 또 2021년에는 국가 인구에서 세계 1위를 유지해 온 중국이 인도에서 뒤쳐질 것으로 예측되고 있다. 국가 간의 이러한 힘의 관계의 변화도 예상할 수 있어, 글로벌 전략을 수립할 때는 2030년까지의 인구 변화를 우선 고려하여 시장을 예측하는 것이 중요하다. 2030년까지의 소득계층별 인구변화, 시장규모의 변화를 UN과 세계은행의 인구추계, 세계자원연구소(WRI) 등에 의한 'The Next 4 Billion'의 데이터를 이용하여 추계하였다.

NRI의 추계<그림 1-11>에서는 BoP시장은 2030년에는 2005년에 비해 반 정도 감소하지만, 3조 달러 정도의 시장규모는 유지할 것으로 전망되고 있다. 또 MoP는 2030년에는 2005년에 비해 3배 이상의 거대시장으로 확대되어, 55억 명, 70조 달러의 초거대시장을 형성한다.

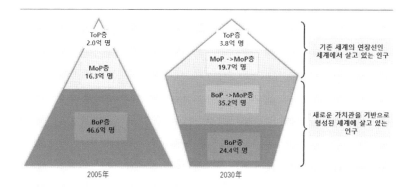

자료 : 노무라종합연구소(2012), 신흥국. 개발도상국에서 왕도전략으로서 BoP비즈니스의 실천(상). 지적
　　　재산창조, 2012년 1월호. p.29

<그림 1-11> 세계시장의 구조변화

여기서 착안해야 할 점은 향후 MoP시장을 구성하는 것은 BoP
층에서 MoP층으로 성장해가는 사람들이 다수의 비율을 차지하고
있다는 점이다. 2005년 시점에서 46억 6,000만 명이었던 BoP층은
2030년 시점에서는 24억 4,000만 명으로 감소한다. 2030년까지 세
계인구의 증가율을 고려하면, BoP층의 감소분은 35억 3,000만 명
이 되고, 이들 인구는 경제성장에 따라 BoP층에서 MoP층으로 성
장해 나갈 것으로 추정된다. 바꾸어 말하면, 2030년 시점의 MoP층
가운데 60%가 기존 BoP층이 된다. 이 때문에 현재 BoP시장에 대
한 접근하는 것은 향후 MoP시장에 대한 포석이 된다.

　BoP층이 향후 MoP층으로 성장한다는 점을 살펴보면, 기존 BoP
층의 니즈에 특화된 제품, 서비스만을 개발하면 된다는 것을 생각
하지만, BoP은 ToP(Top of the Economic Pyramid : 연간소득 2만
달러 이상)과 MoP층이 대부분을 차지하는 선진국과는 다른 성장

시나리오를 보인다는 점에서, 구매의 우선순위 등에 영향을 미치는 가치관이 선진국과는 다르다는 점을 염두에 둘 필요가 있다.

예를 들어, 선진국에서는 집 전화가 완비된 후에 휴대전화가 보급해 간다는 변천 과정을 밟은데 비해, BoP층이 대부분을 차지하는 아시아, 아프리카의 신흥국, 개발도상국의 대부분 국가는 집 전화는 갖추어지지 않은 상태에서 휴대전화의 보급은 선진국과 비슷하게 진행되고 있다. 또 최근에는 MDSGs(새천년개발목표)에서 개발목표로 한 식료품·영양, 물·위생, 보건의료, 교육, 환경·에너지 등과 같은 분야뿐만이 아니라, 박형 TV나 DVD 플레이어 등의 엔터테인먼트 분야에서도 BoP층이 제품·서비스를 구입하고 있다.

결국 2030년은 기존 ToP층과 MoP층으로 구성된 '기존의 연장선상의 세계에 살고 있는 23억 5,000만 명의 시장'과 BoP층 및 BoP층에서 MoP층으로 성장한 계층으로 구성된 '새로운 가치관을 기반으로 한 세계에 살고 있는 59억 6,000만 명의 시장'으로 형성될 것이다.

따라서 기업이 BoP비즈니스에 대응하는 것은 이미 현재화되어 있는 거대시장의 획득에 덧붙여 향후 MoP층이 될 것으로 예상되는 BoP층에 대한 기반이 된다. 향후 주요 시장이 될 것으로 예상되는 MoP시장에서도 경쟁우위의 원천이 된다고 생각된다.

# 4장 BoP 비즈니스를 통한 기업의 글로벌 전략

## 1. BoP 비즈니스와 ICT의 접목

ICT(Inforamation Communication Technology)는 기술의 힘을 통해 전 세계 저소득층이 안고 있는 과제(BoP Penalty)를 해소하거나 완화하는 잇점이 있다. 전 세계 모바일 서비스 이용자는 60억 명에 달하며, 이는 전 세계 90%의 인구가 모바일 네트워크에 접속하고 있는 것을 의미한다. 그중에서 79%가 개발도상국에 살고 있다. 일부 개도국의 모바일 이용률은 전기보급률이나 식수보급률을 능가하고 있다. 저가의 모바일 단말기 개발, 통신서비스 비용의 절감, 모바일 금융서비스 도입 등을 통해 전 세계적으로 모바일 보급이 빠르게 확산되고 있다(Hystra & Ashoka, 2012, p.16).

짐바브웨의 마을 협동조합은 조합원들의 회비를 휴대폰으로 수금하게 되면서 조합의 현금흐름이 원활해졌다. 그 결과 조합원들에게 돌아가는 이득도 증가하게 되었다. 이러한 사례를 통해, 모바일 기술이 개도국의 저소득층의 3A(Accessibility, Affordability, Availability) 확보에 기여할 수 있음을 입증하였다(신혜정, 2012, p.2).

본 절에서는 ICT를 이용하여 BoP 비즈니스의 저소득층이 안고 있는 과제를 해결하는 것을 주된 목적으로 하는 비즈니스에 대해 중점적으로 살펴본다. 특히 ICT를 활용하여 저소득층이 누릴 수 있는 가장 큰 장점은 휴대전화와 인터넷을 사용을 통하여 다양한 서비스에 대한 접근성 개선으로 여겨진다.

본 절에서는 글로벌 사회의 핵심 이슈로 부각되고 있는 보건, 농업, 금융서비스 분야에서 격차 해소를 위한 ICT 기술의 역할과 관련된 선진적인 사례(HealthLine, e-Kutir, M-PESA) 분석을 통해, 혁신적 BoP 비즈니스 전략을 살펴본다. 첫째, 문헌고찰을 통해 BoP 층의 인구 변화 추이와 ICT 기반 BoP 비즈니스 현황에 대해 살펴보았다. 둘째, ICT를 활용한 BoP 비즈니스 유형에 대한 선행 연구를 살펴본 후, 본 연구의 분류모형을 구축하였다. 셋째, ICT를 활용한 3개의 BoP 비즈니스 전략을 소개한 후, 이들 사례의 공통점과 차이점을 비교·분석하였다. 마지막으로 정부 및 기업에 주는 시사점을 소개한다.

## 2. ICT 기반 BoP 비즈니스

### 1) ICT 기반 BoP 비즈니스의 특징

ICT는 정보의 효율적인 저장, 편집, 전송을 가능하게 하여, 전 세계 저소득 계층이 안고 있는 과제(BoP Penalty)를 해소하거나 완화하는 잇점을 지니고 있다. BoP 과제와 ICT를 적용하는 장점을 정리하면 <표 1-9>와 같다.

| 분류 | BoP 과제 | ICT의 장점 |
|---|---|---|
| 접근성 | · 병원, 은행이 멀다<br>· 근처에 좋은 시설이 없다<br>· 농업 정보를 알려줄 사람이 없다. | · 휴대폰이나 PC를 통해 원격으로 정<br>보 접근, 원격지와 정보교환 가능 |
| 효율성 | · 지역 병원이 혼잡<br>· 티켓 구매와 공공요금 지불이 복잡<br>하고 시간이 많이 소요됨 | · 컴퓨터에 의해 즉시 단시간에 처리<br>가능 |
| 품질 | · 중개인의 시장 정보는 신뢰 어려움<br>· 인력에 의존하여 조작 실수가 발생 | · 컴퓨터 처리에서 신뢰할 수 있는 정<br>보 제공 가능<br>· 컴퓨터로 정확한 처리가 가능 |
| 가격 | · 질 높은 서비스는 고가여서 구입에<br>어려움 | · 정보·영상의 저장, 복사, 전송이 용<br>이하여 저렴하게 서비스 제공 가능 |

자료 : JETRO(2012, 46)

ICT를 활용한 BoP 비즈니스의 가능성은 높은 편이다. 예를 들어, 저소득층이 많은 내원하는 병원에 정보처리시스템을 도입함으로써, 저소득층의 진료 대기 시간을 단축하고, 각종 처리가 정확하게 이루어지면, 이것도 일종의 BoP 비즈니스라고 생각할 수도 있다.

## 2) ICT 시장의 규모

아프리카(11개국), 아시아(9개국), 동유럽(6개국), 남미 및 카리브해(9개국)의 BoP 정보통신기술(ICT) - 정보통신기술과 이를 이용한 서비스 - 시장의 규모의 측정치는 305억 달러이다. 이것은 표준화한 데이터가 있는 저소득 및 중간소득 국가 35개국에 살고 있는 BoP 21억 명의 연간 ICT 지출액에 해당된다.

전체 조사 국가를 포함하면 이들 4개 지역의 BoP 가계 ICT시장은 39억 6,000만 명 추산 514억 달러 규모의 시장이다. 그러나

ICT 분야의 성장은 눈부시고, 각국에서 조사가 실시된 이후, 이동통신사를 중심으로 인터넷서비스 등의 ICT 회사는 고객 수를 늘리고, BoP 가계의 ICT 지출은 조사 시점의 2배 이상으로 늘어나고 있다는 점에 유의할 필요가 있다.

이러한 급속한 성장은 앞으로도 당분간 계속될 것으로 보인다. 아직 아프리카와 인도의 휴대 전화 이용자 인구의 15%에 도달하지 못하고 있다. 아시아는 최대의 ICT 지역 시장이고, 대규모 BoP 인구(14억 9,000만 명)를 반영하여 143억 달러를 기록하고 있다. 아시아(중동 포함)의 BoP 가계 ICT 시장 전체의 크기는 추산 283억 달러이다. 이것은 29억 명의 ICT 지출액이다. 남미가 근소한 차이로 뒤를 잇고 있으며, BoP 가계 ICT 시장의 추정액은 112억 달러이다. 이것은 2억 7,600만 명의 BoP 가계의 ICT 관련 지출이다. BoP 계층의 ICT 시장 전체의 규모는 추산 134억 달러(3억 6,000만 명)이다. 동유럽 BoP 가계의 ICT 시장의 추정액은 30억 달러(1억 4,800만 명), 전체 시장의 크기는 추산 53억 달러(2억 5,400만 명)이다.

아프리카 BoP층의 ICT 시장의 측정값은 20억 달러(2억 5,800만 명)이다. 시장 전체의 크기는 44억 달러(4억 8,600만 명)이다. 시장 규모는 작지만 아프리카의 ICT 시장은 지역 시장에서 가장 빠르게 성장하고 있다. 높은 수익을 올리는 기업이 등장하고 지역의 부의 창출에 중요한 역할을 하고 있다. 전체 가계의 ICT 지출에서 차지하는 BoP의 비율은 지역에 따라 다양하다. 아시아에서는 BoP 층이 약 절반(51%)을 차지하고 있다. 다른 지역은 아시아에 비하면 적지만, 동유럽 36%, 아프리카 28%, 남미 26%로 상당한 비중을 차지하고 있다. 아프리카는 총 인구에서 차지하는 BoP의 비율(95%)과 ICT 지출에서 차지하는 BoP 시장 점유율(28%)이 가장 불균형을 이루고 있는 지역이다.

국가 차원에서도 BoP층의 ICT 지출 점유율에 상당한 차이를 보이고 있다. 휴대전화 네트워크의 확대 속도를 좌우하는 ICT 관련 규제의 상황이 이러한 차이의 원인중 하나라고 볼 수 있다. 또한 휴대전화 네트워크의 정비는 도시에서 시작된 이후 농촌으로 확대되기 때문에 각 국의 도시와 농촌 인구 구성의 차이에서도, 이러한 차이가 반영되어 있다.

아시아에서는 파키스탄과 방글라데시, 태국이 극단적인 예이다. 파키스탄, 방글라데시는 ICT시장 전체의 89% 이상을 BoP가 차지하고 있다. 한편 BoP 인구가 전체 인구의 대부분을 차지하고 있는 태국 BoP의 지출 점유율은 29%에 불과하다. 아프리카 극단적인 예는 나이지리아(98%)와 부룬디(12%)이다. 동유럽은 벨라루스 및 카자흐스탄(74%), 구 유고슬라비아 및 마케도니아(21%)가 극단적인 예이다. 남미 및 카리브해 BoP의 ICT 지출이 전체 지출의 절반 이상을 차지하고 있는 나라는 자메이카(71%)이다. 콜롬비아 매우 적은 12%의 점유율을 보이고 있다.

## 3) ICT 분야의 BoP 비즈니스에서 이해관계자

ICT를 활용한 BoP 비즈니스의 특징은 동일한 ICT 관련 기업만으로 사업을 영위할 수 없어, 다양한 기업이나 단체와의 제휴가 필요하다. 특히 타 업종의 민간 기업과의 제휴가 중요하다. 이러한 점은 BoP 비즈니스 참여 기업에게는 ICT 관련 기업뿐만 아니라, 다양한 분야의 기업이 BoP 비즈니스로 진입 가능성을 제공해준다. 더 나아가 관련된 기업이나 현지 NGO등이 시너지 효과를 발휘할 사업 모델의 구축이 성공의 열쇠를 쥐고 있음을 의미한다.

BoP 비즈니스의 주요 이해 관계자를 정리하면 <표 1-10>과 같다. BoP 비즈니스 이해 관계자라고 하면, NGO·NPO가 떠오르지만, 실제로는 다양한 조직에서 역할을 담당하고 있다. 저소득층을 대상으로 하는 BoP 비즈니스는 고객인 저소득층이 다양한 과제를 안고 있기 때문에, 단순한 상업주의만으로는 지속가능한 사업이 이루어지기 어렵다. 따라서 다양한 강점을 가진 이해관계자를 끌어들여, 적절한 협력 체제를 구축할 수 있느냐가 성공의 열쇠이다.

<표 1-10> BoP 비즈니스의 이해 관계자

| 이해 관계자 | 강점 | 역할 |
|---|---|---|
| 기업 | 비즈니스 | 사업 주체, BoP 비즈니스의 파트너가 된다. |
| NGO·NPO | 현지 사정 파악, 주민과의 네트워크 | 적정 기술을 이용한 제품 개발, 주민의 조직화, 의식 계몽 활동 |
| 대학·연구기관 | 전문 분야의 깊은 지식과 네트워크 | 전문적인 지식을 제공 |
| 정부 | 정책 결정을 할 수 있다. 담당 분야의 지식과 자원을 가짐 | 보조금에 의해 사업을 지원. 관련 정책·규제에 반영. 정부 사업·프로그램과 연계. |
| 기부자·자본가 | 자금력, 특정 분야의 정보, 네트워크 | 자금 지원, 기술 지원, 기부자 사업과 연계 |

한편, ICT를 활용한 BoP 비즈니스의 특징은 <표 1-11>과 같다. ICT 관련 기업만으로는 사업을 영위할 수 없으며, 다양한 기업 및 단체와의 연계가 필수적이다. 특히 타 분야에 비해 다른 업종의 영리 기업과의 연계가 중요하다.

<표 1-11> ICT를 활용한 BoP 비즈니스에 관한 기업

| 분야 | 제공되는 서비스 | 관련 기업 |
|------|----------------|-----------|
| 금융 | 모바일 뱅킹<br>(송금, 결제, 예금, 대출·상환) | 금융 기관, 휴대전화 서비스 업체, 시스템 개발업체, 통신기기·주변기기 제조업체 |
| 보건 | 원격 의료, 보건 정보 서비스 | 의료 기관, NGO, 통신사업자, 시스템 개발업체, 통신기기·검사장비 제조업체 |
| 농업 | 농업 관련 정보<br>(시장, 날씨, 농업기술 정보) | 휴대전화서비스 업체, 정보제공업체, 농업연구기관, NGO |
| 복합형 | 전자정부(각종 신청, 인증서 발급 등),<br>보건, 교육, 농업 정보제공, 열차예약,<br>ICT교육, 금융, 구인, 충전서비스 등 | 정부 기관, PC 관련기기·통신기기 제조업체, 통신사업자, 콘텐츠·시스템 개발업체(금융, 보건, 교육, 농업 외) |

여기에서는 ICT를 활용한 BoP 비즈니스의 주요 이해 관계자가 되는 민간기업, NGO, 복합형 서비스 제공에서 중요한 협력 파트너가 될 수 있는 정부의 일반적인 서비스 센터(Common Service Center : CSC)에 대해 그 역할과 참여 자세를 설명한다.

(1) 민간 기업

ICT를 활용한 BoP 비즈니스에 참여할 가능성이 있는 주요 기업과 그 역할을 <표 1-12>에 정리한다.

<표 1-12> ICT를 활용한 BoP 비즈니스에 참여하는 민간 기업과 그 역할

| 구분 | 기업 | 역할 |
|------|------|------|
| 제조업 | 통신기기제조업체<br>PC관련기기 제조업체<br>의료검사기기 제조업체<br>충전기·충전기기 제조업체 | 제품의 개발, 제조, 판매. 필요에 따라 특정 비즈니스 요구사항을 충족하는 특별한 제품의 개발, 제조도 다룬다. |

| 서비스업 | 통신서비스사업자 | 휴대전화 서비스, 인터넷 서비스 |
| | 금융서비스 | 은행, 결제, 수납 대행 |
| | 의료서비스 | 의료 행위, 진찰, 약 처방 |
| | 교육서비스 | 강의, 시험 서비스의 제공 |
| | 정보서비스 | 농업정보, 취업정보, 건강정보 등의 제공 |
| | 콘텐츠 개발 | 학습교재, 고용, 농업, 보건정보의 콘텐츠 개발 |

제조업의 경우 많은 기업이 시장에 참여하고 있고, 참여 상황을 일반화하는 것은 어렵지만, 원격 의료 시스템과 인터넷 키오스크 등 BoP 비즈니스에 적용이 용이한 시스템에 관련된 업체의 참가 의욕은 높은 것으로 생각된다.

서비스업에 대해서도 통신 서비스 사업자는 농촌에서의 점유율 확대를 위해 자사의 휴대전화 서비스에 BoP 비즈니스를 실현하는 서비스를 추가하는 데 적극적이다. 금융 서비스 분야에서는 뒤에서 설명하는 바와 같이 인도준비은행(Reserve Bank of India : RBI)에 의한 규제 완화로 은행의 대리인(비즈니스 코레스펀던스)으로 비금융 기관의 금융 서비스 대행이 가능하고 이 제도를 활용한 원격금융 서비스 사업이 활성화되고 있다. 인도스테이트은행(State Bank of India : SBI)와 ICICI 은행이 비즈니스 코레스펀던스의 활용에 적극적이다.

의료서비스 분야에서는 이미 인도원격의료협회(Telemedicine Society of India) 등의 업계 단체가 존재하고 원격의료기술의 연구와 의식 계몽에 노력하고 있다. 이들 단체는 아폴로 병원 및 아라빈드 원격의료네트워크 등 원격 의료에서 입증된 조직이 회원으로 되어 있다. 이러한 조직은 BoP 비즈니스에 관심을 갖는다고 생각된다.

(2) NGO · NPO

인도의 BoP 비즈니스 선행 사례에서 NGO의 참여 방법은 NGO
가 직접 BoP 사업을 실시하는 경우와 민간 기업의 BoP 비즈니스에
NGO가 참여하는 경우로 크게 나뉜다. 전자는, 예를 들어 원격의료
및 원격교육서비스를 기업이 아닌 NGO가 제공하는 경우이다.

<표 1-13> BoP 비즈니스에 대한 NGO의 참여 패턴

| NGO의 참여 패턴 | | NGO의 역할 |
|---|---|---|
| NGO가 직접 BoP 사업을 실시 | | · NGO가 가진 저소득 계층의 생활 실태 · 요구에 대한 지식을 바탕으로 스스로 사업을 실시한다.<br>· 별도 조직으로 영리 기업을 설립할 수 있다 |
| 민간 기업의<br>BoP<br>비즈니스에<br>NGO가 참여 | 제품 개발 | · NGO가 가진 저소득 계층의 생활 실태 · 요구에 관한 지식을 제품 개발에 반영 |
| | 제품의<br>제조 · 유지 보수 | · 현지에서 구할 수 있는 원료를 사용하여 제품의 제조 · 유지 관리<br>· 시장의 요구에 신속하게 대응할 수 있다 |
| | 시장 개척 · 유통 | · NGO가 가진 현지 사정에 관한 지식 네트워크를 활용하여 시장 조사, 효과적인 시장 개척을 지원 |
| | 소비자<br>교육 · 의식 계몽 | · 제품이 해결을 추구하려고하는 사회 문제에 대한 의식 계발을 통해 제품의 보급을 촉진 |

후자의 경우는 제품개발, 제조 · 유지보수, 시장개척 · 유통, 소비
자 교육 · 의식 계몽의 4단계에 관여하는 경우가 생각된다. 후자에
대해서는 ICT를 활용한 BoP 비즈니스의 경우에는 제품의 제조 및
유통보다도 소비자 교육이나 의식 계몽에 NGO와 연계하는 사례가
가장 효과적이라고 생각된다. ICT는 BoP 비즈니스의 대상이 되는
저소득 계층에 익숙하지 않은 기술이기 때문에 효과는 있어도, 저
소득 계층에 좀처럼 서비스가 보급되지 않는 경우가 많다. 현지 네
트워크를 가진 NGO이면, 효과적인 의식 계몽을 기대할 수 있다.

인도에는 많은 NGO가 있지만, 외국 기업과 제휴할 수 있는 능력을 갖는 NGO는 제한된다. 또한 NGO는 기본적으로 비영리 활동을 목적으로 하고 있으며, 영리를 목적으로 하는 기업과 같은 효율성과 합리성을 추구하는 것이 어려운 경우가 있음에 유의할 필요가 있다.

### (3) 공공서비스센터(CSC)

키오스크형 복합서비스 제공은 민간사업자가 제공하는 것과 정부가 전자정부서비스 제공 플랫폼으로 추진하는 등 2가지가 있다. 여기에서는 가장 열기 규모가 크고 협력의 잠재력이 높다고 생각되는 연방 정부의 CSC(Common Service Center, 공공서비스센터)에 대해 설명한다.

CSC는 정부가 추진하는 "국가전자정부계획(National e-Governance Plan : NeGP)"의 일환으로 농촌 수준에서 전자정부 서비스를 이용하는 창구의 역할을 한다. 개별 CSC는 일정한 기준에 의해 선발된 지역의 기업에 의해 운영된다. CSC는 정부 서비스의 제공을 의무화되지만, 인쇄 및 충전 서비스 등 해당 지역에서 수요가 있는 다양한 서비스를 자유롭게 제공할 수 있다. 2011년 말 현재 전국에 9만 7,000 센터가 설립되어 있다.

CSC의 운영 형태는 연방, 주 센터의 3 단계로 구성된다. 연방 정부 차원에서는 통신정보기술부(Ministry of Communications and Information Technology : ICT부)이 정책 결정과 전체 조정을 CSC 프로그램 실시를 위해 설립 된 특수목적회사인 CSC e-Governance Service India가 정책의 실시, 전국 수준의 프로그램의 총괄을 담당하고 있다.

주 수준에서는 주 정부에 의해 선정된 서비스센터 에이전시 (Service Center Agency : SCA)가 주내 CSC를 운영하는 기업의 선정, 교육 (컴퓨터 조작, 유지 보수, 경영, 회계 등), 장비 구매 지원, 통신환경 정비지원을 실시하고 있다. SCA는 은행 서비스 등 정부 서비스 이외의 서비스를 제공하는 창구가 되기도 한다.

개별 CSC의 운영 상황은 공개되지 않았다. CSC의 운영은 SCA의 능력, 기업가의 능력에 크게 좌우된다. 또한 본래의 목적인 정부 서비스 제공시스템의 개발이 늦어져, 주에서는 대부분 정부 서비스가 제공되어 있지 않고, CSC의 수익을 압박하고 있다. 인도 정부는 정부 서비스의 제공이 가능해질 때까지 연결 자금 및 운영이 궤도에 오를 때까지 보조금으로 당초 3년간 월 4,000 루피까지 각 CSC에 지급하고 있지만, 각 국가의 SCA 운영 정책에 따라 보조금이 지급되지 않는 경우도 있다.

인도 정부는 CSC를 지속시키기 위해서도 서비스의 확충을 기대하고 있으며, CSC를 플랫폼으로 하는 일본 기업의 서비스 제공에도 관심이 높다. CSC에서 서비스를 제공하고자하는 기업은 연방정부차원의 CSC e-Governance Services India LTD, 혹은 국가 수준의 SCA에 접근하게 된다. CSC e-Governance Services India LTD이면 전국의 CSC 서비스의 대량 보급할 수 있다. 한편, 전술한 바와 같이 CSC의 운영 상황은 SCA의 실력에 좌우되기 때문에 우수한 SCA를 파악하여 특정 주에서만 서비스를 확장할 수도 있다. 두 경우 모두, 서비스 제공에는 상대방 기관에 의한 심사에 합격할 필요가 있다.

## 4) 인도의 ICT 기반 BoP 비즈니스

IFC & WRI(2007)는 <표 1-14>와 같이 BoP 층을 6개로 구분하고, 인도 전체 인구에서 차지하는 비율과 각 구분에서 도시가 차지하는 비중을 정리하고 있다. 각 세그먼트별 인구 분포를 보면 최하위에서 두 번째(BoP1000)와 세 번째(BoP1500)에 전체 인구의 67.7%가 집중되어 있는 것을 볼 수 있다. 도시와 농촌의 인구 대비를 살펴보면, 최하위 BoP500에서는 농촌이 94.4%를 차지해, 소득 수준이 높아짐에 따라 도시 지역의 비율이 증가해 간다. 한편, BoP 6개 세그먼트에 대해 1인당 지출과 가구당 지출 격차를 살펴보면(일본무역진흥기구, 2010, p.16), BoP500과 BoP3000의 가구당 지출의 격차를 보면, 식료품이 3.6배, 에너지가 3.3배로서 상대적으로 격차는 적은 반면, ICT가 65.3배, 교육이 35.4배로 매우 큰 격차를 나타내고 있다. 인도에서는 BoP층이 많은 농촌 지역에서 ICT 및 교육 등 비식품 분야에 대해 접근하는 것 자체가 큰 제약 요인이 되고 있다.

<표 1-14> 인도의 BoP 시장의 구성

| BoP 구분 | 년간 소득/개인 (달러:구매력평가) | 총계(100만 명) | 전국 비중(%) | 도시 비중(%) |
|---|---|---|---|---|
| BoP초과 | 3,000 초과 | 48.9 | 5.0 | - |
| BoP3000 | 2,500~3,000 | 31.5 | 3.2 | 67.6 |
| BoP2500 | 2,000~2,500 | 68.3 | 7.0 | 53.4 |
| BoP2000 | 1,500~2,000 | 147.0 | 15.1 | 37.4 |
| BoP1500 | 1,000~1,500 | 309.0 | 31.8 | 19.8 |
| BoP1000 | 500~1,000 | 349.0 | 35.9 | 8.2 |
| BoP500 | 500이하 | 19.3 | 2.0 | 5.6 |
| BoP 합계 | - | 924.1 | 95.0 | 22.0 |
| 총 인구 | - | 973.0 | 100.0 | - |

자료 : IFC & WRI(2007, p.111)

인도 정부에서도 저소득층의 경제성장 지원을 통한 "Inclusive Growth(포용적 성장)"을 해결해야 할 과제로 인식되고 있다. 정부의 집중적인 인프라 정비의 확산, ICT 기술발전의 속도, 교육 수준의 상승 등은 농촌 지역의 ICT 관련 소비를 끌어 올리는 요인이라고 판단된다. 이와 같이 인도 정부의 강력한 ICT화 추진 계획이 촉진제가 되어, ICT를 활용한 BoP 비즈니스의 시장도 확대될 것으로 전망된다(渡辺珠子, 2012, p.2).

## 3. ICT를 활용한 BoP 비즈니스 전략

### 1) ICT 활용 BoP 비즈니스 유형에 대한 연구

ICT를 기반으로 한 BoP 비즈니스 유형에 대한 사례연구를 살펴보면, GIZ & BMZ(2013)은 AgriManager, Bozza, Nokia Life 등 전 세계의 ICT를 활용한 BoP 비즈니스의 42개 사례를 사용 기술과 응용서비스를 중심으로 정리하였다. BoP Global Network(2013)는 글로벌 BoP 비즈니스 벤처의 16개 성공 사례를 소개하고 있다. 하이스트라와 아쇼카(Hystra & Ashoka, 2012)는 ICT를 활용한 BoP 비즈니스의 280개 사례를 발굴하였다. 이들 280개 프로젝트 중 ICT 활용 분야를 살펴보면 건강 136건(49%), 재무서비스 53건(20%), 농업 53건(19%), 교육 21건(7%), 복합서비스 순을 보였다. 이어서 280개 사례 중에서 시장기반 메커니즘을 가지고 지속적으로 활동을 하고 있는 140개 프로젝트를 선정하였다. 마지막으로 ICT기반의 BoP 비즈니스의 핵심 성공요건을 세 가지(문제해결의 효과성, 확장성과 복제 가능성, 재무적 지속가능성)로 제시하고, 이들 조건을 만족하는 대표적 15개 사례를 추출하였다. 일본무역진흥기구(JETRO, 2012)는 ICT를 활용한 BoP 비즈니스 유형을 휴대전화 및 필요에 따라 대리인을 통해 금융, 보건, 농업정보 등의 단일 서비스를 제공하는 "휴대전화·대리인 유형"과 PC에 설치한 키오스크(정보단말기)에서 인터넷 서비스에 연결하여 전자정부, 보건, 교육 등 복합적인 서비스를 제공하는 "정보단말기 유형", 휴대폰을 이용하여 사업자와 이용자 간 쌍방향 정보교류를 하는 "쌍방향 유형" 등 세 가지로 나누어, 전 세계 14개 사례를 간략히 정리하였다.

### 2) 본 연구의 비즈니스 분류 모형

본 절에서는 BoP Global Network(2013), 하이스트라와 아쇼카(Hystra & Ashoka, 2012), GIZ & BMZ(2013), 일본무역진흥기구(JETRO, 2012) 에서 제시한 ICT 기반의 BoP 비즈니스 모델을 참조하여, ICT기반의 비즈니스 유형을 <표 1-15>와 같이 정리하였다.

비즈니스 분야를 교육, 보건, 농업 및 경제활동지원, 금융서비스 등 4개 분야로 나누고, 고객이 원하는 정보에 접근하는 방법에 따라 단방향(휴대폰, 대리인), 양방향(BPO, 크라우드 소싱)으로 나누어 정리하였다. 각각 이들 유형을 대표하는 3개의 사례(HealthLine, eKutir, M-PESA)를 선정하여, ICT기반의 BoP 비즈니스 전략을 분석하였다.

<표 1-15> ICT기반의 BoP 비즈니스 유형

| 분야<br>정보 접근방법 | 교육 | 보건 | 농업 및<br>경제활동 지원 | 금융서비스 |
|---|---|---|---|---|
| 휴대폰을 통한 단방향 서비스 | BBC<br>Janala | mPedigree,<br>HealthLine | Reuters<br>RML,<br>Esoko | FINO,<br>M-PESA |
| 대리인을 통한 단방향 서비스 | Drishtee | NH<br>Hospital | eChoupal,<br>eKutir | |
| BPO를 통한 쌍방향 서비스 | | | SMS One | |
| 크라우드 소싱을 통한<br>쌍방항서비스 | | | CKW | MYC4 |

자료: 하이스트라와 아쇼카(Hystra & Ashoka, 2012), GIZ & BMZ(2013), JETRO(2012)등을 참고하여
구자가 정리

단방향(휴대전화, 에이전시)으로 고객이 원하는 정보에 접근하는
방법은 다음과 같다. 휴대전화를 통해 직접적으로 고객에게 연결되
는 단방향 정보 형태는 모바일 플랫폼을 통해 제공된다. 이러한 서
비스들은 맞춤형으로 제공되며, 지역 사회의 구성원들에 의해 채택
되어 사용되어진다. 단방향 정보는 건강 관련 정보를 제공하여 인
명 피해를 줄이거나, 작물 가격이나 재배 방법 등에 대한 정보를
제공하여, 농가 수익을 증진시키는 등의 행위를 통해 BoP층에 사
회·경제적으로 긍정적인 영향을 끼칠 수 있다. 에이전시(현지 에
이전트)을 통해 고객에게 전달되는 쌍방향 정보 형태는 고객이 직
접 기술을 소유해야 할 필요가 없으며, 최소한의 언어적 능력만을
필요로 한다는 장점들이 있다.

양방향(BPO, 크라우드 소싱)으로 고객이 원하는 정보에 접근하
는 방법은 다음과 같다. 'SMS One'의 경우 SMS의 문자메시지를
통해 지역에 밀착된 정보를 이용자의 휴대폰에 송신하는 서비스이
다. 더 나아가 크라우드 펀딩 방식은 BoP층의 사업가를 기존의 어

려운 자금 및 투자자 물색 과정으로부터 부담을 줄여준다.

한편, 비즈니스 분야별로 살펴보면 다음과 같이 정리할 수 있다. 보건 분야에서는 캠페인이나 건강 데이터의 수집과 같은 기부자의 펀드에 의존하는 경우가 많았으나, 최근에는 시장 지향적으로 원격 진단이나 오남용 방지차원에서 의약품의 품질을 인증하는 서비스가 제공되고 있다. 교육 분야에서는 BoP층의 아이들이나 교육 및 전문적 훈련이 필요한 성인들을 대상으로 하는 교육 프로젝트들이 시장 기반의 접근방법을 사용하고 있다. 농업 분야에서는 ICT를 활용하여 농민의 수익 창출 행위와 직접적으로 연결되어 있다. ICT를 통한 금융 서비스는 저신용자들을 위한 완전히 새로운 기회로서 작용할 수 있다. 전 세계 25억 명의 저신용 성인들을 대상으로 이러한 서비스는 현재 전 세계적으로 80여종이 이용되고 있다.

한편, BoP Global Network(2013), 하이스트라와 아쇼카(Hystra & Ashoka, 2012), GIZ & BMZ(2013), 일본무역진흥기구(JETRO, 2012)의 선행연구를 바탕으로 ICT를 활용한 비즈니스 사례를 <표 1-16>과 같이 정리하였다.

<표 1-16> ICT를 활용한 BoP 비즈니스 사례

| No. | 서비스명 | 지역/국가 | 분야 | 기술 | 서비스 유형 |
|---|---|---|---|---|---|
| 1 | BBC Janala | Bangladesh | Education | Multi Platform | Interactive English Lesson |
| 2 | mPedigree | India, Africa | Health | Mobile App: SMS | Drug Verification |
| 3 | HealthLine | Bangladesh | Health | Mobile Phone | Healthcare Info |
| 4 | Reuters RML | India | Agriculture | Mobile App: SMS | Agri Information Service |
| 5 | Esoko | Africa | Agriculture | Mobile App: SMS | Information & Service Portal |

| 6 | M-PESA | Kenya | Finance | Mobile Phone | Mobile Money Service |
|---|--------|-------|---------|--------------|----------------------|
| 7 | FINO | India | Finance | Computer/<br>Internet | Banking Service,<br>Point of Transaction |
| 8 | Drishtee | India | Education | Computer<br>Kiosks | Retail plus internet Kiosk,<br>e-services |
| 9 | NH<br>Hospitals | India | Health | e-health Tech | e-health service(ECG) |
| 10 | eChoupal | India | Agriculture | Computer/<br>Internet | Information, Internet kiosk<br>retail outlet |
| 11 | eKutir | India | Agriculture | Computer<br>Kiosks | Local Agro Information |
| 12 | SMS One | India | Multi | Mobile App:<br>SMS | Local Information |
| 13 | CKW | Uganda | Agriculture | Mobile Phone | Up-to-date Agri<br>information |
| 14 | MYC4 | Africa | Finance | Web Platform | Web-based P2P lending |

자료 : 하이스트라와 아쇼카(Hystra & Ashoka, 2012), GIZ & BMZ(2013), 일본무역진흥기구(JETRO, 2012)를 참조로 정리

# 4. 사례분석

## 1) 사례분석의 틀

비즈니스 모델의 구성요소에 대한 선행연구를 살펴보면, 조트와 아미트(Zott & Amit, 2009, 7)에 따르면 비즈니스 모델은 기업이 이해관계자(핵심 기업, 고객, 파트너 등)에게 가치를 제공하고, 비즈니스를 수행하고, 요소와 제품 시장을 연결하는 방법 등에 대한 템플릿이라는 관점이다. 그의 활동시스템 디자인 프레임워크(An Activity System Design Framework)는 기업에 어떻게 비즈니스를 수행하고, 이해관계자와 가치를 공유한다. 더 나아가 모델의 요소들과 시장 간에 어떻게 연결되는지에 대해 부분 최적화가 아닌 시

스템 차원의 성과 극대화를 추구하는지에 대해 설명해 주고 있다. 디자인 요소(Design Elements)로서는 콘텐츠(Content, 활동 수행), 구조(Structure, 연결하고, 서열화), 거버넌스(Governance, 수행 주체와 역할) 등으로 구성되어 있다. 디자인 요소에 따른 세부적인 디자인 테마(Design Themes)는 참신성(Novelty, 혁신적인 콘텐츠, 구조, 거버넌스 적용), 고착화(Lock-In, 비즈니스 모델의 이해관계자를 유지하기 위한 요소 구축), 상보성(Complementarities, 더 나은 가치를 창출하기 위한 부가적 활동들), 효율성(Efficiency, 거래처리 비용을 줄이기 위한 활동들의 재조직화)으로 구성되어 있다. 하이스트라와 아쇼카(Hystra & Ashoka, 2009; 2012)는 BoP 프로젝트 평가 기준으로 'BoP층의 문제해결에 기여하는가', '경제적으로 실행가능한가', '확장성이 있으며, 복제 가능한가' 등으로 구성되어 있다. 히엔어쓰 등(Hienerth et al., 2011, 355)은 레고(LEGO), 아이비엠(IBM), 콜로플라스트(Coloplast) 등 3개사의 사용자 중심의 비즈니스 모델의 실행 프로세스를 비교 분석하면서, 사례의 성공요인을 다섯 가지로 나누고, 각 성공요인에 대해 공통점, 차이점, 그리고 비즈니스 모델에 영향을 주는 요소를 비교·설명하였다.

본 연구의 분석대상인 ICT기반의 BoP 비즈니스 사례를 조트와 아미트(Zott & Amit, 2009)의 활동시스템 디자인 테마에 하이스트라와 아쇼카(Hystra & Ashoka, 2009, 8; 2012, 12)의 BoP 프로젝트 평가 기준을 접목하여 <표 1-17>과 같이 정리하였다.

<표 1-17> 비즈니스 모델의 디자인 테마와 BoP 평가기준의 접목

| 조트와 아미트<br>(Zott & Amit, 2009)의<br>활동시스템 디자인 테마 | 하이스트라와 아쇼카<br>(Hystra & Ashoka, 2009, 2012)의<br>BoP 프로젝트 평가 기준 |
|---|---|
| 참신성(Novelty) | - BoP층의 문제해결에 기여하는가<br>　· 타깃 분야의 발전에 기여하는가<br>　· 사용하기 편리하고, 받아들이기 쉬운가<br>　· 사회경제적 영향을 제시할 수 있나 |
| 고착화(Lock-In) | - 경제적으로 실행가능한가 (1)<br>　· 다양한 이해관계자와 수익을 공유할 수<br>　　있는 비즈니스인가<br>　· BoP층에 새로운 경제적 기회를 제공하는가 |
| 상보성<br>(Complementarities) | - 모델의 확장성이 있으며, 다른 환경에서<br>　복제가능한가<br>　· 다른 환경에서 적용이 가능한가<br>　· 확장 가능한 운영적 모델인가 |
| 효율성(Efficiency) | - 경제적으로 실행가능한가 (2)<br>　· BoP층이 수용할만한가<br>　· 지속가능한 재정 계획이 있는가<br>　· 보조금이 필요한가 |

　본 사례연구에서는 <표 1-16>에 소개된 ICT를 활용한 BoP 비즈
니스 사례 중에서 대표적인 3개의 사례를 선정한다. 이들 각각의
사례에 대해 조트와 아미트(Zott & Amit, 2009)의 활동 시스템 관
점의 비즈니스 설계 모델을 참고하여, 각 사례별로 디자인 요소를
콘텐츠, 구조, 거버넌스로 정리하였으며, 디자인 요소에 따른 세부
적인 디자인 테마(Design Themes)를 참신성, 고착화, 상보성, 효율
성으로 나누었다. 이어서 조트와 아미트(Zott & Amit, 2009)의 디
자인 테마를 하이스트라와 아쇼카(Hystra & Ashoka, 2009; 2012)
의 BoP 프로젝트 평가 기준에 맞추어서 비교·분석하였다. 또한
히엔어쓰 등(Hienerth et al., 2011, 355)의 사례 비교 분석 틀을 이

용하여, 각 핵심 테마에 대해 공통점, 차이점, 그리고 비즈니스 모델에 영향을 주는 요소를 비교・설명하였다.

<표 1-16>에서 살펴본 ICT를 활용한 BoP 비즈니스 사례 중에서 지역별(방글라데시, 인도, 케냐), 분야별(보건, 농업, 금융서비스)로 나누어 분석대상을 선정하였다. 심층 분석 대상 사례는 아시아 지역 중에서 방글라데시의 보건사례 헬스라인(HealthLine), 인도의 농업사례 이쿠티르(eKutir), 아프리카 케냐의 금융서비스 엠페사(M-PESA)이다.

### 2) 사례 1 : 헬스라인(HealthLine)

#### (1) 비즈니스 모델의 디자인 요소

비즈니스 모델의 디자인 요소 중에서 콘텐츠 측면에서 보면, 헬스라인은 그라민폰(Grameen Phone)와 TRCL(Telemedicine Reference Center Limited)의 전략적 협업을 통해 사업을 시작하였다. 1997년 설립된 그라민폰은 핸드폰 통신업계의 선두주자로서 5,400만의 방글라데시 인구 중 2,380만 명을 고객으로 두고 있다. 이에 비해 TRCL은 건강정보기술에 특화된 기업으로 1999년부터 일원화된 센터체계와 클라우드 컴퓨팅시스템을 이용하여, 유무선을 연동한 헬스케어 서비스를 제공하고 있다. 2006년 9월부터 서비스를 시작한 헬스라인은 면허받은 의료진들에 의해 관리되며, 그라민폰 모바일을 통해 카운슬링, 처방 등의 서비스를 받을 수 있는 저비용의 24시간 온라인 메디컬센터를 운영하고 있다. 동 서비스는 350만 명이 이용하고 있으며, 서비스 이용건수는 하루 5천~1만 건 징도이다. 헬스라인은 TRCL이 서비스의 개발 및 관리를, 그라민폰이 인프라 구축을 담당한다.

구조 측면에서 보면, 기술 요소로서 중앙 관리국과 콜센터에서 전기통신, 네트워크 인프라, 전화 발신지 추적 프로그램 등을 담당한다. 전화 상담을 위해 의사들을 대상으로 한 2주간의 소프트웨어 트레이닝이 준비되어 있다. 거버넌스 측면에서 보면, 컨설팅을 해줄 의사들을 의학대학과 연계를 통해 저렴한 비용으로 고용하고 있으며, 마케팅은 그라민폰이 관리하고 있다. 정보 유통은 그라민폰 통신 인프라를 이용하여, 헬스케어 에이전트나 마을 전화를 통한 고객과 연결된다.

### (2) 비즈니스 모델의 디자인 테마

비즈니스 모델의 디자인 테마 중에서 참신성 측면에서 보면, 헬스라인은 저소득층이 당면하고 있었던 의료 서비스의 접근성 해소 차원에서 시작되었다. 의사 1인당 환자 4천명으로 의사 수가 절대적으로 부족하였으며, 의사의 75%가 도심지에 거주하고 있어, 전체 인구 중 45%만이 의료 시설에 접근할 수 있었다. 또한 기술적 측면에서 불안정한 통신 네트워크 때문에 안정적으로 통신할 수 있는 인프라가 매우 부족하였다. 헬스케어 인프라 또한 일원화된 시스템이 부족하여 전화를 통한 완벽한 의료 진단을 하는 것은 불가능하였다. 이러한 문제를 해결하기 위해 그라민폰과 TRCL은 휴대전화를 통한 저비용 24시간 의료 정보 시스템을 실시하였다.

고착화 측면에서 살펴보면, 350만의 사용자들이 매일 5천~1만 건의 수요가 존재하지만, 실제로는 의사의 부족 등으로 인해 전화 서비스 이용 건수가 제한되었다. 참여 이해관계자들에게 돌아가는 혜택을 살펴보면, 고객은 헬스케어 인프라에 대한 손쉬운 접근성, 건강 문제에 대한 인식도 증가, 시간 및 비용 절약을 제공받는다. 지역 의료인은 정보 및 약품 판매(헬스케어라인을 통해)를 통한 수입 증대, 전통 의료인과의 협업을 통한 항생제 처방율 감소 등을 들 수 있다.

상보성 측면에서 보면, 사회 경제적 효과측면에서 고객들에게 건강 지식에 대한 인식 증진과 기초 의료 서비스의 질적 제고, 장기간 지속되는 질환에 대한 케어 서비스를 제공하였다. 효율성 측면에서 보면, 동 서비스의 차별점은 전화를 통한 의료 상담이 필요한 고객들을 위한 방글라데시 최초의 서비스이며, 휴대폰을 통해 24시간 운영된다는 점이다.

### 3) 사례 2 : 이쿠티르(eKutir)

#### (1) 비즈니스 모델의 디자인 요소

비즈니스 모델의 디자인 요소 중에서 콘텐츠 측면에서 보면, 이쿠티르(eKutir)는 뱅갈로르, 첸나이, 오리사의 3개 도심지에 서비스를 제공하는 지역 특화된 사회적 기업이다. 이쿠티르(eKutir)는 그라민 인텔 사회적 기업(Grameen-Intel Social Business)와 함께 "농부 프로젝트(Farmers Project)"를 발전시켜나가고 있다. 2009년 9월, 이쿠티르는 eAgro initiative를 설립했다. eAgro initiative는 지역 농산물을 인터넷으로 판매하는 프랜차이즈이다. 이쿠티르는 거래정보 제공이나 전문적이고 맞춤화된 농작물에 대한 조언을 제공함으로서, 반경 5km이내의 지역 농부들을 돕고 있다. .

구조적 측면에서 보면, 프랜차이즈를 운영하기 위해 아래와 같은 조건을 갖춘 지역 사업자들을 선정한다. 지역 사업자의 구체적인 조건을 살펴보면, 기초 대학 학부 과정 이수자, 비즈니스 감각과 사회적 기업 운영에 대한 열정을 지니고 있어야 한다. 농업에 대한 기초적 이해가 필요하며, 고객관계관리 기술, 소자본 투자 능력, 공동체 내에서 평판을 얻고 싶은 열망 등을 가지고 있어야 한다. 교육 훈련은 90일간의 교육으로 진행되며, 일부는 도제식 교육으로도 진행된다. 마케팅은 입소문을 통한 구전마케팅을 이용하며, 그 외 체험교육 및 제품설명회, 로드쇼 등을 이용하고 있다. 정보 유통은 12개의 허브가 존재하며, 각각 500명의 농업인들에게 서비스를 제공하고 있다.

거버넌스 측면에서 보면 이쿠티르의 차별화 포인트는 높은 접근성과 공동체 주인의식을 바탕으로 하는 농업인 중심 체제와 장기적인 지속력이다. 회비가 농업인들의 합의를 통해 결정되는 민주적으로 운영되고 있다. 농업인, 사업자, 서비스 주체 등 모든 참여자들에게 잠재적 수익을 가져다 줄 수 있다는 장점이 이 서비스의 글로벌 확장을 가능케 한다.

### (2) 비즈니스 모델의 디자인 테마

참신성 측면에서 보면 저소득층 농민들이 당면한 문제를 해결하고 있다. 농민들에게는 아래와 같은 문제점가 존재하고 있었다. 첫째, 토지의 영양상태, 토양 종류와 곡물 간의 관계, 필요한 영양분, 시장 등에 대한 농업인들의 인식 및 정보가 부족하였다. 둘째, 가짜 씨앗, 가짜 비료 등의 사용으로 인한 피해가 심했다, 셋째, 농업 관련 R&D는 지역적으로 너무 멀리 떨어져 있어, 농업인들의 접촉도 어려웠다. 넷째, 수확량이 너무 적어 판매가 여의치 않았다. 다섯째, 중간 상인이 가져가는 마진율의 가변성이다. 마지막으로 농업인들의 자금을 융통할 기회의 부족 등이다. 이러한 문제를 해결하기 위해 간편한 인터넷 시스템과 통일된 윈도우 운영체계를 지닌 컴퓨터를 제공하며, 더 나아가 사일로(곡물 저장고) 체계 통합, 농업인들의 정보 수요에 대한 체계적 관리, 전문 지식 조언 및 거래를 지원한다.

고착화 측면에서 보면 다음과 같다. 농업인의 관점에서 경제적 지속가능성을 살펴보면, 정기 등록비는 수확 시기마다 3달러(1년에 수확 시기가 세 번 돌아옴)이며, 서비스 이용료는 서비스 종류에 따른 거래 수수료(농업인들과의 협의를 통해 결정)이다. 시범 서비스 기간 동안 농업인의 수입은 전년도 대비 60~400% 증가하였으며, BoP 최하위 계층의 서비스 이용 의향이 높다는 것을 확인할 수 있었다. 사회 경제적 효과측면에서 농업인은 비용 절감 및 수입 증가, 복잡한 업무 위임, 자긍심 증가, 단체 참여도 증가 등을 들 수 있으며, 기업가는 수입 증가, 지역사회에서의 위상 증대를 가져온다.

상보성 측면에서 보면. 타 지역으로 사업 확장을 위한 요구사항은 다음과 같다. 낮은 통신망 사용료, 지역과 연결 강화, 농업인·기업가의 훈련을 위한 자금 및 인력, 소액금융 서비스 제공을 위한 제도의 확립 등이다.

효율성 측면에서 보면 다음과 같다. 사용자에 돌아가는 이익측면에서 살펴보면, 농업인은 생산성의 제고, 재화 투입 비용의 감소, 더 좋은 판매 조건(가격 측면)의 제공, 생산물 운송 시간의 단축, 생산물 불량화 및 유실 감소, 고급 투입 재화(비료, 씨앗 등)에 대한 접근성 제고, 거래 내역에 따른 금융 서비스 제공 등을 들 수 3

있다. 주요 고객은 2~3에이커 정도의 땅을 소유하고 있으며, 6~8인 정도의 가족, 최저생계비 수준의 수입을 얻고 있는 소규모 영농인이다. 오리사 지방에 거주 중인 6천 명 농업인과 3만 명으로 추정되는 그 가족들이 서비스를 받고 있다.

### 4) 사례 3 : 엠페사(M-PESA)

#### (1) 비즈니스 모델의 디자인 요소

비즈니스 모델의 디자인 요소 중에서 콘텐츠 측면에서 살펴보면, 사파리닷컴(Safari.com)은 케냐의 종합 커뮤니케이션 솔루션 제공업체 중의 리더 기업이다. 사파리닷컴 만든 엠페사(M-PESA)는 간단한 인터페이스를 통해 소비자들이 은행의 계좌가 없이도, 타인에게 송금할 수 있는 혁신적인 모바일 송금 솔루션이다. 2007년 3월 시작되었으며, 2014년 12월 기준으로 1,700만 명(시장점유율 1위)의 사용자를 확보하고 있다. 초기에는 개인 간 자금송금으로 시작하였지만, 2012년부터는 지급결제, 은행계좌로의 송금, 예금·대출 서비스도 제공하고 있다.

구조 측면에서 보면, 마케팅은 서비스 런칭시에는 엠페사와 사파리닷컴 간의 강력한 협력 브랜드인 '사파리콤 그린 스토어(Safaricom Green Store)'를 통하여 '집으로 송금하기(Send money Home)' 캠페인을 실시하였다. 콜센터도 설치하였으며, 서비스 유통은 에이전트의 관리(Agent Head Office)하에 개인 판매점(Agent store)을 통해 이루어진다.

거버넌스 측면에서 보면, 엠페사는 사파리닷컴과 제휴를 통해 상업적 런칭에 참여하고 있다. 케냐 정부는 중앙은행을 통해 은행 업무를 감사 및 통제하고 있다.

## (2) 비즈니스 모델의 디자인 테마

비즈니스 모델의 디자인 테마 중에서 참신성 측면에서 보면, 저소득층층의 금융관련 문제해결이라는 관점에서 혁신적이다. 엠페사가 사용되기 전까지 10%의 케냐인들 만이 금융 서비스를 이용하고 있었다. 엠페사의 비즈니스 모델이 고객의 사용법을 단순화시켜, 서비스가 기하급수적으로 확장되도록 유도했다는 점에서, 혁신적인 모바일 금융 서비스라 볼 수 있다. 이러한 성공의 핵심 요소는 등록 수수료나 보증금이 필요 없으며, 최소한의 잔액 요구, 간편한 유저 인터페이스 채택, 누구에게나 송금할 수 있도록 하는 기술, 비사용자들을 사용자로 끌어들일 수 있는 매력적인 요금제도 등을 들 수 있다.

고착화 측면에서 보면, 엠페사는 광범위하게 사용되는 모바일 서비스의 대표 사례이다. 엠페사는 케냐 인구 중 31%가 사용하고 있다. 이는 고객의 애플리케이션 이용 편의성(단순성)과 시장 침투성(시장점유율 80%), 사파리닷컴의 기존 유통 요인들(65,000개의 엠페사 에이전트 네트워크)로부터 기인한다.

상보성 측면에서 보면, 엠페사가 다른 지역으로 확장하기 위해 필요한 사항은 유저 인터페이스 단순화, 개별 지점을 관리할 에이전트 확보), 개별 판매점은 서비스의 적극적인 활성화를 위한 지원을 충분히 받을 것이라는 점을 확신시킬 필요가 있다는 점 등을 들 수 있다. 효율성 측면에서 보면, 저소득층의 경제적 지속가능성은 초기비용이 휴대전화 구입비만 들어가며, 서비스 이용을 위한 직접적 지출은 대금 지불에 0.4달러, 개인 간 송금에 0.7~1달러, 잔액 조회에 0.013 달러가 필요하다. 고객에 대한 새로운 경제적 이익은 송금 비용 절약, 송금 시 위험 부담 대폭 감소 등을 들 수 있다. 특히 극빈층에 대한 접근성이 강화되어, 전체 BoP층 중 21%가 휴대전화를 지녔으며, 그중 18%는 엠페사를 사용 중이다.

## 5) 사례의 비교

조트와 아미트(Zott & Amit, 2009)의 활동 시스템(Activity System) 관점에 따라 3개 사례를 비교·분석한 것이 <표 1-18>이다.

<표 1-18> 조트와 아미트의 활동 시스템 관점의 비즈니스 테마 비교

| | | 헬스라인(HealthLine) | 이쿠티르(eKutir) | 엠페사(M-PESA) |
|---|---|---|---|---|
| 디자인<br>테마<br>(Design<br>Themes) | 참신성<br>(Novelty) | · 전화를 통한 의료 상담서비스<br>· 우수한 사용편의성<br>· 350만 명의 이용자 | · 프랜차이즈 농산물 전용 판매<br>· 참여형 개인 농업가 중심 모델 | · 최초의 휴대폰을 통한 소액결제<br>· 이용 편의성 (단순성) |
| | 고착화<br>(Lock-In) | · 병원 방문에 비해 저렴한 비용<br>· 의료비용 최소화로 가처분 소득 증가 | · 6천여 농민을 통한 12개 판매점 구축<br>· 프랜차이즈를 통한 농민, 사업가와 상생협력 | · 회원만을 위한 차별화 서비스 제공<br>· 강력한 브랜드 파워 |
| | 상보성<br>(Complementarities) | · 타 의료서비스와 연계하여 부가가치 창출 가능<br>· 타 지역으로 확장 가능 | · 그라민-인텔과의 제휴를 통한 사업영역 확대 및 생태계 구축 | · 소액결제를 넘어서 모바일 지불 플랫폼으로 발전 |
| | 효율성<br>(Efficiency) | · BoP층이 수용할 수 있는 요금체계<br>· 다수의 고객확보로 규모의 이익 가능 | · 농업인들의 비용 절감 및 수익개선(60~400%)<br>· 지역사업자 1년 만에 순이익 10배 증가 | · 케냐 성인의 54% 이용<br>· 1,700만 명의 이용자<br>· 65,000개의 에이전트 네트워크 |

본 사례의 분석결과를 조트와 아미트(Zott & Amit, 2009)의 활동시스템 관점을 기반으로 하여, 히엔어쓰 등(Hienerth et al., 2011, 355)이 제시한 사용자 중심의 비즈니스 모델의 실행 프로세스에 적용하여 비교·분석한 결과는 <표 1-19>와 같다. 디자인 테마별로 각 사례의 내용을 세부적으로 정리하면 다음과 같다. 참신성 측면에서 살펴보면, 3개사의 사례는 모두 해당 국가의 최초 서비스이다. 헬스라인과 엠페사는 핵심자원인 휴대폰을 통한 이용자의 사용편리성이 돋보이며, 이쿠티르는 프랜차이즈를 통해 지역밀착형 서비스를 제공한다. 고착화 측면에서 보면 3개 사례, 모두 해당 국가 및 지역에서 우월적 점유율(엠파사는 케냐의 80% 시장점유율, 헬스라인은 방글라데시 인구의 44%가 이용, 이쿠티르는 오리사주의 20% 시장점유율을 보이며 타 지역으로 확산중)을 보이고 있다. 이는 경쟁사에게는 시장 진입의 장벽으로 존재하게 되며, 고객은 타 서비스로 이동시 발생하는 전환 비용(Switching cost)을 지불해야 하는 어려움이 따른다. 이들 사례 기업들은 서비스 고착화를 위해 엠페사는 회원만을 위한 차별화된 부가서비스를 제공하며, 헬스라인은 의사 카운슬링 네트워크를 구축하고 있으며, 이쿠티르는 12개 프랜차이즈 점포를 통한 판매망을 구축하고 있다. 3개사 모두, 차별화된 핵심 자원을 보유하고 있으며, 다양한 이해관계자와 협업을 통해 수익을 공유하고 있다. 상보성 측면에서 3개사 사례는 타 지역으로 확장성(예 : 엠페사는 글로벌 서비스, 헬스라인은 방글라데시의 대표적 건강정보서비스업체로 인지도 확산 중, 이쿠티르는 오리사주를 넘어서 인도 전체, 더 나아가 다른 개발도상국으로 확산 목표)이 높으며, 경쟁업체가 지속적으로 등장함에도 불구하고 해당 지역 이해관계자와 협업을 통해, 고객 가치를 증대시키고 있다. 효율성 측면에서 3개사 모두 높은 시장 점유율과 다수의 고객을 확보하고 있어, 지속적인 수익 증대가 기대된다. 엠페사는 송금에서 시작하여 모바일 금융솔루션으로 확대해나가면서 다양한 수익원을 발굴하고 있으며, 헬스라인은 사회공익 차원에서 저렴한 이용요금을 유지하고 있다. 이쿠티르는 농민들이 다양한 농업정보를 저렴한 비용으로 이용하게 되어, 농업인의 수익 개선에 기여하고 있다.

<표 1-19> 사례의 유사점과 차이점 비교

| | | 유사점 | 차이점 |
|---|---|---|---|
| 설계 주제 | 참신성 | · 해당 국가 내 최초의 서비스<br>· 간편한 인터페이스<br>· 부가비용 최소화 | · HealthLine과 M-PESA는 불특정 다수 대상, eKutir는 프랜차이즈형 |
| | 고착성 | · 경쟁사 대비 독보적 시장 점유율<br>· 경쟁사의 시장 진입 장벽 존재 | · M-PESA는 회원만을 위한 차별화된 가서비스 제공<br>· eKutir는 프랜차이즈를 통한 판매망 구축<br>· HealthLine는 의사 카운슬링 네트워크 구축 |
| | 상보성 | · 다른 지역이나 환경에서 확장성, 복제 가능성 우수 | · HealthLine는 타서비스와 연계 가능<br>· M-PESA는 글로벌 서비스화<br>· eKutir는 Grameen-Intel과 생태계 구축 |
| | 효율성 | · 초기 다수 고객확보로 규모의 이익 실현<br>· 지속적인 수익 증가 | · HealthLine은 저렴한 이용요금으로 다수 고객 확보<br>· M-PESA는 시장점유율 80% 육박,<br>· eKutir는 농민의 비용절감 및 수익개선에 기여 |

위에서 살펴본 3개 사례에 대해 서비스 운영 측면에서 비교·정리한 것이 <표 1-20>이다.

<표 1-20> ICT 기반의 BoP 비즈니스 사례 비교

| | 헬스라인(HealthLine) | 이쿠티르(eKutir) | 엠페사(M-PESA) |
|---|---|---|---|
| 분야 | 보건 | 농업 | 금융·서비스 |
| 기술 | 모바일 폰 | 인터넷정보단말기 | 모바일 폰 |
| 서비스 유형 | 헬스케어 정보, 조언 | 지역 농산물 정보제공 | 모바일 송금서비스 |
| 서비스 개시일 | 2006년 9월 | 2010년 11월 | 2007년 3월 |
| 운영자 | GP와 TRCL | eKutir | Safaricom |
| 주요 고객 | 농촌 거주 빈곤층 | 소규모 영농인 | 성인 |
| 수익원 | 서비스 이용 요금 | 등록비, 거래수수료 | 서비스 이용 요금 |
| ICT 이용 | 휴대폰을 통한 의료 서비스 제공 | 인터넷을 통해 지역 농산물 판매 | 휴대폰을 통한 금융 서비스 제공 |

위 사례분석에서 살펴본 바와 같이 ICT를 활용한 BoP 비즈니스의 경우 초기 투자비용이 많이 투여되지만, 장기적으로 지속될 경우 안정적이고 높은 수익보장이 가능한 사업이다. 이 사업에 참여하는 이해관계자들은 ICT 기반 사업의 규모 확대와 타 지역 및 국가로 확산을 선호하여, ICT 생태계를 구성하는 것을 지지할 것이다. 규모 확대를 위해서 충분한 네트워크를 동반한 탄탄하고 지역 맞춤화된 ICT가 필요하다.

그리고 성공적인 ICT 서비스 환경을 만들기 위해서는 협업이 필요하다. 정부는 ICT의 사용을 장려하고, 보조금 제공기관은 이해관계자들을 인지해야 하며, 경제적 추구가 가능한 모델들을 지원해야 한다. 사회적 사업가들은 강력한 파트너와 함께 혁신적이며 대중 기반적이고, 지역 맞춤형 비즈니스를 개발해야 한다. 대기업들은 사업 확대를 위해 가능한 한 큰 규모의 투자를 지원해야 하며, 실질적인 영향력을 끼쳐야 한다. 금융 기관들은 모델의 설립을 위해 다양한 형태의 자금 대출을 제공해야 하며, 시민단체들은 충분한 노동력을 확보하는데 도움을 주어야 한다.

<표 1-21> 분야별 BoP 비즈니스 모형

| 분야<br>비즈니스<br>모델 유형 | 교육 | 보건 | 농업 및 경제활동 지원 | 금융서비스 |
|---|---|---|---|---|
| 가치사슬의<br>구축·강화형 | BBC Janala<br>(온라인영어) | HealthLIn<br>(모바일건강정보),<br>mPedigree<br>(모바일<br>의약품검증),<br>SARAYA<br>(손소독제) | Babajob(모바일 일자리매칭),<br>BASF(영양보충제),<br>Danone(요쿠르트),<br>ECOM(농산물거래),<br>Nano Ganesh(모바일 농업<br>서비스), Nestle(우유),<br>아지노모토(영양보조제),<br>야마하발동기(정수시스템) | |
| 수익성<br>향상형 | | NH Hospital<br>(e-헬스시스템),<br>P&G(PuR 정수기),<br>노을(말라리아<br>진단키트) | CKW(모바일농업정보),<br>Dialog telecom<br>(이동통신사),<br>Esoko(모바일 농업정보),<br>Routers RML<br>(농업음성서비스),<br>SABCO(코카콜라 유통),<br>SMS One(모바일지역정보), | ALW<br>(모바일뱅킹),<br>MYC4<br>(웹대출플랫폼),<br>MI TIENDA<br>(소액금융),<br>Simpa<br>(모바일 머니) |
| 에코시스템<br>형성형 | AESA<br>(비영리교육기관),<br>UNIMINUTO<br>(비영리교육기관) | | CEMAR(전력회사),<br>Drishtee(인터넷정보단말기),<br>e-Choupal(인터넷정보단말기),<br>e-Kutir(인터넷정보단말),<br>Manila Water(물 공급),<br>SHEP(원예농민프로젝트),<br>Yachaiwasi(SK 페루<br>사회적기업) | EKO<br>(뱅킹서비스),<br>FINO<br>(뱅킹서비스),<br>M-PESA<br>(모바일 머니) |

　본 장을 내용을 정리하는 차원에서, 선행 연구를 바탕으로 BoP 비즈니스 모델을 만들었다. Hystra·Ashoka(2012)가 제시한 4개 분야(교육, 보건, 농업 및 경제적 지원활동, 금융)에 히라모토 토쿠타로우(2014)의 3개 비즈니스 모델('가치 사슬의 구축과 강화형', '수익성 향상형', '에코시스템 형성형')로 "3X4매트릭스"를 <표 1-21>과 같이 구성하였다.

본 도서에서 소개한 사례 중 37개를, 선정하여 산업분야별 비즈니스 모델을 살펴보면 다음과 같다. 가치사슬의 구축·강화형은 자사 제품의 가치사슬을 만들고, 확장하는 형태를 말한다. 글로벌 다국적기업은 특정 제품의 라인업을 확장하면서, BoP층의 건강 개선, 삶의 질 향상에 기여하고 있다. 예를 들어, BASF(영양보충제), Danone(요쿠르트), Nestle(우유), SARAYA(손소독제), 아지노모토(영양보조제)이다. 야마하발동기는 아프리카 시장 공략차원에서 물과 관련된 다양한 제품을 판매하고, 교육을 통하여 주민의 소득 향상에 기여하고 있다. 모바일을 통한 서비스로는 Babajob(모바일 일자리매칭),HealthLIn(모바일건강정보), mPedigree(모바일 의약품검증), Nano Ganesh(모바일 농업 서비스) 등이 있다.

수익성 향상형은 주로 인터넷이나 모바일 등 ICT를 통하여 기업이나 사회적조직의 수익성 향상에 기여하고 있다. 모바일 분야로는 ALW(모바일뱅킹), CKW(모바일농업정보), Dialog telecom(이동통신사), Esoko(모바일 농업정보), Simpa(모바일 머니), SMS One(모바일지역정보)등이 있으며, 웹을 통한 서비스로는 MYC4(웹대출플랫폼), MI TIENDA(소액금융), NH Hospital(e-헬스시스템), Routers RML(농업음성서비스) 등이 있다.

에코시스템 형성형은 인터넷정보단말기(Kiosk)를 설치하여 지역주민의 정보 접근성을 높이고, 생활의 편리성을 추구한 사례가 돋보인다. 예를 들어, Drishtee, e-Choupal, e-Kutir 등이 있다. 비영리교육기관으로는 AESA, UNIMINUTO가 있다. 널리 알려진 모바일뱅킹 서비스로는 EKO, FINO, M-PESA 등이 있다. 그 외 한국의 SK그룹은 페루에 사회적 기업(Yachaiwasi)을 설립하여, 지역민의 자생적 성장을 지원하고 있다. 본 도서에서는 최신 ICT를 기반으로 한 사례를 다수 소개하고 있어, 상대적으로 선정된 사례 중에서 모바일, 웹을 통한 서비스가 많은 편이다.

교육측면에서 보면 비영리교육기관으로 AESA, UNIMINUTO가 있으며, BBC Janala은 온라인 영어 서비스를 제공하고 있다. 보건 측면에서 보면 모바일을 통한 건강정보(HealthLIn), 의약품검증(mPedigree)등이 있으며, NH Hospita은 병원 차원에서 글로벌화된 e-헬스시스템을 제공하고 있다. 농업 및 경제활동 지원측면에서 보면, 모바일 농업정보서비스는 CKW, Esoko, Nano Ganesh 등이 있으며, BoP층 거주지역에 키오스르를 설치한 Drishtee, e-Choupal, e-Kutir 등이 있다. 글로벌 다국적기업의 사례로는 BASF(영양보충제), Danone(요쿠르트), Nestle(우유), 아지노모토(영양보조제) 등이 있다. 그 외 농산물거래(ECOM), 일자리 매칭(Babajob)이 있다. 금융서비스 측면에서 보면, 글로벌화된 뱅킹서비스로는 EKO, FINO, M-PESA가 대표적인 글로벌 서비스이며, 그 외 ALW(모바일뱅킹), MYC4(웹대출플랫폼), MI TIENDA(소액금융), Simpa(모바일 머니) 등이 있다.

## 5. 소결론

본 절에서는 ICT를 활용한 BoP 비즈니스 전략을 분석하기 위해, 전 세계 ICT 기반의 BoP 비즈니스 유형을 고객이 ICT를 통해 정보에 접근하는 유형과 이용 분야에 따라 분류하였다. 비즈니스 유형에 따라 분류한 14개 사례 중에서 지역별(방글라데시, 인도, 케냐), 분야별(보건, 농업, 금융서비스)로 고루게 안배하여, 분석대상을 선정하였다. 분석 사례는 아시아 지역 중에서 방글라데시의 보건분야 헬스라인(HealthLine), 인도의 농업 분야 이쿠티르(eKuir), 그리고 아프리카 케냐의 금융서비스 엠페사(M-PESA)이다. 이들 사례를 조트와 아미트(Zott & Amit, 2009)의 비즈니스 모델의 활동 시스템 관점에 따라 비즈니스 전략을 설명한 후, 히엔어쓰 등(Hienerth et al., 2011)의 사례 분석 틀에 따라 3개 사례의 유사점과 차이점을 비교·분석하였다.

심층 분석한 3개 사례를 살펴 보면, 헬스라인은 방글라데시에서 휴대폰을 통해 의료서비스를 제공하고, 이쿠티르는 인도에서 프랜차이즈 농업단말기를 통해 소작농의 삶의 질 향상에 기여하고, 엠페사는 케냐에서 휴대전화를 통한 금융 서비스를 제공하였다.

2000년 9월 유엔회의는 '밀레니엄 개발목표(MDGs)'를 채택하여 2015년까지 1일 1달러 미만 빈곤인구를 절반으로 줄이는 계획을 지원하고 있다. 그 외에도 BoP 비즈니스에 참여하는 민간 기업을 지원하는 GSB(Growing Sustainable Business) 프로그램과 현지 정부와의 조정 및 해당국 기업의 기술협력 등의 사업을 추진하고 있다. 미국 국제개발청(USAID)은 민간 기업을 비롯하여 재단, 대학, NGO·NPO 등과 연계하여 개발도상국의 개발과제를 해결하는 PSA(Private Sector Alliances) 프로그램을 실시하고 있다. 일본 정부도 2009년을 '일본 BoP 비즈니스의 원년'이라고 명명하고, 장기적인 성장 동력의 확충을 위한 BoP 시장 개척에 주력하고 있다. 한국의 입장에서 보면 BoP(저소득층)는 포스트 브릭스(BRICs)의 역할을 할 것으로 전망되고 있으며, 성장 가능성이 높은 시장으로 평가되고 있다. 우리나라 정부도 장기적인 안목을 가지고 준비를 해야 하며, 새로운 경제 하에서 성장 동력 발굴, 새로운 수출지역 확보, 일자리 창출 등을 위해 진출 가능성을 구체적으로 검토하는 것이 시급하게 요청된다.

기업차원의 시사점을 살펴보면 다음과 같다. 첫째, 기존의 관행으로 시장으로 인식되지 않았던 개발도상국의 저소득층을 대상으로 비즈니스를 수행하려면, 저소득층의 생활 실태를 파악해야 한다. 그들 속으로 들어가 잠재적 요구를 분석하는 동시에, 그들의 요구에 부응하는 제품·서비스를 그들이 구입 가능한 가격대로 제공하는 것이 필요하다. 둘째, 기존 신흥국시장의 주요 진출 시장이 브릭스(BRICs) 국가에서 아시아, 아프리카 BoP 시장으로 바뀌고 있다. 지금까지 우리나라 기업은 국가별, 지역별 특성에 맞는 현지화 전략을 구사해 왔지만, 앞으로는 세계 공통의 저소득층을 대상으로 한 거대 시장을 공략하는 비즈니스 전략 수립이 필요하다.

# 2부

# BoP 비즈니스 전략

# 1장 BoP 비즈니스 전략 연구

## 1. 개요

개발도상국의 저소득층(2002년 구매력 평가기준 연간 지출 3000 달러 이하의 계층)의 사람들을 대상으로 기업이 영리 사업을 통해 빈곤 등 사회 문제의 해결과 이익 창출을 동시 달성하고자 하는 사업을 BoP 비즈니스 혹은 포용적 비즈니스[5] (inclusive business)라고 말하고 있다. 2000년대 초부터 이런 종류의 비즈니스에 관한 조사·연구가 활발히 진행되고 있다(Milstein and Hart 2002, Prahalad and Hart 2002, Prahalad and Hammond 2002 Hart and Christensen 2002 Prahalad 2004, London and Hart 2004, Hart and Sharma 2004, Ricart, Enright, Ghemawat, Hart and Khana 2004, Chesbrough, Ahern, Finn and Guerraz 2006, Hart 2007, Karnani 2007, Anderson and Markides 2007, Rosa and Viswanathan 2007, Hammond, Kramer, Tran, Katz and Walker 2007, Akula 2008 Perez-Aleman and Sandilands 2008 Vachani and Smith 2008, Klein 2008, UNDP 2008, London 2009, Simanis and Hart 2009, 스가와라 2010 등).

위 연구의 대부분은 사례의 축적을 바탕으로 BoP 비즈니스의 성공 조건과 올바른 비즈니스 모델, 또한 초기적 가설을 도출하는 이론 연구가 대부분이지만, Klein(2008)과 같은 정량적 데이터에 의한 실증 연구와 각 개발도상국의 가계소비지출(또는 소득) 조사를 바탕으로 세계 각국의 BoP 시장의 규모와 특성을 밝히는 대규모 연구(Hammond, Kramer, Tran, Katz and Walker 2007)도 조금씩 시작되고 있는 상황이다.

본 절의 목적은 망라적인 문헌 연구를 통하여 과연 이 BoP 비즈니스라는 기업 행동이 ① 기존의 전통적인 전략 이론의 틀 안에서 충분히 설명 가능한가, 혹은 ② 기존의 전략 이론의 틀을 수정하고 새로운 기본 인과 관계를 상정하는 독자적인 연구 영역을 형성할 것인가라는 물음에 대한 답을 제시하는 것이다. 그리고 만약 후자라면, 그러한 새로운 인과관계는 무엇인지, 무엇을 얻고자 하는지를 분명히 하기 위한 것이다. 다시하면 설명하면, 부차적 목적으로 본 절은 BoP 비즈니스 연구의 향후 방향과 연구 테마를 제시하고 있다.

본 절에서는 BoP 비즈니스란 다음 세 가지 조건을 모두 충족하는 사업 활동으로 정의한다. 첫째, BoP 계층의 사람들이 소비자, 공급자, 생산자, 판매자, 경영자 중에서 두 가지 이상의 역할을 담당하고 있는 점. 둘째 그 사업 활동이나 제품·서비스의 그 자체에 의해 밀레니엄 개발목표(MDG)로 소개된 사회·환경적 과제 또는 JICA에 의해 정의된 BoP의 개발 과제 중 하나의 개선을 추진할 것, 셋째, 비즈니스 활동이 이익 증대를 추구하는 주식회사 또는 그 자회사에 의해 담당되어 있다. 몇 가지 예외를 제외하고 많은 기업에 있어서 BoP 시장은 구매력이 낮거나 사회경제 인프라의 미정비 등 경영 환경의 제약이라는 점에서 기본적으로 국제기구 및 NGO 등에 의한 후원 및 지원 대상으로 인식되어 왔다(Prahalad 2004). 그 결과, 예를 들어 일본에서도 잠재적인 사업 성장 기회로 관심은 현재도 높지 않다. "제32회 당면한 기업 경영 과제에 관한 조사"(일본능률협회 2010, 응답자 632개 기업)에 따르면<그림 2-1>, BoP 시장에서 사업을 "이미 진행 중"라고 응답한 기업의 비율(3.5%)은 신흥시장에서 "이미 진행 중"이라고 응답한 기업(37.7%)의 10%에도 못 미친다. 또한 "현재 목표 시장으로 생각하지 않는다."에 대해서는 BoP 시장에 대해 이것을 선택한 기업이 69.8%, 신흥국 시장에서 동 항목은 36.9%로 BoP 시장을 목표 시장으로 간주하지 않는 기업 비율이 약 2배이다.

선진국 시장의 성숙이 진행된 결과 <그림 2-2>와 같이 신흥국 시장은 구매력이 구체화되고 있는 급성장 시장으로 중시되어 왔다. 하지만 신흥 시장에서의 기업 간 경쟁에서도 일부 업계는 이미 경쟁이 치열해져, 선진국 비슷한 가격 경쟁·점유율 경쟁이 진행하고 있다. 이런 상황에서 1인당 구매력은 신흥국 시장보다 낮은 BoP 시장이 마지막 거대 성장 시장(Netxt Volume Zone)으로 기업의 주목을 받고 있다

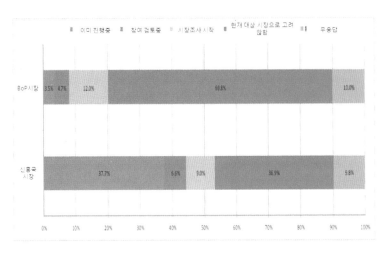

자료 : 일본능률협회(2010), 전 업종 632개 업체 대상.

<그림 2-1> BoP시장·신흥국 시장에서 비즈니스 활동

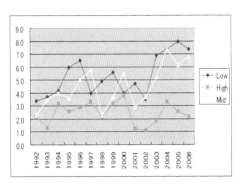

| | 1992 | 1993 | 1994 | 1995 | 1996 | 1997 | 1998 | 1999 | 2000 | 2001 | 2002 | 2003 | 2004 | 2005 | 2006 |
|---|---|---|---|---|---|---|---|---|---|---|---|---|---|---|---|
| Low Income Countries | 3.4 | 3.7 | 4.2 | 6.0 | 6.5 | 4.0 | 4.9 | 5.6 | 4.0 | 4.7 | 3.5 | 6.9 | 7.4 | 8.0 | 7.4 |
| High Income Countries | 2.2 | 1.3 | 3.2 | 2.6 | 2.9 | 3.3 | 2.2 | 3.2 | 3.8 | 1.2 | 1.1 | 1.9 | 3.3 | 2.6 | 2.2 |
| Middle Income Countries | 2.3 | 3.5 | 4.0 | 3.6 | 5.0 | 5.8 | 2.3 | 3.7 | 5.5 | 2.9 | 3.7 | 5.2 | 7.4 | 6.2 | 6.8 |

GDP per capita low income. $975 or less, lower middle income. $976 - $3,855; upper middle income. $3,856 - $11,905; and high income. $11,906 or more

자료 : 세계은행을 자료를 바탕으로 수정, 보완.

<그림 2-2> 저소득국가, 중소득국가, 고소득국가의 경제성장률 추세(1996-2006년)

구체적인 기업 사례로는 프랑스 다농푸드와 그라민은행에 의한 50%씩 출자의 합작 기업에서 방글라데시 농촌의 빈곤과 영양 불량 해소와 함께 남아시아 시장 개척과 관련된 지식의 축적을 목표로 하는 그라민·다농푸드이다. 적도 지역의 전력 사용이 불가능한 빈곤층 16억 명을 대상으로 솔라 랜턴을 설계·제조·판매하고 상장하여 새로운 자금 조달을 목표로 딜라이트 디자인이다. 가나대학과 공동 연구를 통해 가나에서 심각한 영유아 영양 문제 해결과 지속적인 이익을 실현, 나아가 자사 제품 판로 개척을 목표로 아지노모토(주) 등 많은 성공 사례가 등장하고 있다.

위의 기업 사례가 단적으로 표현처럼 BoP 비즈니스는 그 특징으로, 첫째, 경제성장률이 선진국보다 높은 새로운 시장 기회의 개척이라는 경제적 성과, 둘째, 이들 시장에서 특히 심각성이 높은 사회 문제를 해결하는 사회적 성과, 이 두 가지를 함께 수행하는 것이 그 사업 수행의 의도로 받아들이고 있다. 말하자면 기업 경영과 개발의 양면이 포함된 현상으로 파악할 수 있다. Kinsley and Clarke(2008)가 말하는 "창조적 자본주의(creative capitalism)"의 개념도 이들 두 요소를 포함하는 비즈니스 방식을 나타내고 있다. <그림 2-3>은 이러한 BoP 비즈니스의 특징을 요약한 것이다.

<그림 2-3>의 좌상 사분면은 기업에 요청되는 최소의 사회성(협의의 기업의 사회적 책임, CSR)을 담보하면서 재무적 성과의 극대화를 목표로 하는 전통 비즈니스의 본연의 모습이다. 우하 사분면은 사회적 성과의 극대화를 도모하고, 기대하는 재무적 성과는 제로 또는 마이너스의 비영리·자선 활동을 의미한다. BoP 비즈니스는 사회적 성과와 재무적 성과의 시너지(상승효과)를 적극적으로

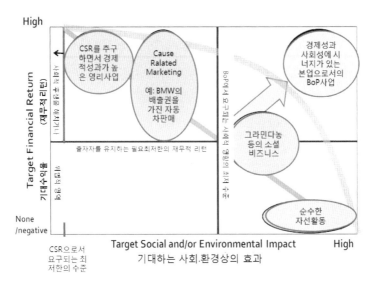

<그림 2-3> 사회성과 경제성의 트레이드오프와 시너지

추구하는 우상 사분면에 위치한다. 이 사회적 성과와 재무적 성과는 신자유주의적 발상에 따른다면 트레이드오프(trade off, 상충)의 관계에 있다. 기업이 사회적 성과를 추구하는 것은 재무적 성과의 희생 위에서 성립된다고 생각하기 때문이다. <그림 2-3> 중에 좌상에서 우하로 향하는 우하향의 직선이 그 트레이드오프를 나타내고 있다. BoP 비즈니스는 양자에 시너지 효과를 찾으려는 것이기 때문에 그림 중에서 오른쪽 방향으로 불거질 영역이 그것을 보여준다. BoP 비즈니스가 이상적으로 실현하고자하는 상황은 재무적 성과도 사회적 성과도 함께 극대화되는 우측 상단에 위치한다.

한편 개발 분야에 눈을 돌리면 개발도상국 빈곤층이 오랫동안 안고 온 심각한 사회과제가 국제연합에 의해 8개의 "밀레니엄 개발 목표(Millennium Development Goals, MDGs)"로서 2000년에 정리되어 2015년까지 도달해야 할 목표 수치를 설정하였다. 이러한 사회 문제를 해결하는 방법은 전통적으로 국제기관에 의한 우대 차관과 물적 지원, ODA 선진국에서 지원금이나 기부금에 근거한 지역 정부·NGO·NPO의 활동이 중심이었다.

하지만 그들에 의존한 과제 해결이 예상대로 진행되지 않은 상황(유엔경제사회국 2010)에 감안하여, 개발 분야(유엔 및 산하기관)는 기존의 수단뿐만 아니라 비즈니스 분야의 경영 활동이 그 사회과제 해결에 이바지하는 것을 기대하기 시작했다. 또한 본래는 재무성과를 존중 해왔던 투자자 커뮤니티에서도 기업 활동의 사회적 측면에서도 주목해야 한다는 견해가 대두되고 있다.

더욱이 그것이 ESG 투자 (ESG는 Environment : 환경, Society : 사회, Governance : 기업 지배구조) (CFA Institute 2008)과 임팩트 인베스팅(Monitor Institute 2009)라는 개념이다. 이들은 BoP 비즈니스 이니셔티브를 촉진하는 중요한 외부 환경 변화의 하나이다.

<표 2-1> 기업에 사회·환경적 측면을 중시하는 제도적 압력의 증가 사건

1999년 UN Global Compact(130개국 7,700개 기업이 서명)
2000년 GRI 제1판 발행
2006년 UN이 PRI(책임투자원칙 10개조) 발표, ESG개념의 제창
2008년 Business Call to Action
2008년 기관투자자가 미국 SEC에 대해 ESG항목을 10,000개 리포트에 포함을 요구
2009년 Bloomberg가 ESG항목을 통합한 상장기업정보 DB를 발표
2010년 UN 밀레니엄개발목표 서밋
2010년 ISO26000
2010년 유럽의 금융 애널리스트 단체가 IFRS에 ESG정보의 통합을 요청

2006년, 유엔은 책임투자원칙(Principles for Responsible Investment, PRI) 10개 조를 발표, 여기서 ESG 개념이 명시적으로 등장한다 (UNEP 2006). 이 원칙은 글로벌 컴팩트(1999년 제정)가 기업의 사업 활동 과정에 요구되는 원칙이다. 이에 비해 PRI는 기관 투자r의 투자 의사 결정에 요구된다. 이 원칙에서는 우선 기관 투자자가 수익자인 출자자 위해 장기적 관점에서 이익 극대화를 최대한 추구할 의무가 있음을 전제로 한 후, 수탁자로서 ESG의 세 가지 요소를 감안하면서 포트폴리오 운영할 것을 요구하고 있다. 이에 따라 더 광범위한 사회의 목적을 달성할 수 있다고 한다.

## 2. 연구의 방향

BoP 비즈니스는 경영 전략 이론, 신흥국시장 연구, 기업 윤리와 CSR에 관한 연구, 사회적 기업의 연구 등 각 분야 특유의 종속 변수를 설정하고 분석·연구가 가능하다. 또한 거시경제 효과에 대해서는 거시경제학이나 개발경제학, 커뮤니티 수준의 사회 효과는 개발 사회학의 연구 대상이 된다고 추정된다. 이처럼 BoP 비즈니스는 다양한 연구 분야와 관련되어 있다. 물론 위의 각 분야가 각각 BoP 비즈니스라는 개념을 풀어내고자 하는 것은 각각에 합목적적이며 유익하다. 하지만 BoP 비즈니스가 지구 인구의 최대 70%를 대상으로 하는 정도의 큰 경제적·사회적 영향을 가진 현상이라는 점, 그리고 이미 BoP 비즈니스만을 대상으로 수많은 귀납적 연구와 사례의 집석이 신행뇌고 있는 것을 삼안하면, BoP 비즈니스를 지배하는 고유의 인과 관계(만약 있다면)를 가정하고, 어떤 독자의 틀을 구축하고자 하는 시도가 적절한 시기를 맞이하고 있다고 생각된다.

또한 기업을 둘러싼 외부 환경 변화로는 첫째, 선진국 시장의 성숙화와 신흥국과 개발도상국시장의 중요도 증가, 둘째, 전 세계 인구 증가, 그리고 셋째, 인류 공통의 유엔 밀레니엄개발목표를 비롯한 사회 문제 해결이 늦어지고 있어, 이들이 동시에 진행 중이다. 여기에서 기업이 그 본분인 영리 사업의 수행을 통해 사회문제 해결도 이룰 수 있다면, 그것은 분명히 경제와 사회 모두에 유익하다.

이런 점에서 주식회사인 기업이 경제적 효과와 두드러진 빈곤 등 사회문제 해결의 쌍방에 이바지함을 설명하는 고유의 통합 프레임워크를 추정할 수 있는 지 여부, 만약 추정할 수 있다면 그것은 어떤 것인지를 분명히 하는 것이 본 절의 목적이다.

일반적으로 학문은 "고유의 개념 도구와 이론적 틀을 가진 "학제(discipline)"와 "(가능성으로서 복수의)학제"에서 접근하는 대상으로서 "영역학"으로 두 개로 나뉜다(恩田 2001, p.40). 영역학이 그 학제 간(inter-disciplinary) 성격을 넘어 자신의 학제로 진화할 가능성이 지적되고 있다.

여기서 본 절의 목적인 고유의 통합적 프레임워크의 탐색을 진행한 경우, 그 결과물로서는 다음 두 가지의 가능성이 존재한다. 첫째, BoP 비즈니스는 기업 전략론의 전통적인 틀의 단독, 혹은 그 이외의 이론적 틀을 더하여 병립시켜 설명 가능하다(이 경우 자체학제는 없다), 둘째, 기업 행동에 관한 새로운 연구 분야로서 고유의 종속 변수를 가지고 독립된 학제를 형성한다. 본 절에서는 우선 가능성을 검증하면서, 이를 통해 두 번째 가능성을 검증해 나간다. 그리고 만약 두 번째 시나리오 가능성이 있다면 그것은 어떠한 것인가를 검토한다.

BoP 비즈니스에 관련된 기존의 연구 분야는 적어도 다음의 일곱 가지가 있다<그림 2-4>. BoP 비즈니스 연구, 기업 전략론, 신흥 시장 연구, 기업의 사회적 책임과 경제적 성과에 관한 연구, 소셜 엔터프라이즈 연구, 개발경제학, 그리고 개발사회학이다.

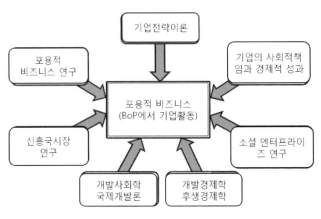

<그림 2-4> BoP 비즈니스 연구 분야

위에 열거한 각 연구 분야 중에서 본 절에서는 BoP 비즈니스 자체를 독자의 연구 대상으로 하는 BoP 비즈니스 연구, 그리고 경영 전략 연구에 특히 관계가 깊은 것으로 보이는 기업 전략 이론, 기업의 사회적 책임과 경제적 성과에 관한 연구(이후 사회성·경제성 연구라고 부른다) 및 신흥국 시장 연구를 선택하여 검토를 진행한다.

## 3. BoP 비즈니스 연구

BoP 비즈니스를 연구 대상으로 한정한 비교적 새로운 연구 분야이다. Prahalad and Hart (2002), Prahalad and Hammond (2002)를 시작으로 Hart and Christensen (2002), London and Hart (2004), Prahalad (2004), Hart (2007), Klein (2008),Yunus (2008), London (2009) 등 일련의 연구가 존재한다. 이러한 연구 그룹 사이에는 BoP층을 단순히 소비 시장으로 본다(Simanis and Hart 2008 말한 "BoP 1.0") 또는 BoP층 사람들이 조달·생산·판매·경영 등 각 기능 영역의 담당자로서의 의의를 적극적으로 요구하거나(동 "BoP 2.0")에 대해 중점을 두는 방법에 차이가 있기는 있지만, 공통되는 것은 "BoP 시장에는 특수성이 있다"는 전제이다. 그 특수성과 밀레니엄 개발 목표(MDGs)에 보듯이 구성원의 구매력이 다른 시장(선진국 시장과 비교하여)에 비해 더욱 제한적이면서 인간으로서의 기본적 니즈(basic human needs)의 충족도가 불충분한 빈곤 페널티(Prahalad 2004)가 존재하는 점에 있다. 이러한 인식하에 주식회사가 사회적 과제를 해결하고 이익을 내어 사업을 성장시키는 것을 성공이라고 정의한다면, 그 요인은 무엇인가라는 것을 수많은 사례를 통해 분석하고 고찰하고 있다. 이러한 연구의 대부분은 기존의 이론적 프레임 워크를 기반으로 가설을 검증하는 것이 아니라, 어디까지나 BoP 비즈니스라는 특정 영역에서 사례를 분석하고, 지식을 귀납적으로 이끌어 내는 것이 주류이다. 이하, 이 영역의 주요한 연구를 소개한다.

## 1) 사례 연구에 근거한 개념 모델의 구축(귀납적 접근방법)

프라하라드 자신이 BoP 시장에 있어서 대규모 이익 창출 잠재력에 대한 착상을 얻은 것은 1995년이라고 설명하고 있다(Prahalad 2004). 그러나 Prahalad (1998)(논문명 "기업 제국주의의 종언")의 주요 관심사는 신흥 시장의 중산층 (emerging middle class 신흥중산층, 볼륨존과 동의어)에 있으며, 이 논문의 메시지는 선진국 제품과 비즈니스 모델이 그대로 통용된다는 발상(선진국 기업의 제국주의적 마인드)을 버려야 한다는 것이다. 특히 경제 피라미드의 빈곤층을 주요 대상으로 인식되고 있는 것은 아니고, 타타 모터(중간층 대상)나 힝더스탠·리버(빈곤층 대상)의 기업 사례가 혼재되어 나온다.

한편, 지속가능한 성장이라는 관점에서 Hart(1997)는 단순한 환경 배려형 경영을 뛰어넘어("beyond greening"), 화폐 경제의 외부에 있는 농촌(실질적 BoP)의 인구 증가와 자원 수탈에 의한 빈곤의 순환에 주목했다. "이 행성이 영원히 유지되는 '지속 가능한 지구 경제'(a sustainable global economy : an economy that the planet is capable of supporting indefinitely)(동 p.67)의 실현을 주제로 기업은 더욱 지속가능성 실현을 위한 부하의 제로화에 그치지 않고, 긍정적인 환경·사회적 영향을 불러일으켜야 한다고 주장하고 있다. 이중 Hart는 경제를 3개 계층(선진 경제, 신흥경제, 서바이벌 경제)로 분류하고, 이 "서바이벌 경제"가 계속 이어지는 연구에서 BoP 시장의 핵심 부분으로 인식된다.

이러한 양자가 공동 연구를 한 것이 1998년이며, 그 성과가 "Strategies for the Bottom of the Pyramid : Creating Sustainable

Development"로 정리되었다. 그들의 주장은 4억 명의 빈곤층에 대해 선진국 기업이 가지고 있는 전통적인 이미지를 버리고, 영리 사업의 대상으로 판단하여 새로운 시장 개척의 가능성을 열면, 동시에 빈곤층 자신의 사회 환경적 지속 가능성을 높일 수 있다는 점이다. 또한 마이크로 크레딧(소액 금융)과 현지 사업 성장에 따른 구매력 창출의 중요성, 새로운 유통망 구축의 필요성, 지금까지의 사업에서는 예상하지 못했을 "비전통적(non-traditional)"주체(NGO, NPO, 국제기관, 빈곤층 자신 등)와의 연계 필요성, 정보통신기술의 잠재적 유용성, 전략과 혁신의 상향식 접근 방식의 유효성, 선진국 시장에 대한 피드백(Immelt, et al.. 2009에 의해 리버스 이노베이션이라고 불린다), 그리고 다국적 기업들이 자원을 활용하여 달성할 수 있는 역할 등, Prahalad and Hart(2002), Prahalad(2004)의 연구 핵심이 거의 망라되어 있다.

위의 기본 개념에 따라 Prahalad and Hammond (2002)는 다양한 비즈니스 사례를 소개하고 Hart and Christensen(2002)은 BoP 시장의 기술 혁신이 바로 파괴적인 혁신(Christensen 1997)을 만들어, 기업 성장과 사회적 문제 해결을 양립할 수 있다고 주장했다. 후속 연구 방향으로, Prahalad(2004)는 BoP층이 시장으로서 가지는 경제적 기회로의 중요성을 보다 강조하는 한편, Hart and Sharma (2004) 및 Hart (2007)는 지속가능한 개발의 실현을 대전제로 사업 활동을 경제적으로 성공시키는 데 현지 커뮤니티와의 철저히 동화의 중요성을 설명하고, "토착화"나 "radical transactiveness(다양한 비전통적인 이해 관계자와의 철저한 교류)"라는 개념을 전개, 결과적으로 사업 활동이 사회적 환경적 과제 해결에 이바지하는 중요성을 더 강조한다. 여기에 Prahalad와 Hart의 기본적인 문제의식의 차이가 나타나고 있다. 기업의 관점에서 해석하면, 양자의 방향성의 차이는 개별 기업의 전략적 의도의 차이로 드러난다고 생각된다. 이 전략적 의도의 차이가 가져오는 경제적 성과의 효과에 대해서는 입증해야 할 가설로서 흥미롭다.

Ricart, Enright, Ghemawat, Hart, and Khana(2004)는 BoP 비즈니스를 성공시키는 전략이 가지는 특징을 여덟 가지로 정리하고 있다. ① 선진국에서 개발된 기존 기술의 단계적인 적합보다도 현지 파트너와의 협력을 중시, ② 기존의 비즈니스 모델을 근본적으로 제고, ③ 자본 효율이 높은 노동 집약적인 비즈니스 모델, ④ 중앙 정부부처나 현지 대기업이 아니라 지방 정부와 지역 중소기업, NGO와의 관계 구축, ⑤ 지적재산권 및 법률의 강제력이 미치지 않기 때문에 현지에서의 네트워크 구축을 중시, ⑥ 자사의 기존 조직과 분리하여 BoP 비즈니스를 혁신의 발판으로 한다, ⑦ 재생 에너지, 분산 발전, 소액금융, 무선통신, 바이오기술 등의 분야에서 파괴적인 혁신을 일으키고 있다, ⑧ 이러한 혁신적인 기술이 선진국 시장에 피드백되는 리버스 이노베이션(Reverse Innovation) 기회를 추구하고 있다는 것이다.

## 2) Prahalad(2004)에 대한 비판

특히 Prahalad(2004)에 대해서는 여러 회의적인 시각(Walsh, Kress and Beyerchen 2005, Prasad and Ganvir 2005, Landrum 2007, Karnani 2007)이 나타나고 있다. Prahalad (2004)의 주장의 근간에 대한 비판으로 Karnani(2007)은 Prahalad(2004)설명에 포함된 오류

를 상세하게 지적하는 데 그치지 않고, Prahalad(2004)가 주장하는 BoP 계층은 선진국 기업에게 유망한 소비 시장이라는 파악하는 견해를 비판한다. 즉, 빈곤 해소에는 BoP 계층에 판매하는 것이 아니라, 그들의 수익 기회를 창출하는 것이야말로 진정으로 필요한 핵심사항이며, 그래서 BoP층을 소비자가 아닌 생산자·공급자로 파악할 쪽이 우선순위가 높다고 주장하고 있다.

분명히 Prahalad(2004)는 BoP 비즈니스의 전형적인 모델로, 선진국 다국적 기업이 BoP 시장에 진출해 제품을 수입하거나 현지에서 가공, 현지 NGO를 판매 채널로 활용하고 빈곤층의 중소기업이 마이크로 크레딧에서 제품을 구입하여 소매 판매한다는 판매에 중점을 둔 사례를 많이 들고 있다. 한편 Karnani(2007)는 기업이 BoP 계층에서 생산 요소를 현지 조달하고 현지에서 BoP 층을 고용하고 제품을 제조하여, 그 제품을 그 나라 시장의 중간·부유층에 판매하거나 또는 다른 신흥국과 선진국 시장에 수출하는 비즈니스 모델을 들고 있다. 이 모델이 BoP의 수익 기회창출에 효과적이라고 주장한다. 그 점에서 Perez-Aleman and Sandilands(2008)는 다국적 기업이 BoP층의 공급자와 어떻게 협력하여 공급망을 구축하는 가를 논의하고, Karnani 모델의 방향성을 답습하고 있다. 여기에는 입증할 중요한 가설이 포함되어 있다.

Walsh, Kress and Beyerchen(2005)은 Prahalad (2004)에 대해 ① 기업의 영리 활동이 경제 발전 나아가 빈곤 해소로 이어진다는 견해 자체에는 신규성이 없다, ② 기업이 영리 활동의 역할을 강조하고 있음에도 불구하고, 소개된 사례는 비영리 사례가 많이 포함되어 있다, ③ 기업이 빈곤층 시장에 참여하려 할 때 항상 착취의 위험이 따른다. ④ 빈곤층 시장에 참가하는 초기단계에서는 "사회적 공헌"이라고 불렸던 초기투자를 하여 시장 참여 자격(기업 시민으로서 인지)을 획득해야 하며, 그런 종류의 사회공헌 투자는 기업 본래의 목적에 반한다고 주장한다. 또한 Prasad and Ganvir(2005)는 인도의 수질과 위생에 관한 프로젝트의 현지 검증을 통해 Prahald (2004)가 소개된 BoP 비즈니스의 12가지 성공 요인이 모두 타당한 것은 아니라고 주장하였다.

Landrum(2007)은 Prahalad(2004)에서는 ① BoP 계층의 구분 기준이 불명확하고 통일되어 있지 않다. ② 기업의 BoP 시장에서 영리 사업이 정말 빈곤 해소에 기여하는지에 대한 확증이 나타나지 않는 점, ③ 지속가능한 발전과 빈곤 해소보다도 기업의 수익 기회가 강조되고 있다. ④ 전통적인 정책과 국제기관의 활동이 너무 경시되고 있다. ⑤ 논의가 서구 선진국의 관점으로 진행되고, 자국 중심주의적이라는 점을 지적한다. 이러한 한계를 통해 향후 연구 과제가 제시되었으며, 그들은 ① BoP 비즈니스의 성공 12개의 원칙은 모두가 필요하고 타당한가. ② 이들 원칙에 따르면 Prahalad (2004)가 말하는 10~200배의 비용 우위가 실현되는가, ③ Prahalad 제안은 정말 가난을 해소하는가, ④ Prahalad의 논의는 모든 BoP 시장에 적용할 수 있는지, ⑤ 성공이 아닌 실패를 가져올 전략적 접근이 무엇인지이다.

### 3) BoP 비즈니스의 구체적 프로세스 연구

먼저, 주로 2000년대 전반기의 개념 구축과 사례 수집을 거쳐 BoP 비즈니스 연구는 보다 구체적 비즈니스 모델과 성과 측정의 설계, 사업 성공 요인의 추출, 특정 기능 영역의 연구 등 사업을 성공적으로 이끌 구체적 프로세스의 연구로 발전하고 있다. 다음 주요 문헌 내용을 정리하면 다음과 같다.

Simanis and Hart(2008)는 The Base of the Pyramid Protocol라는 프로젝트 (실제로 기업들이 제휴하여 BoP 시장에 참여하는 필드형 연구 활동)를 통해 토착화나 radical transactiveness(다양한 비전통적인 이해관계자와의 철저한 교류)의 중요성을 찾아내어 단순히 기업이 BoP 시장을 소비시장으로 간주하는 "BoP 1.0 (selling to the poor)"단계에서 BoP층의 사람들을 비즈니스 파트너로 신뢰하고 현지에서의 능력 개발에 주력하고 NGO/NPO 등과의 직접적인 연계를 도모하는 "BoP 2.0(business co-venturing)"로 진화해야 한다고 주장하고 있다.

또한 Allen Hammond가 주축이 된 "The Next 4 Billion : Market Size and Business Strategy at the Base of the Pyramid "(Hammond, A., W. J. Kramer, J. Tran, R. Katz, and C. Walker 2007)는 BoP 시장 전체의 부문별 시장 규모를 세계 규모에서 분명히 하고, 국가별 경제 피라미드의 구성과 부문별 시장 규모를 밝힘에 따라 현실적인 사업 기회를 찾는 기본 정보로서 학회, 기업계에 대한 공헌을 실현하고 있다.

UNDP(2008)도 풍부한 사례 분석(50개 사례)을 통해 BoP 시장에서 기업 이익과 MDGs 달성을 위해 고려해야 할 다섯 가지 전략적 이슈 조치를 들고 있다.

Anderson and Markides(2007)는 BoP 시장에서의 전략 구축에 요구되는 조건으로, "네 가지의 A"를 꼽았다. 그들은, ① 가격 적절성(Affordability), ② 수용성(Acceptability : 그 땅의 문화와 가치관.
상관습·사회경제시스템과의 적합성), ③ 이용 가능성(Availability :
유통망이 없는 오지 농촌까지 어떻게 제품을 제공하는지), ④ 인지
도(Awareness : 선진국과 같은 광고 수단이 존재하지 않는 가운데,
어떻게 제품의 가치를 전할 것인가)라는 4가지 사항이다.

London(2009)은 실제 필드에서 종합사업을 수행해 나가는 도중
에 그 비즈니스가 가져 오는 세 가지 효과 중시해야 한다고 말한다.
이들 효과는 ① 경제적 영향, ② BoP 계층 개개인의 능력·의식·
건강에 미치는 효과, 그리고 ③ BoP층의 사회관계 (커뮤니티 및 가
족 내에서 인간관계·역학 관계)에 미치는 효과이다. 또한 이러한
이들 효과가 비즈니스의 공급자, 고객, 커뮤니티 수준에서 각각 긍
정·부정적인지를 착수 전의 조사 단계에서 착수 후 활동 중에 이
를 때 까지 상시 모니터하고 그 결과에 따라 부정적 효과를 제거하
기 위해 임기응변으로 자원의 재조합을 해야 한다고 지적한다.

Rosa and Viswanathan(2007)은 특히 소규모 상점과 고객의 관계
등, BoP 시장에서 보다 미시적 수준의 관계성을 조사하고 있다.
Seelos and Mair(2007)는 두 개의 사례 연구를 통해 시장 선정에서
비즈니스 모델 구축, 시장 참가에 이르기 구체적인 7개 확인 항목
을 제시하고 있다. 또한 Vachani and Smith(2008)는 개별 구체적
인 배송 전략에 대해 논하고 있다.

SKS 마이크로 파이낸스의 창업자로 유명한 기업가 Vikram Akula
은 Akula (2008)에서 BoP 비즈니스가 사회 문제 해결과 이익 실현
을 병존시키는 데 "규모 확장(scale)"이 중요하다고 강조하고 그것
을 실현하기 위한 방안을 세 가지 들고 있다. 첫째 이익 추구에 의

한 외부 자본에 대한 접근성 확보이다. 이것은 단순히 회계이익을 추구한다는 의미에 그치지 않고 실현한 잉여금에서 주주에 대한 배당을 부정하지 않고(배당을 불허하는 그라민형 소셜 비즈니스와 결별), 주주 자본가치의 증대를 목표로, 그에 따라 새로운 외부 투자자를 유인한다는 의도를 가지고 있다. Akula이 자신이 창업한 SKS 마이크로 파이낸스를 상장시킨 것도 대규모 자금 조달을 통해 규모 확장을 목표로 하기 때문이다. 둘째, 서비스 제공 능력을 확장(scale)하는 비즈니스 프로세스(비즈니스 절차 및 교육 훈련)를 표준화하는 것이다. 셋째는 첨단기술(ICT)을 사용함으로써 비용 절감과 오류의 최소화를 실현하기 위한 것이다.

## 4) 국제경영 분야에서의 BoP 비즈니스 연구의 자리매김

국제경영의 논단에서 BoP 비즈니스 연구의 중요성을 지적하고 있는 것이 Ricart, Enright, Ghemawat, Hart, and Khana(2004)이다. 지금까지의 국제경영 연구의 기본 틀은 글로벌화와 현지화의 균형을 어떻게 최적화하느냐(Bartlett and Ghoshal 1989)에 있기 때문이었다. 그러나 "이들 연구는 중요하지만, 이미 현재화되어 있는 국제시장, 즉 경제 피라미드의 상위 약 10억 명을 대상으로 하고 있는 것에 지나지 않는다. 한편, 글로벌화에서 소통되어, 때때로 피해를 받게 되는 빈곤층, 즉 경제 피라미드의 하층부 40~50억 명은 연구 대상에서 무시되어 왔다."(Ricart, et al.. 2004, p.193). "개발도상국에서는 대부분의 해외 직접투자는 중국, 인도, 브라질 같은 대규모 시장에 몰려 있었다. 더욱이 이들 국가 중에서 엘리트 계층과 신흥 중간층이 전략의 대상이며, 기타 압도적 사람들은 현실적으로 고객층으로는 가난 너무하고 무시되어 왔다"(Ricart, et al.. 2004, p.193 에서 인용된 De Soto 2000). "앞으로 다국적 기업이 주목할 미개척 시장 분야는 개발도상국의 소수 부유층과 신흥중산층이 아니라 앞으로 처음으로 시장 경제에 참여할 수십억 명의 빈곤층이다."(Ricart, et al.. 2004, p.194 인용된 Prahalad and Hart 2002) 거기에서는 "부유층・중산층 대상 전략과 빈곤층을 위한 전략을 배제한 채 국제적 수평으로 생각하는 것이 적절하다"(Ricart, et al.. 2004, p.194 에 인용된 Hart and Milstein 1999).

"테러리즘-반 글로벌화의 궁극적인 형태가 증가 추세이다. 그들은 가난과 절망에서 기인하고 있다. 여러 측면에서 볼 때 글로벌 자본주의, 그리고 국제경영 연구는 기로에 서 있다. 앞으로도 더욱이 피라미드의 정점인(상위층) 8억 명의 소비자에만 초점을 맞추고 계속한다면, 그것은 망각의 늪에 빠질 것이다. 거기에서는 글로벌화한 경제가 반영되어 유지하기 위해 필요한 경제성장도, 사회적 정당성도 탄생할 것"(Ricart, et al.. 2004, p.196). 이들 문헌은 BoP 비즈니스를 독립된 연구영역으로 인식할 필요성을 시사하고 있다.

### 5) 비즈니스 연구의 정리

대체로 기존의 BoP 비즈니스에 관한 연구는 그 필요성은 인식하고 있지만, 아직도 기본이 되는 주요 이론적 프레임 워크가 존재하지 않았다. 사례 연구를 통해 제약 조건의 열악한 환경에서 사회성과 경제성을 양립시키기 위한 요인 분석이 이루어지고 있는 단계이다.

정량적 데이터의 실증 연구는 이제 시작단계이다. 그러나 2002 년 이후의 연구논문・서적의 집중 출판은 분명히 이 영역이 많은 연구자와 기업의 관심을 모으고 있는 것을 보여주고 있다.

이론적 프레임워크의 결함이 왜 생기고 하는가 하면, 그것은 BoP 비즈니스의 성과(종속변수)를 어떻게 정의하며 측정하는가 하는 문제가 미해결이기 때문이다.

정량적 실증 연구를 실시한 Klein(2008)은 재무, 사회, 환경의 세 가지 측정 지표를 병용했지만, 최종적으로는 사회, 환경의 양쪽 지표가 재무적 지표에 영향을 주는 효과를 검증하고, 진짜 의미에서의 복합적인 지표는 없다. 사실상 재무적 성과를 최종 목표로 하고 있다. BoP 비즈니스에서 기대하는 빈곤해소를 목표로 하는 MDGs 실현에 대한 기여는 BoP 비즈니스에서 해명되어야 할 인과관계 가운데서 어떠한 위치에 있는 것일까. 수단인가 목적인가. 독립변수인가. 종속변수인가. 문헌연구를 모두 정리한 후에 한 번 더 해답을 찾아본다.


## 4. 기업 전략 이론

### 1) 이론적 틀

기업 전략 이론은 개별 기업의 경제적 성과를 종속 변수로 하고 가장 바람직한 상태인 지속적 경쟁 우위를 가져다주는 독립 변수를 탐색하는 영역이다. 이미 SCP 로직(Poter 1980,1985)이나 경영자원론(Wernerfelt 1984, Rumelt 1974, 1991, Barney 1986, 1991, 1996, Prahalad and Hamel 1990), 지식기반이론(Itami 1987, Nonaka 1994), Dynamic Capability(Teece, Pisano, and Shuen 1997) 등 많

은 이론 연구 및 실증 연구가 축적되어 있다.

전략 이론의 종속 변수인 지속적인 경쟁 우위는 어느 기업이 업계에서 표준을 상회하는 이익(above normal return)을 거둔 1개의 회사 또는 소수의 기업 중 한 곳이 이어지는 상태를 의미한다 (Barney 1996). 이러한 종류의 이익을 실현하려면 경쟁사가 할 수 없는 차별화 전략에 성공하여 보다 높은 가격을 고객에게 담당하게 할 수 있는지, 또는 업계 내에서 가장 낮은 비용 구조를 실현하거나 적어도 어느 쪽인가를 달성할 필요가 있다. 그들 전략을 성공적으로 실현시키는 경영자원·경영 능력을 평가하는 척도가 VRIO라는 4가지 조건 : 경제적 가치(Value)의 생성, 희소성(Rarity), 모방 곤란성 (Inimitability), 자원의 활용을 지원하는 조직 체제 (Organization)이다(Barney 1991, 1996). 이러한 조건을 갖춘 자원과 능력에 의해 실현 전략은 지속적인 경쟁 우위를 가져다 줄 수 있는 가능성이 매우 높은 것으로 알려졌다. 이 이론적 프레임워크를 BoP 비즈니스에 적용하려는 경우, 적어도 세 과제가 존재한다.

## 2) 연구상의 과제

첫째, 기존의 기업전략 이론에서는 사회적 성과라는 종속 변수로서 고려의 대상이 되지 않는다. 한편 BoP 비즈니스의 현실에서는 그 사업 내용에 따라 어떤 사회적 성과(예를 들면 현지 커뮤니티에서 빈곤 상태나 위생 상태가 얼마나 개선했는지 등)가 다양한 이해 관계자에 의해 기대되는 것도 사실이다. 그래서 이 사회적 성과를 경제저 성과를 증가시키기 위한 독립변수로 인식한다면, BoP 비즈니스는 전략이론의 범주에서 연구가 가능해진다. 하지만 BoP 비즈니스의 "성공도"가 사회적성과에 따라 평가·결정되면, 이것은 전략이론이 상정하는 인과의 범위를 넘게 되어, 전략 이론만의 분석에 명확한 한계가 발생된다.

둘째, 사회적 성과가 독립 변수로 파악하여, 기존의 기업전략 이론의 범주에서 분석한 경우, 전략이론은 경영자원의 속성으로 가장 중요시되는 희소성과 모방 곤란성의 추구가 하나의 문제를 불러일으킨다. 우선 BoP 비즈니스의 재무적 성과에 긍정적인 영향을 미치는 사회적 효과가 존재하고, 그 사회적 효과를 실현시키기 위한 경영자원과 능력을 희소성과 모방곤란성을 높이는 방향으로 활동하는 것이 경제 합리적이 된다.

하지만 한편, BoP층 전체에서 사회적성과를 최대화 시키고 싶은 개발측(국제기구, NGO, 현지 정부)의 입장에서 보면, 그 경영 자원과 능력은 오히려 퍼블릭 도메인(공유지)에 있고, 이른바 공공재로 더 많은 기업과 조직에 있어서는 매우 낮은 비용으로 널리 공유·활용되는 것이 좋을 것이다. 즉, 사회성의 최대화에서는 전통적인 전략이론이 전제로 하는 배타적 소유·독자성·희소성·모방곤란성의 추구가 반드시 주주 이외의 이해관계자의 의도와는 일치하지 않을 우려가 있다. 이 점은 BoP 비즈니스에서 기존의 전략 이론을 적용하는 것이 어디까지 가능한가를 생각하는데 있어서 중요한 논점이 된다. BoP 비즈니스와는 전혀 다른 분야이지만, 소프트웨어개발에서 오픈소스 활동과 기업의 독점적 이익에 관한 고찰이, 이 공유지 배타성에 대한 선행 사례라고 생각된다. 셋째, 경영전략이론이 구축되어 온 역사적 현장은 주로 선진 국가이다. 만약 선진국과 BoP층의 사회 구조 사이에 중요한 제도적 차이가 있지만, 기존의 전략이론이 BoP 비즈니스에서도 타당한가 여부는 다시 검토해 봐야 한다.


## 5. 사회 · 경제성 연구

기업이 사회적 책임을 담당하는 것이 그 기업의 경제적 성과에 어떤 영향을 미치는지를 고찰 검증하는 일련의 문헌이 존재한다 (Friedman 1962, Carroll 1979, Cochran and Wood 1984, Clarkson 1995, Shiozawa 1995, Hillman and Keim 2001, Jensen 2002, Porter and Kramer 2002, Porter and Kramer 2006, Molteni 2006, Stephen and Millington 2008 Surroca, Tribo and Waddock 2009 등).

BoP 비즈니스는 정의로서 BoP 층을 대상으로 하여, 사업 프로세스 또는 제품 중의 하나 또는 그 양쪽에 밀레니엄개발목표에서 열거되는 사회 · 환경적 과제(목표는 "극도의 빈곤 해소")중 하나를 해결하면서 사업 활동을 추진한다. 그런 의미에서 이 연구군은 BoP 비즈니스가 가지는 사회문제 해결의 특성이 독립변수로 그 경제적 성과(종속 변수)에 미치는 영향에 대해 일정의 시사점을 가지고 있다.

그러나 이 연구군은 약간 예외(Porter and Kramer 2002, Porter and Kramer 2006, Molteni 2006)를 제외하고 주로 본업과는 관련되지 않은 자선활동 또는 사업 과정에서 사회적 · 환경적으로 부정적 가지를 조래한나는 "기업의 사회적 책임(Corporate Social

Responsibility)" 행동이 경제적 성과에 미치는 영향을 고려 대상으로 하고 있다. 그런 의미에서 보다 엄밀히는 본업 자체를 통한 좀 더 적극적인 사회과제 해결을 포함하는(즉 사회적·환경으로 긍정적인 가치를 발생시키려 한다) 비즈니스분석에서는 본업으로서의 투자를 하는 기업행동을 대상으로 그 사회적 효과와 재정 효과를 검증하는 인과 관계의 틀이 필요하게 된다.

## 1) 기본적인 세 가지 주장

여기에는 기업의 사회성과 경제성을 둘러싼 기본생각을 정리한다. 그것은 크게 세 가지로 분류 할 수 있다. 첫 번째 주장은 기업에 의한 사회성 추구는 주주 자본 가치에 부정적인 영향을 주기 때문에, 사회성을 증가시키기 위해 기업이 해야 할 어떠한 투자도 엄격히 부정되어야 한다는 것이다. 두 번째 주장은 사회성의 추구가 경제성에 긍정적인 영향을 미치는 범위 내에서 기업의 사회성 추구는 경제 합리적이다. 이것은 기업을 사회의 존재로 파악하는 이해 관계자 접근하는 입장이다. 세 번째 주장은 사회성과 경제성의 관계는 일반화할 수 있는 아니라, 기업에 따라 다르다. 즉, 사회적 성과의 추구가 자사 독자의 기업가치(재무적 성과)에 연결되는 기업도 있고, 단순히 낭비에 그치는 기업도 있다. 개별 기업을 분석 수준으로 사회성 추구가 재무적 성과에 긍정적인 효과를 주는 조건을 탐색하는 기업전략 이론의 입장이다. 다음, 이 세 가지 주장을 정리한다.

## 2) 첫 번째 주장 : 신자유주의에 따른 경제성 지상주의

이 주장의 중심에 있는 연구자는 Levitt(1958), Friedman(1962, 1970), Jensen (2002), Margolis and Walsh(2003)이다. 이들에 따르면 주식회사가 자선 활동을 하거나 사회 환경 개선을 위한 투자(예를 들어, 환경 보호 활동을 하거나 또는 사업장 주변에 병원을 건립하고, 보육소를 설치하고, 교육 활동에 종사하는 등)를 하는 것은 본래 주주에 귀속되는 이윤에 독자적인 세금을 부과, 또한 그 용도를 공공 부문이 아닌 경영자가 결정하는 주주입장에서 보면 허락될 수 없는 행위가 된다. 경영자는 어디까지나 영리 기업의 경영 전문가로서 주주의 신뢰를 얻고 있는 셈이며, 본래 정부와 공공 부문이 해야 할 대책의 전문 능력을 가지고 있는 보증은 없다. 만약 사회적 책임이 획일적으로 기업에 요구되는 것이면, 그것은 권위주의적 독재이고, 다원적 사회를 기본으로 하는 자본주의에 어울리지 않다.

유일하게 허용되는 것은 그 사회적 책임에 기초한 투자가 기업의 이윤을 높일 경우에 한정된다. 하지만 설사 그런 경우에도, 실제로 금전적 동기에 의해 이루어져 표면적으로는 자선적인 행위를 자사의 사회적 책임을 다하는 행동으로 홍보한다면 그것은 위선이다 (Friedman 1970). "200년에 걸친 경제 및 재무의 연구는 사회적 후생은 모든 기업이 그 경제적 가치를 극대화 얻을 때 더욱 극대화된다는 것으로 알려져 있다"(Jensen 2002, p.239).

이러한 주장은 세 가지로 요약 할 수 있다. 첫째, 기업 이익의 극대화를 통해 이미 사회 복지(social welfare)의 증진에 가진 기능을 최대한 기여하고 있다, 둘째, 사회적 과제의 극복에 정당한 근거를 가지고 직접 참여할 수 있는 유일한 주체가 있다면, 그것은 민주적으로 선택된 정부이며, 사기업이 아니다, 셋째, 만약 기업이 사회적 과제의 극복에 직접 참여한다면, 경영자는 주주들에게 그들이 자산을 지킬 수 있도록 설명을 해야 한다(Margolis and Walsh 2003).

신자유주의(Neo Liberalism)의 대표되는 Friedman은 규제 없는 자유주의 경제야 말로 이상이며, 계약 불이행과 사기 등의 불법 행위나 범죄, 윤리에 저촉을 제외한 경우에, 각 시장에 대한 규제와 개입은 배제되어야 한다(자유방임주의). 케인즈 경제학을 다시 고전적인 자유주의의 입장에서 비판하는 견해이다. 이 자유주의에 따르면, 말하자면 자본주의의 핵이 되는 자유 기업(free enterprises)이 사회적 선의실현(말하자면 사회주의적 목표 실현)을 향해 일한다는 모순에 대해 기피감이 생기게 된다. 이 주장은 지금까지도 뿌리 깊고 설득력을 가지고 있으며, BoP 비즈니스에 대한 의심의 원천이 된다.

### 3) 두 번째 주장 : 조직론·이해관계자 접근방식 "통찰력 있는 자기 이익"

이 주장은 Freeman(1984)로 대표되는 이해관계자 접근방법이다. 다양한 이해관계자(공급자, 고객, 주주, 직원, 정부, 압력단체, 미디어 등)의 이익을 조정하면서 높여 가는 것을 기업 활동의 성과로서 중시한다. 이 접근은 순수하게 보면 주주 이익을 최우선하는 첫 번째 주장과 충돌한다. 하지만 양자의 일치를 도모한다는 생각으로, 다양한 이해관계자의 이익을 높여 나가는 것이 결과적으로 자기의 재무적 성과로 되돌아온다고 주장하는 "통찰력 있는 자기 이익

(enlightened self-interest)"(Tocqueville 1851)라는 견해가 있다. 또한 첫 번째 주장에서 소개한 Jensen(2002)은 어디까지나 모든 기업 활동은 주주 자본 가치의 극대화를 위해 이끌어 나가야 한다는 맥락하에 있지만, 비슷한 개념을 "통찰력 있는 가치 극대화"(동 p.235)라고 설명하고, 긍정적으로 보고 있다.

Peloza(2006)에 따르면, 사회성의 추구를 하지 않았던 경우, 그에 따른 불이익을 받는 이해관계자로부터 예상치 못한 저항과 거부(예를 들어, 불매 운동과 파업 등)를 일으키는 원인이 되고, 오히려 큰 비용을 낳고 만다. 그러한 비용을 최소화하는 이른바 보험으로 사회성 추구는 재무적 성과를 보완한다.

Peloza(2006)는 만약 이 '보험'가설이 옳다면 기업의 사회성 추구 활동이 재무적 성과에 연결되는 것은 어떤 큰 잠재적 비용이 표면화하려는 국면뿐이고, 평상시에는 사회성 추구 활동의 비용을 '보험료'로 지불하기 때문에 사회성 추구가 재무 효과에 부정적인 영향을 준다는 실증연구 결과는 이런 상황(보험료 지불의 단계)만을 포착하고 있는 것에 지나지 않을지도 모른다, 통찰력 있는 자기 이익이든, 보험 가설이든, 두 가지 경우 모두 기업의 사회성 추구에 있어서는 각 이해관계자들이 해당 기업에 대해 긍정적 평가나 이미지를 유지하는 것을 촉진하고, 그에 따라 대량의 제품 구매 및 우수 인력의 확보, 혹은 반대 운동의 억제로 이어져, 기업의 재무적 성과(특히 중장기)에 대한 긍정적인 영향을 미친다고 생각된다.

## 4) 세 번째 주장 : 전략적 CSR·공유 가치 창조

이 주장은 전략이론의 입장에서 기업의 본업이 갖는 사회성의 의

의를 검토하고 있다. 즉 "전략적 CSR"(Porter and Kramer 2006) 및 그 발전 형태로 "공유 가치 창조"(Porter and Kramer 2011)이다. 이들 견해에 따르면, 기업은 사회성 추구 행동을 본업과 간격을 두거나, 본업이 저지른 부정적 사회성에 대한 속죄로서 그에 대해 대응한다는 발상을 넘어 자사만이 할 수 있는 독자의 방법(제품 서비스 자체 및 외부 환경에 대한 동기부여 모두)에서 적극적으로 긍정적인 사회적 가치를 추구하고, 본업인 경영환경 즉 "전략적 맥락(strategic context)" (Porter and Kramer 2011)를 개선시킬 수 있다면, 자사의 재무적 성과를 향상시키려고 한다.

이렇게 사회와 기업 모두에게 WIN-WIN의 관계가 성립할 수 있는 상태를 실현하는 것이 "공유 가치 창조"이다. 사실이 주장도 기업의 관점에서 보면, 어디까지나 최종 목표는 개별 기업 수준의 재무적 성과이며, 전통적인 전략 이론과 일치한다.

이 공유 가치 개념은 언뜻 보면 이해관계자를 존중하는 두 번째 주장(통찰력 있는 자기 이익)처럼 보인다. 하지만, 거기에는 중요한 차이가 존재한다. 이해관계자 접근법의 경우, 개별 기업이 실천하는 사회적 활동은 각각 이해관계자들에 대해 자사의 기업 이미지를 향상시키는 것에 한정되어 있는 한, "말하자면 무엇이든 좋다. 본업과 밀접한 관련도 필수가 되지는 않는다." 하지만 공유 가치 창조는 어디까지나 "전략적"발상이며, 기업의 사회성 추구에게 있어 배타성·독자성·본업과의 일체성이 중시되어, 그 회사의 지속적인 경쟁 우위에 기여가 강하게 의식된다. 때문에, 공유가치 창조에서는 다른 사람이 흉내낼 수 없는 자사 독자의 방법으로 사회성을 추구하는 것이 중시된다.

또한 이 공유가치 창조는 기업의 사회성 추구를 인정한다는 의미에서 첫째의 Friedman(1970) 등 신자유주의의 주장과 정면에서 충돌하는 것으로 보인다. 하지만 신자유주의에 따른 비판의 대상은 법적 윤리적 최저한도를 넘는 수준의 사회성 추구하는 모든 기업에 대해 이익을 희생하는 형태로 강제되는 제도적 압력에 대한 반발 내지 비판이다.

즉, 제도적 강제에 따라 일률적으로 부담으로서의 사회성 추구가 아니라 자사의 전략 수행 상, 자사에 있어서만 유리하게 되는 경쟁 환경을 만들어내는 할 수 있는 사회성 추구이다(Porter and Kramer 2006, 2011), 이것은 전략 목표인 경쟁 우위를 실현하는데 긍정적이 된다. (다만 전략이론 연구의 과제에서 이미 언급했듯이, 사회 과제를 해결하는 경영 자원을 배타적으로 독점한다는 시시비비의 문제는 미해결로 남아 있다.)

덧붙여서, 전략이 허용되는 공유가치 창조에서 사회성 추구는 Caroll(1979)이 말하는 기업의 사회적 책임 4개 분류에서 "재량적 책임" 즉 그 사회성을 추구 여부는 개별 기업의 재량권을 부여, 그것을 추구하지 않는다고 해도 법적 책임과 윤리적 책임을 물을 수 없는 수준의 사회성이다. 이러한 점, 이해관계자 접근에서 언급한 "통찰력 있는 자기 이익"이 다양한 이해관계자에 대한 동등한 무게로의 공헌보다 규범으로 요구하는 데 비해, 공유가치 창조는 보다 재량적이며, 모든 기업이 그것을 목표로 실현이 요구되고 있는 것은 아니고, 그것을 목표로 한 모든 기업이 성공하는 것도 아니다.

이처럼 개별 기업이 자사의 재량과 책임에서 본업과 관계 깊은 특정 사회적 과제 (밀레니엄개발목표에 관계가 있는 어떤 사회 과제)를 검색·추출하고 본업의 전략에 이바지하기 위해 어떤 투자를 하는 것은 경제 합리적이라고 할 수 있다. 그리고 이런 종류의 행동은 근본적으로 경제적 동기에 따라 수단으로서의 사회성 추구임을 밝혀 둔다.

본 절은 기본적으로 기업 전략 이론의 입장에서, 이 개별 기업 수준에서 이질적인 경영자원을 독립 변수로 하는 세 번째 견해는 뒤에서 소개하는 BoP 비즈니스 가설의 주요한 인과관계중 하나가 된다.

### 5) 실증 연구

기업의 사회적 성과(CSP)와 재무성과(CFP)의 관계를 입증하는 연구는 다수 존재한다. Margolis, Elfenbein, and Walsh (2007)은 1972년부터 2007년에 걸쳐 실시된 실증 연구를 192건 수집하여 메타 분석을 실시했다. 이를 통해 발견한 것은, 기업의 사회성 추구 행동은 평균적으로 보아 재무적 성과와 긍정적인 상관관계가 있다는 것이다($r = .132$ **). 그러나 시계열(시계열 데이터)에서 CSP가 CFP에 선행하는(CSP $\Rightarrow$ CFP) 경우 ($r = .140$ **)도 CFP가 CSP에 선행하는 (CFP $\Rightarrow$ CSP) 경우 ($r = .139$ **)와 함께 거의 같은 크기로 긍정적인 상관관계를 보여주고 있다. 따라서 인과관계는 양방향으로 존재하는 것이 추측된다. Peloza (2009)도 159건의 연구를 조사하여, 양자에 약한 긍정적 상관이 있다는 것을 보여준다.

기업의 사회적 성과 측정의 예는 다우존스의 지속가능성 인덱스(Sustainability Index)의 종목 선정 방법이다. 이 인덱스에서는 상장 기업을 경제·사회·환경의 3개 분야의 성과 평가, 상위 종목을 지수에 포함하고 있다(년 1회 9월 검토). 평가 항목은 설문 조사와 직접 인터뷰 등을 통해 보완하고, 전문가의 주관적 판단도 추가하여 수치화하고 있다 (Dow Jones Indexes 2011). 하지만 평가 항목의 거의 모든 사업 환경프로세스에서 환경·경제·사회에 대해 부정적인 가치를 초래하지 않도록 수단이 이루어지고 있는 특성을 가지고 있다. 이른바 기업의 사회적 책임(사회에 부정적인 가치를 초래하지 않을 책임)에 가깝다. BoP 비즈니스 목표로 하는 능동적인 긍정적 사회적 가치 창출과는 거리가 있다.

# 6. 신흥 시장 연구

신흥 시장(emerging markets)에서 기업 활동을 대상으로 하는 일련의 연구(신흥국 시장 조사)가 존재한다. (Hoskisson, Eden, Lau, and Wright 2000, Peng 2003 Meyer 2004, Meyer, Estrin, Bhaumik, and Peng 2009). 이 분야는 전형적인 영역학이고, 거기서 사용되는 이론적 틀은 국제경영·기업전략이론과 조직이론 등 다방면에 걸친다.

## 1) 신흥국 시장

신흥국 시장은 "급속한 경제 발전과 자유주의경제 체제를 지향하는 정책의 존재"를 충족시키는 국가시장으로 정의된다(Hoskisson, Eden, Lau, and Wright 2000에서 인용한 Arnold and Quelch 1998). 상징적으로는 이른바 BRICs(브라질, 러시아, 인도, 중국)가 대표적으로 언급되어 온 시장 군이다. 역사적 배경으로는 선진국 시장 이외의 국가(개발도상국 developing countries)의 경제 성장률이 높아짐에 따라 OECD보고서 (1979)에서 "신흥공업국(NICS:Newly Industrializing Countries)"개념을 제창되어, 아시아·남미·유럽의 10개국을 열거한다. 또한 1990년대에는 경제적으로 급성장하는 신흥국들이 속출하여 "신흥시장경제 (emerging market economies)"나 "신흥시장 (emerging markets), 신흥국 경제권(emerging economies)"이라는 용어가 사용되고, 국제금융공사(IFC)는 신흥국 주식 지수인 Emerging Markets Data Base(EMDB)를 조성하여, 아시아·남미·아프리카·중동의 51개국을 선정했다. Hoskisson et al.(2000)은 전략 연구 지리적 대상으로 이러한 51개국 외에도 베를린 장벽 붕괴(1989년)를 계기로 사회주의 경제에서 자본주의 경제로의 이행시기에 있었던 "과도기 경제국(transition economies)"(EBRD 1998)를 13개국 들어, 총 64개국을 "신흥 경제권(emerging economies)"라고 하여, 하나의 연구 대상을 특정했다. BoP 계층이 존재하는 나라는 신흥 시장으로 정의되는 국가와 겹치는 부분이 있고, 신흥 시장 연구 성과가 BoP 비즈니스의 성공 요인을 설명할 가능성도 부정할 수 없다. 향후 검증을 진행할 필요가 있다.

## 2) 관심 영역과 이론적 연구의 틀

이러한 신흥시장의 기업행동에 관한 연구에서는 동 시장이 사회·경제·정치적 환경에서 선진 국가 시장과는 다르다는 가정아래, 신흥국 기업이면서 외국에서 신흥국에 진출한 기업이 경제적으로 성공 요인이 연구 대상이 되어 왔다. 이 때, 선진국 시장에서 발전한 여러 이론이 신흥국 시장이라는 특수성에서도 타당 여부가 관심사가 된다. 이러한 신흥 시장 연구의 포괄적 리뷰는 Hoskisson et al.(2000)과 Wright et al.(2005)에 의해 이루어졌다.

우선 Hoskisson et al.(2000)은 신흥국 시장에서 기업 행동의 설명에 세 가지 이론적 프레임워크를 제시하고 있다. 그들은 첫째 제도 이론(DiMaggio and Powel 1983), 둘째 거래비용이론(Williamson 1975, 1991), 그리고 셋째로 자원 기반 뷰(경영자원론) (Penrose 1959, Wernerfelt 1984, Barney 1986, 1991, 1996)이다.

첫째, 제도 이론이다. 기업은 사회적 제도(institution)의 영향 아래에 조직 생존의 합법성(legitimacy)을 확보하기 위해 이 제도에 적합한 형태로 자원 배분을 실시한다고 설명한다. 특히 구 공산권 지역에서 자유주의 경제로 이행하는 과도기 경제국가에서 제도적 변화가 두드러지고, 기업 활동에의 영향이 불가피하고, 그것에 어떻게 개별 기업이 준수·대응해 나갈 것인가가 연구되어 왔다. 제도적 제약을 극복하기 위해 기업과 개인을 포함한 네트워크를 활용하는 것(Hoskisson et al. 2000에서 인용된 Peng and Heath 1996, Peng 1997)과 제도적 한계를 극복하기 위한 적합 능력(adaptive ability) (Oliver 1991)의 중요성이 지적되고 있다. 그러나 이러한 제도 관리 이론을 기반으로 한 연구는 아직 적은 편이다(Hoskisson et al. 2000).

둘째 거래비용이론은 기업 거래 비용을 최소화하도록 경영 자원 배분을 결정한다고 설명한다. 신흥시장에서는 선진국 시장과 같은 사회 규범과 법적 강제력이 충분히 정비되어 있지 않다. 그런 환경에서는 선진국 시장이면 계약이나 신뢰성·평판 등에서 손해를 볼 기회주의적 행동이 발생할 가능성도 높다. 이러한 상황에서 거래의 통합 구조를 어떻게 최적화 할 수 있는지가 관심사가 된다. 이러한 신흥 국가 특유의 거버넌스 구조로 앞서 언급한 네트워크와 기업 그룹 내의 비관련 다각화, 바터 거래(Hoskisson et al. 2000에 인용된 Khana and Palepu 1997, Choi, Lee and Kim 1999)의 중요성이 지적되고 있다. 다른 연구 과제로 거론되고 있는 것은 기업 거버넌스와 사회 경제 인프라의 관계, 수평·수직 방향의 기업 제휴와 통합, 관련 다각화와 비교하여 네트워크가 더 효과적인 거버넌스 구조가 되는 조건 등이다.

셋째, RBV(자원기반 뷰)는 지속적인 경쟁 우위를 실현하는 쪽으로 개별 기업 수준에서 이질적인 경영 자원의 중요성이 강조된다. Hoskisson et al.(2000)에 인용된 Oliver (1997)는 제도 이론과 RBV를 통합한다. 기업이 자사의 경영 자원의 가치를 극대화할 수 있는 제도적 맥락 만들기를 할 중요성을 지적하고 있다. 이것은 훗날 Porter and Kramer(2006, 2011)가 지적하는 경쟁상의 정황 개선(improving competitive contexts)에 연결된 것이다. 신흥시장 특유의 중요한 경영자원·능력으로는 선행자 우위, 명성, 규모의 경제성, 유통 및 커뮤니케이션 채널의 배타적 지배를 들 수 있다. 기타 연구 과제로는 치열한 시장 변화에 대한 적응 능력이 있다.

## 3) 연구상의 과제

신흥 시장 연구 성과는 어디까지 BoP 비즈니스에 적용 가능한가. 두 분야에 차이가 있는가. 첫째, 위에서 언급한 신흥 시장 연구에 공통되는 것은 선진국 시장에서와 마찬가지로 기업관(종속 변수는 재무적 성과)을 전제로 하고 있다는 점이다. 후술하는 바와 같이 BoP 비즈니스에서는 사회성을 종속 변수로 고려할 여지가 있고, 이 경우 기업의 존재 자체가 재정의 된다. 이렇게 되면 신흥시장 연구와 BoP 비즈니스 연구는 질적으로 다른 연구 영역이 된다.

둘째, 신흥국시장 (신흥국의 중산층·부유층)에서는 정의로서 1인당 구매력이 이미 PPP 기반으로 연간 3,000달러를 넘어 성장하고 있고, 화폐 경제의 범주에서 대부분의 경제 활동이 파악 가능하여 비공식 경제(GDP로 잡히지 않는 지하경제, 자급자족 경제)의 비율은 상대적으로 축소한다. 사업 수행에 요구되는 사회 인프라도 최소한도 이상의 것은 이미 존재하고, 사회 니즈는 시장 수요의 형태로 표면화하고 있다.

한편, 현지 조사에서 관찰에서도 신흥국 시장의 중산층 이상은 선진국 시장과 급속히 동질화되고 있다. 한편 BoP 계층은 아직도 국민 1인당 가처분 소득이 1일 몇 달러 이하(구매력 평가기반)이거나 비공식 경제가 경제의 절반 이상을 차지하거나(De Soto 2000), 안전한 음료수, 전력, 도로와 의료시설 등 최소한의 사회 경제 인프라를 누릴 수 없는 인구 비율이 상대적으로 높은 등, 유엔의 밀레니엄개발목표로 대표되는 기본적인 인간으로서의 요구(베이직 휴먼 니즈, BHN)의 미충족도가 두드러진다. 이러한 BHN의 미 충족은 신흥 시장 중산층 이상에서는 이미 거의 해소되고, 선진국에서 존재하고 있어도 그에 대한 안전망이 정비되어 있다(생활 보호제도 등).

즉, 지금까지 구미 선진국 시장과 신흥국가 시장을 대비하는 구조에서 특수성과 보편성이 논의되어 온 것이지만, 신흥국 시장이 빠르게 선진국 시장에 동질화해 나가는 현상에 있어서는 향후 "선진국·신흥국 시장(중산층 이상)"과 "BoP 시장" 대비하여, 기업 활동의 수행 등과 같은 제도적, 사회적, 경제적 환경의 차이가 존재하는 여부, 요구되는 기업 내부 능력에 차이가 존재하는지 여부를 명확하게 하는 것이 요구된다. 그 구체적인 방법론의 하나로서는, 지금까지 누적되어 온 다양한 신흥국 시장 조사가 상당한 빈곤과 제도의 차이라는 특수성하에서 얼마나 적용 가능한 것인가 하는 연구가 예상된다. BoP 비즈니스에 적용 가능하다고 생각되는 신흥국 시장 조사를 발굴하는 작업은 중요하다.

예를 들어 Peng(2003)는 구 공산권 경제가 시장 경제로의 전환을 할 때의 과정을 2단계로 나누어, 우선 관계를 기반으로 한 네트워크형 지배 구조에서 시작하여, 점차 규칙에 따른 시장 기반 거버넌스로 이행이 진행된다고 설명한다. 생각해 보면, BoP 시장도 그 경제 발전 과정에서 화폐 경제의 범위밖에 있는 자급자족이나 커뮤니티의 인적 네트워크를 기반으로 비공식 경제에서 경제력의 발전과 함께 화폐 기반의 시장 경제로 이행해 나갈 것으로 생각된다.

양자의 문맥은 다르지만, 시장 경제에 대한 전면적 이행으로의 프로세스에서 최적의 지배 구조가 변화한다는 기존 연구의 성과는 응용이 가능한 것이다. 마찬가지로 Myer et al.(2009)도 시장경제제도의 강약이 진입형태에 미치는 영향을 검증하고 있다. 이 연구에서는 시장 경제화가 진행되고 있는 신흥 국가의 부유층 중산층 시장에 이미 진출한 기업이 아직 시장경제화 정도가 낮은 BoP 시장에 진출 할 때의 진입형태에 관한 한 시사점을 얻을 수 있을지도 모른다.

반대로 아마노(2009)는 BoP 시장은 "현재 일본기업이 대상으로 하고 있는 MOP시장과는 대상이 다르다"(동 p.77)라고 지적하지만,

BoP 비즈니스 연구의 결과(예, 토착화 등 BoP 비즈니스에 요구되는 능력)의 일부는 일본에서 보면 같은 하위 시장인 신흥국 시장에서도 "적용되어야 한다고 생각된다"(동 p.79)고 말하고, 그러한 반대의 방향성의 연구도 양 시장의 이질성・동질성을 조망하는데 유효할 것이다.


## 7. 소결론

학제, 영역학 양쪽의 가능성에서 평가하면 BoP 비즈니스 연구 자체의 인과관계를 가지는 독립한 학제로서 성립될 수 없지만, 신흥시장 연구와 마찬가지로 하나의 영역학으로 성립한다고 생각된다.

또한 영역학으로서 BoP 비즈니스 연구는 경제와 사회는 분리된 것이라는 신자유주의적 전제에 서 있다면, 기존의 기업전략이론을 기반으로 할 수 있으며, 서서히 경제 합리성 아래에서 설명을 시도하게 된다. 한편, 경제사회의 일부라는 "사회에 존재하는 기업"관에 기반을 둔다면, BoP 비즈니스 연구는 사회성과 경제성을 복합하는 성과를 종속 변수하는 새로운 인과 관계를 상정하는 학제 하에서 연구를 수행하게 된다. 이 새로운 학제에서 연구를 추진하는데 BoP 비즈니스는 주요 연구 대상의 하나가 된다.

향후 BoP 비즈니스 연구 방향으로 적어도 다음의 세 가지를 생각할 수 있다.

첫째, 위의 "사회성과 경제성을 복합하는 성과를 종속 변수로 하는 새로운 인과 관계"를 영역으로의 BoP 비즈니스에 적용하고, 예상되는 인과 관계의 구조를 더욱 고찰, 정교화하는 것이 요구된다. 이 경우, 본 절에서는 할애한 개발경제학 및 개발 사회학도 포함하여 검토할 필요가 있다.

둘째, "사회성과 경제성을 복합하는 성과"를 측정하는 복합 지표의 개발이다. 사회성만을 분리하여 측정하는 지표는 비영리 개발 영역에서 다양한 제안이 이루어지고 있지만, 경제성과 사회성을 복합적으로 측정하며, 여러 기업 간 공정한 비교를 가능하게 하는 지표를 개발하는 것은 "사회에 존재하는 기업"관에 따라 "BoP 비즈니스"를 평가하는 것이 필수적이다.

셋째, 본 절의 문헌 연구에 따라 도출된 명제를 경험적으로 검증하는 현장 조사의 실행이다. 이때 중요한 것은, 조사에 사용되는 방법론이다. 학술적 평가에 맞출 수 있는 사례 연구(case study research)의 방법론(Yin 1981, 2009, 2012, Eisenhardt 1989, Eisenhardt and Graebner 2007 Gibbert, Ruigrok and Wicki 2008 등)에 따라 엄밀성(robustness)과 타당성(validity)이 담보되어야 한다.

BoP 비즈니스의 학술적 연구는 아직 시작에 불과하지만, 영역학으로서의 연구 그 자체로서, 또 그 단계에서 "새로운 사회·경제성 연구"에 대한 공헌에 따른 학제의 창조를 향해, 본 연구 영역은 큰 잠재성을 가지고 있다.

# 2장 BoP 비즈니스 전략 개발

## 1. BoP 시장의 잠재력

### 1) 거대한 잠재시장

BoP 사업은 40억 명의 5조 달러의 거대 시장을 대상으로 한 사업임과 동시에 빈곤을 해결하는 사업이기 때문에 기업을 비롯해 정부 원조 기관, 국제기구, NGO·NPO 등 다양한 분야에서 주목을 받고 있다. 그러나 기업의 관점에서 보면 미래 BoP층이 중산층으로 성장했을 때 형성되는 거대 시장에서 선행 우위를 확보하기 위한 선행 투자 전략이며, 한마디로 정의하면 "시간을 사는 사업"[6]이다.

BoP 시장은 세계로 확산되는 40억 명, 인구 점유율 72% 총소득 5조 달러의 거대 시장이다 BoP층은 1인당 연간 소득 3,000 달러 이하로 생활하는 40억 명의 사람들을 말하며, 신흥국에서도 인구의 대다수는 BoP층이 차지하고 있다. BoP 층에서도 많은 사람들이 생활필수품 이외에 오락과 통신 등에 지출하고 있다. 식량·연료·주거·약품 등의 생필품 이외 (오락·통신 등)의 "가처분소득(재량지출)"을 하고 있다. BoP 층의 가처분 소득 총액은 연간 8,000억 달러에 이른다.

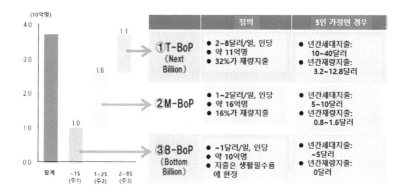

주1) 세계은행의 1993년 PPP 환산으로 1.08달러를 2002년 시점의 PPP로 환산
주2) 세계은행의 1993년 시점의 PPP환산으로 2.15달러를 2002년 시점의 PPP로 환산
주3) 2002년 PPP에서 1일당 8달러라는 세계자원연구소에서 구분
자료 : World Economic Forum(2009), The Next Billions: Unleashing Business Potential in
　　　Untapped Markets

<그림 2-5> BoP, MoP, ToP의 비교

## 2) BoP 비즈니스가 주목받는 이유

BoP 비즈니스는 기업측면에서 미래에 대비하여 시간을 사는 비
즈니스라고 볼 수 있다. 최근 BoP 시장에 주목해야 할 이유는 다
음 세 가지이다. 첫째, 구매력이 있고, 확대를 기대할 수 시장, 둘
째, 지속적으로 유입되는 국제기관 및 정부의 자금, 셋째, 선진국과
다른 시장의 성장 시나리오이다.

### (1) 구매력이 상승하여, 확대가 기대되는 시장

가계 수입의 확대로 향후 급속히 BoP층에서 MoP층으로 이동이
발생하고 있다.

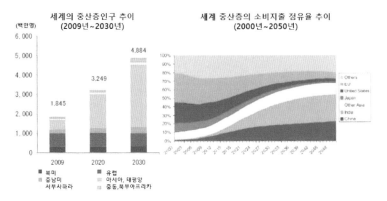

자료 : OECD DEVELOPMENT CENTER Working Paper No.285, The Emerging Middle Class in Developing Countries, Homi Kharas Jan. 2010으로부터 작성

<그림 2-6> 세계의 중산층 인구 추이 및 소비지출

　　<그림 2-6>과 같이 전 세계 중산층 인구는 2009년 18.45억 명에서 2020년 32.49억 명으로 확대되고, 2030년에는 48.84억 명으로 지속적으로 늘어날 전망이다. 세계 중산층의 소비지출 점유율 추이를 보면, 인도, 중국, 기타 아시아 지역에서 성장세가 두드러진다.

　　또한, 소액 금융과 휴대폰의 보급이 BoP층의 수익 확대의 매커니즘을 만들어 내고 있다. 아래 <그림 2-7>과 같이 기존 BoP세대의 가계 모델은 남성 가장이 돈을 벌어, 가족들이 생활필수품을 중심으로 소비하는 형태를 이루고 있다. 그러나 새로운 BoP세대의 가계 모델에서는 기존 남성 가장이 벌어들이는 소득원 이외에 저리, 무담보를 제공하고 소액금융의 보급이 활발해짐에 따라 여성을 활용한 신규 창업이 일어나게 된다. 이와 같이 기존 일자리 외에 신규 일자리의 창출은 휴대폰이라는 매체를 통해 이루어짐에 따라 일자리 및 수입관련 정보격차의 해소, 부의 편재 해소에 기여하게 된다.

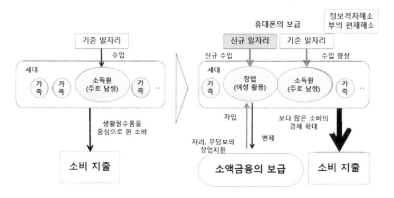

<그림 2-7> BoP세대의 가계모델 비교

　빈곤층에 창업자금 등을 제공하는 소액금융은 단기·소액·무담보 대출이지만 금융업으로 손색이 없는 사업이 되고 있다. 소액금융(Micro Financing)은 저소득층 대상의 단기·소액·무담보 대출이 수 만 ~ 수 십만원 규모로서 1년 이내의 기한으로 이루어진다. 빈곤층 대상으로는 파격적인 금리(연 25~70% 정도)로 제공하고 있으며(뭄바이 교외의 빈민가에서 연간 금리 600~1,000%라는 조사 결과도 있다).

　또한, 연대 보증 책임이 없는 그룹 대출과 소액 다빈도 상환 등의 연구에 의해, 금융업으로 손색이 없는 성과를 거두고 있다. <표 2-2>와 같이 방글라데시를 주요 시장으로 하는 그라민은행은 629만 명에게 4.82억 달러의 총대출채권액을 보이고 있으며, 평균 융자액은 77달러이며, 불량채권율은 2.06%이다. 예를 들어, 일본의 시중은행 대출부도율(약 1.32%, 96~00년도 평균)과 비교해도 손색이 없는 수준이다.

<표 2-2> 주요 소액 금융 기관의 개요

| 기관명 | 국가 | 채무자수<br>(천명) | 총대출채권액(백<br>만달러) | 평균융자액<br>(달러) | ROE<br>(%) | 불량채권율<br>(%) |
|---|---|---|---|---|---|---|
| Grameen<br>Bank | 방글라데시 | 6,287 | 482 | 77 | 22.2 | 2.06 |
| ASA | 방글라데시 | 5,163 | 305 | 59 | 26.1 | 0.25 |
| VBSP | 베트남 | 4,696 | 1,149 | 245 | - | - |
| BRAC | 방글라데시 | 4,551 | 350 | 77 | 23.3 | 0.63 |
| BRI | 인도네시아 | 3,456 | 3,036 | 878 | 130.0 | 0.83 |

자료 : Dutsche Bank Research(2007), Microfinance : an emerging investment opportunity

소액금융(Micro Finance)을 통해 <그림 2-8>과 같이 불과 10년 사이에 8,500만 명의 사람들이 사업 자금을 손에 넣고, 빈곤 탈피에 도움이 되기 시작했다. 2001년 1300만 명을 대상으로 3억 4천만 원 규모에서, 2006년 6,400만 명이 21억 원의 융자총액을 기록했다.

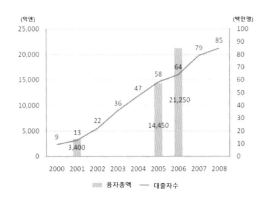

자료 : Dutsche Bank Research(2007), Microfinance : an emerging
investment opportunity

<그림 2-8> 소액 금융 대출 수와 융자 총액 추이

휴대폰은 전 세계의 절반에 까지 보급되고, 개발도상국의 BoP층

에서도 폭발적으로 보급되고 있다. 휴대전화 이용자는 세계에서 30
억 명이고, 케냐에서도 약 42 %, 인도 약 45%까지 급격하게 확대
되고 있다.

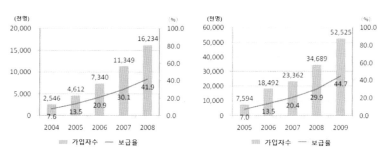

자료 : 일본 총무성(2010), 세계 정보통신 사정
http://g-ict.soumu.go.jp/index.html(2010년 10월 현재)

<그림 2-9> 케냐의 휴대전화　　　　<그림 2-10> 인도의 휴대전화
가입자 수 및 보급률　　　　　　　　가입자 수 및 보급률

| Nokia Life Tool의 서비스 개요 |
|---|
| ☐ Agriculture service (기본 계획 30루피/월)<br>　· 농작물의 시장 가격 정보<br>　· 기상 정보(온도, 바람, 비 상태)<br>　· 각지의 씨앗, 모종, 비료, 농약 정보 등<br>☐ Education service (30루피/월)<br>　· 직업 정보<br>　· 영어, 교양 시험 준비 정보 등<br>☐ Entertainment service<br>　· 음악, 운세, 벨소리<br>　· 뉴스, 스포츠 등<br>☐ 20 € 단말기(약 25,000원) Nokia 1280<br>　· Nokia Life Tool도 설치<br>　· 배터리가 긴 수명<br>　· 분진 대응<br>　· FM라디오 기능 |

Nokia의 BoP 시장용
휴대폰

자료 : Nokia Europe HP http://www.nokia.com/press/media_resources/photos/devices/showphotos?category=
1280 (2010년 10월 현재) 기타, 각종 정보 등을 바탕으로 작성

한편, 휴대폰을 이용한 정보 서비스가 BoP층의 정보 무장을 촉진하고 이것이 가업의 효율성과 농산물 시장에서의 협상력 향상 등에 기여하고 있다. 대표적인 사례로서 Nokia Life Tool의 서비스 개요를 살펴보면 위와 같다.

휴대폰 문자메시지서비스(SMS)를 이용한 간편 송금 서비스가 부의 편재를 줄이고, 가계 소비의 확대를 뒷받침하고 있다

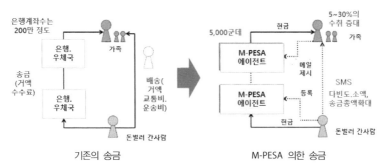

자료 : CGAP(2009), M-PESA : Connecting Urban and Rural Communities

<그림 2-11> 송금 방식의 변화

모바일뱅킹을 이용하게 됨으로써 <그림 2-11>과 같이 송금방식에도 큰 변화를 일으키고 있다. 과거에는 타지로 돈을 벌러간 사람이 가까운 은행에서 송금을 하게 되면, 가족은 집 근처의 은행에서 돈을 찾게 된다. 이 경우, 송금할 때 거액의 송금수수료 외에 교통비 등 기타 비용이 발생한다.

이에 비해 M-PESA를 이용하면 돈 벌러간 사람이 등록되어 있는 M-PESA 에이전트를 통해 송금을 하게 되면, 가족이 살고 있는 지역의 M-PESA 에이전트를 통해 현금으로 수령하게 된다. 이때

전체 송금과정은 SMS를 통해 확인할 수 있으며, 거액의 송금 수수료 외에 은행에 찾게 되는 교통비 등 추가 비용을 절감할 수 있게 된다.

---

□ M-PESA
· 사파리콤이 제공하는 휴대폰 SMS(단문메시지서비스)를 이용한 송금 서비스
· 수수료는 우편 서비스보다 27%, 버스 운송보다 68% 저렴
· 안전하고 편리하기 때문에 송금 빈도, 송금 총액이 확대(수취(받는) 가정은 5~30% 수입증가)
· 2007년 3월 상용화 1년 반 동안 약 800만 명이 이용, 송금액은 33억 달러

---

인구 3,200만 명 케냐에서도 휴대폰 송금의 에이전트는 5,000개소를 넘고 있다. 이는 도쿄 미쓰비시 UFJ 은행의 ATM의 수(약 2,300개)의 약 2배이며, 에이전트의 수는 1만 명 당 1.56개소(일본 세븐일레븐의 1.6배)이다.

## (2) 지속적으로 유입되는 국제기관 및 정부의 자금

개발도상국의 사회 과제 해결에 기업과 공동으로 도전하는 PPP(민관 제휴)형의 개발도상국 지원이 가속화되면서. 위험을 최소화하면서 시장 진입이 가능하게 되었다.

<표 2-3>과 같이 민관 제휴형 개발도상국 지원 정책의 장점을 살펴보면 다음과 같다. 기존 제휴 방식은 메가 인프라를 구축하여 지역 경제를 활성화하는 전략이다. 이 방법은 지역 경제를 끌어올리는데는 한계가 있으며, 발주 범위가 크다는 한계점이 있다. 또한 정부가 설계하고 민간이 납품하는 방식을 취하는 경우가 많아, 위험을 정부측에 부담하는 비율이 높으며, 시장 변화에 탄력적으로

대응하기 어렵다. 이에 비해 PPP형 제휴방식은 지역 경제를 견인하는 포용적 접근방법으로 소규모에서 시작하여 다양한 기업에게 기회를 제공한다. 현지 파트너와 공유를 통해 위험도 분산하고, 상호 신뢰를 통해 상생 발전을 추구할 가능성이 높다.

<표 2-3> 민관 제휴형 개발도상국 지원 정책의 장점

| 기존 방식의 한계 | PPP형의 개발도상국 지원 |
|---|---|
| 메가 인프라 핀 포인트<br>· 지역 경제의 끌어올리기 효과에 한계<br>· 발주 규모가 크다<br>· 한정된 기업의 시장 | 포용적 접근<br>· 지역 경제의 끌어올리기 효과를 중시<br>· 소규모 비즈니스에서 시작<br>· 다양한 기업에 기회 |
| 정부가 설계·민간이 납품<br>· 위험은 정부<br>· 위험은 민관 절반<br>· 민간은 하청, 제안이 반영되기 어려움<br>· 단발 주문, 가격 경쟁의 딜레마<br>· 패키지 지향, 단품 지원을 기피 | 파트너십에 의한 대처<br>· 위험은 민관이 절반씩 부담<br>· 민간의 제안이 반영될 여지가 있음<br>· 기업 비즈니스 연속성을 중시<br>· 기업, NPO와 협력 중시 |

한편, 각국에서는 다양한 국제기관이나 투자펀드가 참여하여, 소규모이지만 지속적인 비즈니스의 스타트업에 활용 가능한 PPP 형의 개발도상국 원조 자금이 증가하고 있다. 미국의 GDA(Global Development Alliance)에는 9년간 1,800개 업체가 참가하였으며, 900선이 프로젝트화되고 있으며, 영국의 BLCF(Business Linkage

Challenge Fund)는 PPP형의 ODA 예산 범위내에서 사용되고 있다. UNDP는 GSB(Growing Sustainable Business)에 8년간 75개 이상의 기업이 참가하였으며, 50건 이상이 프로젝트화되었다.

또한, 기업의 고민에 부응하는 "사업개발형 NPO"도 등장하는 등 위험을 감소하면서 시장에 진입하는 방법론이 늘고 있다. 기존 NPO은 기업과 교섭 및 기업을 적대시하는 단체인 경우가 많으며, 비즈니스와 거리가 먼 인재들이 사회공헌형 활동을 주로 하고 있다. 이에 비해 비즈니스 개발형 NPO는 PPP 형의 개발 컨셉을 지지하며, 현지 인재의 육성을 밀착 지원하고 있다. 예를 들어 스콜재단은 자신의 기업 지원 프로그램을 제공하고 있다. MBA 소지자 등 일류 인재를 확보하고 있으며, 최고 수준의 경영대학원 등과도 연계하여 활동하고 있다. 예를 들어 아큐먼재단과 하버드비즈니스스쿨 등의 제휴이다. 또한, 각국 정부의 자금도 유입되기 쉬우며, 아쇼카재단과 같은 투자를 요구하는 사회적 기업가를 지원하여, 벤처캐피탈과 같은 역할을 수행하고 있다.

### (3) 선진국과는 다른 시장의 성장 시나리오

BoP 층은 선진국과는 다른 성장 시나리오를 보이고 있다. <그림 2-12 >와 같이, 과거 개발도상국은 상수도율의 보급률에 따라 선진국을 진입하는 모습을 보였으며, 그 대표적인 사례는 한국과 싱가포르이다. 최근에는 상수도 보급율 등 인프라가 정비되지 않는 상태에서 휴대폰 보급의 급속 확산을 통해 BoP층이 MoP층, 더 나아가 ToP층으로 발전해 나가고 있다. 그 대표적인 사례는 인도, 케냐이다. 이 두 가지 경로가운데 중간 형태를 취하고 있는 국가는 베트남이다.

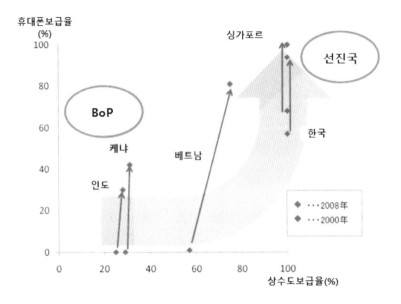

자료 : 노무라종합연구소(2010)
주 : 휴대전화 보급률이 100%를 초과하는 값은 비교의 편의를 위해 100% 선상에 표기
　　세계은행. "World dataBank World Development Indicators & Global Development Finance"를 바
　　탕으로 작성.
　　http://databank.worldbank.org/ddp/home.do?Step=12&id=4&CNO=2

<그림 2-12> 선진국과 다른 BoP의 성장 시나리오

　인도네시아의 BoP층의 삶을 살펴보면, <그림 2-13>과 같이 BoP
층은 마을 하천에서 먹을 물을 얻는 동시에 공동화장실로 사용하고
있다.

슈퍼마켓

물
1.5L  500ml
400원  150원

무료

<그림 2-13> 인도 BoP층이 이용하는 슈퍼마켓과 식수

먹는물

하류

화장실

취수장

화장실

취수장

상류

<그림 2-14> 인도 BoP층이 이용하는 식수와 화장실

또한, 마을의 슈퍼마켓을 통해 생수를 구입할 수 있지만, 비싸기 때문에 사지 않고 마을 하천의 물을 무료로 이용한다. 그렇지만, 누구나 휴대폰을 가지고 있다.

그리고 BoP층도 엔터테인먼트를 중요시한다. 파라볼라 안테나를 통해 수십 개 채널의 서비스를 보고 있으며, TV외에 DVD 플레이어도 가지고 있다.

자료 : 노무라종합연구소(2010)

<그림 2-15> 인도 BoP층의 여가 생활(위성안테나)

따라서, 상하수가 정비되어 있지 않아도, 휴대폰이나 DVD는 이미 팔리고 있다. 선진국의 관점에서 시장이 성숙될 때까지 기다리고 있으면 시장 진입의 타이밍을 놓칠 가능성이 있다. BoP층의 위

생활환경은 상하수도는 정비되지 않은 상태에서, 세탁은 하천에서 하고 있다. 화장실도 하천을 이용하고 있으며, 먹는 물도 하천의 물을 끓여서 먹고 있다. 이와 같이 위생환경은 매우 열악한 반면, 생활환경은 예상외로 풍족한 편이다. 다수의 저소득층은 휴대전화 보유하여 SMS도 이용하고 있으며, TV나 .DVD 플레이어도 보유하고 있으며, 농사나 출퇴근용으로 오토바이를 보유하고 있는 경우도 많았다.

## 2. 유망 BoP 시장 분석 틀

### 1) 분석 개요

아시아·아프리카 지역을 중심으로 한 신흥 개발도상국의 발전으로 BoP 시장은 전 세계 기업의 주목을 받고 있다.

북미, 유럽 선진 기업은 다음 두 가지 중 한 가지를 목적으로 BoP 비즈니스를 추진하고 있다. 첫째, 이미 현재화되고 있는 거대한 BoP 시장의 획득, 둘째, BoP층이 미래 MoP층으로 성장했을 때 예상되는 더 큰 시장(2030년 시점 55억 명·70조 달러)이다.

BoP 사업을 추진하는데 처음부터 자사의 중장기 전략과 해외 사업 전략에 매칭되는 국가를 선정할 필요가 있다. 또한 실제로 BoP 사업을 확장할지 여부를 판단할 때는 대상국의 경제 규모 및 성장률을 바탕으로 대상 국가의 미래 시장에 대한 전망을 세워야 한다. 또한, 신흥국·개발도상국은 그 성장과 함께 비즈니스 환경도 크게 변화하기 때문에, 발전 단계에 맞는 BoP 비즈니스를 추진하는 방법을 개발할 필요도 있다.

본 절에서는 앞서 언급한 ① 이미 현재화되고 있는 거대 시장 (2005년 시점에서 47억 명·5조 달러), ② 미래 BoP층이 MoP층으로 성장했을 때 예상되는 더 큰 시장(2030년 시점에서 55억 명·70조 달러) - 두 가지 관점에서 BoP 비즈니스를 추진하는 것이 바람직한 국가를 선정하고, 그 대상국을 분류한다. 분류에서는 기업의 진출의 용이성이라는 관점을 고려하면, 아프리카 지역은 아시아 지역보다 진출하기까지 시간이 소요될 것으로 판단하고, 이 내용을 <표 2-4>의 분야에 반영시켰다.

본 절에서는 남아프리카공화국(이하 남아공)과 인도를 각각 아프리카와 아시아를 대표하는 BoP시장으로 선정하여, 시장 시장에 진입하기 위해 비즈니스 전략을 개발한다. 구체적으로 살펴보면 남아공의 시장 진입 전략을 개발하기 위해, 아프리카 BoP시장의 현황을 살펴보고, 남아공 시장 진입을 위한 추진 요인, 진입전략을 살펴본다. 인도의 경우, 인도의 BoP현황과 BoP층의 세분화를 정의한 후, 인도 BoP 시장 진입을 위한 추진 요인과 진입전략을 제시한다.

본 연구에서 선정·분류한 BoP 비즈니스 추진 대상국은 분류별로 공통되는 시장 특성을 가지고 있다. 즉 이미 현재화하고 있는 MoP 시장의 크기와 향후 창출될 것으로 보이는 잠재적 MoP 시장의 크기의 비율이 분야마다 다른 것이다. 이를 위해 추진하는 BoP 사업의 성격도 분류별로 크게 달라진다.

예를 들어 "시작단계 국가 분류"에서는 MoP 시장의 활성도가 아직 낮기 때문에 현재화하고 있는 MoP 시장은 작다. 따라서 잠재적 MoP 시장을 창출해 나가기 위한 기반으로서 BoP 사업을 추진한다는 관점에서의 접근이 중요하다.

<표 2-4> 아시아·아프리카국가에서 BoP비즈니스 추진 대상국의
분류와 사업추진의 포인트

| BoP 비즈니스 추진 대상국의 분류 | 지역 | BoP 비즈니스 추진 대상국 | BoP 비즈니스의 위치 | BoP 비즈니스 추진시 포인트 |
|---|---|---|---|---|
| 성숙 국가 | 아시아 | 인도네시아, 필리핀, 태국, 말레이시아 | 5~10년 후 MoP 시장을 내다보고, BoP 비즈니스를 추진하는 것이 바람직한 국가 | 기존 MoP 시장을 획득하기 위해 BoP 비즈니스를 차별화 전략으로 추진 |
|  | 아프리카 | - |  | MoP 시장에서 성공한 사업을 BoP 시장으로 확대를 추진 |
| 급성장 국가 | 아시아 | 인도, 방글라데시, 베트남, 이란 | 10~20년 후 MoP 시장을 내다보고 BoP 비즈니스를 추진하는 것이 바람직한 국가 | MoP층·BoP층 모두를 포괄하는 사업을 추진 |
|  | 아프리카 | 이집트, 알제리, 남아공, 모로코 |  |  |
| 시작단계 국가 | 아시아 | 파키스탄 | 20년 이상 후, MoP층 시장을 내다보고, BoP 비즈니스를 추진하는 것이 바람직한 국가 | 새로운 시장을 창출해 나가는 데 BoP 사업을 추진 |
|  | 아프리카 | 나이지리아, 탄자니아, 수단, 케냐, 가나, 모잠비크 |  |  |

주) BoP : Base of the economic Pyramid (경제 피라미드의 하위층) MoP : Middle of the economic Pyramid (경제 피라미드의 중산층)
자료: 노무라경제연구소(2012), 신흥국, 개발도상국의 왕도전략으로서의 BoP비즈니스실천(하), 지적자산창조, 2012년 1월호, pp.58-77

또한 "성숙한 국가 분류"에서는 이미 MoP 시장의 활성도가 높기 때문에 현재화하고 있는 MoP 시장은 크다. 따라서 현재화하고 있는 MoP 시장을 획득하기 위한 차별화 전략으로 BoP 사업을 추진한다는 관점에서의 접근이 중요하다.

앞에서 살펴본 바와 같이 BoP 비즈니스 대상국의 범주에 들어가는 BoP 비즈니스도 그 성질이 크게 달라진다. 따라서 본 절에서는 어떤 BoP 비즈니스를 추진해야 하는지에 대해 분류별로 다음과 같이 요약하였다.

### (1) 성숙국가 분류

성숙국가 분류에서는 이미 MoP 시장이 현재화하고 있기 때문에 경쟁이 격화되고 있어, 그 규모도 크다. 그리고 이미 시장에는 어떤 제품·서비스가 제공되고 있다.

다만, 그 제품·서비스가 잘 결합되어있는 것은 아니고, 또한 가치 연쇄도 잘 연결되지 않은 등 신흥국·개발도상국 특유의 현상이 보인다. 그래서 그들을 결합·융합하는 등의 사업이 필요하게 된다. 따라서 성숙국가 분류 BoP 사업은 당초보다 MoP 시장에서 추진하고 있는 사업과의 연계를 염두에 두는 것이 바람직하다. 그리고 게다가 타사와의 차별화를 충분히 의식하면서 MoP 시장 획득에 기여하는 BoP 비즈니스를 창출하는 것이 중요하다.

또한 MoP 시장에서 성공한 사업을 BoP 시장으로 확대·추진함으로써 MoP 시장에서의 경쟁력을 높여 나가는 것도 성공하기 쉬운 분류에 속한다.

### (2) 급성장 국가 분류

급성장 국가 분류는 MoP 시장의 성장력 더욱 두드러지지만, 현재는 성숙하지 않기 때문에 시장 창출을 가속시키는 BoP 사업이 중요하다. BoP층에서 MoP층으로 성장도 급속하면서 지속적으로 일어나므로 BoP층의 요구를 중시하고, MoP층·BoP층 모두가 필요로 하는 사업을 추진하는 것이 바람직하다.

또한 시장의 성장 가능성이 두드러지기 때문에 급성장 국가 분류에서는 많은 기업이 탄생하고, 그들을 통해 새로운 사업이 속속 탄생하고 있다. 게다가 그러한 움직임을 정부가 지원하고 있는 것도 많기 때문에 그들과 파트너십을 구축하여, 시장 창출을 가속화하기 쉽다는 특징을 가진 분류라고 생각된다.

### (3) 시작단계 국가 분류

시작단계 국가 분류에서 현재화되고 있는 MoP 시장의 규모가 작기 때문에 시장 창출에 주력이 필수가 된다. 따라서 이익을 재투자하는 소셜 비즈니스(사회적 사업)이나 운영비용의 충당만을 목표로 하는 BoP 비즈니스, CSR(기업의 사회적책임)을 중시해야 한다. 또한 그러한 가운데 사업이 자연 발생적으로 확대해 나가는 시스템을 만드는 것으로 시장 창출의 여세를 몰아가는 것도 필요하다.

또한 시작단계 국가 분류는 국가의 법규·제도도 갖추어져 있지 않고, 경쟁 업체의 참가도 적다는 특징을 가지고 있다. 따라서 시장의 규칙과 비즈니스 인프라를 갖추고 나감으로써 자사의 이익을 창출해 나가는 전략이 추진되기 쉽다. 또한 시장 환경의 변화가 가장 크기 때문에 BoP 사업을 통한 자사의 조직 개선·학습과 신흥국·개발도상국 시장에 대응한 차세대 리더의 육성에 매우 적합한 분류라고 생각된다. 본 절에서는 2030년을 대비한 전략에 주목하고 있기 때문에 급성장 국가 분류인 아시아·아프리카 지역에서 인도와 남아프리카 공화국을 선정하고, 양국의 BoP 비즈니스 전략 추진상의 핵심을 설명한다.

## 2) BoP 비즈니스의 국가별 특징

### (1) BoP 비즈니스의 가설 구축을 위한 첫걸음

BoP 비즈니스를 창출하려면 BoP층의 요구·활동·생활환경에 주목하고, 거기에서 새로운 제품·서비스 및 비즈니스 모델의 아이디어를 도출해 내는 것이 가장 중요하다. 선진국의 과거의 성공 경험에 도취되어, 잘못을 저지르는 일은 피해야 한다.

BoP층의 요구 등에 주목하는 것은 먼저 현지 조사가 중요하다. 이것은 가설이나 현지 정보가 아무것도 없는 상태에서 해야 하는 것은 아니다. 현지 지역 사회와의 네트워크, 그 나라에서 성공하기 쉬운 BoP 비즈니스의 특징에 관한 지식, 신규 사업의 시작에 관한 경험과 사전 검토에 의한 BoP 비즈니스의 가설이 없으면, 현지 조사를 해도 BoP층의 요구 등에 부합되기 어렵다. 지역 폐쇄 소규모 사업이 아니라, 미래에 규모가 확대될 사업에 연결되는 BoP층의 요구 등도 또한 어렵다.

즉, BoP 비즈니스를 창출하려면 먼저 가설을 제대로 세우면서도, 그 후 현지 조사·현지를 추진할 때에는 자신의 가설에 집착하지 않고 현지 BoP 층의 요구 등에 대해 겸허한 자세로 눈을 돌리는 단계를 거치는 것이 중요하다.

위의 생각에 따라 본 절에서는 BoP 비즈니스 가설을 만드는 데 필요한 국가별 특징을 정리한다. 성장하는 BoP 비즈니스의 3가지 요소는 다음과 같다.

가. 임팩트 (영향)
나. 인사이트 (통찰)

다. 다이나미즘 (동태)

- 세 가지 중 국가 수준에서 분석이 가능한 ①의 임팩트(영향)에 주목한다.

구체적으로는 앞 절에서 언급했듯이 인도와 남아프리카공화국의 2개국에 주목하고 국가별 특징을 정리한다. 양국의 특징을 참고하여 대상국의 성장을 촉진시킬 정도의 영향을 미칠 BoP 비즈니스의 가설이 세우기 쉬워지는 것이다. 그 후, 현지에서 그 가설을 다듬고, 또는 처음부터 재검토시에는 실제 현지 조사를 할 때 조사 항목 및 조사의 진행 방식을 참조하기 바란다.

위의 3 가지 요소 중 나머지 2 개의 ② 인사이트(통찰) ③ 다이나미즘(동태)에 대해서는 뒷부분에서 소개한다. 이들은 특히 현지에서 제품 개발 및 사업 검토·사업을 추진할 때 중시해야 할 요소이다. 이 단계가 되면 국가가 아닌 중시해야 할 요소가 지역별 커뮤니티별로 달라진다. 또한 중시해야 할 요소는 개별 제품·서비스 및 비즈니스 모델에 따라 달라진다. 그리고 이들을 자사의 비즈니스에 통합시키기 위해서는 기업의 인재 개혁, 조직 개혁이 필수가 된다. 따라서 본 절에서는 인사이트(통찰), 다이나미즘(동태)을 자사의 비즈니스에 통합하기 위한 인재 개혁, 조직 개혁의 전사적인 접근 방식도 소개한다.

BoP 사업을 추진·확대하기 위해서는 "우선 회사의 위기감을 높이는 것으로부터 시작해야 한다", "사내 풍토를 바꾸지 않으면 안 된다.", "뭔가 구체적인 계기나 외압이 필요하다"고 느끼는 사람은 꼭 읽어보길 바란다.

## (2) 국가별로 주목할 만한 특징

우선 국가별로 주목할 만한 특징을 표 2에 정리했다.

### ① "누구" : 최종 고객은 누구인가

"누구"는 누가 2030년 MoP시장을 뒷받침할지, 누가 대상국의 성장에 영향을 주는지를 파악하고 고객에 대응한다. 또한 "B2 X 2C 전략 (최종 고객 "C"는 BoP층의 사람들이면서도, 실제로는 국제기구·지방 정부·농업 관련 기업 등의 조직 "X"에 제품과 서비스를 판매하여 판매 효율을 높이고 수익을 개선하는 전략)"을 추진하는 데 어떤 조직에 주목할지도 함께 파악한다.

### ② "어떤 과제를" : 자사가 제공하는 가치는 무엇인가

"어떤 과제를"에서는 대상국은 어떤 사회 문제에 주목해야 하는가를 파악한다.

또한 BoP층의 흥미·관심에 대해서는 BoP 층의 생활 실태와 BoP층이 활용할 수 있는 비즈니스 인프라의 정비 상황에서 파악한다. 또한 BoP 비즈니스의 기회는 모든 영역에 존재하지만, 본 절에서는 WRI(세계자원연구소)·IFC(국제금융공사)의 "Next4 billion (차세대 40억 명)"에서 취급하고 있는 식품 주거, 물, 에너지, 가정용품, 보건 의료, 유통·운송, ICT(정보통신기술), 교육, 금융이라는 영역 속에서 특히 영향력이 큰 영역을 차지한다.

### ③ "어떤 방법으로" : 추진해야 할 비즈니스 모델은 무엇인가

"어떤 방법으로"에서는 대상국의 가치연쇄를 구축할 때 누구와 어떤 방법으로 만들어 나가야 할 것인가를 파악한다. 본 절에서는 영향력 확대의 중요한 요소로서 제품·서비스의 접근성을 높이기 위한 유통망과 사업을 확대하는 구조를 가진 사회적 기업가에 주목한다. 위 국가별로 주목해야 할 3가지 특징에 관한 대표적인 분석 내용을 나타낸 <표 2-5>는 주로 BoP층을 대상으로 하고 있지만, 중요한 것은 MoP층을 포함한 BoP 비즈니스 추진을 의식하고, 동일한 방법으로 MoP층의 관점에서 파악하는 것이다. 그러면 영향력의 증대나 고객층의 확대를 통한 BoP 비즈니스의 수익성 개선을 이룰 수 있을 것이다.

<표 2-5> 국가별로 주목할 만한 특징

| 국가별로 주목할 만한 특징 | 요약 | 대표적인 분석 사항 |
|---|---|---|
| "누구": 최종 고객은 누구인가 | 누가 2030년 MoP 시장을 주도하는지, 누가 대상국의 성장에 영향을 주는지를 파악하고 고객에 대응 | "BoP층의 연간 소득 계층별 인구" "지리적 인구 분포" "2030년을 내다보는 도시와 농촌별 BoP층의 변화" "최종 고객 이외 기업의 고객이 될 수 있는 이해관계자" |
| "어떤 과제를": 자사가 제공하는 가치는 무엇인가 | 대상국은 어떤 사회 문제에 주목해야 하는가를 파악하고, BoP층의 사람들이 어디에 흥미·관심을 높게 가지고 있는지, 또는 가지기 쉬운 지를 파악 | "국가 수준에서 문제가 되고 있는 사회 문제" "BoP층에 대한 현지 정부의 정책" "BoP층의 생활 실태" "비즈니스 인프라의 정비 상황" |
| "어떤 방법으로": 추진해야 할 비즈니스 모델은 무엇인가 | 대상국에서 가치 연쇄를 구축 할 때 누구와 어떤 방법으로 만들어 나가야 할 것인가를 파악 | "유통망의 정비 상황" "실제로 현지에 변화를 주고 있는 사회적 기업가와 그들의 사업 추진 방법" "사회적 기업가가 활약하기 쉬운 영역" |

# 3. 아프리카 시장 진출 전략

## 1) 성장하는 아프리카 시장

현재 사업을 글로벌하게 추진하는 기업의 대부분이 아프리카 시장에 대한 관심을 급속히 높이고 있다. 그 이유는 무엇일까. 첫째, 아프리카 시장은 2008년 리먼 브라더스의 파산으로 인한 금융위기로 인한 손실이 적고, 금융위기 후에도 순조롭게 회복을 이루고 있는 점을 들 수 있다. 선진국 시장에서는 금융 위기로 인한 경제 침체가 전혀 회복되지 않는 반면, 신흥국은 금융 위기로 인한 피해는 비교적 적고, 특히 북미, 유럽 시장에 대한 의존도가 지금까지 낮았던 아프리카 시장은 특히 피해가 적어, 경제회복 속도도 빨랐다.

둘째, 끊임없는 인구의 증가가 있다. 현재 기업의 글로벌 전략 속에서 신흥국·개발도상국 시장의 존재는 그 어느 때 보다 큰 위치를 차지하고, 각국의 시장 규모가 이전보다 강하게 주목 받게 되어 있다. 지금까지 아시아 인구 증가를 지탱해 온 중국과 인도의 인구 증가율이 향후 20년 내 둔화 또는 감소로 전환하는 한편, 아프리카에서는 향후 90년 동안 인구의 급속한 증가세가 멈추지 않는다. 2010년 10억 명을 돌파 한 아프리카 인구는 2030년에는 15

<표 2-6> 전 세계의 주요 지역, 국가별 인구 전망

|  | 2010년 | 2020년 | 2030년 | 2060년 |
|---|---|---|---|---|
| 중국 | 13.4억 명 | 13.9억 명 | 13.9억 명 | 12.1억 명 |
| 인도 | 12.2억 명 | 13.9억 명 | 15.2억 명 | 17.1억 명 |
| 중남미 | 5.9억 명 | 6.5억 명 | 7.0억 명 | 7.5억 명 |
| 아프리카 | 10.2억 명 | 12.8억 명 | 15.6억 명 | 25.1억 명 |

자료 : Population Division of the Department of Economic and Social Affairs of the United Nations Secretariat

억 6000만 명, 2060년에는 25억 1000만 명까지 증가하여, 중국과 인도의 인구를 크게 웃돌 전망이다.

셋째, 중산층 시장의 확대되고 있다. 2000년 이후 시작된 휴대전화의 급속한 보급은 아프리카에 많은 소득 향상 기회를 제공했다. 아프리카 대륙에서 휴대전화는 약 절반의 아프리카인들에게 퍼져있어 정보 격차는 어느 때보다 축소하고 있다. 특히 휴대전화망을 활용한 송금 서비스가 보급되어, 시장에서 금전적인 움직임이 원활해지고 있다.

이러한 변화도 있고, 아프리카 시장에서 정보를 이용할 수 있게 되었다. 그리고 아프리카 사람들의 소득 향상 기회가 많아 해외에서도 사람·제품·자금이 모이고 있다. 소득 향상 기회가 늘어나면서 아프리카 전체에서 중산층 비율이 계속 높아지고 있고, 아프리카 시장의 규모는 더욱 증가하고 있다.

실제로 2000년 기준 2억 2300만 명밖에 없었던 중산층 인구는 2030년에는 5억 5200만 명, 2060년에는 11억 5700만 명까지 증가할 것으로 예상되고 있다. 아울러, 2000년 시점에서 36 %였던 도시화율은 2030년 51%, 2060년에는 84%로 많은 사람들이 도시에 거주하게 될 것으로 예상되고 있다.

## 2) 아프리카 진출이 지연되는 이유

앞 절에서 확인했듯이, 아프리카 시장에 대한 해외 기업의 진출이 가속화되고 있으며, 그러한 기업을 자금면에서 밀어주는 펀드의 존재감도 커지고 있다. 일본의 사례를 살펴보면, 일본 기업의 아프리카 진출 현황을 보면 아시아 지역에 비해 압도적으로 적다. 아시아 각국에 진출해 있는 일본 기업의 현지 법인 수는 1만 3684개인데 반해, 아프리카 각국의 동 현지법인 수는 119개사에 그치고 있다.

한국을 포함한 아시아 기업의 아프리카 진출이 지연되고 있는 요인은 다음 세 가지로 요약할 수 있다. 첫째, 한 국가의 시장 규모가 작다. 둘째, 현지의 빈약한 인프라 상황과 부족한 경우가 적지 않은 현지인들의 기초 교육 수준, 그리고 치안 대책 비용 등의 이른바 "아프리카 비용"의 막대하다. 셋째, 현지 정보의 부족 등을 들 수 있다.

### (1) 한 국가의 시장 규모의 작음

아프리카 시장은 지역 전체로는 인구도 많고, 마지막 거대 시장으로 주목받고 있는 반면, 한 국가의 시장 규모는 작다. 인구가 1억 명을 넘는 나이지리아뿐이고, 5000만 명이 넘는 나라도, 이집트, 남아프리카 공화국, 에티오피아 등으로 제한된다. 실제로 향후 인구 증가를 가미한 중장기적 관점에서도 2012년 시점에서 3,000만 명 이상의 인구를 가진 모로코, 알제리, 케냐, 탄자니아, 우간다 등이며, 그 이외는 매력은 부족하다. 이처럼 한 국가 당 시장이 작기 때문에 일본 기업은 각각의 국가를 유망한 시장이라고 파악할 수 없고, 그것이 아프리카 진출이 좀처럼 진행되지 않는 요인이라고 생각된다.

### (2) 아프리카 비용

아프리카 시장에서의 사업은 다른 지역에는 없는 추가 아프리카 비용이 발생한다. 우선 인프라가 충분히 정비되어 있지 않기 때문에, 무언가를 시작하려면 자사 부담으로 대응하지 않으면 안되는 점이다. 구체적으로는 전력 공급이 불안정하기 때문에 발전 방식을 준비할 필요가 있다. 사업에 필요한 인재 확보에도 다른 지역보다 비용이 더 든다. 때로는 기초 교육에서 인재를 육성하고, HIV(인간 면역 결핍 바이러스) 백신 등 의료 관련도 비용이 든다. 또한 치안이 나쁜 데, 만일에 대비하여 보안 대책을 강구할 필요가 있다. 또한 정부 프로젝트 사업을 추진하는 경우, 경우에 따라서는 사업의 공식적인 허가가 정부에서 내려 않거나 도중에 사업을 중단 하는 경우도 있고, 이러한 점을 감안하여 미리 확보한 인재의 유지비가 소요되어, 결과적으로 예정보다 2~3배 큰 부담이 되는 경우가 있다.

이처럼 아프리카 시장은 다른 지역보다 다양한 측면에서 비용을 지불하지 않으며 만족하게 사업을 추진하지 못하고 이러한 상황이 한국에서 과대하게 소개되고 있는 점도 한국 기업이 아프리카 시장 진출을 주저하는 요인이라고 생각된다.

### (3) 현지 정보 부족

앞에서 살펴본 바와 같이, 아프리카 시장에 진출해 있는 한국 기업 자체는 적다. 한국 정부 관련 기관의 거점 수나 직원 수가 적기 때문에 한국에서 입수할 수 있는 현지의 최신 정보도 제한된다. 따라서 실제로는 급성장하고 있는 최근 아프리카 시장의 정확한 동향을 보지 않고 "고생이 많은 반면, 열매가 적은 아프리카 시장"이라는 과거의 정보 만에 얽매이지, 진출 검토가 진행되지 않는 상황이다.

## 3) 아프리카 시장 유망도

이상과 같은 변화의 조짐을 파악하고, 자사의 아프리카 시장 진출 및 사업 확대를 추진해 나가기 위해서는 한국 기업은 지금까지와는 다른 아프리카 시장 진출 및 횡적 전개 시나리오를 가져야 한다. 이 시나리오를 만들려면 아프리카 시장을 첫째, 거시 지표로 본 아프리카 시장의 전망, 둘째, 국제금융기관의 투융자 대상으로 아프리카 시장 유망도, 셋째, 타국 기업의 지역 거점의 관점, 넷째, 지역거점을 알기위한 아프리카를 4개 거점을 분류한 내용 등을 살펴본다.

### (1) 거시 지표로 본 아프리카 시장의 전망

아프리카의 경우 국가별 인구와 1인당 GDP(국내 총생산)만으로 유망 시장을 찾기란 쉽지 않다. 앞에서 살펴본 바와 같이 아프리카 1국가당 인구는 적고, 따라서 국가별 인구만으로는 유망한 시장으로는 보이지 않는다. 1인당 GDP도 이 지표에 너무 의지하면 아프리카 특유의 사정에서 시장의 유망도를 잘못 판단할 수 있다. 아프리카 시장은 석유 등으로 대표되는 자원에 의해 GDP가 대폭적으로 올라가는 나라가 많고, 그 경우 실제로는 시장이 성장하지 않은 국가에도 1인당 GDP가 높아지기 때문이다.

따라서 아프리카 시장 유망도를 정확히 하는 데는 국가별 인구 및 1인당 GDP 이외에 ① 경제 공동체, ② 중산층 인구, ③ 중산층 비율, ④ 젊은 층 인구 ——라는 4가지 요소에 주목할 필요가 있다.

### ① 경제 공동체

아프리카에는 여러 경제 공동체가 존재하고, 최근에는 각 경제 공동체가 자유무역권을 형성하고 이 공동체 내에서의 무역이 활발해지고 있다. 특히 동 아프리카 공동체(EAC)는 케냐, 탄자니아, 우간다 등을 중심으로 활발해지고 있다. 이 같은 경제공동체가 움직이므로 시장을 한 국가당이 아니라 경제공동체 단위로 파악할 수 있게 된다. 시장을 이른바 '점'에서 '면'으로 인식할 수 있게 된다. 예를 들어 EAC는 1억 3000만이 넘는 인구가 아시아 각국과 비교해도 충분한 시장 규모를 가지고 있다. 이처럼 국가 단위가 아닌 지역에 주목하고, 그중에서도 케냐와 같은 EAC의 거점이 될 수 있는 나라에서 지역 시장에 진출하는 것이 바람직하다.

또한 이러한 아프리카 시장을 지역에서 볼 때 언어권에 주목하는 것은 필수이다. 예를 들어 북아프리카 아랍어권, 동부 아프리카 영어권, 서부 아프리카 프랑스어권이 많고, 그러한 언어권의 결합 강도가 지역에의 추진에도 큰 영향을 미칠 것이다. 구체적으로 말하면, 언어권의 관계는 현지 유통업체(유통)의 물류망에도 크게 영향을 주기 때문에 같은 경제공동체 중에서도 공통적 언어권이 어느 범위에 퍼져 있는지를 특히 확인해 둘 필요가 있다.

### ② 중산층 인구, ③ 중산층 비율

집중해야 할 것은 아프리카에서 급증하고 있는 중산층의 존재에서 중간 계층은 그 규모, 국가의 전체 인구에서 차지하는 비중, 향후 성장성의 3가지 관점에서 볼 필요가 있다.

우선 "중산층 인구"에 주목하여 진출 후보국에 풍부한 시장이 실제로 있는지 여부를 판별. 또한 "중산층 비율"에 주목하여 중산층 시장 진출 후보국의 주요 시장이 되고 있는지를 판별하는 것이 중요하다. 이에 따라 중산층 시장이 존재하거나 기업이 실제로 중산층을 위한 물류 망, 점포 네트워크를 통해 접근할 수 있는 시장이 많이 존재하는지 확인할 수 있다. 이러한 관점은 진출 후보국에 지역 거점 설치의 용이성에도 크게 영향을 준다.

### ④ 젊은층 인구

그리고 중산층뿐만 아니라 미래 소득을 향상시켜 나갈 예비군 성격의 각국의 젊은층 인구에 주목하여 그 나라의 향후 시장 성장의 여지를 파악할 수 있다.

### (2) 국제금융기관의 투융자 대상으로의 아프리카 시장 유망도

성장 시장에 적극적으로 투자하고 있는 국제 금융 기관의 거점 투융자 실적에 주목하고 싶다. 특히 본 절에서는 신흥국의 세계 최대 사모펀드인 국제금융공사(IFC)의 거점 투융자 실적에 주목한다.

IFC는 상업은행이 투융자를 하지 않는 기업을 대상으로 국제개발의 관점에서 적극적으로 투융자을 하는 세계은행그룹의 핵심 조직이다. IFC의 투자 담당자는 민간의 투자은행 출신이 많고, 이를 위해 투융자 실적(운용 실적)은 최소 연 10%의 수익을 유지하는 등 매우 우수한 투융자가 이루어지고 있다. 따라서 IFC의 지역 거점으로 주목하면 비즈니스 기회에 대한 정보가 모이기 쉬운 국가는 어디인지 알 수 있다. 다음으로 각 국에 IFC 투융자 실적에 주목하여 향후 국가의 산업 다각화의 진행 정도와 업종별 비즈니스 기회의 유무도 파악할 수 있다. IFC 투융자 실적은 공개되어 있기 때문에, 아프리카 각국의 지방 은행이 스스로의 투융자 전략을 수립 할 때 참고하는 경우도 많다고 한다.

먼저 IFC의 지역 거점을 살펴본다.

IFC는 사하라 (사하라 이남) 아프리카 본사를 남아공에 설치하고, 여기에서 사하라 이남 아프리카 시장 전체의 정보를 파악하고 있다. 또한 지역·본사를 동 아프리카의 케냐, 서부 아프리카 세네갈에 두고 있으며, 지역별 자세한 정보는 이러한 지역본부 사무실에서 파악하고 있는 것으로 생각된다. 그런 의미에서 매크로 지표에 의한 분석이나 유럽 아시아 기업의 아프리카 시장 진출 상황과도 일치하고 있다.

다음 IFC 투융자 실적에 주목한다.

본 절에서는 2010년도 발표된 최근의 투융자 실적에서 각국의 유망 분야를 파악한다. 처음으로 아프리카 시장 전체의 투융자 실적을 보면 상당수 금융이 차지하고 있다. 이것은 단순히 시장이 활성화하면 사업을 지원하는 금융 부문이 성장하고 있다. 그 외에 IFC가 지방은행에 일정 규모의 투융자를 실시하여, 그 지방 은행이 현지 기업에 중소 규모의 투융자를 하는 구조가 잘 사용되고 있기 때문이다. 금융 이외에 투융자 대상 기업이 많은 업종을 살펴보면,

① 자원 관련
② 아프리카 많은 인구가 종사하고 각국의 GDP의 많은 비중을 차지하는 농업
③ 식품과 섬유·의류 등 소비재

④ 관광 관련

⑤ 인프라로서 정보통신·전력

⑥ 다양한 제조업을 지원하는 화학·소재 및 수송 및 창고

등이 성장하고 있다.


이상을 근거로 아프리카 시장을 전체로 보면, IFC 투융자를 받을 수 있는 규모와 성장력을 가진 기업은 식품과 섬유·의류처럼 인구의 증가에 따라 반드시 필요한 산업뿐만 아니라 현지 중소기업의 사업 기반을 지원해주는 산업이 중요하다는 것을 알 수 있다.

다음, 뒤에서 소개하는 <표 2-8>의 카테고리 1 및 카테고리 2 나라에 주목하여 각국에서 어떤 산업이 IFC 투융자 대상이 되고 있는지를 파악한다. 이를 통해 각국의 산업 다각화가 어디까지 진행되고 있는지가 명확히 자사의 비즈니스 기회의 유무를 파악할 수 있다.

아프리카 산업 다각화는 크게 4 단계를 거쳐 나가는 것이다. 우선 소재 등의 산업이다. 아프리카에서는 선진국과 국제기구 등의 도움으로 도로·항만 등을 비롯한 인프라 프로젝트가 진행되고 있다. 따라서 프로젝트에 필요한 소재 등의 산업이 활성화된다.

다음으로 농업의 활성화와 관광 산업에 의한 국가의 경제성장이 시작된 이후 중산층 인구가 어느 정도 증가하고 비 내구성 소비재 및 내구재 수요가 확대한다. 이에 따라 관련 산업이 확대. 이어 보다 질 높은 서비스를 추구하는 교육이나 의료 등의 분야에 대한 민간 투자가 증가 해 나간다. 이를 정리하면

- 1 단계 : 시멘트 등 인프라 프로젝트에 연결된 비금속 광물 제품 제조 및 화학
- 2 단계 : 농업 및 식품·음료 또는 숙박 시설·관광
- 3 단계 : 섬유·의류와 공업 제품 등 비 내구 소비재 및 내구재
- 4 단계 : 교육이나 의료 등의 공익적인 업종

순으로 투융자 대상이 확대해 나간다. 각 단계에 주목하여 각국의 산업 다각화의 진행 정도를 알 수 있어, 자사의 업종이 그 나라에서 성장 단계에 있는지를 파악할 수 있다.

### (3) 타국 기업의 지역 거점

이어서, 아프리카 시장에서 앞서 있는 외국 기업이 어떻게 진출하고 있는지를 검증하는 것으로, 지역 거점이 실제로 운용되고 있는지 여부를 확인한다.

예를 들어, 에릭슨(스웨덴), 슈나이더 일렉트릭(프랑스), 보다폰(영국), 삼성전자(한국), 네슬레(스위스), 유니레버(네덜란드, 영국) 등 유럽 아시아 기업의 아프리카 거점으로 주목하면 각 기업도 역시 지역 거점을 설치하고, 아프리카 시장을 측면에서 파악하고 있는 것을 알 수 있다(표 2-7). 또한 각 기업의 지역 거점은 전술한 매크로 지표에서 분석했을 때 국가와 일치한다. 구체적으로는 북아프리카에서 이집트와 모로코, 동 아프리카에서는 케냐, 서부 아프리카세네갈, 코트디부아르, 가나, 나이지리아, 남부 아프리카에서는 남아프리카 공화국이다. 각 기업의 이러한 지역 거점이 관할하는 국가를 보더라도 각 경제 공동체의 범위와 일치하는 부분이 많다.

그러나 지역 거점이 관할하는 거점 수에 주목하면, 나이지리아는

단일 국가로 파악하고 있는지, 많아도 2개국을 관할하는 데 머무르고 있어 지역 거점으로 자리매김을 할 수 있는 경우는 적다는 점이다. 또한 지역 진출이라는 관점에서는 카메룬에서 중앙아프리카 시장을 관할하려는 기업도 있다. 그러나 이 지역의 시장 유망도는 여전히 낮은 다른 지역 진출이 상당히 진행된 후 전략이 될 것으로 생각된다.

<표 2-7> 유럽·한국 기업의 지역 거점

| | 인프라 | 인프라 및 내구소비재 | 내구소비재 | | 소비재 | |
|---|---|---|---|---|---|---|
| | 에릭슨 | 슈나이더 일렉트릭 | 보다폰 | 삼성전자 | 네슬레 | 유니레버 |
| 북아프리카 | 이집트 | 이집트 | - | - | 모로코 이집트 | 모로코 |
| 동아프리카 | 케냐 | 케냐 | - | - | 케냐 | 케냐 |
| 서아프리카 | 세네갈 | 세네갈 | - | - | 가나 | - |
| | | 코티드부아르 | - | - | | |
| | | 나이지리아 | - | - | | |
| 남부아프리카 | 남아프리카 | 남아프리카 | 남아프리카 | 남아프리카 | - | - |

### (4) 아프리카를 4개 지역 거점으로 분류

경제 공동체, 중산층 인구와 그 비율, 젊은 층 인구 - 이러한 지표에 주목하여, 어디가 유망한 시장인가를 판단한다. 구체적으로는 아프리카 각국을 이상의 3가지 지표에 따라 4단계의 카테고리로 분류하고 지역 거점에 적합한 국가를 선정한다(표 2-8).

첫 번째 "카테고리 1"은 이미 시장이 성숙하고 있어, 중산층 비율이 75%를 넘어 전체 인구가 1000만 명을 초과하는 국가이다. 경제공동체 중에서도 영향력이 특히 크고, 중간 계층의 규모가 큰 순으로 주목도가 높은 나라이다. 구체적으로는 이집트, 모로코, 알제리, 튀니지 등 북아프리카 국가이다.

다음 "카테고리 2"는 가까운 장래에 시장의 성숙을 기대할 수 있는 동시에 중산층 비율이 33.3%를 넘어 전체 인구가 1000만 명을 초과하는 국가이다. 카테고리 1뿐만 아니라 경제 공동체 속에서의 영향력이 특히 크고, 중간 계층의 규모가 큰 순으로 주목도가 높은 나라이다.

구체적으로는, 남아프리카, 케냐, 가나, 코트디부아르, 카메룬, 앙골라, 세네갈이다. 카테고리 1 및 카테고리 2의 시장 규모는 지금도 충분히 매력적이고, 지역 전략을 추진할 때의 거점으로 주목해야 할 국가이다.

"카테고리 3"은 경제면에서 볼 때, 현재 국가 전체 시장의 성숙도는 낮지만 향후 시장 확대의 가능성이 있는 나라이다. 중산층 비율은 33% 이하이지만 중산층 인구는 500만 명을 넘고 있어 향후 성장 가능성에 기대한다는 의미에서 젊은 층 인구의 규모가 큰 순으로 주목도가 높은 나라이다. 구체적으로는, 나이지리아, 에티오피아, 탄자니아, 우간다이다. 이들 국가는 지역 거점에서 지역 시장으로 확대할 때 진출할 국가일 것이다. 그러나 나이지리아는 아프리카 중에서도 단연 인구가 많기 때문에 단일 국가에서도 시장으로 파악하는 것이 가능하다. 나이지리아에 진출할 경우는 수도 등 중산층 비율이 높은 지역에서만 사업을 추진하는 것으로 성숙한 시장에 충분히 접근할 수 있다고 생각된다.

마지막 "카테고리 4" 및 인구가 적기 때문에 1에서 4의 범주에 들어가지 않는 국가에 대해서는 현 단계에서는 시장이 성숙하지 않아 급격한 성장도 보이지 않는다. 그러나 일부 국가에서는 치안이 안정되어있는 특정 사업 분야만 발달하고 있는 등 특성도 볼 수 있기 때문에 지역 전략을 추진할 때의 효율성 및 현지 파트너와의 관계를 고려하면서 자신의 시장에 추가할지 여부를 고려해야 나라라고 생각된다. 향후 성장 가능성에 주목한다는 의미에서 이 범주도 젊은 층 인구의 규모가 큰 순으로 주목도가 높은 나라이다.

<표 2-8> 아프리카 시장의 카테고리 분류

| 카테고리 | 국가명 | 중산층 비율 (%) | 중산층인구 (2011년, 천명) | 젊은층인구 (2011년, 천명) | 참가하고 있는 주요 경제공동체 | 경제공동체중에서 영향력이 큰 국가 | 인구 (2011년, 천명) | 1인당 GDP (2011년, 달러) |
|---|---|---|---|---|---|---|---|---|
| 1 | 이집트 | 79.7 | 63,247 | 25,831 | COMESA | ● | 79,356 | 2,922 |
| 1 | 모로코 | 84.6 | 27,230 | 8,931 | AMU | ● | 32,187 | 3,162 |
| 1 | 알제리 | 76.6 | 28,094 | 9,640 | AMU | | 36,676 | 5,001 |
| 1 | 튀니지 | 89.5 | 9,536 | 2,468 | AMU | | 10,655 | 4,593 |
| 2 | 남아프리카공화국 | 43.2 | 21,855 | 15,075 | SADC, SACU | ● | 50,591 | 8,342 |
| 2 | 케냐 | 44.9 | 18,369 | 17,653 | COMESA, EAC | ● | 40,910 | 882 |
| 2 | 가나 | 46.6 | 11,326 | 9,594 | COWAS | ● | 24,304 | 1,588 |
| 2 | 코트디부아르 | 37.1 | 8,417 | 8,190 | ECOWAS | | 22,687 | 1,049 |
| 2 | 카메룬 | 39.2 | 8,206 | 8,109 | CEMAC | | 20,934 | 1,234 |
| 2 | 앙골라 | 38.1 | 7,477 | 9,073 | SADC, SACU | | 19,625 | 5,061 |
| 2 | 세네갈 | 35.7 | 4,799 | 5,559 | ECOWAS | | 13,443 | 1,096 |
| 3 | 나이지리아 | 22.8 | 36,558 | 69,609 | COWAS | ● | 160,342 | 1,541 |
| 3 | 에티오피아 | 21.5 | 18,669 | 34,581 | OMESA | | 86,834 | 351 |
| 3 | 탄자니아 | 12.1 | 5,103 | 20,709 | EAC | | 42,176 | 550 |
| 3 | 우간다 | 18.7 | 6,583 | 16,691 | COMESA, EAC | | 35,201 | 453 |

주) 카테고리 1 :이미 시장으로 성숙되어 있는 국가, * 가봉은 인구가 적기 때문에 카테고리 1에서 제외
　　카테고리 2 : 향후 카테고리 1에 들어가는 잠재적 시장성이 높은 국가, 콩고공화국 이하는 인구가
　　적기 때문에 카테고리 2에서 제외
　　카테고리 3 : 국가 전체의 경제 발전 정도는 낮지만, 향후 시장 성장과 주요 도시의 잠재적 시장성
　　은 기대할 수 있는 나라
주) 또한 2011년 시점에서 인구가 500만 명에 미치지 못하는 국가 및 중산층 비율의 데이터가 부족한
　　나라(적도, 모리셔스, 짐바브웨)는 카테고리 분류에서 제외한다.
주) 아프리카개발은행, UN, 세계은행 공개 정보를 바탕으로 작성
자료: 노무라종합연구소(2013), 최후의 거대시장 아프리카 진입 전략, 지적재산창조, 2013년 2월호, p.60.

## 4. 남아공 BoP 시장 진출 전략

### 1) 국가 개요

남아프리카공화국은 아프리카 54개국 중에서도 특히 주목 받고 있는 '경제 대국'이다. 사하라 이남 아프리카 국가 중에서는 발군의 경제성장을 이루었으며, 최근 10년 동안 실질 GDP 평균 약 3% 성장시키고 있는 동시에, 2010년 1인당 GDP가 1만 518달러(IMF "World Economic Outlook Database" 2011년 9월)에서도 중진국이라고 부를 만큼 경제 수준에 도달할 수 있다.

또한 지금까지 자동차 산업을 중심으로 유럽 대상의 생산 거점으로서 역할을 수행해 왔지만, "블랙 다이아몬드"로 불리는 흑인 MoP층의 증가로 인해 내수 시장이 크게 활성화되고 있다. 케이프타운대학 유니레버연구소에 따르면, 블랙 다이아몬드는 월수입 6,000랜드 이상(2005년 구매력 평가로 환산하면 1인당 연간 소득 4,858달러)에서 고등 교육을 받고 있는 개인 네트워크에서 커다란 존재감을 가지고 있는 등의 특징을 가진 사람으로 정의된다.

남아프리카 공화국의 이러한 MoP층은 지속적으로 증가하여, 2030년에는 3010만 명에 이를 전망이다. 시장 규모는 3920억 달러의 거대 시장이다. 그리고 이러한 MoP층의 약 60%가 2005년 시점에서 BoP층이었던 사람들이다. MoP층 자체의 자연 증가는 적은 것으로 전망되기 때문에, 결과적으로 남아공 시장은 BoP층의 사람들의 소득 향상으로 현재의 두 배 이상의 규모가 될 전망이다.

이처럼 남아공에서는 MoP 시장이 이미 활성화하기 시작하고 있으며, 전체 인구도 2010년 시점에서 약 5,000만 명 규모에 이르고 있기 때문에 아프리카의 유망 시장으로 전 세계 기업에서 관심을 모으고 있다. 일본 기업도 "2010 FIFA 월드컵"개최를 계기로 남아공 시장에 주목하기 시작했다. 또한 아프리카 국가의 집합체인 공동체 조직을 지역별로 설립하고 있다. 남아프리카 공화국을 포함한 14개국이 가입한 남부 아프리카 개발공동체(SADC)는 2008년 SADC 자유무역권을 발족하고, 2012년까지 관세 완전 철폐, 2018년까지 공동 통화의 도입을 목표로 있다. 또한 SADC는 2011년 6월 동남부 아프리카 시장 공동체(COMESA), 동 아프리카 공동체(EAC)와 함께 아프리카 최대의 자유무역지역의 설립을 위한 협상 개시에 합의하고, 3년 이내에 이 3개 공동체 간에 제품의 자유무역 실현을 목표로 하고 있다.

따라서 일본 기업에게 남아프리카공화국은 활성화하는 국내 시장 진출뿐만 아니라, 아프리카 시장 진출의 중요한 창구·거점 중의 하나로서 앞으로 자리매김해 나갈 것으로 예상된다.

## 2) BoP 비즈니스의 추진 요인

### (1) "누구" : 최종 고객은 누구인가?

2030년 남아프리카공화국의 MoP층 시장을 겨냥한 전략으로 BoP 비즈니스를 추진하는 경우에는 BoP층 중에서도 특히 요하네스버그와 케이프타운 등 대도시를 중심으로 한 지역에 사는 BoP1000 이상의 사람들을 주요 최종 고객, 비즈니스 파트너로 삼는 것이 중요하다.

인구와 가계 지출 총액의 변화에서, 남아프리카공화국은 2030년에는 2010년 시점에서 BoP층이었던 사람들의 약 52%가 MoP층으로 이동한다고 추측할 수 있다. 또한 2010년 BoP층의 연간 소득 계층별 인구를 맞추다 보니, BoP 1000의 일부와 BoP 1500 이상의 BoP층이 MoP층으로 이동한다고 추측된다. 또한, 도시 지역 비율에서 BoP 1500 이상의 사람들의 절반 이상이 도시 지역·교외에 거주하고 있으며, 농촌 사람들도 도시 주변의 농촌 지역에 거주하고 있는 것으로 추측된다. 도시·교외 BoP 1500 이상의 이런 사람들을 중심으로 MoP층, BoP 1000 사람들과의 접점을 염두에 둔 사업을 추진함으로써 미래의 MoP 시장에서 큰 경쟁 우위를 확보할 가능성이 높아지고 있다.

도시 중에서도 특히 요하네스버그, 케이프타운, 에쿠르레니, 더반, 프레토리아 등 100만 명 이상의 대도시 지역을 대상으로 하는 것이 바람직하다. 남아공은 과거 인종차별 정책에 따라 거주지는 인종별로 나누어져 있었다. 인종차별정책이 철폐된 지금도 그 영향은 남아있다. 그중에서도 특히 본 절에서는 인종차별정책 아래의 흑인 거주 지역인 타운쉽(Township)을 소개한다.

타운십은 요하네스버그 등의 대도시 주변·교외에 설치된 흑인 거주 지역이다. 흑인의 일부는 타운쉽에 거주되어, 해당 대도시의 값싼 노동력으로 파악할 수 있었다. 따라서 지금도 대도시 주변·교외에는 슬럼가 지역이 많이 존재한다. 한편, 홈랜드는 인종차별정책 하에서 불모지를 모아 흑인의 부족별로 설치된 흑인 거주 지역이다. 일부는 남아프리카 공화국에서 독립됨에 따라 충분한 사회보장을 받을 수 없게 되었다.

인종차별 철폐 후 타운쉽은 대도시 주변·교외임을 입지를 살리면서 시장으로 활성화하기 시작했다. 일부 타운쉽에서는 쇼핑몰이 만들어지는 만큼 빠르게 활성화하고 있다. 또한 특징적인 것은, 교외의 타운쉽에서 지역 사회의 유대가 강하고, 도시 지역보다 치안이 좋기 때문에 일단 도시에 나와 소득을 향상시킨 후 도시에서 만들 수 없었던 유대감과 안전한 생활을 찾아, 타운쉽에 돌아올 사람들이 증가하고 있는 것이다. 그들이 타운쉽에 있는 사람들에게 금전적인 지원을 하고 있다는 상황도 많이 볼 수 있고, 따라서 실제 소득 수준보다 풍요로운 생활을 하고 있는 사람들이 많아지고 있다.

이러한 타운쉽은 대도시 내부에서 대도시 주변의 교외에 광범위하게 퍼져 있으며, 거기가 활성화해 나가는 것으로, 대도시를 중심으로 농촌에 까지 경제성장이 확산되고 있다. 한편, 홈랜드는 인종차별정책하에서 정부의 지원이 제한되어 있었기 때문에 교육 수준이 낮고 척박한 땅에 의해 농업도 활성화하지 않고, 인종 차별 철폐 후에도 지역의 소득 수준은 낮은 상태이다. 남아프리카공화국에서는 이처럼 인종차별의 영향이 BoP층의 생활환경에 지금도 많이 남아있는 것에 주의하여 사업 추진 지역을 선정할 필요가 있다. 이러한 상황 이외에 흑인 권리 확대 정책인 BEE(Broad-Based Black Economic Empowerment) 정책에 따라 시장이 활성화하고 있는 대도시 내부에서 대도시 주변의 교외까지 소득 향상의 계기를 사람들이 얻기 쉽게 되어 있다. BEE 정책 하에서는 흑인이 경영하는 기업은 비즈니스 기회를 얻기 쉽고, 그 기회만 잡을 수 있다면 소득을 지속적으로 높여 나갈 수 있다. 따라서 이러한 지역은 시간이 지남에 따라 소득이 획기적으로 향상하고 BoP층에서 MoP층, 그리고 ToP층으로 옮겨가는 사람들이 많이 있다고 생각된다.

이상에서 향후 대도시 주변에 펼쳐진 교외·농촌에 MoP층이 증가될 것으로 예측되기 때문에 이들을 대상으로 BoP 비즈니스를 추진해 나가는 것은 BoP층의 소득 향상이나 국가 전체의 발전에 더 큰 영향을 줄 것으로 생각된다.

또한 직접 고객이라는 의미에서는 그러한 BoP층을 대상으로 사업을 확장할 때 BoP층을 직접 고객뿐만 아니라 현지 정부·4대 은행·통신 기업·BEE 정책에서 약진하는 현지 사업가, CBO(Community Based Organization)가 직접 고객이 될 가능성이 있다. 이러한 이해관계자는 스스로 큰 구매력 또는 BoP층의 강한 접점을 가지고 있다. 그들은 잠재적 고객 또는 비즈니스 파트너 후보로 인식하여 비즈니스 모델 가설과 사업 규모를 구체화해야 할 것이다.

### (2) "어떤 과제를" : 자사가 제공하는 가치는 무엇인가

이어서, 남아프리카의 성장에 큰 영향을 미치는 영역에 주목하여, 자사에서 제공할 수 있는 가치와 제품·서비스의 이미지를 확신시킨다.

앞에서 소개한 시장의 요구사항 측면에서 남아프리카공화국을 분석하면 국가의 성장에 큰 영향을 주는 영역으로는 에너지, 가정용품, 보건 의료, ICT, 금융 등이다. 이러한 영역의 세부 사업 기회를 <표 2-9>에 정리했다. 본 절에서는 이상의 영역 속에서 현지 조사를 바탕으로 특히 강조하고 싶은 영역을 소개한다.

첫째, 보건 의료와 교육이다. 각 기업의 직원(공장 노동자 포함)을 중심으로 한 사람들에게 의료 서비스 및 직업 훈련 서비스는 기업이 남아프리카 공화국에서 항상 안고 있는 큰 위험과 비용을 절감시킨다. 따라서 아프리카 시장 전체가 활성화하고, 아프리카의 창구·거점으로 남아프리카공화국의 역할이 높아질수록 보건 의료 및 교육 요구도 높아져 간다. 특히 보건 의료에 관해서는 MDGs 달성을 위한 대응이 요구되고 있다(표 2-9). 에너지에 대해서도 남아프리카

공화국은 전기화율이 높고 전기를 이용한 생활이 침투하고 있기 때문에, 최근 발생하고 있는 전력 부족을 해결하는 재생가능 에너지에 대한 수요가 다른 사하라 국가 이상으로 급속히 높아지고 있다.

또한 BEE(남아공흑인경제육성정책)의 영향도 있어, 남아프리카공화국에서 현지 기업과 대기업과의 제휴나 대기업이 지원하는 지역 사회활동·사회사업도 가속적으로 증가하기 시작했다. 이러한 사업·활동은 지역별로 추진되지만, 앞으로는 이러한 개별 활동과 사회사업의 네트워크 효율화의 요구에 따라 시장은 더욱 활성화해 나갈 것으로 생각된다.

<표 2-9> 남아공의 성장에 큰 영향을 미치는 영역과 관련 비즈니스 기회

| 영역 | 국가의 성장을 크게 촉진 또는 억제하는 요인 | 예상되는 고객 | 제품 및 서비스 |
|---|---|---|---|
| 에너지 | · 급속한 경제 성장에 따라 전력 부족이 발생<br>· 남아공 정부는 2030년까지 1만 7800메가와트 태양광이나 풍력에 의한 재생가능 에너지로 발전하는 것을 목표로 하고 있다 | · 전력 사업자<br>· 배전을 담당하는 지자체<br>· 개발업체, 부동산업자<br>· 위 업체를 고객으로 사업을 추진하는 BEE 기업, BoP 층의 사업가 | · 태양광 발전, 태양열 발전, 풍력 발전 등의 발전 설비<br>· 전력을 효율적으로 활용하는 에너지 관리시스템·기기(변전 기기, 배전기기, 배터리, 컨버터, 스마트 미터기 등) |
| 가정용품 | · BoP층이라고 해도 TV·라디오를 보유하고 음악 등의 엔터테인먼트 관련 지출이 높다.<br>· 석탄이 풍부하고, 전력이 저렴하게 제공되고 있기 때문에 전기화율은 75%에 달해 가전제품이 보급되고 있다.<br>· BEE 정책에서 여성 우대 HIV에 의한 여성 가구주의 증가에서 여성의 사회 진출이 진행되고 있다 | · 소득 향상을 위한 노동·자기계발에 종사하고 있는 사람들<br>· 취업하고 집에 있는 시간이 짧은 여성 | · 사람들을 능력을 키우고 음악 등의 엔터테인먼트<br>· 가사업무의 효율화를 촉진시키는 가전제품<br>· 화장품과 여성을 위한 헤어용품 등 여성을 강화시키는 제품 |

| | | | |
|---|---|---|---|
| 보건<br>의료 | MDGs의 "지금보다 더 대응이 필요한 목표"에 영유아 사망률 감소, 임산부의 건강 개선, HIV · AIDS, 말라리아 및 기타 질병의 확산 방지가 있다 | · 직원의 안정적인 근무와 인재 육성을 중시하는 민간 기업<br>· 민간 기업의 직원과 그 가족 | · 지역 사회 단위로 제공되는 의료 서비스(건강 진단, 건강 보험, 진단 의약품, 백신 등) |
| ICT | 휴대전화 보급률은 2010년 단계에서 94 · 1%로 높고, 생활 기반이나 직장에서 기본적인 도구의 일부가 되고 있다. | · 농업 종사자<br>· 식료품점 체인<br>· BoP층의 기업가 | · 조직 간 · 개인 간 거래를 촉진하는 모바일 콘텐츠<br>· 휴대전화 번호를 여러 개 가진 점이나 공유한 통화료의 이용자별 관리를 실시하는 것을 가능케 하는 서비스<br>· 휴대전화로 데이터를 수집하고 그 결과를 분석할 수 있는 응용 프로그램 소프트웨어 |
| 금융 | 사회적 취약 계층(노인, 장애인, 아동 등)에 널리 보급되어있는 사회 수당의 지급이 비효율적으로 되어 있다 | · 사회적 취약 계층(노인, 장애인, 아동 등)과 그 가족 | · 휴대전화를 통한 사회수당 신청 · 급여<br>· 위에 따른 통신 보안 사업 |
| 교육 | BEE정책에 의한 혜택을 충분히 받지 못하는 사람이 다수 존재 | BEE정책의 수혜를 충분히 받을 수 없었던 사람들 | · 직업훈련 등 취업지원<br>· 고등교육기관으로 진학지원 |

비고 :
· BEE 정책에 따라 많은 기업들이 흑인 등의 고용 촉진 · 기술 개발 · 사회 개발 등에 대한 다양한 활동을 이미 실시하고 있기 때문에, BoP 비즈니스와 관련된 기존의 활동이 많이 존재하고 있다.
· 남아프리카공화국의 4대 은행이 교외 농촌을 포함하여 국내에 폭넓게 서비스를 제공하고 있기 때문에 금융 서비스의 보급률은 동아시아, 남아시아를 웃돌고 있다. 따라서 할부 판매 등의 방법이 이용하기 쉽다.
· 한편, 금융 규제는 엄격하고, 일정 규모 이상의 고객 네트워크를 가진 소액 금융기관은 매우 적고, 활동도, 인재 육성과 기업의 경영에 주력하고 있는 상황이다.

## (3) "어떤 방법으로": 추진해야 할 비즈니스 모델은 무엇인가

마지막으로, 남아프리카공화국에서 가치연쇄를 구축할 때 어떤 방법을 통해 국가의 성장에 큰 영향을 줄 수 있는지를 파악한다.

우선 유통망에서는 슈퍼마켓 "스파더샵(주거공간에 인접한 키오스크)", 그리고 가구 대리점에 주목한다. 남아공은 인종차별정책 시대부터 급여는 한 달에 한번 일시금으로 지불하는 것이 일상화되어

있다는 점에서 사람들은 생필품을 정기적으로 대량으로 사는 습관
이 있다. 따라서 대량의 재고를 안고 있는 슈퍼마켓과 같은 점포가
많다. 실제로 현지 BoP층의 사람들이 찾는 슈퍼마켓에 가면 아시
아에서 대중적인 파우치 제품보다 실내에서 장기간 보관해도 괜찮
은 상온 보존 우유 등의 제품이 눈에 띈다. 사람들의 소득이 향상
되고 여성의 사회 진출이 진행되는 가운데 이러한 슈퍼마켓의 수요
는 점점 높아지고 있다.

한편, 스파더샵은 성장을 계속하는 슈퍼마켓 고객을 빼앗기지 않
고 살아남기 위해 필사적인 노력을 계속하고 있어 대기업과의 판매
제휴 등도 증가하기 시작했다.

또한 남아프리카공화국에서는 가구 판매점이 BoP층에게 할인점
역할을 하고 있으며, 가구·침구뿐만 아니라 휴대폰이나 전자제품
등 다양한 상품을 판매하고 있다. 이러한 가구판매점은 남아프리카
공화국의 4대 은행과도 모두 강한 유대 관계를 가지고 있으며, 3년
할부 제도를 이용하여 구입할 수 있는 구조를 실현하고 있다. 실제
로 많은 가정이 1개월에 가계 수입의 10% 정도를 지불하고 상품을
구매하고 있다. 남아프리카공화국에서 BoP 비즈니스를 추진하는
경우, 기업과 연계하여 제품과 서비스를 제공할 뿐만 아니라, 이러
한 채널을 결합하여 각 채널에 대한 협상력을 유지하면서 광범위한
유통 네트워크를 구축할 수 있다.

다음은 남아프리카 공화국에서 실제로 BoP 비즈니스를 추진하고
있는 사회적 기업가에 주목하고 국가의 성장에 영향을 미칠 수 비
즈니스 모델을 파악한다. 이들 중 충분히 수익을 창출 사업 규모를
확대하기 위해 지속적으로 사회기업가는 교육·직업 훈련, 에너지,

중간 지원의 영역에 눈에 띤다.

그들은 기업을 네트워크화, 공식화함으로써 국내외에서의 사업 확대를 실현하고 있다. 남아프리카공화국은 BEE 정책의 영향으로 기업이 많이 존재하고, 그들은 휴대전화 사업의 보급으로 비즈니스 기회에 민감한 대기업과의 제휴도 진행되고 있다. 또한 직원을 고용하고 소규모 조직을 형성하고 있는 기업이 많은 것도 특징이다. 한국 기업이 진출할 때 이러한 기업가의 활동을 마이크로 프랜차이즈처럼 매뉴얼화와 교육을 결합한 형태로 지원을 하는 것이 중요하다. 이렇게 하면 기존 기업의 조직이 강화되고 확대도 쉬워진다. 또한 현지 BEE 기업과의 제휴에 의한 인접 국가로의 확대도 용이해져, 더욱 규모 확대가 가능하게 된다.

### 3) 남아공 BoP 시장 진입 전략

아프리카 시장 진출 시나리오를 작성한 다음, 지역 거점이 되는 국가에 실제로 진출하지 않으면 안 된다. 그 때에도 아프리카 시장 자체의 진입 전략을 세운다. 그렇지 않으면 모처럼 그린 시나리오를 실현하는 것이 어려워진다. 본 절에서는 ① 자신의 창업 이념을 바탕으로 아프리카 시장의 발전 비전의 작성과 시장의 창출, ② 신뢰할 수 있는 현지 파트너 발굴의 2가지 요소를 통합한 진입 전략을 제시한다.

### (1) 아프리카 시장의 발전 비전의 작성과 시장 창출

아프리카 시장은 빠르게 성장하고 있지만 그 성장은 아직 개발단계에 있다. 따라서 진입 전략을 작성할 때 처음에 각국·각 지역이 앞으로 어떻게 성장할 것인가의 비전을 창출한다. 그리고 그 비전을 실현하는데 자사가 어떤 가치를 제공 할 수 있는지, 그 가치를 제공하기 위해 어떤 제품·서비스를 제공해 나갈 것인가를 명확히 한다. 이 때, 선진국 시장에서 자사가 자랑하는 제품·서비스에 묶여 가서는 안 된다. 새로운 시장에서 현지 사람들과 함께 어떤 라이프 스타일을 구축해 나갈 것인가를 생각한다.

예를 들어 일본 기업으로는 드물게 소말리아를 제외한 아프리카 53개국에서 사업을 추진하고 있는 야마하발동기는 아프리카 시장에서 오토바이뿐만 아니라 선외기를 많이 판매하고 있다. 동사는 아프리카 시장에서 선외기 판매를 시작할 때 "선외기의 보급과 판매 확대에 물 산업 전체의 발전이 필수적"이라고 생각하고, "사람들이 잘 살게 미래의 바람직한 어촌"까지 이미지화했다고 한다. 즉, 단순한 선외기 판매보다는 어업, 수산 가공업, 판매까지를 포함한 사업의 창출과 발전에 기여하는 것을 목표로 한 것이다.

구체적으로는 회사가 표현한 미래의 바람직한 어촌의 모습의 실현에 두 단계에서 자신의 가치를 제공했다. 1단계는 현지 사람들의 생활이 풍요로워지기 위해서는 먼저 많은 물고기를 잡아, 물고기를 신선한 상태로 보존하는 것이 중요하다는 점에서 물고기 잡는 법·신선도 유지 기술을 제공했다.

다음 2단계로 생선 가공·판매 방법을 제공했다. 주목해야 할 것은 그 방법이다. 야마하발동기는 이를 위해이 회사가 지금까지 선외기를 판매해 온 일본의 어촌을 찾아가 물고기 잡는 법·신선도 유지 및 생선 가공·판매 기법을 수집하고 그 결과를 인쇄본으로 정리하여 제공했다. 즉, 야마하가 오랜 세월을 걸쳐 일본 고객과 협업하여 만들어낸 지식을 정리하여, 아프리카 각국의 사람들에게 제공한 것이다.

야마하는 이런 방법을 제공하고, 물론 그 방법을 효율적으로 실현할 수 있는 수단으로 선외기를 판매하고 있으며, 설명서의 마지막에는 회사의 선외기의 정보가 게재되고 있다. 즉 야마하 발동기는 "세계인들에게 새로운 감동과 풍요로운 삶을 제공한다."는 회사의 기업 목적에 따라 아프리카 각국의 미래의 바람직한 비전을 그리고, 그 비전에서 시장을 창출함과 동시에 자사 사업 개발에 성공한 것이다.

### (2) 신뢰할 수 있는 현지 파트너 발굴

실제로 아프리카 시장에서 자사 단독으로 사업을 창조해 나가는 것은 상당히 곤란하다. 비전을 실현하기에도 시장을 창출하기에도, 아프리카 시장을 잘 아는 현지 파트너는 필수적이다. 그러나 신뢰할 수 있는 그런 파트너를 아프리카 시장에서 찾아내는 것은 매우 어렵다. 특히 향후 자사의 지역 전략과 일치하고, 게다가 경제공동체 내의 여러 국가에서 사업을 추진하고 있는 기업이 되면 더욱 어려워진다. 또한 한국 기업이 요구하는 컴플라이언스(규제 준수)에 부합하는 기업이나 한국 기업이 요구하는 규모의 사업에 대응할 수 있는 기업도 적다. 이러한 상황을 타개하기 위해 현지 파트너의 발굴 및 연계 방법에 대해 연구를 해야 한다. 현지 파트너의 발굴 방법에 관해서는 최근 국제기관이 신뢰할 수 있는 현지의 성장 기업을 발굴하기 시작하고 있기 때문에, 그러한 국제기구와 연계 또는 그 국제기구가 가지고 있는 목록을 잘 활용하면 현지 파트너 후보를 찾을 수 있다. 국제기구는 규정 준수 등 엄격한 기준을 마련하고 있기 때문에 그 점에서도 한국 기업이 현지 파트너화하기에 적합한 기업을 찾는 데 도움이 된다. 국제기관이 관계가 되는 것부터, 현지 정부 부패 등의 영향으로부터도 벗어날 수 있을 가능성이 높아진다.

국제기구가 가지는 구체적인 목록은 앞에서 살펴 본 IFC 투융자 대상 목록 및 UNIDO (유엔산업개발기구)가 제공하는 "AfrIPANet (아프리파넷)"라는 아프리카에 투자를 촉진하기 위한 플랫폼이 있다. 또한, IFC의 투융자 정보는 공개되어 있기 때문에, 이 공사와의 협력은 필수는 아니지만, 연계하는 편이 현지 파트너 발굴이 원활해질 것이다. 한편, AfrIPANet에 의해 축적된 정보는 공개되어 있지 않기 때문에 이를 활용하려면 UNIDO와의 연계가 필수적이다.

이러한 국제기구와 협력 이외에, 아프리카 현지 업계 단체에서도 신뢰할 수 있는 파트너 후보 목록을 가지고 있을 수 있다. 특히 선진국 정부가 현지 업계단체를 지원하고 현지 금융기관과 연계하여 선진국 기업과 현지 기업과의 매칭을 촉진하고 있는 사례에서는 파트너 후보의 목록을 얻을 가능성이 높아진다. 급성장하는 아프리카 시장에 현지 파트너를 발굴하려면 이러한 민관 협력의 방법을 활용하는 것이 매우 효과적이다.

또한 이미 아프리카 시장에 진출해 있는 제3국 기업과의 제휴도 효과적이다. 이미 아프리카 시장에 진출해 있는 아시아 신흥국 기업중에서 현지 파트너가 될 수 있는 기업이라면 한국 기업 단독으로 발굴할 수 있다. 이 경우 한국의 금융기관이나 정부 기관의 지원도 얻기가 상대적으로 쉽다.

현지 파트너의 연계 방법으로는 단기 사업제휴나 M&A뿐 아니라 현지 기업에 중장기적인 지원도 효과적이다. 왜냐하면, 아프리카 현지 기업은 아시아 현지 기업에 비해 선진국 기업과의 제휴 경험은 부족하지만, 성장 여지가 매우 크기 때문이다. 그 성장 여지를 이끌어 내기 위해 지원하는 것이다.

## 5. 인도의 BoP 시장 개요

### 1) 인도 저소득층의 위상과 경제의 비중

인도는 전체 인구의 대부분이 저소득 계층이며 인도 경제 활동에서 차지하는 비중은 무시할 수 없다. 최근 소비 시장으로서의 아시아가 급성장하고 있으며, 2020년에는 아시아의 개인 소비액은 성장할 것으로 전망되고 있다. 이러한 성장 가운데 가처분소득이 5,000~35,000달러의 아시아 중산층은 20억 명으로 증가할 것으로 예상되고 있으며, 이 중 인도는 6.2억 명을 차지할 것으로 전망되고 있다. 국제통화기금(International Monetary Fund : IMF)은 2015년까지 인도는 8% 이상의 경제 성장률을 지속할 것으로 예측[7]하고 있으며, 저소득층 시장은 조만간 중간층의 볼륨 존(Volume Zone)으로 성장이 기대된다.

<표 2-10>은 산업분야별로 본 전국의 가계 지출액과 BoP층[8]이 차지하는 비중 및 가계 지출에 각 부문의 지출액이 차지하는 비율을 나타낸 것이다. 인구의 대부분을 차지하는 BoP층은 전국 가계 지출의 85%를 차지하고 있다. BoP 가계 지출에서는 식량과 에너지 등

생활에 필수적인 활동에 소비가 큰 비중을 차지하며, 주택, 교육, 정보통신기술(Information and Communication Technology: ICT) 등의 지출 비중은 매우 작다. 금액 면에서는 식료품비가 965,108.6만 달러로 BoP의 88.1%를 차지하고 있으며, 전국적으로 보아도 전체 BoP에서 차지하는 가계지출 비율이 70.5%로 가장 높다. 이어서 에너지, 기타, 주택 순을 보이고 있다. 이러한 지출은 장기적인 성장을 위해 필수적임에도 불구하고 후순위로 밀리기 쉬운 것은 가처분 소득이 낮기 때문이다. 더욱이 농촌 지역에서는 이러한 소비에 접근성 자체에 다양한 제약이 존재하는 것도 고려할 필요가 있다.

<표 2-10> 산업분야별 가계 지출과 BoP의 비율

| 산업분야 | 산업분야별 가계지출과 BoP의 비율 | | 각 산업분야가 가계지출에서 차지하는 비율 | |
|---|---|---|---|---|
| | 전국(100만달러) | BoP(%) | 전국(%) | BoP(%) |
| 식료품 | 965,108.6 | 88.1 | 67.9 | 70.5 |
| 주택 | 62,123.3 | 48.5 | 4.4 | 2.5 |
| 물 | 1,723.1 | 70.4 | 0.1 | 0.1 |
| 에너지 | 162,903.5 | 87.2 | 11.5 | 11.8 |
| 가정용품 | 26,692.0 | 78.8 | 1.9 | 1.7 |
| 의료건강 | 41,178.1 | 85.3 | 2.9 | 2.9 |
| 운송 | 35,022.0 | 70.9 | 2.5 | 2.1 |
| 정보통신기술 | 14,758.8 | 52.6 | 1.0 | 0.6 |
| 교육 | 19,838.6 | 71.2 | 1.4 | 1.2 |
| 기타 | 92,573.7 | 85.5 | 6.5 | 6.6 |
| 합계 | 1,421,921.7 | 84.8 | 100 | 100 |

주) 금액은 2005년 PPP 기준
자료 : World Resource Institute(WRI) & International Finance Corporation(IFC) (2007), "The Next 4 Billion", p.128

또한 <표 2-11>과 같이 내구 소비재의 보급률도 저소득 계층과
비 저소득 계층 간, 도시와 농촌 사이에 큰 차이가 있다. 저소득층
중 도시 세대의 칼라TV 보유율이 30.3%인 데 비해, 농촌 세대는
6.3%로 1/5 수준에 이르고 있다. 그러나 이러한 저소득층의 충족되
지 않은 요구가 있는 것은 바꾸어 말하면 미래의 잠재 시장이 커지
고 있다는 것을 의미한다.

<표 2-11> 내구소비재 세대별 소유비율(2004/05년)

| | 저소득계층 | | 비 저소득계층 | |
|---|---|---|---|---|
| | 도시(%) | 농촌(%) | 도시(%) | 농촌(%) |
| 라디오 | 40.6 | 47.3 | 43.6 | 55.5 |
| 칼라TV | 30.3 | 6.3 | 77.9 | 35.7 |
| 냉장고 | 10.5 | 0.9 | 54.3 | 11.8 |
| 오토바이 | 24.9 | 9.0 | 63.9 | 39.0 |
| 자동차 | 1.7 | 0.5 | 17.7 | 4.2 |

자료 : Shukla(2010), "Official Poor in India Summed up", p.314

## 2) 인도의 소득 분배 구조

인도 가구 소득에 관한 이용 가능한 최신 데이터는 인도국립응용
경제연구소(National Council of Applied Economic Research :
NCAER)가 2005년에 실시한 가계소비조사이며, <표 2-12>에 따르
면 인도 전역의 세대별 소득 분포는 다음과 같다.

2009년 데이터를 보면, 연간 가구소득 20만 루피 이하의 저소득
계층은 전체 가구의 비율은 감소하고 있지만, 전체의 약 85%를 차지
하고 있으며, 중산층 이상은 15%에 못 미친다. 인도 인구에서 차지하
는 저소득 계층의 비율은 압도적으로 많다.

<표 2-12> 인도의 세대별 소득 분포

| NCAER의<br>소득계층분류 | 연간 세대소득(루피) | 2005년 세대수 (1,000) | 2005년 % | 2009년(추계) 세대수 (1,000) | 2009년(추계) % |
|---|---|---|---|---|---|
| 부유층(Rich) | 100만 이상($15,000) | 1,731 | 0.8 | 3,806 | 1.7 |
| 중산층(Middle Class) | 20만~100만($3,000~15,000) | 16,395 | 8.1 | 28,441 | 12.8 |
| 저소득층(Aspires) | 9만~20만($1,300~3,000) | 53,276 | 26.2 | 75,304 | 33.9 |
| 빈민층(Deprived) | 9만 미만($1,300 미만) | 132,249 | 64.9 | 114,394 | 51.5 |
| 합계 | | 203,651 | 100 | 221,945 | 100 |

자료 : NCAER(2005), "The Great Indian Market-Results from NCAER's Market Information Survey of Households."

## 3) 인도 BoP층의 세분류 및 산업분야별 연간 지출

인도는 <표 2-13>과 같이 2007년 기준 인구는 9억 7,300만 명, 세대수 1억 8,330만 가구이며, 국내 총 세대(Household)시장은 1조 4,219억 2,170만 달러 규모이다.

<표 2-13> 인도의 BoP층 인구와 연간 지출

| BoP구분 | 인구 총계 (단위: 백만) | 인구 비율 (전국 대비, %) | 인구 도시 (구분 비율, %) | 연간 지출 총계 (단위: 백만) | 연간 지출 비율 (전국 대비, %) | 연간 지출 도시 (구분 비율, %) |
|---|---|---|---|---|---|---|
| BoP3000 | 31.5 | 3.2 | 67.6 | 89,836.0 | 6.3 | 72.4 |
| BoP2500 | 68.3 | 7.0 | 53.4 | 159,043.6 | 11.2 | 62.4 |
| BoP2000 | 147.0 | 15.1 | 37.4 | 264,285.7 | 18.6 | 45.4 |
| BoP1500 | 309.0 | 31.8 | 19.8 | 394,937.0 | 27.8 | 28.2 |
| BoP1000 | 349.0 | 35.9 | 8.2 | 288,957.9 | 20.3 | 13.8 |
| BoP500 | 19.3 | 2.0 | 5.6 | 8,608.2 | 0.6 | 8.8 |
| BoP합계 | 924.1 | 95.0 | 22.0 | 1,205,668.5 | 84.8 | 31.1 |

자료 : WRI & IFC 2007)

인도 BoP층의 산업 분야별 가계 지출에 대해 BoP계층을 6단계로 나누어 살펴보면 <표 2-14>와 같다. 식료품비는 'BoP 1500'에서 286,721.4만 달러로 가장 높으며, 1인당 지출도 928만 달러, 1세대당 지출은 4,610만 달러에 이른다.

<표 2-14> 인도 BoP층의 산업 분야별 가계 지출

| | 전체 BoP | BoP 500 | BoP 1000 | BoP 1500 | BoP 2000 | BoP 2500 | BoP 도시/농촌 3000 [BoP 비율(%)] |
|---|---|---|---|---|---|---|---|
| 식료품 | 850,246.0 | 6,335.2 | 216,214.1 | 286,721.4 | 182,228.3 | 103,399.5 | 55,347.5 | 26/74 |
| ·1인당 | 920 | 328 | 620 | 928 | 1240 | 1514 | 1757 | |
| ·1세대당 | 4640 | 1772 | 3616 | 4610 | 5607 | 6229 | 6448 | |
| 주택 | 30,125.1 | 27.1 | 1,383.0 | 5,588.8 | 8,479.6 | 8,230.2 | 6,416.4 | 100/0 |
| ·1인당 | 33 | 1 | 4 | 18 | 58 | 121 | 204 | |
| ·1세대당 | 164 | 8 | 23 | 90 | 261 | 496 | 748 | |
| 물 | 1,213.2 | 2.5 | 117.9 | 268.7 | 350.3 | 294.7 | 179.1 | 69/31 |
| ·1인당 | 1 | 0 | 0 | 1 | 2 | 4 | 6 | |
| ·1세대당 | 7 | 1 | 2 | 4 | 11 | 18 | 21 | |
| 에너지 | 142,046.4 | 1,223.8 | 36,244.6 | 46,683.1 | 30,438.1 | 17,718.7 | 9,737.9 | 30/70 |
| ·1인당 | 154 | 63 | 104 | 151 | 207 | 259 | 309 | |
| ·1세대당 | 775 | 342 | 606 | 751 | 937 | 1067 | 1135 | |
| 가정용품 | 21,028.6 | 151.9 | 4,762.4 | 6,696.3 | 4,571.1 | 3,013.6 | 1,833.1 | 29/71 |
| ·1인당 | 23 | 8 | 14 | 22 | 31 | 44 | 58 | |
| ·1세대당 | 115 | 43 | 80 | 108 | 141 | 182 | 214 | |
| 보건의료 | 35,112.5 | 145.2 | 6,664.4 | 11,395.3 | 8,580.7 | 5,403.0 | 2,923.9 | 27/73 |
| ·1인당 | 38 | 8 | 19 | 37 | 58 | 79 | 93 | |
| ·1세대당 | 192 | 41 | 111 | 183 | 264 | 325 | 341 | |
| 운수 | 24,844.2 | 85.2 | 3,250.2 | 6,600.6 | 6,256.7 | 5,162.7 | 3,488.8 | 36/64 |
| ·1인당 | 27 | 4 | 9 | 21 | 43 | 76 | 111 | |
| ·1세대당 | 136 | 24 | 54 | 106 | 193 | 311 | 406 | |

| ICT | 7,767.5 | 9.4 | 355.3 | 1,283.9 | 2,042.9 | 2,396.1 | 1,679.9 | 51/49 |
|---|---|---|---|---|---|---|---|---|
| ·1인당 | 8 | 0 | 1 | 4 | 14 | 35 | 53 | |
| ·1세대당 | 42 | 3 | 6 | 21 | 63 | 144 | 196 | |
| 교육 | 14,117.3 | 26.2 | 1,575.8 | 3,605.0 | 3,820.4 | 2,958.8 | 2,131.2 | 50/50 |
| ·1인당 | 15 | 1 | 5 | 12 | 26 | 43 | 68 | |
| ·1세대당 | 77 | 7 | 26 | 58 | 118 | 178 | 248 | |
| 기타 | 79,167.6 | 601.7 | 18,390.2 | 26,093.9 | 17,517.7 | 10,466.1 | 6,098.0 | 29/71 |
| ·1인당 | 86 | 31 | 53 | 84 | 119 | 153 | 194 | |
| ·1세대당 | 432 | 168 | 308 | 420 | 539 | 630 | 710 | |
| 합계 | 1,205,668.5 | 8,608.2 | 288,957.9 | 394,937.0 | 264,285.7 | 159,043.6 | 89,836.0 | 29/71 |

주) 짙은 색 바탕의 굵은체 숫자의 단위는 백만 달러. 금액은 2005년 PPP 기준
자료 : WRI & IFC(2007)

유엔인구기금이 발표한 '세계 인구 백서'에 따르면 2011년 10월
31일에 세계 인구가 70억 명에 도달했다. 또한 10년 후인 2021년에
는 국가 별 인구로 세계를 유지해온 중국이 인도에 뒤쳐진다고 추
산되고 있다. 따라서 인구 동태의 관점에서 보면, 2020년~2030년
사이에 국가 간의 역학 관계도 크게 바뀌어 갈 것으로 전망된다.

각국별로 보면, <그림 2-16>과 같이, 아시아 지역에서 경제 성장
이 두드러진 인도에서는 2030년 MoP층이 약 7.9억 명(전체 인구
15.9억 명의 약 52%)에 달하고, MoP층의 가계지출 총액은 2005년
8배에 가까운 약 10.3조 달러에 이를 것으로 전망된다. 또한 2030
년 시점의 MoP층 중 2005년 시점에서 BoP층이었던 사람들은 약
7.0억 명으로 예측된다. 즉 인도에서는 2030년 시점의 MoP 층의
약 89 %가 BoP층에서 소득의 향상으로 MoP층으로 이동한 것으로
판단된다.

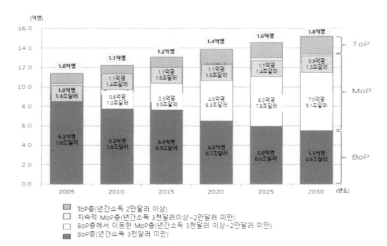

&lt;그림 2-16&gt; 인도 소득 계층별로 본 인구 규모와 가계 지출 총액의 예측

## 4) 저소득 계층의 실태와 문제점

앞에서 살펴본 바와 같이 인도 인구의 대부분이 저소득층에서 차지하는 저소득 계층의 소비는 국가 전체 가계 지출에 큰 비중을 차지하고 있다. 그에 비해 절대 금액이 적은 측면에서 지출에는 편중이 있고, 내구 소비재 등의 보유도 순조롭게 진행되지 않은 것으로 나타났다.

### (1) 빈곤의 실태

인도의 빈곤의 정의는 인도계획위원회가 1973년 이후 설정하고 있는 빈곤선을 기준으로 하고 있다. 이것은 생존에 필요한 열량(도시 : 1일 2,100칼로리, 농촌 : 1일 2,400칼로리)을 섭취하기 위해 필요한 최소 식량 지출액과 비식품 지출액의 합계에 따라 기준치가 설정되어 2004/2005년 전국 빈곤선은 1인당 한 달 지출이 도시는 538.60루피, 농촌에서는 356.30루피이다. 빈곤율은 도시보다 농촌에서 높다. 인도 인구의 약 70%는 농촌에 거주하고 있기 때문에 빈곤 인구도 70%이상이 농촌에 살고 있다. 빈곤율은 농촌, 도시 지역 모두 감소하고 있지만, 세계적인 인구 증가와 빈곤 인구는 별로 줄어들지 않고 있다. 도시 지역에서는 1980년대에 비하면 오히려 증가하고 있어, 인도는 빈곤 인구가 3억 명 이상 존재하고 있다.[9]

① 빈곤 지역의 격차

인도는 민족과 문화 사회 배경이 다양하며 경제 발전의 정도도 국가에 따라 크게 다르기 때문에 각 주들 사이에도 큰 소득 격차가 있다. 펀잡, 하리야나, 케랄라 주가 인도 전역의 빈곤율(27.4%)을 크게 밑도는 반면, 비하르, 차티스가, 쟈하르칸드, 오리사의 빈곤율은 40%를 넘고 있다. 소득과 지출도 빈곤율이 높은 주와 낮은 주 사이에서 2배 이상의 차이도 보인다.[10]

주별 빈곤 상황을 보면 인구가 많은 빈곤율도 높은 비하르, 마하라슈트라, 우타르 프라데시의 3개 주에서 인도 전역의 빈곤 인구의 42%에 해당하는 1.3억 명의 빈곤층이 있다. BoP 비즈니스를 수행하는데 있어서도 이러한 지역 격차와 그 배경에 있는 사회 과제에 대한 배려가 필요하다.

② 빈곤 계층의 격차

카스트제도는 힌두교에 따른 사회 계급 제도이지만, 독립 후 인도 헌법은 계급 차별을 금지하고 있으며, 정부는 하층 계급의 사람들의 지위 향상을 위한 교육과 고용의 유보 제도 등의 보호 정책을 취하고 있다. 인도의 근대화에 따라 직업 차별 등은 줄어들고, 카스트 제도는 완만하게 해체의 방향으로 진행되고 있다. 그렇지만 촌락 사회를 중심으로 꾸준한 영향은 남아 있어 소득 격차도 여전히 큰 것으로 나타났다.[11] 이상과 같이 인도에서 저소득계층은 농촌, 하위 카스트에 많다. 또 저소득층의 분포에는 지역에 따라 격차가 크다.

### (2) 저소득층의 문제점

인도의 저소득층은 어떤 사회적 과제를 안고 있는 것일까. 농촌 빈곤율이 가장 높은 주에서는 전기 요금과 성인 식자율(문맹률)이 낮고, 병원이 적기 때문에 유아 사망률도 높다.[12] 저소득 계층은 인프라와 서비스 접근에 어려운 상황에 놓여있는 것을 알 수 있다.

### ① 보건

인도의 의료 인프라에 대한 접근성은 다른 나라와 비교해도 낮은 수준에 머물러 있다. 인구 대비 병원 수, 병상이 부족하고, 보건·의료 서비스에 대한 접근성이 제한적인 것으로 보건 지표가 그다지 개선되지 않는 이유라고 생각된다. 또한 의약품을 구할 수 있는 확률은 사립 병원은 75.4%로 높지만, 저소득 계층이 많이 이용하는 저렴한 공립 병원에는 20.5%로 낮아진다.[13] 한국과 같은 선진국에서는 건강 보험 제도가 확립하고, 의료비는 정부가 그 많은 부담하고 있지만, 인도에서는 정부 지출에서 보건 지출 비중은 작고, 보건 지출에 대한 개인 부담 비율 75%로 높다. 이것은 구매력이 없는 저소득층 의료비 무거운 부담이 생활을 압박하거나, 의료비가 지불하지 않기 위하여 의료 서비스를 받을 수없는 상황에 놓여 있음을 시사하고 있다.

그 결과, 각종 보건 지표에 큰 빈부 격차가 보인다. 5세 미만 유아 사망률은 소득 최하위 20%에 해당하는 최빈곤층에서는 상위 20%의 부유층의 3배에 이른다. 또한 의사나 조산사 등 의료인의 도움을 통한 출산은 가장 빈곤층은 20%에 못 미친 반면 부유층은 90% 가깝다. 의료 서비스에 대한 접근이 어렵기 때문에 가장 가난한 질병에 걸리기 쉽고 일단 발병하면 치료하기 어렵다. 저소득 계층의 질병으로 인한 경제적 손실은 저소득층 가계에 큰 영향을 주고 있다.[14]

#### ② 교육

2011년 인구 조사에 따르면, 인도 전역의 성인 식자율은 74%로 2001년 조사 때 65%에서 크게 상승했다. 그러나 도시와 농촌, 성별, 소득 계층에 따라 큰 차이가 있는 것으로 나타났다.[15] 도시 지역에 비해 농촌 지역의 식자율은 20% 정도 낮고 그 격차는 여성이 크다. 또한 남녀의 식자율 격차는 농촌 쪽이 크다.

식품 등과 달리, 생존에 필수적이지 않은 교육 관련 지출 비율은 저소득 계층에서는 낮고, 빈부 격차가 벌어지기 쉬운 분야이다. 부유층과 최빈곤층에서는 초등교육 수료 비율이 3배의 차이가 있고, 아동의 학력에도 격차가 벌어진다.[16] 최근에는 비즈니스 세계에서는 학력 지상주의가 되어, 계급에 의한 차별은 없어지고 있지만, 저소득 계층의 교육 접근이 제한되어 있는 상황에서는 저소득층이 빈곤에서 벗어나기 어려운 구조로 되어 있는 것이 현실이다.

### ③ 금융

인도에서는 90년대에 들어서면서 본격적인 금융 개혁이 시작되어, 지급 준비율 인하, 대출·예금 금리 자유화, 은행의 신규 진입의 자유화가 이루어짐에 따라 금융 기관의 수는 증가하고 사람들의 금융서비스에 대한 접근성이 확대했다. 또한 농촌에서는 최근 우체국이나 비정부기구(Non-Governmental Organization : NGO) 등 네트워크 확대의 수단으로 이용되는 서비스 확대 노력이 이루어지고 있다. 그러나 금융 기관 점포수는 도시와 농촌을 포함하여 전국적으로 1990년 59,752개에서 2009년 82,408개로 늘어난데 비해, 농촌지역의 금융기관 점포수는 34,791개에서 2009년 31,699개로 오히려 감소하였다.[17] 자유화가 진행되면서 농촌 사업의 대상에서 보다 열악한 위치에 놓여 있는 것을 알 수 있다. 저소득 계층이 은행을 이용하는 것은 위험 관리와 담보 부족 등으로 여전히 어려운 것이 현실이다.

<표 2-15>에 따르면 인도의 농촌 지역에서 약 60%가 은행 계좌를 가지고 있지 않고, 또한 80% 가까운 사람들이 대출에 접근할 수 없다. 특히 소유 농지 1헥타르 이하의 세대는 계좌와 대출에 접근할 수 있는 비율은 각각 30%와 13%에 머무르고 있어, 농촌 특히 저소득층의 금융 접근이 제한되어 있는 것을 알 수 있다. 최근 은행 예금 잔액은 순조롭게 증가하고 있지만, 인도에서는 비공식 금융이 뿌리 깊게 남아 있기 때문에 금융 심화의 속도는 느리다.

세계은행의 조사에 따르면,18) 일상의 지출에 쓰는 돈은 현금으로 집에 보관한다고 답한 사람이 93%에 달해, 예금은 집에 현금으로 보관하거나 친척과 대금업자에게 맡기는 등의 형태가 취해지고 있다. 또한 결제 및 송금도 현금 기반으로 이루어지는 것이 대부분이다. 인도의 소액금융기관은 다양한 혁신적인 노력을 하고 있는 것으로 세계적으로 알려져 있으나, 규모로는 빈곤 가구의 5~6%가 이용하고 있는 것에 지나지 않는다. 저소득 계층의 저축 목적에 대응하는 상품이나 현금자동입출금기(Automated Teller Machine : ATM), 인터넷 뱅킹 등의 금융 기법을 활용한 금융서비스에 대한 접근성의 확대가 요구되고 있다.

<표 2-15> 세대 소유 토지 규모별 금융 접근성

(단위 : %)

| | 영세농가 (1헥타르미만) | 중소규모농가 (1~4헥타르) | 중대규모농가 (4헥타르이상) | 상업농가* | 기타 | 합계 |
|---|---|---|---|---|---|---|
| 계좌 보유 | 29.8 | 55.3 | 66.05 | 41.96 | 60.88 | 41.16 |
| 계좌 없음 | 70.4 | 44.7 | 33.95 | 58.04 | 39.12 | 58.84 |
| 대출 있음 | 12.97 | 30.79 | 44.36 | 16.78 | 29.47 | 21.01 |
| 대출 없음 | 87.03 | 69.21 | 55.64 | 83.22 | 70.53 | 78.99 |

주 : * 농업 이외의 소득이 가구 소득의 절반 이상을 차지하는 농가.
자료 : World Bank(2006), Improving Access to Finance for India's Rural Poor

④ 정보통신

ICT 서비스 강국으로 유명한 인도이지만, 인도의 ICT산업은 선진국 기업의 해외 비즈니스 거점으로 발전해 온 덕분에 소프트웨어의 수출을 중심으로 하고 있으며, 국내 ICT화는 이제 본격화되고 있다.

인도 통신규제국(Telecom Regulatory Authority of India : TRAI)에 따르면 2011년 11월말 현재 전화서비스 가입자 수는 9억 1,733만 명이다. 이 중 96.4%에 해당하는 8억 8,400만 명이 휴대전화 서비스 가입자이다. 도시 지역 가입자가 전체의 66%를 차지하지만 농촌에도 급속히 보급되고 있다. 이 중에서 대부분이 휴대전화이며, 농촌에서도 휴대전화의 보유는 일반화되고 있다. 한편, 인터넷 이용자 수는 약 2,100만 명으로 증가하고 있지만, 성장은 더딘 편이다. 휴대폰과 인터넷의 보급에도 큰 지역 차이가 있다. ICT 강국으로 유명한 인도이지만 인도의 ICT 산업은 선진국 기업의 해외 비즈니스 거점으로 발전해온 경위에서 소프트웨어의 수출을 중심으로 하고 있으며, 국내 ICT화는 이제 막 본격화되고 있다.

한편, 인터넷 이용자 수는 약 2,100만 명으로 증대지고 있지만 성장은 더딘 편이다. 휴대전화와 달리 누구나가 사용하는 서비스는 말하기 어렵다. 휴대폰과 인터넷의 보급에도 큰 지역 차이가 있다. 도시와 농촌에서는 휴대전화의 수에 큰 차이가 있음 알 수 있다. 도시 지역은 1인 1대 이상의 휴대폰을 보유하고 있는 반면, 농촌 지역은 평균 3명에 1대 정도의 휴대전화 밖에 없다. 또한 도시 지역에서 휴대전화의 보급 상황은 가장 앞서 있는 주(케랄라의 100명 당 238.64대)이며, 가장 늦어지고 있는 주(마디야 프라데시의 100명 당 121.41대)의 격차가 약 2배인데 비해, 농촌에서는 2.5배이다. 농촌 지역에서 휴대 전화의 보급이 늦어지고 있는 주는 아삼 등 산악 지형으로 보급이 어려운 주를 제외하고 빈곤율 40% 전후의 열악한 주가 많다.[19] 이상과 같이, 휴대전화와 인터넷 접속 개선하고 있다고는 해도, 도시와 농촌, 또한 주 사이에서도 격차가 있고, 저소득 계층일수록 접근이 어려운 것을 알 수 있다.

### 5) 인도 BoP층의 구분

인도 인구는 2014년 기준 12억 3,634만 명으로 중국에 이어 세계 2위 규모이다. 이 시장에는 연간 가계 소득이 수천만 원인 선진국 수준의 가정뿐만 아니라 수백만 원에 불과한 농촌 가정에 이르기까지 소득 계층별로 다양한 사람들이 살고 있다. 이런 의미에서 BoP의 축소판이라고 볼 수 있다(고바야시 노리타카 외, 2013, p.62). 최근 지속적인 경제성장에 따라 중산층이 증가하고 소비 시장으로서의 매력은 높아지고 있다. 한국에서도 새로운 해외시장 개척의 수단으로 글로벌 BoP시장에 대한 관심이 높아지고 있다.

한국 기업은 중간층 및 저소득층 중에서 어느 수준의 소비자를 목표로 삼아야 하는가. 이 경계선을 파악하기 위해 인도 현지 조사 결과를 척도로 제시한다. 2015년 9월 인도 델리의 교외와 농촌 지역 가정을 직접 방문하여 심층면담을 실시했다. 이 가운데 대표적인 여섯 가구를 소개한다.[20]

① BoP 세그먼트 1: 도시지역 및 근교 거주, 연간가계 소득 5,000∼10,000달러
  · 가전제품으로 가득 찬 깨끗한 부엌, 냉장고, 세탁기, 전자레인지, 평면브라운관
  · TV, 컴퓨터 2대 보유, 모든 구성원 휴대전화 보유, 1달에 2회 이상 쇼핑,

· 향후 3DTV 구입희망(한국의 중산층과 유사 혹은 더 위일 듯)

| 세그먼트 | BoP 세그먼트 1 |
|---|---|
| 지역 | 델리 근교 |
| 연간 가계소득 | 1,065만 원 |
| 가옥 형태 / 면적 | 소형아파트(소유) / 65제곱미터(방 2개) |
| 연간 가계지출 | 950만 원 |
| 주요 지출 구성 | 식비(40%), 의류(20%)외 나머지 자유롭게 사용가능 |
| 세대주의 직업 | 은퇴(연금 수입) |
| 가족 구성 | 4인: 세대주(60대, 은퇴), 처(50대 주부), 장남(버스기사 30대), 차남(식품관련업종, 30대) |

② BoP 세그먼트 2 : 교외 및 농촌 지역 거주, 연 가계소득 3,000~10,000달러

· 모든 가정이 휴대전화, 32인치 액정TV, 오토바이
· 집의 청결상태가 아주 양호
· 태양전지 보유, 최신 삼성전자 휴대전화 보유

| 세그먼트 | BoP 세그먼트 2 |
|---|---|
| 지역 | 델리 교외의 마을(델리에서 차로 3시간) |
| 연간 가계소득 | 1,020만 원 |
| 가옥 형태 / 면적 | 단독주택(소유) / 70제곱미터 |
| 연간 가계지출 | 950만 원 |
| 주요 지출 구성 | 식비(20%), 의류(20%) 외 자유롭게 사용 |
| 세대주의 직업 | 촌장 |
| 가족 구성 | 3인: 세대주(40대 촌장), 처(40대 주부), 처제(30대 기간제교사) |

| 세그먼트 | BoP 세그먼트 2 |
|---|---|
| 지역 | 델리 교외의 마을(뭄바이에서 차로 3시간) |
| 연간 가계소득 | 1,075만 원 |
| 가옥 형태 / 면적 | 단독주택(소유) / 80제곱미터 |
| 연간 가계지출 | 800만 원 |
| 주요 지출 구성 | 식비(20%), 의류(20%) 외 자유롭게 사용 |
| 세대주의 직업 | 지주 |
| 가족 구성 | 4인: 세대주(70대, 은퇴), 처(60대 주부), 처제(60대 농사), 처제의 남편(농사) |

③ BoP 세그먼트 3 : 휴대전화 보유, 향후 사업 확장을 위해 노트북과 프린터 구매 희망, 도시 슬럼가에 임대로 거주

| 세그먼트 | BoP 세그먼트 3 |
|---|---|
| 지역 | 델리 근교 |
| 연간 가계소득 | 372만원 |
| 가옥 형태 / 면적 | 단층집(월세임대) / 16제곱미터 |
| 연간 가계지출 | 300만원 |
| 주요 지출 구성 | 교육비(20%), 식비(40%), 집세(20%), 나머지 20% 자유롭게 사용 가능 |
| 세대주의 직업 | 릭샤 운전 |
| 가족 구성 | 5인: 조부(채소판매) 세대주(릭샤 운전), 처(주부), 동생(정비기사), 장남(초등학교 1학년) |

④ BoP 세그먼트 4 : 1인당 1일 1달러 수준의 가정, 오토바이와
  텔레비전 보유, 셋톱박스를 소유하고 있고 위성 안테나 공동
  보유, 수입의 20%를 저축

| 세그먼트 | BoP 세그먼트 4 |
|---|---|
| 지역 | 델리 교외 마을(차로 3시간 거리) |
| 연간 가계소득 | 180만원 |
| 가옥 형태 / 면적 | 단층집 / 50제곱미터 |
| 연간 가계지출 | 150만원 |
| 주요 지출 구성 | 식비(40%), 집세(20%), 나머지 자유롭게 사용 가능 |
| 세대주의 직업 | 소매점 경영 |
| 가족 구성 | 7인: 장남(가계운영), 차남(경비원), 장남의 처(농촌일), 차남의 처(세탁노동), 부(농촌일), 모(노점상), 조모 |

<그림 2-17> 인도 BoP층의 주거 환경

⑤ BoP 세그먼트 5: 소유하고 가전제품은 전구, 휴대전화 보유
(SMS와 모바일뱅킹 사용), 자녀 교육, 육체노동이 주 수입원,
정부의 보조를 받고 있음, 오토바이를 구입 희망함

| 세그먼트 | BoP 세그먼트 5 |
|---|---|
| 지역 | 델리 근교 농촌(차로 1시간 30분 거리) |
| 연간 가계소득 | 100만원 |
| 가옥 형태 / 면적 | 단층집 / 14제곱미터 |
| 연간 가계지출 | 90만원 |
| 주요 지출 구성 | 학비(10%), 식비(40%), 나머지 자유롭게 사용 가능 |
| 세대주의 직업 | 농업 |
| 가족 구성 | 3인: 세대주(농업관련 육체노동), 처(전업 주부), 딸(학생) |

## 6) 저소득 계층의 소비 저해 요인

2014년 인구 조사에서 인도의 인구는 12.36억 명에 도달하여, 가까운 시일 내에 중국을 제치고 세계 인구가 많은 나라가 될 것이라고 예상되고 있다. 이 거대한 내수 시장에 대한 외국기업에 대한 기대가 높아지고 있지만, 여기에서는 저소득 계층의 소비는 생활필수품이 중심으로, 내구소비재 등에 대한 지출은 아직 제한적이다. 또한 통계청 실시한 2009/10년도 "전국 표본 조사"에 따르면, 1인 1개월당 소비 지출은 도시에서 1,786루피인 데 비해, 농촌 지역에서 928루피에 그쳐 소비는 도시와 농촌의 격차가 큰 것을 알 수 있다. 특히 소득이 높은 상위 20%가 전체 소득의 59%를 차지하는 반면, 하위 40% 인구의 소득은 10% 이하로 재산을 많이 부유층이 차지하고 있는 구조가 부각되고 있다.

인구의 대부분을 차지하는 저소득 계층의 소비 행동을 저해하고 있는 요인으로는 인프라의 정비 부족 등으로 물리적 접근성 자체에 제약이 있다는 점을 들 수 있다. 그러나 가장 큰 요인으로 생각되는 것은, 원래 저소득 계층은 활발한 소비 활동을 할 정도의 소득이 없다는 점이다. 연간 가구 소득이 9만 루피 미만의 인구는 전체의 50%를 넘지만, 1일 1인당 소득으로 환산하면 50루피 정도가 되기 때문에, 이러한 계층의 가처분 소득은 내구 소비재를 구매할 여유가 없다. 또한 연간 가구소득 20만 루피 미만의 인구를 더하면, 인구의 80% 이상을 차지하지만, 이 층에서도 가전 등 내구재는 겨우 손이 꼽는 수준이다.

　저소득층의 소득이 부진 요인으로는 인구의 대부분을 차지하는 농촌의 일자리가 한정되어 있는 점을 들 수 있다. 인도 인구 비율은 농촌이 68.8%, 도시 지역은 31.2%, 농촌 인구 비율이 높은 것이 특징이며, 농촌 인구의 대부분은 농업에 종사하고 있다. "전국 표본 조사"에 따르면, 농업 취업 인구의 비율은 1992/93년도의 78%에서 2009/10년도는 70%까지 조금 감소하고 있다. 한편, 농림·수산업의 GDP 기여율을 보면 1992/93년도의 27%에서 2009/10년도는 15%로서 10% 포인트 이상 하락하고 있다. 농업 취업 인구 비율의 감소와 GDP 기여율의 저하를 비교하면 농업에서 제2차, 제3차 산업의 고용 변화는 완만하다는 점을 알 수 있다. 최근 인도의 경제 성장은 주로 제2차, 제3차 산업, 특히 기술 집약도가 높은 ICT산업 등 고급 교육 인재에 의한 부문이 이끌고 있다. 저소득 계층이 주로 종사하는 제1차 산업의 GDP 성장률 기여도는 상대적으로 낮은 성장률의 성장도 완만하기 때문에, 농업 종사자의 소득도 정체하고 있는 것으로 추정된다.

인도의 고용 상황을 보면, GDP가 높은 성장률을 유지하고 있음에도 불구하고, 2009/10년도의 실업률은 전국 평균 9.4%로서 높은 수준에서 고용의 절대량이 부족하다. 이 때문에 농촌 지역 저소득계층이 농업에서 보다 소득이 높은 산업으로 이동하는 것이 곤란해지고 있는 것으로 보인다.

2010년 만모한 싱 정부는 제11차 5개년 계획에서 농촌 중시 빈곤 감소를 내걸고 있지만, 그중 주요 정책으로 밝혀지고 있는 것에 "전국 농촌 고용보장계획"(National Rural Employment Guarantee Scheme: NREGS)이 있다. 이것은 농촌의 저소득층을 대상으로 가구당 1명, 연간 100일을 한도로 공공사업의 일자리를 제공할 계획이며, 2006년 이후 많은 사람들이 이용하고 있다. 이 정책은 저소득층에 안정된 소득을 주고 농촌 소비를 자극한 것으로 평가를 받고 있다. 그러나 이러한 임시 구제는 농촌의 소비를 장기적으로 끌어 올리는 것이 아니기 때문에 향후 농촌 소비가 촉진되기 위해서는 일자리 창출을 위한 교육과 인프라 개선, 외자 유치 등의 정책이 적극적으로 펼칠 필요가 있다.

위에서 살펴본 바와 같이, 기존 시장으로 파악되고 있지 않은 개발도상국의 저소득층을 대상으로 사업을 진행하기 위해서는 그들의 생활 실태를 파악하고 그중에서 잠재적인 요구를 도출한다. 더 나아가 요구에 부응하는 제품·서비스를 그들이 구입 가능한 가격대로 제공하는 것이 요구된다.

BoP 비즈니스를 위해 다음 두 가지 관점을 제시한다. 첫째, 소셜 비즈니스라는 이제까지의 사업 추진 방식과는 아주 다른 사업 방식이다. BoP 비즈니스는 한국을 비롯해 선진의식을 가진 소비자에 대한 브랜딩 효과가 크다. 선진국 소비자, BoP소비자, 현지 정부 및 NGO/NPO 등 다양한 이해관계자와 사업 전체의 에코시스템(복수의 관계자가 협력을 통해 상호 수익을 유지하고 발전해가는 구조)을 구성함으로써 경제성과 사회성을 동시에 구현할 수 있는 소셜 비즈니스가 주목받고 있다. 둘째, 지금이 BoP층 사람들에게 남아 있는 한국(Korea) 브랜딩 효과를 활용할 수 있는 좋은 기회라는 점이다. 한국 상품이나 제품에 대한 지식이 거의 전무한 BoP층도 상당수 존재하지만, 한국이라는 나라와 한류에 대한 호감을 갖고 있는 사람이 많다. BoP층 소비자를 공략할 수 있는 마지막 기회가 얼마 남지 않은 것이다.

## 6. 인도의 BoP 시장 진출 전략

### 1) 국가 개요

인도는 현재 세계 2위의 인구 보유국이며, 2021년에는 국가별 인구의 1등을 유지하고 있던 중국을 제치고 세계 1등국이 될 것으로 추산되고 있다(유엔인구기금 "세계인구백서 2011년").

경제적인 측면에서 보면 지난 10년 GDP(국내총생산)를 평균 약 8% 성장시켜 왔다. 2010년 1인당 GDP의 3408달러(IMF <국제통화기금> "World Economic Outlook Database" 2011년 9월)는 인도가 여전히 미성숙한 시장임을 보여주고 있다고 할 수 있지만, 급성장하고 있는 나라인 것은 확실하다.

인도는 2000년 초기에는 ICT가 산업을 주도하고, 이어 낮은 제조비용과 경제 특구의 설치 등을 배경으로 자동차와 제약을 비롯한 제조업도 부흥하고 "세계의 공장" 로서의 존재감을 보여 왔다. 또한 최근에는 MoP층의 등장에 따라 세계의 공장에서 "세계의 시장"으로 변화하려고 하고 있다.

노무라경제연구소의 예측에 따르면, 인도의 MoP층은 2030년에는 약 7억 9000만 명(전체 인구 15억 2000만 명의 약 52%)로, 이 계층의 가계 지출 총액은 2005년의 8배에 가까운 약 10조 3000억 달러에 달한다.

또한 2030년 시점에서 MoP층 중 약 7억 명이 2005년 시점에서 BoP층이었던 사람들이라고 예측하고 있다. 즉 인도에서는 2030년 시점의 MoP층의 약 89%가 소득의 향상으로 BoP층에서 MoP층으로 이동한 사람들이 차지하게 된다.

이처럼 인도는 MoP 시장의 급속히 늘어나는 경향을 보이고 있어, 최근 인도 시장에 주목하는 다국적 기업이 급증하고 있다.

## 2) BoP 사업을 추진하는 데 알아야 할 포인트

### (1) "누구" : 최종 고객은 누구인가

2030년 인도의 MoP층 시장을 겨냥한 전략으로 BoP 사업을 추진하는 경우에는 Tier2 도시·Tier3 도시의 교외 지역과 도시 주변의 농촌 지역에 거주하는 BoP 1500 이상의 사람들에 주목하는 것이 중요하다고 생각된다.

또한 연구에서는

Tier1 : 도시 인구가 400만 명 이상
Tier2 : 동 100만 명 이상, 400만 명 미만
Tier3 : 동 50만 명 이상, 100만 명 미만

라고 정의하고 있다.

도시 인구는 취업 연령에 해당하는 남성의 75% 이상이 농업 이외의 일정한 직업에 종사하고 있고, 한편 인구 밀도가 $1km^2$당 400명에서 1개 지방당(1개 행정구역당) 인구 5,000명 이상의 지역에 살고 있는 인구를 말한다. 또한 BoP층 연간 소득에 따라 다음과 같이 정의하고 있다.

BoP 3000 : 2,500~3,000달러
BoP 2500 : 2,000~2,500달러
BoP 2000 : 1,500~2,000달러
BoP 1500 : 1,000~1,500달러
BoP 1000 : 500~1,000달러
BoP 500 : 500달러 미만

인도에서는 위의 인구와 가계 지출 총액의 변화에서 2030년에는 2010년 시점에서 BoP층이었던 사람들의 약 53%가 MoP층으로 이동한다고 추측된다. 또한 2010년 BoP층의 소득 계층 별 인구를 따라 살펴보면, BoP 2000 이상의 BoP층과 BoP 1500의 약 80%가 MoP 층으로 이동한다고 추측된다. 이외에 도시 비율에서 BoP 1500 사람들의 약 80%는 농촌에 거주하고, 소득이 증가함에 따라

도시에 사는 비율이 상승할 것으로 추측된다.

한편, 인도의 도시의 발전 단계를 생각하면, 델리, 뭄바이 등 Tier1 도시에서 먼저 도시의 중심부가 개발됨과 동시에 주변 교외도 개발되어, 결과적으로 그 주변의 농촌 지역도 함께 활성화되어 가는 경향이 있었다. 따라서 빠르게 성장하기 시작했던 Tier2 도시와 Tier3 도시에서도 도시의 성장·확대에 따라 그 도시 주변의 교외 지역과 농촌 지역이 활성화될 것으로 생각된다.

도시 수를 보면, 2006년 시점에서 Tier1 7개 도시, Tier2는 69개 도시, Tier3 87개 도시에서 Tier2 도시와 Tier3 도시에서 150개 도시를 넘는다. 2001년부터 2006년까지 19개 도시가 Tier3에서 Tier2로 이동하고 있는 것에서도 알 수 있듯이, 이러한 중견 도시가 그 수·규모를 급속히 증가시키고 있다. 실제로 최근 도시 인구와 주민의 연간 가구 소득의 성장률 모두 Tier1 도시보다 Tier2 도시 쪽이 많다.

따라서 향후 BoP 사업을 추진하는 데 주목할 최종 고객은 구체적으로는, 푸네, 나구푸르, 자이푸르, 스라토 등의 Tier2 도시와 마스라, 폰디체리 등의 Tier3 도시의 교외 지역과 같은 도시 주변의 농촌 지역에 거주하고 있는 BoP층, MoP층 인 것으로 생각된다. 이러한 지역의 BoP층은 도시의 성장과 함께 소득도 향상하고 BoP층에서 MoP층으로 성장이 기대됨에 따라 이들을 대상으로 BoP 사업을 추진해 나갈 것으로, BoP층의 소득 향상과 국가 전체의 발전에 더 큰 영향을 줄 수 있는 것이다.

## (2) "어떤 과제를" : 자사가 제공하는 가치는 무엇인가

그런 인도의 성장을 크게 촉진 또는 크게 억제하는 요인에 주목하여 자사에서 제공할 수 있는 가치와 제품·서비스의 이미지를 확산한다. 인도의 성장에 큰 영향을 주는 영역으로는 에너지, 가정용품, 보건 의료, ICT, 교육, 금융을 들 수 있다.

유엔의 MDGs(새천년개발목표)의 인도의 달성 상황이 현상이 계속되면 2015년까지 달성이 전망되는 목표는 존재하지 않고, 개발 과제가 산적해 있다. 특히 유아 사망률의 감소는 2015년까지 달성은 어려울 것으로 되어 있지만, 인구가 많은 인도에서 개발 과제의 지표가 개선되면 전 세계의 개발 과제의 지표 개선에도 크게 영향을 미칠 수 있다. 또한 인도 정부는 1차 보건센터(1차 의료기관)에서의 출산을 촉진하기 위해 국민에게 보조금을 제공하고 있다. 농촌 인구와 유아 사망에 관한 현황 파악이 진행되고 있어 향후 이 영약의 중요성은 점점 높아져 가는 것이다. 이에 따라 인도의 보건 의료 영역에 대한 접근은 현지 정부뿐만 아니라 국제기관과 지원 기관의 지원을 기대할 수 있다고 생각된다. 위의 보건 의료 이외에 인도의 성장을 크게 억제하고 있는 영역으로는 에너지가 꼽힌다. 도시, 농촌에 불구하고 인도 전역에서 전력의 안정 공급은 큰 문제가 되고 있다. 따라서 인도 정부는 "2012년까지 가정용 전기 100% (Power for All by 2012)"를 목표로 설정하고 동시에 태양광 발전 관련 정책을 전개하고 있다. 이런 상황에서는 ① 전기 보급율 향상 정책에 따른 사업 ② 전기 지역의 정전이나 불안정한 전압에 대응할 수 있는 제품·서비스 ③ 재생 가능한 에너지 사업 ④ 전기를 필요로 하지 않는 제품·서비스에 대한 수요가 높아진다.

한편 인도의 성장을 크게 촉진 요인에 지난 10년의 휴대 전화의 급속한 보급을 들 수 있다. 휴대 전화는 도시·농촌의 구별 없이 보급하고 있으며, 인도 북동부의 농촌에서는 혼자서 여러 대의 단말기를 보유하고 있는 사람도 있다. 통화뿐만 아니라 농업 분야·교육 분야의 콘텐츠의 보급도 진행되어오고 있으며, 농업인 소득 향상, 비 농업 분야에서의 취업 기회의 획득에 결부되어, 이러한 ICT 영역의 서비스는 점점 수요가 높아지고 있다.

### (3) "어떤 방법으로" : 추진해야 할 비즈니스 모델은 무엇인가

마지막으로, 인도에서 가치연쇄를 구축할 때 누구와 어떤 연구를 하면 국가의 성장에 큰 영향을 줄 수 있는지를 파악한다. 인도 유통망의 정비는 아직 미성숙 상태이다. 광대한 인도 전역을 커버하는 유통망을 구축하는 것은 곤란하다. 또한 국토의 넓이뿐만 아니라, 주마다 다른 규제·관세가 유통망 구성이나 비용이 높은 데 크게 영향을 주고 있다. 따라서 인도의 최종 고객에게 판매는 키라나(Kirana, 동네 잡화점)가 큰 역할을 하고 있다. 키라나는 도시·농촌에 모두 여기저기서 볼 수 있어 많은 가족에 의해 운영되고 있다.

즉, 인도는 체인 운영이 충분히 확립되어 있지 않다고 할 수 있다. 따라서 제품을 유통시키려면 엄청난 시간과 막대한 투자를 하고 자사에서 판매 루트를 직접 설정하거나 유통(유통 사업자)을 통해 키라나 등에 제품을 주 단위별로 유통시키는 등의 양자택일을 강요한다. 이런 상황에 있기 때문에 인도에서 BoP 사업을 발전시키기 위한 강력한 유통망을 구축하기 위해서는 파트너십이 중요하다. 구체적으로는 타타, 마힌드라, 아지디야 빌라을 비롯한 재벌과

ITC(원래 국영담배회사), Drishtee 등 최종 고객 판매망과 접점을 가진 사업자와 파트너십을 맺어서, 광범위한 유통망을 확립시킬 수 있다. 다음은 인도에서 실제로 BoP 사업을 추진하고 있는 사회적 기업가에 주목하고 국가의 성장에 영향을 미칠 수 비즈니스 모델을 파악한다. 인도에서 충분한 수익을 거두어, 사업 규모를 확대하고 있는 사회적 기업가는 교육·직업 훈련, ICT 에너지 영역에 눈에 띈다. 이러한 사회적 기업가는 농촌에서 가공 공정의 교육·직업 훈련을 실시함으로써 제품·서비스의 부가가치 향상에 성공하고 있는 사례와 농촌에 대한 올바른 정보 제공을 통해 제품·서비스의 적정 가격 거래를 실현하는 경우 등 다양하다(표 2-16).

그들에게 공통되는 것은 시장 획득을 위한 비영리 조직(사업 회사)과 시장 창출을 위한 비영리 조직(기금이나 교육 기관)을 모두 운영하고 있는 점이다. 비영리 조직이 BoP층에 대한 교육·창업 지원을 함으로써 비영리 조직의 이해 관계자와 비즈니스 파트너를 육성하고 사업의 확대를 가속시키고 있다. 그리고 비영리 단체 기부금과 보조금 등의 자원을 활용하여 영리 조직에 부담을 주지 않는 운영을 하고 있다. 이 때문에 외부 자원을 활용하기 쉬운 조직을 구축하고 비영리 활동을 통해 사업의 가치 연쇄를 강화하는 것이 중요하다는 것을 알 수 있다. 한국기업이 진출 할 때 이러한 기업·사업체와의 파트너십이 중요하다. 게다가 일부 선진국에서 사업 확장하고 확장할 때 사람들의 의식 개혁부터 시작하여 중장기적으로 기업·기술자·유통망을 육성·구축해 나가는 구조를 구축하는 것이 중요하다.

<표 2-16> 인도의 성장에 큰 영향을 미치는 영역과 관련 비즈니스 기회

| 영역 | 국가의 성장을 촉진 또는 억제하는 요인 | 예상되는 고객 예 | 제품·서비스 예 |
|---|---|---|---|
| 에너지 | · 전력 부족이 심각하고 계획 정전이나 예기치 못한 정전이 빈발하고 있는 상황 | · 관개 등 농업 작업을 위해 전력이 필요한 농업 종사자<br>· 기존의 미니 그리드 운영자 | · 신재생 에너지사업(태양광 발전, 바이오매스 발전)<br>· 위 업체에 의해 발전된 전력을 효율적으로 활용하는 에너지 관리시스템·기기(배전기기, 배터리, 컨버터, 스마트 미터 등) |
| 가정 용품 | · 음악 서비스 등 엔터테인먼트 분야의 지출 비중이 음식과 음료에 이어 큼 | · 무 전기화 또는 전력 공급이 불안정한 지역 거주자<br>· 콘텐츠 제작 사업자 | · 불안정한 전력 공급에서도 활용 가능한 가전제품(텔레비전·DVD 플레이어 등)<br>· 휴대전화 네트워크, 모바일 기기를 활용한 사람들을 능력을 키우는 엔터테인먼트 콘텐츠 사업 (음악·스포츠·운세 등의 콘텐츠)<br>· 휴대전화나 태블릿 PC 등으로 콘텐츠 시청 가능한 플랫폼 |
| 보건 의료 | · 유아 사망률의 감소는 2015년까지 MDGs의 달성을 하지 못함 | · 의료기관까지 접근이 어려운 농촌 거주자<br>· 1차보건센터(1차의료기관)를 관리하는 지자체 | · 유아 사망률의 감소에 기여하는 제품(백신, 정제제, 정수 장치, 모바일 의료 기기 등)<br>· 이동형 건강 진단·진료 서비스<br>· 원격 의료 |
| ICT (정보 통신 기술) | · 휴대전화의 가구 보급률은 2010년 기준 91.9%로 최근 급속하게 상승하고, 생활 기반의 일부가 되고 있다 | · 농업 종사자<br>· 농촌에서 신규 사업을 시작하는 사회적 기업가<br>· 전자정부 서비스에 주력하고 있는 자치체 | · 휴대전화 네트워크, 모바일 단말기를 활용한 농업 콘텐츠 비즈니스<br>· 농촌 지역의 BPO(비즈니스 프로세스 아웃소싱 : 업무의 외부 위탁)을 저렴한 비용으로 구현할 수 있는 시스템<br>· 농촌에서 유통 사업 관리, 전자 거래를 지원하는 시스템<br>· 주민등록증명서, 혼인 신고 등의 전자 신청 서비스 |
| 금융 | · 지방에서 금융 서비스를 보급·확대하기 위해 지점 개설 규제가 있고, 도시와 지방 모두에서 사업 추진이 요구되고 있다 | · Tier2와 Tier3 도시로의 이주 노동자<br>· 농촌에서 신규 사업을 시작하는 사회적 기업가<br>· 소액 금융 기관을 포함한 금융 서비스 제공 사업자 | · 고객의 접근성을 향상시키기 위한 금융 서비스, 모바일 단말기시스템(ATM <현금자동입출금기> 서비스 구축 등)<br>· 위에 따른 보안 관련 사업 |

| 교육 | · BoP층에 제공되고 있는 공공 직업훈련 프로그램이 적기 때문에 BoP층의 일자리가 농업, 키라나 경영자에게 치우쳐 있다<br>· 급속한 경제 발전에 따라 교육에 대한 수요가 증가하는 반면, 공급 측면의 교사와 교재가 부족 | · 농촌에서 공업단지의 IT(정보기술)직 등을 희망하는 구직자<br>· 초등 교육부터 고등교육까지 국공립학교 운영 모체인 중앙 정부·지자체 또는 사립학교 | · 휴대전화 네트워크, 모바일 단말을 활용한 라이프 이벤트 지원 서비스 (취업·관혼상제 등의 콘텐츠)<br>· 직업 훈련과 직업 매칭의 복합 서비스 (e 러닝 시스템, 직업 매칭 시스템 등)<br>· 교원 부족, 자료 부족에 대응할 수 있는 시스템 (원격 교육 시스템 등) |

주) MDGs : 유엔의 "밀레니엄개발목표", 키라나 : 인도의 잡화점

## 3) 인도의 BoP 시장 진입 전략

### (1) 인도 시장의 발전 비전의 수립과 시장 창출

인도의 BoP 시장 진출은 아프리카의 사례와는 조금 다르게, 상대적으로 경쟁 강도가 높은 심한 인도 시장에 맞는 자사의 발전 계획을 수립한다. 이를 바탕으로 자사가 인도인들에게 어떤 가치를 제공하고, 이를 위해서는 어떤 제품이사 서비스를 제공해나 갈 것인지를 고민해야 한다.

전 세계 40억 명의 BoP 중에서 아시아에 거주하는 BoP는 28.6억 명(71.5%)이며, 인도를 포함한 남아시아는 지구상에서 가장 가난한 사람이 가장 많이 사는 지역이기도 하다. 그중에서 인도는 전 세계를 대상으로 하는 BoP 시장에서도 핵심적인 위치를 차지하고 있다. 방글라데시, 네팔 등 인도와 사회적, 문화적 유사성이 큰 남아시아 국가들에 대한 시장 진출의 교두보를 제공할 수 있을 것으로 기대된다. 인도의 자이나교도 기업은 교리상 수익의 10%를 사회 환원하고 있으며, 재계 2위 타타그룹은 수익의 상당 부분을 공익사업에 투자하는 등 빈곤층 퇴치를 위한 비즈니스 개발에 노력하

고 있다(오화석, 2013). 더 나아가 인도 BoP 시장에 성공적인 진출은 장기적으로는 아프리카 BoP 시장에 진출하는 데 촉매제 역할을 할 것으로 기대된다.

한편, 아프리카의 BoP 시장이 개발원조 중심에서 벗어나 글로벌 다국적기업들이 서서히 참가하고 있으며 아직 개발단계에 머무르고 있다. 이에 비해 인도 BoP 시장은 미국, 유럽, 일본 등 선진국 다국적 기업의 각축장을 이루고 있으며, 인도 현지 대기업의 시장 참여도 활발한 이루어지고 있는 등 BoP 시장 측면에서 성장단계로 진입하고 있다.

### (2) 신뢰할 수 있는 현지 파트너 발굴

그라민다농은 그라민은행의 '소셜 비즈니스'를 추진하는 가족 기업인 Grameen Telecom, Grameen Shakti, Grameen Telecom, Grameen Kalyan 4개사와 다농이 50 %(각 125만 달러)씩 출자한 소셜 비즈니스이다. 그라민다농은 사업 목적을 방글라데시의 사회적 과제인 "아이의 건강 증진과 빈곤 퇴치"로 명기하고, 현지에서 자율적인 비즈니스 생태계를 지향하는 이른바 지역밀착형 사회비즈니스 생태계 모델의 구축하고 있다.

당시 방글라데시는 영양실조에 걸린 아이들을 위한 영양 대책을 세우기에는 공공 섹터의 역량이 부족하였다. 민간 부문의 일반 기업이 아이들의 영양을 위한 식품 또는 제품을 만든다고 해도 빈곤층의 구매력이 떨어져, 비즈니스가 이루어지기 어려운 상황이었다. 그라민은행의 창립자인 유누스는 다농에게 방글라데시의 열악한 건강·보건 상태를 개선하기 위한 가장 우선적인 노력으로 적정한 이유식 제품의 생산을 제안하였다. 다농의 입장에서 보면 방글라데시의 진출은 남아시아 지역에 필요한 마케팅 기법을 배우고, 거대시장인 인근 인도의 진출을 위한 테스트 마케팅으로 시작되었다.

프랑스 기업인 다농푸드는 다농이라는 브랜드가 널리 알려진 선진국과는 달리 서남아시아 지역에서는 기존의 낮은 구매력으로 인해 자사 제품에 대한 수요가 높지 않았다. 다농은 서남아시아 시장을 공략하기 위해 노벨평화상을 수상한 유누스가 설립한 그라민은행을 통해 "그라민(Grameen)"이라는 존경받는 브랜드와 파트너십을 맺었다. 또한, 저렴한 가격과 영양 개선이라는 사회적 명분을 갖춘 프로젝트를 통해 현지에서 큰 저항이 없이 성공적으로 개발도상국 시장에 진입할 수 있었다. 그라민다농은 현지 공장에서 현지인을 고용하고, 원료인 우유 등도 현지 농가에서 매입하며, 판매, 배송도 현지인에게 위탁한다. 낙농가나 판매점에는 소액금융으로 자금을 융자하고, 수시로 기술지도나 상품 설명회도 개최하고 있다. 또한 구매력을 증가시켜 지역 경제를 활성화시키면서 방글라데시 지역사회를 위한 사회적 영향력을 창출해내고 있다.

## 4) 소 결론

BoP 시장은 저소득층 인구가 향후 중산층으로 다수 편입될 수 있다는 측면에서, 미래의 거대 시장이다. 지금이라도 아시아, 아프리카의 시장 진출 전략을 실행하여, 도전을 시작하는 혜택은 매우 크다. 그 이유는 다음 세 가지로 요약할 수 있다.

첫째, 시장 선도자의 혜택을 누릴 수 있다. 자사의 입장에서 규모가 있는 시장으로 판단될 때는 자사만의 에코시스템을 구축할 수 있는 기회가 존재한다. 시장 확대기에는 에코시스템, 브랜드, 인재의 주춧돌을 만들 수 있는 가능성이 있다. 자사가 먼저 진입한 시장에서는 새로운 사업에 도전할 수 있는 기회가 생기는 시너지 효과가 발생한다. 둘째, 작은 도전으로 할 수 있다. 선진국 기업은 소수 정예의 인력으로 BoP시장을 탐색하고 있다. 현지에는 적은 구할 수 있는 인재와 파트너가 풍부하다. 이들을 잘 활용하면 적은 투자비용으로 시장에 진입할 수 있다. 셋째, 몇 년의 테스트 기간을 확보할 수 있다. BoP라는 잠재된 시장에 진입하는데 따른 시행착오를 줄이고, 세심한 마케팅 및 시행 기간 확보로 위험의 감소가 가능하다.

BoP시장은 지금까지 누구도 가 본 적도 경험 한 적도 없는 거대한 시장이 일어나고 있는 것이다. BoP 시장의 특징을 살펴보면 다음 세 가지로 요약할 수 있다. 첫째, BoP층의 상황과 요구를 포괄적으로 통찰하여 대응해야 하는 시장이다. 이미 일정 정도의 "가처분 소득"을 하는 MoP 예비군의 성격을 가지고 있으며, 휴대폰이나 소액 금융이 시장을 견인하는 메커니즘을 지원하고 있다. 또한, 상품을 전달하고, 살 수 있는 시스템까지 설계한 기업이 큰 규모의 장기적인 성공을 거두게 된다. 둘째, 정부와 NPO와 파트너십이 핵심을 이루는 시장이다. 정부·국제기구는 기업 비즈니스의 힘을 줄 수 있는 조직이며, 기업과 협업할 수 있는 NPO도 등장하고 있다. 더 나아가 BoP층의 사람들 자체도 비즈니스 파트너가 공생의 시스템을 구축할 수 있다. 셋째, 새로운 상식이 지배하는 시장이다. 선진국의 사람들과는 다른 구매의 우선순위를 보이고 있다. 즉 저소득층은 위생환경 개선에 투자하기 보다는 휴대폰 구매나 오토바이 등 삶의 질 향상에 우선하는 경향을 보이고 있다. 선진국과는 다른 발전의 경위를 보이는 시장이다. 선진국이 인프라를 구축하고 이를 바탕으로 휴대폰 등 여가용품이 보급된데 비해, BoP시장은 생활 인프라가 갖추어지지 않은 상태에서도 휴대폰, 위성안테나 등 여가 용품의 사용이 활발하다. 따라서 선진국의 비즈니스를 통해 얻은 경험, 상식을 버리고 현지에서 경험을 바탕으로 시장에 대응하지 않으면 안 된다.

이제 선행 투자로 BoP 비즈니스에 대응하는 것은 10년 후 경쟁이 격화된 거대 시장에서 부족한 "시간"을 구입하는 것과 같은 개념이다. BoP 비즈니스의 미래 전략은 다음과 같다. 첫째, 자사만의 에코시스템을 만들어야 한다. 팔리는 상품과 소비자에 대한 접근 능력 같은 에코시스템 형성이 비즈니스의 승패를 좌우한다. 다양한 파트너와 협력하는 비즈니스 모델이 중요하지만, 매력적인 파트너에 대해서는 기업 간 쟁탈전이 치열해질 수 있다는 점을 감안해야 한다. 둘째, 자사만의 브랜드 만들기다. BoP에서는 처음 효과를 실감한 경험, 판매량이 중요하지만 브랜드는 한 번 정착하면 당분간 역전하기 쉽지 않다. 과거 예상했던 것보다 BoP층을 대상으로 다양한 상품과 서비스가 개발되기 시작했다. 셋째, 자사만의 인재 육성이다. 새로운 상식이 지배하는 시장에서 싸울 사원·경영자는 해당 시장에서 경험을 쌓는 것으로 육성의 원칙이다. IBM이나 삼성도 개발도상국에 인재를 보내 경험을 축적하고 있다. BoP 시장에서의 기업 브랜드 파워가 현지 인재 확보 측면에서도 공헌하고 있다.

# 3부

# BoP 비즈니스 사례 분석

# 1장 기업의 BoP 비즈니스 전략의 성공 사례

## 1. 사례 분석 프레임워크

BoP 비즈니스는 2000년대 초부터 기업이 개발도상국의 저소득층의 사람들을 대상으로 영리 사업을 통해 빈곤 등 사회 문제의 해결과 이익 창출을 동시에 달성하고자 하는 목적으로 시작되었다. 슈레이더 등(Schrader, et al. 2012)은 BoP 시장에서 전략적 관리 프로세스를 소개한 후, 이를 바탕으로 Allinaz, BSH, P&G 등 BoP 시장에 진출한 다국적기업의 비즈니스 전략을 11개의 분석기준을 통해 제시하고 있다. 본 사례의 분석 틀은 슈레이더 등(2012)의 BoP 사업 사례를 바탕으로 11개의 분석 기준을 제시하고 있다<표 3-1>.

<표 3-1> BoP 비즈니스의 분석 기준

| 분석기준 | 세부 항목 |
|---|---|
| 1. 기업 | 비즈니스 방침, 종업원과 고객의 수, 장소 |
| 2. BoP 층의 기본적 욕구 | BoP 층의 고객의 문제점, 고객 니즈, 사용 기간, 제한 조건 |
| 3. 동기부여 요인 | 경제적 목표, 새로운 시장 개척, 기업 책임, 이미지 향상, 종업원에게 동기 부여 |
| 4. 외부환경분석 | 잠재적 고객의 조건, 업무 능력, 경쟁 상대, 정치 상황, 이해관계자 |
| 5. 관련된 이해관계자 | 정부, 시민 사회, 공급자, 비즈니스 파트너, 현지 NGO등 |

| 6. 상품/서비스 | 상품 특성, BoP 층의 수요에 적합, 현지 조건에 적응하는 상품의 디자인 |
|---|---|
| 7. 전략적 선택 | 명확한 비즈니스 방침, 종합적 전략, 경쟁 우위 |
| 8. 조직적 실행 | 핵심 비즈니스, 조직에 정착, 타 비즈니스와의 관련성 |
| 9. 공급망 | 잠재적인 비즈니스 파트너의 발전, 사슬상에서 상류, 하류의 협력적 구조 |
| 10. 경제적 효과 | 규모, 시장 점유율, 이익, 이미지 제고와 진화에의 동기 부여 |
| 11. 지속적 발전 효과 | 빈곤을 완화하는 사회적 경제적 효과, 생활 조건의 개선, 환경 문제 감소, 자연 자원의 유효 이용 |

출처 : Christian Schrader, Juergen Freimann, Stefan Seuring(2012) "Business Strategy at the Base of the Pyramid", Business Strategy and the Environment, Vol. 21, Issue 5, pp.281–298.

<표 3-1>의 11개의 BoP 비즈니스의 사례 분석 기준은 ① 기업은 사명, 이념, 비즈니스 방침, ② BoP층의 기본적 욕구 ③ BoP 층에 진출하는 동기부여 요인은 기업의 목적에 해당됨. ④ 외부 환경과 ⑤ 관계자의 참여는 외부 환경의 분석이다, ⑥ 상품·서비스는 내부 환경의 분석이다. ⑦ 전략적 선택은 BoP 비즈니스 모델을 정하는 것에 해당한다. ⑧ 조직적인 실행과 ⑨ 공급망은 전략 실행을 하는 것을 말한다. 마지막으로 BoP 비즈니스 성과는 경제적 효과와 지속적 발전 효과의 양면으로 평가된다.

이어서, 슈레이더 등(2012)의 11개의 BoP 비즈니스 사례 분석 기준을 이용하여, 일본 기업 2개사와 선진 기업 4개 회사의 BoP 비즈니스 전략을 분석한다. <표 3-2, 3>은 미국·유럽·일본 기업 7개사의 사례를 11개의 BoP 비즈니스 사례 분석 기준에 따라 정리한 것이다.

<표 3-2> 일본, 미국, 유럽의 대표적 BoP 비즈니스(1/2)

| 사례<br>분석기준 | 아지노모토:<br>이유기식품개발 | 사라야(SARAYA) :<br>손씻기 운동 | 바스프(BASF):<br>식품영양보강 |
|---|---|---|---|
| 1. 기업 | 종합 식품 기업. 세계 22개<br>국에 거점을 두고 130개국<br>에서 조미료나 식품을 판매.<br>종업원 28,245명 | 위생용품, 건강식품 등을 다<br>루는 종합화학 회사. 전세계<br>14개국에 거점이 있고, 1,440<br>명의 종업원(정규직 989명) | 대형 화학 회사,<br>97,000명의 종업원를 가지고,<br>세계 330개 지역에 생산 거점. |
| 2. BoP<br>층의 기본<br>욕구 | 세계에서 약 10억명이 굶주<br>림 혹은 영양 불량. 20억명<br>이 비타민과 미네랄 부족.<br>가나에서 이유기의 영양 부<br>족때문에 18개월 아이의<br>40%가 작은 키. 그 후에도<br>5세 미만 어린이의 30% 이<br>상이 작은 키. | 우간다의 영유아의 2대 사<br>망 원인인 설사성 질환과 급<br>성 호흡기 감염증을 적절한<br>시기에 비누를 사용해 손을<br>씻는 것으로 설사성 질환<br>35%~50%, 급성 호흡기 감<br>염증에서 23%나 감소 가능 | 세계에서 일상적으로 섭취되<br>는 요드, 철, 미네랄, 비타민<br>등의 부족으로 영양실조 문<br>제가 존재. 특히 아동의 성장<br>단계에서 많이 발생 |
| 3. BoP<br>시장에<br>진출동기 | 지속 가능한 비즈니스를 통<br>해 빈곤 문제를 개선. 해외<br>시장을 개척하는 사업의 확<br>대를 목표 | 지속 가능한 사회공헌형 기<br>업의 실현. 새로운 시장을<br>개척 | 종업원의 동기부여를 끌어내,<br>새로운 선택, 파트너 조직<br>(UN, 다른 조직)에 접속. 신<br>규시장을 파악 |
| 4. 외부<br>환경분석 | 가나에서는 유아 이유 기간<br>에 영양 부족으로 성장 지연<br>증가. 또 장기간 실업과 인<br>프라의 미정비 등 직업별 및<br>지역별 빈곤 격차가 확대. | 우간다에서는 BoP 층 비율<br>이 95%. 건강 시장의 니즈<br>는 채워지지 못함. | 세계에서 1억명 이상의 아이<br>가 비타민 A 부족에 시달림.<br>세계 70개국에서 식용유를<br>섭취함으로써 20%감소 가능. |
| 5. 관련된<br>이해 관계자 | 정부 기관(가나 보건부,<br>JICA, USAID), 가나 대학,<br>INF, 국제기구(UNDP, UNICEF,<br>WFP) NGO(케어 가나, 플랜<br>가나, GAIN(Global Alliance<br>for Improved Nutrition)) | 국제 기관(UNICEF, WHO,<br>JICA), 현지 기업(카키라슈가)<br>SARAYA EAST AFRICA,<br>마켈렐레 대학 | 국가 정부, 다국적 조직, 가<br>치사슬의 각 단계에 관계된<br>민기업(예 : 판매, 배송 등을<br>보조) |
| 6. 제품/<br>서비스 | 영양 보조제 "KOKO Plus"<br>가나 대학, INF<br>와 공동으로 제품 개발 | 사라야의 손 소독 제를 제공.<br>향후 알코올 소독제를 우간<br>다에서 생산·판매의 비즈<br>니스를 고려중 | 비타민과 미량 영양소 보조<br>의 필수 식품. 특히 타겟 그<br>룹의 영양 섭취 부족에 적응<br>(비타민 A). 저렴한 제품(영<br>양강화 요소를 위한 가격 |
| 7. 전략적<br>선택 | B to C 비즈니스 모델. 가나<br>중산층의 이유기간의<br>자녀를 둔 가족을 메인 타깃<br>으로 선정 | B to G사업모델.<br>탑다운형 BoP 비즈니스 전<br>략 프로세스에서 전개. 유니<br>세프와 제휴해 "100만 명의<br>화장실 프로젝트"를 하고,<br>BoP 시장을 파악. | 비즈니스의 사회성에 초점을<br>맞춤. 영양 강화 프로젝트는<br>타 영양실조퇴치전략을 보완<br>(영양 보충제, 영양의 다양성).<br>다른 바스프 제품과 함께 BoP<br>비즈니스 전략을 재생. 전국<br>영양강화 표준을 설정해 진<br>출 전략으로 설정. |

| 8. 조직의 실행 | 아지노모토 식품연구소가 현지 식품 회사Yedent Agro Processing Venture Ltd에 기술 이전해 2011년 후반에 시험적 생산으로 시작. | 우간다의 SARAYA EAST AFRICA는 본격적 위생 사업을 시작. 이 사업은 JICA의 BoP 비즈니스 연계 촉진 제도의 지원을 받아 추진. | 영양 강화 프로젝트는 바스프 영양 비즈니스 부서에 속함(스탠더드 비즈니스로서 자리매김). 최고경영자로부터 지원을 받고 있는 프로젝트 |
|---|---|---|---|
| 9. 공급망 | 가나에서는 콩 등 현지 원료를 활용한 현지 생산. NGO와 유통망 구축 | 현지 생산, 현지 판매 등에 대해 최고경영자가 고민중 | 중요한 제품의 생산(영양소 강화를 위한 비타민). 현지 파트너에 의한 보조와 제조 공급망을 구축 |
| 10. 경제적 효과 | 사회성이 강한 프로젝트를 통해 지속적 발전을 실현. BoP 비즈니스에서 네트워크의 경제성을 획득 | 기업 이미지, 지명도 향상에 연결. BoP시장 점유율을 획득해 현지 파트너와 신뢰 관계를 구축 | 영양소 보강 비즈니스는 적절한 수익을 확보. 비즈니스의 영리성이 열어지고, 핵심 비즈니스로서 전개중. |
| 11. 지속적 발전에 대한 효과 | 가나에서 영양 부족 문제를 완화하는 한편 현지 사회 발전을 위해 현지에서 연구 개발, 현지 생산, 현지 배달, 현지 판매 등 현지화를 실현. 현지인들의 수입 증가에 기여. | 손 위생의 보급으로 위생의 향상을 추구하고, 설사 등의 감염증에 의한 영아 사망률 감소를 목표로 함. 알콜의 현지생산, 판매 등을 통해 현지 파트너의 수입 증가에 공헌. | 영양 부족의 대책 지식을 현지 파트너로 이전(식품 생산자). |

<표 3-3> 일본, 미국, 유럽의 대표적 BoP 비즈니스(2/2)

| 사례 분석기준 | Danone: 적당한 요구르트 | Nestle: 우유 | P&G: PuR 정수기 |
|---|---|---|---|
| 1. 기업 | 글로벌 식품 관련 기업. 76,000명 종업원을 보유. 4개의 제품영역(유제품, 물, 베이비 푸드, 의료 푸드) | 다국적 식품 관련 기업. 450개 종류의 제품을 제공해 100개 이상 국가에서 280,000명의 종업원을 고용. | 세계적인 생산 판매 거점을 가지고 있음. 140,000명의 종업원을 둔, 80개 이상의 국가에 거점을 설립 |
| 2. BoP 층의 기본 욕구 | 방글라데시에서 장기 영양 균형 실종인구는 어린이 그룹에서 40%를 차지, 어른 그룹에서 30%를 차지. | 안정된 수입의 결여와 거대한 빈곤층 인구가 존재(예: 인도, 파키스탄). | 세계에서 1억명 이상이 깨끗한 물에 접근 불가. 그 결과, 매년 300만 명 사망으로 이어짐 |
| 3. BoP 시장에 진출동기 | 미래 시장을 파악. 기업 이미지 향상, 종원과 기업의 일체 감, 공명을 강화. 새로운 선택지로서 삽입. | 국제적 네트워크에 의한 고품질, 안정적인 우유 제공을 확보해 부가 가치 창출(평판, 이미지 향상 등) | 기업 이미지 개선, CSR로서의 위치부여, 종업원의 동기부여, 파트너조직에 접속. 개발도상국 시장을 학습 |
| 4. 외부 환경분석 | 의료 건강 시스템과 인프라의 부족. 유능한 현지의 생산자는 불안정한 수입으로 요구르트 수요가 적음. | 원래 발전도상국, 신흥국에서는 네슬레 푸드는 낮은 신뢰, 저품질의 이미지. 건강 시스템과 인프라의 결여(도로, 냉장장치). | 많은 개발도상국에서는 정수와 오수정화시스템이 결여. 정수제 기술을 사용해 깨끗한 물에 접근 가능 |

| | | | |
|---|---|---|---|
| 5. 관련된 이해 관계자 | 그라민은행을 중심으로 한 협동 활동을 하고 로컬 네트워크와 신용을 구축. 로컬 NGO와 함께 제품을 개발루(요구, 공감). 개인 농가는 우유의 제공자로 행동. | 우유 제공자로서 현지 농가와 파트너십을 조직. NGO와 협업. 노하우를 전개하는 프로젝트를 위해 조직을 확대. | 정부, 국제 기관(UN)NGO(PSI)과 공급사슬에서 상호 협업(예: 개발, 소셜마케팅, 배달 등 |
| 6. 제품/ 서비스 | 입수하기 쉬운 미량 영양소와 비타민을 넣은 요구르트, 현지 고객의 니즈에 맞춘 요구르트의 농도를 조정. | 주요 상품으로서 고소득 그룹과 중소득 그룹을 타깃(BoP층을 초과). 신흥국과 개발도상국에서 BoP층을 생산자로서 가치사슬중으로 통합 | 정수제를 개발해 소셜 비즈니스로서 자리 매김. 긴급의 경우 무료로 배송. 기술을 사용하여 불결한 물을 처리하는 것이 포인트 |
| 7. 전략적 선택 | 사회성(영양물 섭취의 개선, 현지 가치 사슬의 구축). 환경에 대한 영향을 최소한으로 억제(자연 자원의 사용). 현지 운영형의 시장 참가(Boghra). 경제적 지속성을 높이기 위해 규모를 확대 | 유능한 공급 파트너에 장기 투자(훈련, 최저 보증 가격, 냉장 조치 지원). 시장 진입전략 : 저소득층에 참여해, 현지 생산에 투자(장기적 참여) | 물은 P&G의 핵심 비즈니스는 아니지만 기업 미션으로 통합됨. 즉 "고객의 생활을 개선한다."는 점. 정수제는 P&G의 사회 공헌의 일부(비영리로서 제공) |
| 8. 조직의 실행 | 그라민 다농이 독립 조직으로 존재(다농의 핵심 비즈니스). 소셜 비즈니스(수익은 규모 확대 위해 재투자하는 비즈니스). | 핵심 비즈니스에서 우유 사업의 통합(해외 마케팅 부서의 일부. 예 : 인도, 파키스탄 등). 우유 공급자 간 지식을 교환. | PUR프로젝트는 "세계의 어린이가 안전한 물을 마실 수 있는 이니셔티브"의 일환. 최고 경영자와 타 부문에서 지원 |
| 9. 공급망 | 현지 공급망이 있고, 저 자본의 소형 생산 | 현지 농가에 의한 지역별 우유 생산지의 구축(일부는 BoP층). 선진국과 같은 수평 통합. 훈련이나 육성을 위해 지도. | 아카데믹한 파트너와 함께 제품을 개발. 현지 파트너는 배달, 마케팅을 강하게 지원. |
| 10. 경제적 효과 | 수익은 규모 확대를 위해 재투자하는 비즈니스(소셜 비즈니스). 수익의 최대 3%는 분배. | 우유 사업의 구축은 네슬레의 비즈니스 활동의 일부 | 비영리 활동 ; 원가로 판매, 긴급의 경우는 무료로 나눠줌. |
| 11. 지속적 발전에 대한 효과 | 사람들의 건강을 개선한다. 현지 파트너의 수입을 올린다.(예 : 우유 농가, 현지 종업원, 배달부) | 현지 파트너수입 증가에 기여(공급자, 종업원). BoP층에 대한 지식 이전(가축 번식, 급이 위생학 등). 분해할 수 있는 포장과 용기를 사용. | 정수에 접속하여 사망률 감소에 연결. 현지 배달인의 수입 증가에 기여 |

## 2. 네슬레(Nestle)

슬로건 : 전 세계 빈곤층의 건강 향상을 목표, 저가격으로 영양 식품을 제공

### 1) 기업 소개

스위스 식품 대기업 네슬레는 장기적으로 사업을 성공시키기 위해서는 주주와 사회에 대한 가치를 창출한다. 동시에 실현해야 하는 것으로 '공통 가치창출(Creating Shared Value)'을 사업 성공을 목표로 하기 위한 사업 전략을 내세우고 있다. 이러한 기본 원칙에 따라 장기적인 가치 창출을 중점 영역으로 '영양 식품', '물', '지역 개발'에 집중을 두고 있다. 3개의 중점 분야가 설정된 배경은 중남미 사업의 'CR 리포트 1'의 작성을 통해 동사가 개발도상국의 실정에 대한 인식을 높였다는 배경이 깔려있다.

### 2) BoP 층의 요구사항

영양 식품은 식품 회사인 네슬레가 기업으로 사회에 가치를 창출하는 주요 영역이며, 주주 가치를 창출하기 위한 핵심 사업이다. 상품 전략은 섭취 칼로리의 제한과 영양소의 공급에 배려하여, 소비자의 건강한 식생활에 기여하는 제품을 제공하는 데 중점을 두고 있다. 그러나 만성적인 영양실조 상태에 있는 개발도상국의 빈곤층은 경제적인 이유와 유통 채널이 미 정비된 점 등에서, 네슬레의 제품은 거의 구할 수 없는 실정이다. 네슬레는 이러한 계층을 공급망에 편입시켜, 소득 향상의 기회를 제공하는 것 등을 통해 유엔의

새천년개발목표(MDGs)의 "극심한 빈곤 감소"에 기여하고 있다. 동시에, BoP 층이 구입할 수 있는 가격으로 영양 강화 제품을 제공함으로써 영양실조의 개선과 유아 사망률의 감소라는 과제 해결에 대해 비즈니스로서 추진하고 있다.

### 3) BoP 시장의 진출 동기

네슬레는 평균적인 소비자의 식품 브랜드로 글로벌시장의 거점을 확보하고 있지만, 지속적인 사업 성장을 추구하려면 새로운 고객층의 개척이 필요하다고 생각하고 있었다. 신흥국은 경제의 급성장 중산층이 성장하고 회사의 고객으로 매출 확대에 기여하고 있다. 예를 들어 인도에서는 '글로벌 인디아'라는 부유층과 경제성장을 이끌어나가는 중산층이 네슬레의 주요 고객이다. 저소득층을 고객 대상에 포함한다는 전략은 빈곤층이 압도적으로 많은 인도의 경제 피라미드의 형태가 소득 향상으로 2014~15년에는 다이아몬드형(저소득층이 중산층으로 편입됨으로써 경제피라미드의 중간에 위치한 중산층이 두터워져 다이아몬드형태를 취하게 됨)이 되어, 잠재고객 기반이 급속히 확대한다는 예측에 초점을 맞춘 것이다.

### 4) 외부환경분석

영양 식품은 네슬레의 주력 사업이며, 영양 측면에서 개선 대책을 제공함으로써 현지 지역사회의 건강 유지에 기여하고자 하는 의도가 담겨 있다. PPP(Popularly Positioned Products, 저렴한 가격에 고품질의 영양적 가치가 있는 소비자 요구를 만족시키는 포장 크기의 제품을 저소득 소비자에게 판매) 상품의 개발은 영양학적, 성분적인 관점에서 네슬레의 리서치센터가 중심적인 역할을 하고 있지만, 타겟 고객의 요구에 맞는 것이어야 한다. 따라서 현지 자회사와 현지 보건기구 등과의 협력이 필수적이다.

## 가. 네슬레의 리서치 네트워크

연구 및 상품개발의 컨피던스센터(confidence center)는 세계 28개국 위치하고 있다. 약 5,000명이 연구개발에 참여하고, 연구기관, 대학, 사업파트너 등과의 공동 연구도 진행하고 있다. 9개의 제품기술센터(PTC)는 특정 제품 카테고리에 대한 신뢰성을 제공하고 세계 수준의 제품·공정 개발의 허브가 되고 있다. 한편, 14의 R&D센터는 PTC와 긴밀하게 협력하면서 지역의 요구에 대한 R&D 활동을 하고 있다.

영양식품의 개발은 2004년 독자적으로 Nestle Nutritional Profiling System을 도입하고 있다. 이는 WHO, 미국의학연구소(US Institute of Medicine), 영양전문가, 현지 관계기관 등을 통한 영양학 분야의 최신 정보를 수집하고 상품 개발에 들어가는 때문이다. 이러한 정보를 바탕으로 당분 저감, 오메가 3, 오메가 6, 비타민 미네랄 보강을 실시하고 있다.

2001년 아프리카의 영양 문제를 해결하기 위해 남아프리카 Nestle Nutrition Institute Africa(NNIA)를 개설했다. 아프리카의 다양한 민족 간에 서로 다른 성장 과정의 식생활을 이해하고 상품 개발에 도움이 되는 연구에 주력하고 있다. 특히 영양 실조, 비만, 영유아의 안전한 식생활, 모유 수유 촉진에 관한 분야에 주력하고 있다. 또한 전문 연구자에게 장학금을 제공하고 영양 및 보건 분야의 전문가는 네슬레가 주최하는 국제 영양문제 워크숍에 참가하는 자금을 제공하고 있다. Technology for theAdvancement of Nutrition in Africa(ITANA) 회의 등 아프리카의 영양문제에 관한 국제회의에 참가하고 타 기관과의 관계를 구축하고 있다.

### 5) 이해관계자 : 공공기관·NGO·국제기구 등과 연계

네슬레는 글로벌 기업으로서 영양실조와 건강, 의료, 수질, 지속적인 농업 등 사회와 환경에 관한 세계적인 문제의 해결에 기여하는데, 글로벌 수준만으로 대응하는 것은 충분하지 않아, 타인과 협력해야 이를 해결할 수 있다는 것을 인식하고 있다. 따라서 전 세계적으로 사업을 추진하는 멀티 로컬한 다국적 기업으로서 글로벌 이슈에 대해 현지에서의 활동과 현지 정부, 각종 NGO 등과의 제휴로 대처하고 있다.

영양실조의 개선을 목적으로 한 제품을 개발하는 것은 국가에 따라 소비자의 영양 상태가 다르기 때문에 필요한 영양소를 제공할 수 있도록 저소득 시장의 소비자의 영양실조 상황을 구체적으로 파악하고 있어야 한다. 이를 위해서는 현지 보건 당국과의 협력이 필수적이다. 신흥 시장의 소비자가 어떻게 자신의 식생활의 영양 요구를 파악하고 있는지를 이해하려면 사회와 NGO 등의 현지 활동 단체의 도움을 받게 된다.

1993년 멕시코 보건기금(FUNSALUD)에 네슬레 영양기금(Nestle Fund for Nutrition)를 설립하고 영양학 분야의 연구 촉진, 연구자 교육, 영양 정보의 보급에 노력하고 있다. 멕시코의 의학협회와 의학 영양학에 관한 지침서도 발간하고 있다.

**가. 유엔개발프로그램(UNDP)과 네슬레 파키스탄 합동 프로그램**

현지 여성 4,000명을 농업 어드바이저로서 교육·육성하는 활동이다. 여성의 우유 생산자가 고품질의 우유를 생산할 수 있도록 가축의 건강관리, 사육, 사료 생산에 관한 기술 지원과 조언을 제공하고 있다.

**나. 지속가능한 농업 이니셔티브 (Sustainable Agriculture Initiative = SAI)**

네슬레, 프랑스 다농, 영국 유니레버는 2002년 지속적인 농업 생산을 목표로 한 조직적인 활동으로서 이니셔티브를 발족했다. 식품 공급망에 관련된 이해관계자를 끌어 들여 지속 가능한 농업의 발전에 전 세계적으로 적극적으로 해결하기 위한 플랫폼이다. 현재 24개 기업·단체가 참가하고 30개국 이상에서 곡물, 커피, 우유, 과일, 감자 야채, 물·농업 등 6개의 실무 그룹을 설치하여 지속 가능한 농업의 대처 방법을 제공하도록 촉구하고 있다.

**6) 제품 및 서비스**

네슬레는 창업 이래의 주력 상품인 분유를 시장에 따라 다양한 브랜드에서 추진하고 있다. PPP 전략에서 그 품질을 변경하지 않고, 저소득층이 구입할 수 있는 가격으로 설정하기 위해 소량 포장하는 등의 노력을 하고 있다. 또한 개발도상국·신흥국의 저소득층에 부족하기 쉬운 철분, 비타민 등의 영양소가 판매하는 지역의 실정을 파악한 후에 제품으로 보급되어 있다. 네슬레는 PPP 분유의 고객 수는 2009년 말까지 세계 50개국에서 1,100만 명 규모이다.

예를 들어, 멕시코에서는 어린이 3명 중 1명이 빈혈이며, 5세 미만의 어린이의 대부분은 아연 부족이다. 이를 위해 개발된 멕시코 분유 '니도(Nido)'는 멕시코 1,430만 명의 1~6세까지 유아 중 600만 명 이상의 고객이 될 수 있다. 특히 철분, 아연, 비타민 A를 강화한 "Nido Rindes Diario"는 2010년까지 70만 명 이상의 고객을 확보하였다. 저소득층의 가정인 만큼 어린이의 영양 실조는 심각한 편이며, 네슬레는 PPP 제품을 통해 이러한 문제의 해결을 지원한다.

| PPP | 주력 상품 |
|---|---|
| 프로틴, 칼슘, 비타민 D, 철분, 기타 영양소를 강화하고, 영양 부족 어린이의 저항력 향상을 추구 | "영양 좋은 10 가지 사인"을 촉진하는 영양소를 보강하고 아이의 건강한 성장을 추구. 영양학적으로 완벽한 우유 |
| Nido Everyday  | Nido Fortified  |

<그림 3-1> PPP와 주력 상품의 비교

## 7) 전략적 선택

### 가. Popularly Positioned Products(PPP) 전략

네슬레가 신흥국·개발도상국의 빈곤층으로 파고드는 사업전략으로 내세운 것이 PPP 전략이다. 제품 정책으로의 PPP는 1992년에 이미 도입되었지만, 전사적 수준에서의 추진 체제가 설정된 것은 최근의 일이다. 고품질이고 영양가가 높은 상품을 구입할 수 있는 가격으로 제공하는 이러한 제품전략은 네슬레의 공통 가치 창출의 원칙에도 부합되는 것이다.

네슬레는 PPP 전략을 통해 균형 잡힌 식생활을 유지, 신흥국·개발도상국의 경제 발전과 현지 사람들에 공헌, 브랜드 충성도의 기반을 만들어, 네슬레의 사업 확대, 이익 확대가 가능한 것으로 하는데 있다.

네슬레 상품을 입수할 기회를 가지고, 그 가치에 수긍하는 '신흥 소비자'는 현 시점에서는 아직 구매 금액이 적지만, 향후 브랜드에 대한 신뢰와 충성도를 가진 고객으로 성장할 가능성이 있으며, 장기적인 관점에서 판매 확대의 중요한 원동력이 될 수 있다.

네슬레는 PPP 전략을 다음과 같이 정의하고 있다.

- '싸구려 제품'을 제공하는 것은 아니다.
- 가격 경쟁력을 갖추기 위해서가 아니라, 새로운 비즈니스 기회를 개척하기 위해서다.
- 단순히 사기 쉬운 패키지(형태)에 채워 넣는 것은 아니다.
- 영양 성분이 강화되어 있다.
- '신흥 소비자'의 잠재 고객으로서 가능성을 개발하기 위해 필요에 맞춘 적절한 상품, 포장, 유통 경로, 소비자 커뮤니케이션을 모두 포함하는 혁신적 개념이다.

다만, 네슬레의 PPP 전략은 엄밀한 의미에서 BoP 비즈니스가 아니다. 고객 대상으로 저소득층(Lower-income group)은 구체적으로는 연간 소득 3,000~1만 3,000달러까지의 폭넓은 소비자층을 가리킨다. 이 계층은 2005년 약 30억 명에서 2015년에는 9억 3,300 만 명 증가할 것으로 전망된다.

2008년에 실시된 PPP의 판매 실적 조사에 따르면, 조사에 참여한 국가(현지 자회사의 소재국)는 전년의 37개국에서 70개국으로 늘었고, 매출은 53억 9,900만 스위스 프랑으로 전년 대비 27% 증가하였다. 영양소를 보강하는 등 새로운 음식과 새로운 판매 모델이 성공의 열쇠라고 할 수 있다. 개발도상국·신흥국의 저소득층, 특히 철분, 아연, 요오드, 비타민 A 등의 결핍이 다수 관찰되었기 때문에 PPP 제품은 이러한 영양소가 강화되어 있다. 우유를 사용한 분말 상품의 연구에는 연간 3,000만 스위스 프랑을 투자하고 있다.

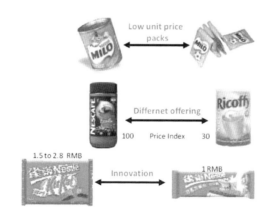

자료 : Nestle Investor Seminar(2007)

<그림 3-2> 네슬레의 주력상품과 PPP상품

## 나. 분유 '니도(Nido)'의 사례

분유 브랜드 '니도'를 서아프리카 지역에 도입하는데, 동 지역의 소아의 영양 불량을 개선할 목적으로 네슬레 리서치센터와 스위스 코노르핀겐에 있는 제품기술센터가 상품개발에 참여했다. 그 때, 이 지역의 각국 보건 당국의 현지아동의 영양소 부족 상황에 관한 데이터 등 현지 정보가 많은 도움이 되었다. 이렇게 탄생한 'Nido Essentia'는 철분 0.7mg, 비타민 C10.4mg을 함유하고, 1개 파우치의 소매 가격이 0.30스위스 프랑의 낮은 가격으로 설정되었다. 현재, 기니 등에서 판매되고 있다.

### (1) 판매시스템

PPP 제품의 대부분은 1달러 이하의 저렴한 가격으로 판매되고 있다. 예를 들어, 분유 브랜드 '베어 (Bear)'의 PPP는 필리핀에서 10페세타(20g세트)이다. 초콜릿으로 코팅한 웨이퍼 과자 킷캣 (KitKat)의 PPP는 인도에서 '문찌 웨이퍼(Munch Wafer)'의 상품명으로 5루피, 중국은 '네슬레 웨이퍼(Nestle Wafer)'로 1위안, 오리지널 제품보다 낮은 가격으로 판매되고 있다. 킷캣이 완만한 정도밖에 매출이 증가하지 않는 반면, 저소득층이 구입하기 쉽도록 저렴한 가격에 설정한 PPP 제품은 지금까지 고객 대상밖에 있던 소비자층을 새롭게 편입시켜 고성장을 이루고 있다.

PPP 사업으로 성공하기 위해서는 기존과는 다른 비즈니스 모델과 비용 구조가 필요하지만 낮은 가격으로 이익을 낼 수 있는 것은 현지 조달, 현지 생산, 현지 판매 채널을 활용하여 비용 절감을 가능 하는 '저비용 비즈니스 모델'이 기반을 두고 있기 때문이다. 또한 소량이 들어간 파우치는 보통 크기에 비해 입력 비용이 들지만, 생산량 확대와 생산 공정의 효율화 등을 통해 비용 절감을 실현하고 있다. 코코 크런치(KoKo Krunch)는 소아용 콘플레이크와 비슷한 시리얼 식품으로 아세안 국가에 판매하고 있다.

### (2) 판매 네트워크

개발도상국·신흥국에서는 폭넓게 서비스되고 있는 슈퍼마켓 체인 등이 정착되어 있지만, 작은 아울렛과 같은 전통적인 유통채널이 계속 중요한 역할을 하고 있다. 따라서 네슬레의 판매 체제에 시장 경제적, 지리적인 조건 이외에 현지에서 전통적으로 사용되고 있는 판매 형태가 적극적으로 활용되고 있다.

### (3) 직접 유통

아시아와 중남미에서는 현지 소매점에 직판 도매, 판매 루트를 단축한 직판 유통도 도입하고 있다. 이 도매업체는 노점상이나 미니밴과 모터 바이크 등 좁은 공간에서 효율적인 교통수단을 이용하여 농촌과 빈곤 지역 등에 판매하러 다니는 소매점이다. 상품은 직접 소매업자에 도매하거나, 현지 유통을 통해 소매점에 도매하거나, 유통업자가 스스로 노천이나 커뮤니티센터 등의 판매 현장에서 직접 판매하고 있다.

이러한 소구역 판매 방법은 매출 확대에 크게 기여하고 있다. 중남미에서 소매 아울렛(소매점, 자동차 판매, 행상 등)이 2006년 80만에서 2014년까지 130만으로 확대로 저소득층 대상의 제품 시장 규모를 2,000억 스위스 프랑으로 추산하면 1%분량(20억 스위스 프랑)를 PPP에서 획득하는 것을 목표로 하고 있다.

## 8) 조직 운영

### 가. BoP 비즈니스 추진에 관한 사내체제

네슬레는 '공통 가치 창조' 전략아래 개발도상국을 중심으로 다양한 계몽 캠페인, 지역 사회 지원 프로젝트를 추진하고 있는데, 그것은 바로 사업과 직결되는 활동이라고 평가하고 있다. 피터 브레백레트매트(Peter Brabeck-Lethmathe) 회장은 2008년 3월 3일 뉴욕에서 열린 네슬레 유엔 글로벌 컴팩(Global Compact) 함께 주최한 회의에서 '공통 가치의 창조' 개념에 대해 다음과 같이 설명하고 있다.

"네슬레는 농가에 무료 기술 지원, 파키스탄에서 여성 축산 어드바이저의 육성, 브라질에서 여성 판매원의 육성, 수원 보호에 대한 의식 향상 캠페인, 나이지리아의 영양학적 관점에서 식생활지도 등을 하고 있다. 이러한 활동은 비즈니스 목적으로 실시하고 있다. 그렇지만 그 방법은 가난한 사람들을 빈곤에서 구해내고, 지속적인 환경을 만들고, 더 나은 식생활에 기여하는 데 있다. 이들이 지속적인 것이 되고 있는 것은 항상 종착점인 자선 행위와 기부하고 있는 까닭은 아니다. 이들은 비즈니스 프로세스의 일부이며, 외부의 도움을 받지 않고 수십 년 동안 계속할 수 있는 것이다."

### 나. PPP 추진 체제

네슬레의 사업 체제의 원칙은 "가능한 것은 중앙에서 총괄하지만, 가능한 한 분권화한다."는 것이다. 현지 자회사는 밀접한 네트워크 사업 추진체제 속에서 각각 시너지 효과를 높이기에 충분한 규모를 가지고, 기민하게 비즈니스 기회를 파악하고, 독자적으로 문제를 해결하고 있다.

시장이 매우 다양해지고 있기 때문에 지리적 특징과 소비자가 무엇을 하여 어느 정도의 소득을 얻고 있는지 등을 파악한다. 전략 수립에 PPP의 고객 대상을 구체적으로 정의하기 위해 현지 수준에서 연구가 필요하다. 저소득층의 생활양식, 가치관, 욕구, 구매행동을 이해하는 것은 현지 자회사가 주도해야 한다.

네슬레 브라질은 BoP 마케팅부서가 빈곤층을 타깃 고객으로 한 제품 혁신, 커뮤니케이션, 홍보에 주력하고 있다. 다른 거점에서도 같은 부서가 설치되어 있다. PPP 전략은 각 시장·국가 경영 담당자가 동 시장에서 주력 상품(챔피언)으로 하는 상품을 확정하여 추진한다. 이 경우 타 시장에서 성공 사례 등을 참고하는 등 횡단적인 연계도 이루어지고 있다. 상품은 단순히 판매하는 것이 아니라 영양과 관련된 캠페인을 실시하는 등 홍보 활동에도 힘을 싣고 있다.

또한 2006년에는 본사에 혁신가속팀(Innovation Acceleration Team)이 설립되었다. 이것은 집행이사회 직속의 본부 부서에서 현지 자회사의 혁신 활동을 이사회에 보고하고, 코디하는 역할을 담당한다. 현지 자회사가 부가가치가 높은 제품을 신속하게 투입할 수 있도록 지원하고, 여러 시장에 동시에 접근하면서, 마케팅, 연구개발, 현지 관리 등 다른 담당 분야 간 원활한 연계를 추구한다.

## 9) 공급네트워크 : 원재료의 조달·생산 체제

### 가. 원재료의 조달

우유, 커피 콩, 곡물 등 네슬레 제품의 원료가 되는 농산물을 높은 품질과 안전성을 확보하고 안정적으로 조달하기 위해서는 현지 생산자와 밀접하고 안정적인 사업 관계를 구축해야 한다. 네슬레는 원료 구매 비용 225억 스위스 프랑(2008년) 중 약 2/3을 개발도상국의 공급업체로부터 조달하고 있다. 예를 들어 고품질의 우유 조달을 보장하기 위해 세계 각지에서 800여 명의 농업학자와 약 7,800명의 외부 지도자들을 동원하여 개발도상국을 포함한 세계 60만 명의 농업 생산자에 각종 원조를 제공하고 있다. 이 회사가 19세기 창업이후 실적을 자랑하는 우유 생산자 지구지원시스템(Swiss Milk District System)을 통해 이루어지고 있다.

Swiss Milk District System은 브라질, 칠레, 콜롬비아, 에콰도르, 자메이카, 멕시코, 니카라과, 파나마, 페루, 트리니다드, 베네수엘라, 중국, 인도, 인도네시아, 스리랑카, 파키스탄, 이집트, 모로코, 남아프리카 공화국, 짐바브웨, 우즈베키스탄 등의 개발도상국 국가를 포함하여 세계 29개국에서 도입되고 있다. 주요 특징은 다음과 같다.

- 지역 단위별로 우유회수센터를 설치하여 지역 내 생산자 담당한다. 지불 시스템, 품질 및 안전 관리 방법을 도입한다. 전자 계량기기, 냉장 탱크를 갖춘다.
- 축산 기술에 관한 조언과 교육을 무료 제공하고, 우유의 품질·생산량의 향상을 추구한다.
- 식품의 품질 안전 기준을 달성하기 위한 개선 조치를 실시한다.

- 가축의 건강관리 및 인공 수정에서 수의학 서비스를 제공한다.
- 운송 및 인프라 네트워크 구축한다.
- 납품 시 즉시 현금 지불을 실행한다.
- 필요한 농가에 소액 금융을 제공(연간 총액 3,000만 스위스 프랑)한다.

## 나. 생산 체제

생산 시설은 대부분 농촌 공급업체의 인근 지역에 설치되고, 그 절반이 개발도상국에 있다. 따라서 특히 개발도상국에서는 조달에서 생산, 판매에 이르는 공급망이 짧고, 높은 품질의 제품을 저렴한 가격에 제공할 수 있다. 브라질에서는 2007년 2월 북부 바이아 주(Bahia)의 페이라데산타나에 공장을 설립했다.

이 공장은 네슬레 브라질 공장으로는 27번째이지만, 자사 최초의 PPP 제품 전문 공장이다. 국내에서 생활수준이 가장 낮은 바이아 주의 인구 5,000만 명의 저소득층을 대상으로 하여 매기 브랜드의 인스턴트 국수와 분유, 비스킷 등의 소량 포장 제품을 생산하고 있다. 투자액은 5,200만 스위스 프랑으로 직원 수는 2,000명이 넘는다.

브라질의 룰라 다 실바 대통령은 "이 나라를 더 공정한 나라 사람들이 일을 가지고 배울 수 구입할 수 가격의 제품을 구입할 수 있는 국가로 만들려면 어떻게 고용과 소득을 창출하는 것이 좋은가라는 구체적인 표본이 네슬레의 이니셔티브(PPP 공장 설립)이다"라고, 이 공장의 개설을 높이 평가하고 있다.

## 10) 경제적 성과

네슬레 멕시코는 2003년, 슈퍼마켓 등을 이용할 수 없는 저소득
층을 고객에게 유치하기 위한 전략으로 과달라하라 인근 지역에서
처음으로 직접 판매·유통 방식(Direct Sales Distribution = DSD)
를 도입하였다. 46개의 소매 아울렛을 이용하는 1만 명의 고객에게
접근했다. 2005년 멕시코시티, 레온, 캄페체 연안 등에도 확대하여,
네슬레가 직접 제품을 도매하는 소매 아울렛은 556개로 증가, 13만
3,000명의 소비자에게 접근했다.

DSD의 도입은 네슬레 멕시코 판매 확대에 크게 기여하고 멕시
코 시장 점유율은 2003년부터 2005년까지 25% 확대, 네슬레는 초
콜릿, 과자시장에서 선두에 오르고, 매출도 24%나 늘었다. 기존 도
매상과 유통을 매개하는 방식 등과의 조합으로 이 유통체제는 다른
중남미 시장에서도 도입되게 되었다.

## 11) 지속적 발전 효과

### 가. 사업으로서의 미래

네슬레는 '신흥시장 PPP'을 '영양·건강·웰빙', '외식사업 리더
십', '프리미엄화'와 함께 사업성장 전략의 키워드로 내걸고 저소득
층을 대상으로 하는 사업을 추진하는 것을 명확히 하고 있다. PPP
제품은 2008년 식품·음료 전체 매출의 약 6%를 차지하며 전년대비
27.3%의 대폭 증가(타겟 시장 확대에 따른 영향과 환율 요인을 제
외) 되었다. 신흥 시장에서는 PPP는 이미 사업으로 정착하였고, 선
진국의 저소득층을 대상으로 한 판매 추진도 궤도에 오르고 있다.

신흥시장에서 2008년 식품·음료 부문의 매출은 약 350억 스위스 프랑에 이르러, 전년대비 15.4% 증가(전년과 동일한 판매시장 기반에서 환율요인을 배제), 전체 매출의 30% 이상을 차지했다. 개발도상국·신흥국에서는 2000년부터 2050년까지 인구 추정 33억 명 증가하고, 동시에 소득 수준도 향상된다. 인구가 많은 신흥국 상위 10개국(중국, 인도, 인도네시아, 브라질, 파키스탄, 방글라데시, 러시아, 나이지리아, 멕시코, 필리핀)에서 전통식품 판매 시장은 1조 3,000억 스위스 프랑에 도달할 것으로 보인다. 이 시장의 성장 예측을 바탕으로 네슬레는 동 시장에서의 매출이 향후 10년간 최소 2배 확대될 것으로 예측하고 있다.

### 나. CSR 활동과의 관계 : 브라질의 소비자 계몽 캠페인

영양실조·비만 등 식생활에서 발생하는 문제에 대처하는 활동으로 'NUTRIR' 캠페인을 전국적으로 추진한다. 네슬레 직원, 교사, 영양사 등이 자원봉사자로 참여하여 영양학적 관점에서 각 지역에서 강연과 요리 교실 등의 행사를 개최하는 것 외에 자료(인쇄물, 비디오, 게임, 요리법 등)도 만들 수 있다. 지금까지 5~14세 어린이 118만 명이 참가했다. 1년에 1,400명의 직원들이 자원봉사 활동에 참여하고, 그 소요 시간은 총 11만 6,000시간에 이른다.


## 3. 바스프(BASF)

슬로건 : 식품영양강화 이니셔티브를 복수 이해관계자 제휴로 추진하여 개발도상국의 영양문제 개선과 신 시장 개척을 동시에 추구

## 1) 기업 소개

바스프의 창업은 1865년 독일 중서부의 루드비히스 하펜에 설립된 염료 회사로 거슬러 올라간다. 본업인 석탄을 사용한 가스 생산의 부산물인 콜타르를 원료로 염료를 생산하는 창업자 엥겔 홀름의 통합적인 사업 개념은 오늘날 바스프가 추진하는 석유·천연 가스로부터, 화학, 플라스틱, 고기능 제품, 농약, 정밀 화학에 이르는 사업 라인에 고스란히 남아 있다고 할 수 있다. 2009년 연간 매출은 507억 유로로 전 세계 380개 이상의 생산 거점을 두고 있으며, 직원 수 약 10만 5,000명을 가지고 있다. 사업 분야별로 보면, 무기 화학, 기능 폴리머, 폴리우레탄, 기능성 화학 제품, 코팅 사업에서 시장으로서 신흥국·개발도상국의 중요성이 높아지고 있다.

## 2) BoP 층의 요구사항

신흥국·개발도상국 국민의 대부분은 경제 피라미드의 하층부(BoP)로 분류되는 빈곤층이며, 심각한 식량 문제가 영양실조 등을 겪으면서 생활하고 있다. World Resources Institute의 추정에 의하면 세계 40억 명의 BoP 인구를 대상으로 한 비즈니스 시장은 5조 달러에 달하며, 그중 60%를 식품 시장이 차지한다. 이 사람들은 균형 잡힌 식생활을 취할 수 있는 경제력은 아니지만, 일상적으로 섭취하는 기초식품에 영양소를 강화하면 가계에 부담이 없고 영양 상태를 개선할 수 있다.

### 3) BoP 시장의 진출 동기

바스프는 영양보조식품이 개발도상국의 영양실조 문제의 해결책으로 최적이고, 지속가능한 방법이며, 영양 보조식품시장은 매우 큰 성장 가능성이 있다고 예측한다. "미세 영양소 보강에 의한 솔루션은 비용을 많이 들이지 않고 영양실조로 인한 사망자가 장기적으로 감소하고 의료비를 절감할 수 있다. 사람들이 건강하게 능력을 발휘할 수 있으며, 나아가 경제 성장의 촉진으로 이어진다."(코펜하겐 합의). 이 때문에 비즈니스와 CSR의 시너지 효과가 극대화 기대할 수 있는 방법이라고 생각된다. 즉, 비타민 제조의 글로벌 리더인 바스프에게 개발도상국에서 기초식품에 대한 영양소 강화를 보급시키는 것은 영양실조 문제의 해결에 기여할 뿐만 아니라 큰 비즈니스 기회로 이어질 것이다. 바스프는 개발도상국에서 식품 영양강화 이니셔티브가 기업 이익의 추구를 목적으로 한 것이라는 입장을 명확히 하고 있다.

### 4) 외부환경분석

바스프는 세계 화학시장에서 2020년까지 창출되는 신규 수요의 70%를 담당할 것으로 예상되는 아시아를 향후 비즈니스 성장을 담당하는 중요한 시장으로 자리매김하였다. 2020년을 향한 장기적인 성장을 추진하는 '아시아 태평양 전략 2020'을 2009년에 수립하였다. 아시아 화학시장의 연평균 성장률을 평균 2%를 웃도는 속도로 매출을 확대하는 것을 전략적 목표 달성으로 내 걸었다. 아시아의 예측 성장률을 연평균 4~5%로 하면, 2020년까지 바스프의 이 지역에서 매출은 2009년의 2배로 확대한다. 새로운 전략에서는 그 어느 때 보다 로컬 입지를 강화하고 현지 고객과 제휴를 강화하고 있다. 또한 현지의 수요 확대에 신속하게 대응하기 위해 2009년부터 2013년까지 20억 유로를 투자해 현지 생산점유율을 70%로 확대하였다. 경제가 급성장하고 있는 신흥 개발도상국에서는 특히 환경과 사회에 미치는 영향을 충분히 고려하여 경제 발전을 유지하는 것이 중요하다. 바스프는 아시아 시장에 지속 가능한 솔루션을 제공하기 위해 혁신적 제품을 현지에서 개발하는 것을 중시하고 있으며, 지금까지 경량 자동차용 고기능 플라스틱, 에너지 절약 주택의 자재, 농산물의 생산성 향상 프로그램 등을 개발, 제공하고 있다. 한편, 중남미 시장에서는 소비자의 소득 수준의 향상으로 특히 건설, 화장품, 건강관리 분야에서 새로운 기회가 생겨나고 있다. 바스프는 복수의 사업 부문이 협력하여 이 분야의 사업 개척을 추진하고 있다

### 5) 이해관계자

바스프는 개발도상국의 영양실조 문제의 해결에서도 공공 기관, 국제기구, 산업, NGO가 단결하여 대처해야 한다는 입장에서 GAIN, 글로벌 NGO인 PATH(Program for Technology in Health), WHO 미국 사무국의 PAHO, UNICEF, WFP 등 국제기구와 세계 각지에서 이 문제에 대처하는 합동 포럼을 주최하고 있다. 예를 들어, 브라질에서는 상파울루의 산업센터 CIESP(Center of Industries of Sao Paolo)와 공동으로 식품 강화 포럼을 실시하고, 남미의 영양실조 문제에 대해 논의하는 자리를 제공했다. 여기에 참가한 많은 단

체·조직과 기업은 개발도상국의 모자 보건 개선을 공동 과제로 정의하고, 비타민A 강화 프로그램을 담은 지속 가능한 유통시스템 구축에 대처할 것을 합의했다.

## 6) 제품 및 서비스

### 가. 식품첨가용 비타민A의 제조

식용유, 밀가루, 설탕에 첨가하는 비타민A는 루드비히스하펜 공장에서 생산된다. 이 비타민 A는 시토라루라는 물질의 여러 단계에 걸친 가공 공정을 거쳐 완성하지만, 용지성 액체로서 식용유만 직접 혼합할 수 있다. 이것을 밀가루와 설탕에 첨가할 수 있도록 하기 위해 덴마크의 바레럽(Ballerup)공장에서 마이크로 캡슐화할 필요가 있다. 마이크로 캡슐은 우선 비타민 A 방울을 설탕과 산화 효소(비타민 E 등)로 이루어진 매체(매트릭스)에 떨어뜨리고 이를 전분 또는 젤라틴 가루에 포피해 만들어진다. 이 조치로 제품이 투입되는 아프리카 등의 지역에서 고온과 햇빛의 강도, 활성 산소의 영향으로 비타민 A가 열화하는 것을 방지할 수 있다.

### 나. 비용, 가격 설정

첨가하는 비타민A의 비용은 원자재 전체의 0.1~0.2% 정도로서 제품 가격에 거의 영향이 없다. 구체적인 가격 및 특정 지역에서 판매 가격에 대해서는 공개하지 않고 있다.

자료 : BASF(2010)

<그림 3-3> 영영보조식품을 소비자에게 제공하는 방법

## 7) 전략적 선택

### 가. 사업의 개발 프로세스

바스프는 WHO 등 국제기구가 대처하는 개발도상국의 영양실조 퇴치 프로젝트에 일찍부터 참여하고 기부·지원 활동을 추진해왔다. 초기에는 바스프는 수동적인 입장에서 활동을 관찰하고 실제 행동으로는 거리를 두고 있었다. 2000년에 나온 유엔 글로벌 콤팩트의 출범에 빠르게 참여한 것을 계기로, 이 아젠다에 비타민 등의 영양소 제조업체로서 적극적으로 기여하고자 하는 의욕을 키워왔다. 동사의 기업 전략에 글로벌 컴팩트의 실천과 MDG에 대한 기여가 구체적인 과제로 포함되어, 영양실조 문제에 어떻게 대처해야 할지에 대해 내부적으로 검토되게 되었다.

2002년 바스프의 식품영양 부서에서 세계 영양실조 상황의 연구 조사에 참여했던 두 명의 직원이 비타민A 결핍으로 인한 사망자가 개발도상국에서 매년 약 100만 명이나 된다는 현실에 주목했다. 두 사람은 이 문제의 해결에 회사가 영양소 강화 분야에서 뛰어난 기술과 풍부한 경험으로 공헌할 수 있다는 확신을 갖고 경영이사회에 영양실조 퇴치를 위한 장기 전략 방안을 제시했다. 이것이 바스프의 영양실조 퇴치 이니셔티브를 시작하는 계기가 되었다.

바스프는 지금까지 인도적인 관점에서 보면 개발도상국에 영양분을 강화한 식품을 제공할 필요가 있지만, 그들에게는 충분한 구매력이 없기 때문에 상업적인 수요는 없다고 생각했다. 따라서 프로젝트의 일환으로 비즈니스 모델을 개발할 때 새로운 발상이 필요하게 되었다. 약자의 이익으로 이어지는 점, 즉 영양실조 문제의 해결에 기여한다는 점을 어필하는 동시에 장기적인 관점에서 기업 경영상의 이익으로 연결된다는 점이다. 그리고 제안하는 식품 영양강화 이니셔티브가 지속가능한 사업 성공과 기업으로서의 사회적 책임을 장기적으로 확보한다는 바스프의 사업 이념에 딱 들어 맞는 것이라는 점을 이사회에 납득시킬 필요가 있었다.

### 나. 이니셔티브가 가져다주는 이익

다음 사항이 이니셔티브의 장점으로 꼽혔다.

- 바스프의 기업 시민 정신의 프로필에 공헌한다(지속가능 경영 보고서에 사례로 제시할 수 있으며, 투자 펀드 등의 우량 지속가능 경영기업에 대한 투자 계획에 의한 평가 향상으로 연결). 즉, 사회 공헌에 적극적인 기업으로서 이미지 향상을 추구한다.
- 내부에서 새로운 프로젝트 기획에 대한 동기 부여가 높아진다. 장래성이 있는 인재를 유치 등 인사 면에서 긍정적인 효과가 있다.
- 독일을 포함하여 공공 기관의 관계자로부터 긍정적인 평가를

얻을 수 있다.

- 선진국의 경제 성장이 정체되고 있는 가운데, 미래가 있는 신흥국·개발도상국에서 시장 개척으로 이어진다.
- BoP층의 요구에 부응하여 더욱 성장 잠재력을 확대한다.
- 유엔기관이나 NGO와 제휴를 통해 다양한 측면에서 이익을 얻을 수 있다.
- 이니셔티브에서 추진하는 프로젝트와는 직접 관계없는 일반적인 비즈니스 상황에서 입찰 참가 및 거래 기회를 얻을 가능성이 높아진다.
- 구매력이 낮은 층을 대상으로 한 인도적 목적의 프로젝트가 되기 때문에 이익이 적지만, 상기와 같은 간접적인 이익을 통해 어느 정도 보완할 수 있다. 프로젝트의 규모가 클수록 고객층이 확대되고, 경제효과가 높아진다는 숫자의 효과로 이니셔티브의 장기적인 성공으로 이어진다.
- 비교적 저가의 비용으로 높은 사회적 이익을 얻을 수 있다. 이것은 바스프의 이사회가 영양실조 퇴치 활동에 시간과 노력을 투입하기로 결정했다는 중요한 이유가 되고 있다.
- 글로벌 컴팩트 보고서에 구체적인 대처 사례로 소개할 수 있다.

이사회의 승인을 얻어 미세 영양소 강화 이니셔티브는 출범했다. 프로젝트 기획은 어느 국가·지역이 어떤 영양 문제가 있는지, 어떤 기관·단체가 최적의 협력 파트너 등을 먼저 조사한 후에서 열린 장기적인 지속성과 자립성을 확보할 수 있도록 현지 기업은 물론 공공 기관이나 NGO를 포함하여 활동을 했다.

현지 프로젝트를 기획 할 때 다음과 같은 점을 고려할 필요가 있다.

- 프로젝트를 실시하려는 국가(개발도상국)의 다수에서 바스프의 기업으로서 입지는 그다지 높지 않다. 따라서 현지 기업과 공장의 협력을 얻을 필요가 있지만, 그들에게는 새로운 생산 설비의 도입이나 바스프에서 기술 연수를 받고 싶다는 강한 요구는 없다.
- 바스프는 비타민밖에 생산하지 않기 때문에 미네랄과 요오드 대해서는 업체와 제휴할 필요가 있다.
- 어떤 식품에 영양 강화를 하는가?
- 공공 기관·단체가 영리 목적의 프로젝트 참여에 소극적이다. 일반적으로 이루어지고 있는 NGO와 지방 정부를 참여시키는 프로젝트는 비타민을 배급하는 등의 즉각적인 활동에 그치고 있다.
- NGO가 활동 중 비영양 보조 식품을 공급하고 있는 경우 영양 보조 식품의 시장 도입에 시간이 소요될 수 있다.
- 경영의 지속성과 인도적 목적을 병행할 수 있는가? 프로젝트를 보강하는 의미에서 바스프 사회재단 등을 통해 자선 프로젝트를 추진한다.
- 문화의 차이. 현지 자회사의 직원을 통해 현지의 문화 소비 패턴을 조사하고 파트너와 현지 사회에 영양 보조 식품의 장점을 가르치는 방법을 연구한다.
- 현지의 다양성에 대처가 필요한 경우 글로벌 모델을 만드는 것은 어렵다.
- 기업 문화와 사내 이니셔티브에 대한 태도. 직원, 특히 식품영양 부서의 직원은 바스프가 이 이니셔티브를 추진하고 있는 것을 자랑하고 있지만, 일반 기업 간 거래와 이니셔티브 사이에 제품 공급문제가 발생할 수 있다고 생각된다.

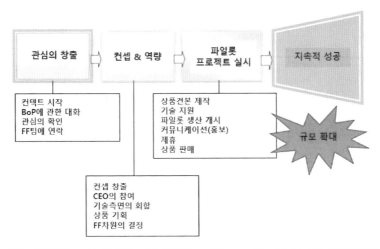

자료 : BASF Micronutrient Initiatives July 2008: Base of Economic Pyramid, Approach and Examples

<그림 3-4> 바스프의 BoP 비즈니스 모델

## 8) 조직 운영

### 가. 식품 영양강화 이니셔티브 "Food Fortification Initiative"

바스프의 뉴트리션 & 건강 사업부는 2002년 미세 영양소를 강화한 식품의 보급 촉진을 위한 이니셔티브(Food Fortification Initiative)을 시작했다. 루드비히스하펜 본사는 영양소 강화사업 전문팀(Food Fortification Team)이 만들어져, 안드레아스 브루트너(Andreas Bluthner)를 수석으로 지역 담당자 3명과 기술자 등 총 8명의 전담 체제로 활동을 지원하고 있다. 프로젝트 실시 국가에서는 현지 자회사에 그 수행을 위한 전담팀이 설치된다

바스프는 이 이니셔티브의 활동을 통해 영양 문제의 해결은 국제 협력이 불가결하다는 인식에 이르러, 2004년 영양 문제에 대처하는 산업계의 국제 이니셔티브 '영양 개선을 위한 글로벌 얼라이언

스(GAIN)'의 발족에 노력했다. 2006년부터는 글로벌 위험조사 분석·컨설팅 업체인 Maple Croft사와 공동으로 세계 영양실조 문제를 시각화한 'Global Map of Hunger'을 발표하고 있다. 특히 개발도상국에서 영양실조 문제가 심각한 것을 대중에게 호소하고, 이 문제를 대처하는 NGO와 국제기구가 지원 프로젝트를 수립하는 데 참고 자료로 이용되고 있다.

## 9) 공급네트워크

### 가. 일반 식품 업체와 BoP를 위한 영양보조식품 공동 개발

바스프는 영양 문제의 해결에는 현지의 이해관계자를 끌어 들여 현지 기반의 식품 영양강화의 추진이 필요하였다. 동시에 글로벌 식품 대기업 등도 참가하여 일반 식품의 BoP 시장을 창출할 필요가 있다고 생각했다. 그래서 식품 회사가 BoP 시장 상품을 개발하는 경우, 바스프는 비즈니스 파트너로서 영양소 보조 분야의 역량을 제공하는 비즈니스 모델을 개발했다. 이것은 자사의 노하우를 고객과 함께 지속가능한 최적의 솔루션을 개발하는 바스프의 맞춤형 비즈니스의 기본 방침에 따른 것이다. 상품화되면 바스프는 비타민A, 비타민A의 프리믹스(파트너를 통해 공급), 미세 영양소 프리믹스의 공급 파트너가 된다.

다농이 방글라데시 그라민재단의 제휴를 통해 농촌에서 판매하고 있는 영양 강화 요구르트(방글라데시) 등 여러 대기업과 협력하여 상품화를 실현하고 있다. 비타민을 강화하는 식품에 따라 여러 가지 첨가 방법이 필요하지만, 최근에는 쌀에 비타민A 강화 방법도 개발하고 강화 식품의 다양화를 제안하고 있다.

## 10) 경제적 성과

바스프의 주요 시장은 유럽에서 총 매출의 절반 이상을 차지한다 (2009년 그룹 매출의 56.3%). 유럽과 북미, 일본, 호주 등 다른 지역의 선진국을 합치면 이른바 성숙 경제시장의 매출 점유율(고객 소재 기반)은 전체의 약 3/4을 크게 초과할 것으로 보인다. 한편, 아시아 태평양 시장(일본 등 선진공업국을 포함)의 매출은 2006년 15.4%에서 17.2%로, 중남미·아프리카·중동 시장에서는 6.6%에서 8%로 점유율을 확대되고, 신흥국·개발도상국에 의한 매출 기여도는 갈수록 높아지고 있다. 2009년 바스프의 실적은 글로벌 경제위기의 영향으로 악화되었지만, 두 시장에서 매출이 성숙 시장만큼 떨어지지 않고, 향후 바스프의 사업 추진을 담당하는 성장 시장으로서 중요성이 높아지는 것은 분명하다.

## 11) 지속적 발전 효과

영양보조식품은 미래 성장이 크게 기대되는 사업 분야이다. 개발도상국에서 기초 식품에 대한 영양소 강화가 이루어지거나 혹은 의무화하게 되면 시장 환경이 크게 개선 수요의 급격한 확대로 이어질 것으로 생각된다. 현재 BoP 시장용 영양보조 식품 사업을 바스프의 전체 매출에서 차지하는 비중은 극히 적지만, 비용은 커버하고 있으며, 비즈니스와 CSR라는 두 개의 기본적 관점의 이익을 동시에 만족시키고 있다.

## 4. 피엔지(P&G : Procter & Gamble)

### 1) 기업 소개

피엔지(P&G)는 세계 53개국에 100여 개서 사업을 벌이는 글로벌 다국적기업이다. 세제, 비누, 청정제, 섬유 연화제 등의 생활용품을 생산하고 있다. 피엔지는 고객의 삶의 질을 높일 수 있는 활동에 직접 참여하는 게 진정한 의미의 사회공헌이라고 보고 있다. '물'과 '보건위생'을 삶에서 가장 중요한 요소로 여기는 피엔지는 오염된 물로 인해 하루 5천여 명씩 사망하는 개발도상국의 아이들을 구하기 위해, 오염된 물을 정화시키는 기술인 '퓨어(PUR)'를 개발하였다. 피엔지는 유니세프, 월드비젼 등의 국제구호기구에 이 기술을 제공하였으며, 쓰나미(지진해일), 홍수와 허리케인 등의 재난 시에도 퓨어(PUR)로 인해 많은 피난민들의 질병과 사망을 예방할 수 있었다.

### 2) BoP 층의 요구사항

개발도상국에서 최저 수량의 안전한 물을 확보할 수 없는 사람은 약 11억 명에 이르며, 물과 위생 시설의 부족 상황에 따라 약 180만 명의 어린이가 매년 설사 때문에 사망하고 있다. 피앤지는 아직도 수백만 명의 어린이들이 깨끗하지 않을 물로 인해 매년 죽어가고 있다는 점에 주목하였다. PSI(국제 인구 서비스), 아메리캐어스(AmeriCares), 케어(CARE) 등과 공동으로 깨끗하고 안전한 식수 공급을 목적으로 하는 "어린이의 안전한 마시는 물 프로그램(Children's Safe Drinking Water Program)"을 추진하고 있다. 이

프로그램으로 16억 리터에 달하는 깨끗한 식수를 빈곤과 기아 및 각종 자연 재해로 고통 받고 있는 전 세계 국가에 공급해 왔고, 2012년까지 40억 리터의 식수를 공급하려는 목표로 하고 있다.

## 3) BoP 시장의 진출 동기

지난 2002년, 피앤지의 연구개발(R&D)과 마케팅 부서가 공동으로 이끌어 온 2천만 달러짜리 프로젝트가 재정적 위기에 놓였다. 10년 전, 동사는 식수 정화 사업이 경제적으로 성장하고 있는 저개발 국의 주민들을 대상으로 장기적인 이익을 창출할 수 있으리라 기대 했었다. 피앤지는 단순히 더 깨끗한 물을 마시는 것만으로도 많은 생명을 구할 수 있을 것이라는 믿음이 있었으며, 동 사업이 회사의 수익에도 큰 도움이 될 것이라고 평가했다. 피앤지는 부적합한 식수 와 비위생적인 환경으로 인한 사망자는 매년 300만 명을 넘는데, 이는 에이즈로 죽는 사람의 수보다 많다는 사실에 주목하였다.

## 4) 외부환경분석

1991년 중앙아메리카에 콜레라가 발발한 것을 계기로 피앤지는 새로운 식수 정화 기술을 연구하기 시작했다. 1995년 피앤지는 미국 질병통제 및 예방센터(CDC)와 함께 식수 정화 제품을 공동으로 연구, 개발하기 시작한다. 피앤지는 CDC의 권유로 기존 필터를 테스트했는데, 지역 주민들은 필터 사용을 꺼려했다. 필터의 사용과 보관을 어려웠으며, 저소득층의 생활 방식을 바꾸려는 시도를 불편하게 여겼다. 그래서 피앤지는 좀 더 손쉽게 사용할 수 있는 분말형 제품인 '퓨어(PUR)'를 개발했다. 퓨어 1개는 10리터의 물을 깨끗하게 만들 수 있다.

지구상에는 10억 명 이상이 안전한 식수를 마시지 못하고 있으며, 오염된 물로 인해 설사와 같은 수인성 질환이 5세 이하 아동 사망 원인 가운데 약 88%를 차지하고 있다. 이것은 매년 약 137만 명의 아동이 안전하지 않은 물로 인해 사망하고 있음을 가리키는 수치이다.

### 5) 이해관계자

피엔지는 2003년 하반기, 상업적 측면에서 퓨어(PUR)의 미래가 비관적이라고 판단했다. 그래서 퓨어 비즈니스를 '기업의 사회적 책임 활동프로그램'(CSR: Corporate Social Responsibility)으로 전환했다. 이 제품을 효과적으로 배포하기 위해 피엔지는 사회, 건강/의료, 인도주의 구호 단체 등 비영리조직과 파트너십을 맺기 시작했다.

또한 이 프로젝트의 일환으로 피엔지는 2004년 '안전한 물 마시기 연합'을 국제인구서비스(PSI), 영국 자선기구(UK Charity), 미국 국제개발 기구(USAID), 국제빈곤구호단체(CARE) 등과 함께 구성했다. '안전한 물 마시기 연합'은 피엔지가 비영리단체와 함께 한 첫 프로젝트이다. 사회적 마케팅, 상업적 마케팅, 인도주의적 구호 단체 네트워크 등 3가지 사회공헌 프로그램을 실험하기 위해 설계된 일종의 실험 프로젝트였다. 피엔지는 비영리단체와의 파트너십, 인도주의적 지원, 직원들의 지지와 함께 안전한 물을 제공하는 노력을 계속하고 있다.

## 6) 제품 및 서비스

퓨어(PUR)는 물을 정화시키는 분말이다. 분말 1봉지로 10리터의 안전한 음료수를 만들 수 있다. 장티푸스와 콜레라를 일으키는 바이러스와 박테리아를 죽이고, 기생충과 DDT 등 살충제, 비소 등의 중금속, 기타 위험한 오염 물질을 감소시키는 효과가 있어, PUR에서 정화된 물은 세계보건기구(WHO) 기준을 준수하고 있다. 또한 CDC(미국 보건복지부 질병통제예방센터)의 임상 시험에서는 설사 질환을 50%까지 감소하는 것으로 확인되고 있다.

## 7) 전략적 선택

비즈니스의 특성은 다음과 같다.

### 가. 현지 밀착성

파트너 선별 시 ① 물에 대한 사회적 과제에 대한 관심이 깊은 문제의식을 공유할 수 있는 점, ② 파트너를 조직하여 대상국에서 실제로 활동을 하고 있으며, 현재 평판이 높은 점, ③ 실제 제품을 일정 수(1만 5000달러 이상) 구입할 수 있는 점이라는 조건을 붙여 파트너를 선별하고 있다. 따라서 대상국의 특성을 파악한 파트너가 현지 밀착성이 확보되어 있다.

### 나. 지속성

사업 시작 초기에는 USAID, DFID의 지원을 받는 것으로, 지속성을 확보했다. 사업으로 운영 비용을 충당하도록 운영하고 있으며,

P&G의 부담은 최소한의 직원으로 추진하기 때문에 비용 절감을 철저히 하는 등을 통해 지속성을 높이고 있다. (결과, 동 사업에서는 금융 위기의 영향을 받지 않음)

### 다. 사업 확대 가능성

대상 국내에서의 사업에 관하여는 지역별 파트너가 담당하고 있다. 따라서 사업을 확장해 나갈 여부는 파트너 측의 자원(인력, 자금 등)에 의존하고 있다.

### 라. 반복 가능성

국가마다 적합한 파트너를 선별하여 파트너십을 맺고 있는 동시에, 수송비용을 포함하여 판매·계발 활동도 모든 파트너에게 맡기고 있기 때문에 타국에 대한 횡적 진출도 비교적 쉬운 모델이 되고 있다. 국내의 타 지역에 대한 진출에 관해서는 현지 파트너에 의존하고 있다.

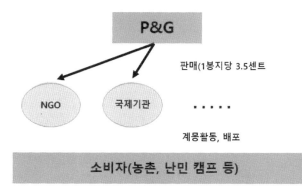

자료 : Nomura Research Institute(2009), BoP 비즈니스 선진사례집

<그림 3-5> 피엔지의 비즈니스 모델

## 8) 조직 운영

피엔지는 사업 계획 검토 단계, 사업화 단계 설립·확대 단계와 각각의 시기에 다양한 기관과 연계를 하여 사업을 발전시켜 왔다.

### 가. 사업계획 검토 단계

이 단계에서는 프로젝트를 조성하고, 조사 조사를 실시한다. 구체적으로 보면 개발도상국 정보정리, 대상지역 후보지 추출, 이용자 니즈 파악, 파트너 발굴 등이다. 그후 상품사양 선정, 시장 가격 결정 등의 사업화 기본계획을 수립한다. 이 단계에서는 피엔지가 개발한 제품개발단계에서 CDC(미국 질병통제예방센터)와 공동연구를 수행한다. PSI(국제인구센터)는 사업화단계에서 조언을 한다. 특히, 제품에 의한 사회적 영향, 민관제흥 의한 사업의 프로젝트 지원 등을 실시한다.

### 나. 사업화 단계

이 단계는 사업화 상세설계(마케팅, 채널, PR의 설계 등), 사업환경 정비(원재료 확보를 위한 공급업체 지원, 인재육성 등), 시범사업 추진(상품 등의 평가, 개량 후 판매계획 수립, 파트너 선정 등)의 순으로 이루어진다. 이 단계에서 USAID, 존스홉킨스 대학 등에서 시범사업 추진, 사업화 상세 설계를 위한 민관 협력 이니셔티브를 가동한다. USAID(미국국제개발기구)는 GDA를 통해 18개월의 시범 프로젝트에 140만 달러를 기부하고, 전담 직원에 의한 프로젝트 운영을 지원한다. 존스홉킨스 대학은 인간의 행동 변화를 위한 커뮤니케이션 캠페인을 지원한다. DFID는 BLF를 통해 224,943파운드를 PSI에 제공한다. PSI는 그 자금을 이용하여 지역의 여성에 의한 소액금융 조직형성·PUR에 의한 사업 지원으로 지역 여성 700명에 대한 마케팅·판매·개발 기술 교육을 실시한다.

### 다. 확립, 확대단계

이 단계에서는 본격 전개, 평가, 횡적 네트워크 순으로 이루어진다. 횡적 전개에서는 PSI, 적십자, 유니세프 등을 통해 각국의 파트너를 늘리기 쉽게 되어, 비용을 줄이면서 횡적 네트워크를 실현한다.

### 9) 공급 네트워크

피엔지는 PUR(Purifier of Water)을 다른 섹터와 파트너십을 활용하여 판매함으로써 유통·사람들에 대한 계몽 활동에 소요되는 막대한 비용을 절감하고 비즈니스를 성공적으로 수행하였다. 피엔지는 PSI(Populations Services International), 유니세프 등의 NGO·국제기구를 전략적 파트너로 하여, 그들에게 판매를 하는 동시에 사람들에 대한 유통·계몽 활동을 맡기고 있다.

### 10) 경제적 성과

2004년 말 인도네시아를 휩쓴 쓰나미 참사 후 2주 동안 피엔지는 1,500만 개의 퓨어를 기부했으며, 이것으로 1억 5,000만 리터의 물이 정화되었다. 이 활동으로 인해 피엔지는 비영리 단체와 기부자들, 그리고 구호 단체들에게 최고의 인도주의 기업의 이미지를 심었고, 위생적인 식수 공급의 중요성을 전 세계에 알렸다. 2006년 말 최소 1,800만 개 이상의 제품이 구호 활동 등 사회적 시장을 통해 제공었다. 대상 지역은 우간다, 이디오피아, 케냐 등을 포함한 10개 지역으로 확대 되었다. 기존의 상업적 접근으로는 300만 개에도 못 미쳤던 판매량이 비영리 단체를 상대로 원가 판매를 한 결과, 5,700만 개로 늘어났다. 사회봉사 사업을 시작한 이후, 매출 또한 급속히 성장한다. 2003년까지 8만 달러도 미치지 못했던 매출이 2004년 28만 달러, 2005년 132만 달러로 급성장했으며, 2006년 매출액은 92만 달러였다.

사회 공헌 제품으로서 퓨어는 이미 피엔지 임직원들에게 엄청난 자부심의 원천이 되고 있다. "브랜드를 떠나서, 피엔지를 특별하게 하는 것은 사람을 위한, 인류의 생활 향상을 위한 노력이다. 우리 직원들은 인도주의적 사업에 열성적이며, 그 결과 사업이 성공할 수 있었다"고 피엔지 임원들은 말했다.

### 11) 지속적 발전 효과

식수 부족이나 식수가 원인이 되는 질병으로 인해 매일 죽어가는 어린이를 살리기 위해 만들어진 '어린이에게 안전한 식수를'캠페인은 피엔지의 대표적 사회공헌 프로그램이다. 이 사업을 위해 식수 정화 제품인 퓨어(PUR)를 개발했다. 안전한 식수 50억 L를 제공한다는 목표도 있다. 그러나 퓨어는 수익 상품이 되지 못했다. 피엔지는 과감히 퓨어 사업을 포기하고, 그 대신 이 사업을 제3세계 식수난을 해결하기 위한 사회공헌 활동으로 돌렸다. 피엔지가 최고의 인도주의적 기업이라는 명성을 얻고 있는 이유이도 이런 경영 원칙에 기인한다.

## P&G의 실패 사례 (1)

P&G는 'PUR' 성공 전에 필리핀에서 저렴한 분말 상태의 영양 음료 제품 'Nutri Delight'의 판매에 실패하고, BoP 시장에서 철수한 경험을 가지고 있다. 이러한 일련의 실패 경험의 성공의 소중한 밑거름이 되었다.

### 가. NutriDelight

P&G는 모든 필수 미량 영양소를 포함하고, 맛도 좋고, 저렴한 가루 상태의 영양음료 제품 "Nutri Delight"를 개발했다. "Nutri Delight"는 선진국 시장에서 P&G 제품을 출시할 때 많이 사용하는 전략과 비즈니스 기법을 구사하고 필리핀에서 발매되었다. P&G는 또한 제품의 특성상 미량 영양소의 이점에 관한 교육 활동에 시간을 보냈다.

### 나. BoP 비즈니스의 실패 요인

① 가격 적정성의 부족

　최신 기술의 모두가 쏟아 부었지만, 가격을 싸게 하기 위한 연구가 부족했다.

② 인프라의 미 정비에 대한 대응 부족

　기존의 유통망을 이용하여 제품을 '하층 시장'혹은 최빈곤 커뮤니티에 유통시키기 위해서는 국내의 인프라가 미정비 상태였다.

③ 소비자의 수요의 환기 부족

　P&G는 교육에 힘을 쏟고 있지만, 수요 창출까지에는 이르지 못했다. 사람들은 미량 영양소에 대한 지식은 가지고 있지만, 그것이 반드시 Nutri Delight의 구매 의욕으로 이어지지 않았다.

④ 현지 밀착성 부족

　현지 자회사가 저소득층을 잘 알지 못해, 본사의 개발기준에도 신규고객의 소리에도 귀를 기울이는 절차가 포함되지 않았다.

---

## P&G의 실패 사례 (2)

P&G는 "Nutri Delight" 실패 후 베네수엘라에서 'Nutri Star'의 판매를 시도했지만 결과적으로 시장에서 철수하였다.

### 가. BoP 비즈니스의 개요(NutriStar)

Nutri Delight 실패 후 Nutri Star에 브랜드 이름을 바꾸고 베네수엘라에서 출시했다. 동사는 '자사에서 하던 모든 방식'을 바꾸어, 기업 여부를 불문하고 현지에서 안정된 실적을 가지는 새로운 파트너를 찾았다.

제품의 필요성을 사람들에게 인식시키기 위해 NGO, 다국적 기관, 지역의 소아과 의

사협회와 파트너십을 구축했다. 교육적인 요구 또는 소비자로부터 신뢰받고, 인정받고 있다고 생각되는 정보원임을 판단 기준으로 파트너십을 선정했다. 제품 자체의 마케팅이 아니었음에도 불구하고 교육 캠페인을 통해, 타깃 커뮤니티에서 '숨겨진 기아'의 문제에 대한 인식이 높아지면서, 그에 따라 해당 제품의 수요가 환기시켰다.

또한 제조업체에서 판매업자까지 폭넓게 사업 체인을 형성하기 위해 현지 기업과 창업가를 파트너로 영입했다. P&G는 제조법 라이센스를 현지 기업에 제공하고, 이를 통해 위험을 분산하고 설비 투자를 절감할 수 있었다. 현지 기업은 기술 이전이라는 혜택을, P&G는 브랜드 자산 가치(brand equity)와 미래 성장성이 있는 시장에서 빠른 시일 내 브랜드 포지셔닝이라는 이점을 얻었다.

P&G는 자사의 장점 분야인 제품 유통에 대해서도 역량을 쏟아 점검하고, '자연 발생적인 유통시스템'(중소기업, 판매업자, 소매점의 계열화)을 모색했다. 현지 기업은 현지 사정에 밝기 때문에 저소득층을 대상으로 한 제품 유통을 확고히 할 수 있었다.

### 나. BoP 비즈니스의 실패 요인

정치적 불안정한 국가에 진출한 데 따른 연속성의 결여를 들 수 있다. Nutri Delight의 실패를 교훈삼아, 여러 가지 방법을 모색했지만, 이 제품을 가장 필요로 하는 모든 고객들에게 도달하는 것은 어렵다는 점이 명백해졌다. 그리고 베네수엘라의 정치 불안이 걸림돌이 되어, P&G는 비즈니스 모델을 더욱 개량하고, 수정하는 것이 불가능하여, 결국 Nutri Star는 시장에서 철수하게 되었다.

# 5. 다농(Danone)

## 1) 기업 소개

세계 최고 규모의 유제품 생산업체 다농그룹(Groupe Danone)은 우유, 유산균 발효유 등의 유제품 가공업과 생수 사업으로 특화된 기업군이다. 요구르트 브랜드 다농 외에도 전 세계적으로 알려진 볼빅(Volvic), 에비앙(Evian), 바두와(Badoit) 등의 생수 브랜드를 소유하고 있다. 그라민다농(Grameen Danone)은 소액금융으로 노벨상을 수상한 무하마드 유누스의 그라민뱅크와 다농의 합작으로 설립된 방글라데시의 유제품 기업이다.

## 2) BoP 층의 요구사항

그라민다농이 세워지기 전 방글라데시 아이들 중 두 명 중 하나는 영양실조를 겪고 있었다. 이 문제를 해결하기 위해 그라민다농은 필수 영양소가 담긴 요구르트를 생산하기로 결정하였다. 단, 100원도 안되는 저가격으로 하루 영양 섭취 권장량의 30%를 제공하는 요구르트를 만든 것이다. 요구르트를 만드는 공장에서는 현지인을 채용하고, 요구르트 판매는 '그라민 레이디(Grameen Lady)'라고 불리우는 여성 방문판매원들을 활용하였다. 방글라데시에서 쉽게 구하기 어려운 여성들에게는 일자리를 제공하며, 요구르트가 생소한 소비자들에게는 그라민 레이디들이 친절하게 영양소에 대한 설명도 하니, 그야말로 일석이조의 효과였다.

## 3) BoP 시장 진출동기

다농은 프랑스에 본사를 두고 유럽, 미국 등지에서 다양한 낙농제품 및 생수 시장에서의 경쟁력을 갖추고 있었다. 2000년대에 들어서면서 세계적 낙농기업으로서의 자부심과 경쟁력을 한 차원 높은 단계로 끌어올리기 위해, 보다 혁신적인 공유가치창출(Creating Shared Value) 전략이 필요하게 되었다. 다농이 CSV라는 새로운 과제를 함께 넘기 위해 잡은 파트너는 그라민뱅크의 설립자 무하마드 유누스였다. 2006년, 방글라데시 소재 그라민다농(Grameen-Danone) 사의 설립은 바로 이와 같은 배경에서 시작되었다.

## 4) 외부환경분석

그라민다농이 설립되기 전 방글라데시는 약 50%의 아이들이 영양실조를 겪고 있을 정도로 아동 영양 상태가 취약한 상황에 놓여 있었다. 그러나 당시 방글라데시는 영양실조에 걸린 아이들을 위한 영양 대책을 세우기에는 공공 섹터의 역량이 역부족하였다. 민간 부문의 기업이 아이들의 영양을 위한 식품 또는 제품을 만든다고 해도, 이를 구입할 능력이 없는 빈곤층에게는 말 그대로 '그림의 떡'에 불과한 상황이었다.

## 5) 이해관계자

본 프로젝트는 공장에서 일하는 농부들과의 파트너쉽을 통해, 지역의 농촌 공동체와의 통합으로까지 나아가게 되었다. 이는 제품 마진을 적게 하려는 노력과 동시에, 농부 한 명이 한 주당 약 60달러(USD), 방글라데시 시골 지역에서는 상당한 액수에 해당하는 임금을 벌 수 있게 함으로써 가능했던 일이었다. 그라민다농은 이러한 방법을 통해 제품 판매뿐만 아니라, 제품 생산과정에서 방글라데시 지역사회와 경제에 기여할 수 있게 되었다.

## 6) 제품 및 서비스

다농은 그라민 다농을 통해 아이들에게 필요한 필수 영양소가 담긴 요구르트를 생산하는 것에 주력하여, 생산 공장들을 방글라데시에 건설하였다. 처음 공장이 설립된 곳은 수도 다카(Dhaka)에서 200km 북쪽에 위치한 보그라(Bogra)였다. 그라민다농의 아동들을 위한 요구르트는 작은 삼륜 배달차를 통해 지역의 시골 마을들로부터 매일 배달되어 오는 우유와 지역에서 재배한 설탕과 다른 재료들을 합쳐 만들어진다. 만들어진 요구르트는 인체에 해로운 박테리아가 포함되어 있는가를 확인하는 과정을 거친다. 냉장고를 가진 사람이 많지 않은 방글라데시의 지역 특성상, 냉장고 밖에서 1주일까지 신선하게 보관이 가능하도록 설계된 영양소들이 첨가된다.

그라민다농은 아이들을 위한 각종 필수 영양소가 풍부하여 한 컵으로 아이들에게 1일 영양 섭취 권장량의 30%를 제공함으로써 매주 2개만 꾸준히 먹어도 영양실조를 극복하는 데 도움이 되는 요구르트를 개발하였다. 요구르트를 한 개당 6타카(약 0.06유로), 한국 돈으로 약 80원에 해당하는 가격으로 지역 공장에서 생산하도록 하였다.

## 7) 전략적 선택

그라민다농식품은 그라민은행의 '소셜 비즈니스'를 추진하는 가족 기업인 그라민(Grameen)이 현지의 지역사회에 제조, 유통 모델을 설계한 지역밀착형 비즈니스 모델은 <그림 3-6>과 같다. 지역의 젖소 사육들과 야자 나무의 당밀 재배자와의 계약 및 현지 노동 집약적인 요구르트 공장을 설치하여, 지역 주민을 고용하고, 지역의 소규모 도매 업체와의 계약을 체결하고, 호별 방문판매 여성(그라민 레이디)의 채용에 통해 지역과 '생산·유통'을 통한 비즈니스 생태계 시스템을 구축한다. 이를 통해 어린아이의 건강 증진과 현지 하층민의 소득을 올리고, 빈곤에서 탈출하기 위한 플랫폼을 구축하는 것이다.

이 영양강화형 어린이용 요구르트는 지역의 젖소 사육자(대부분은 그라민은행에서 임차)에서 원유 조달한다. 당분의 강화는 야자나무의 당밀 재배자로부터 당밀 조달한다. 그 후 현지 공장에서 생산되어 현지의 아이들에게 인기 있는 사자의 로고 마크로 "Shokti Doi"(= Yogurt for Energy)의 상품명으로 2007년에 판매되었다.

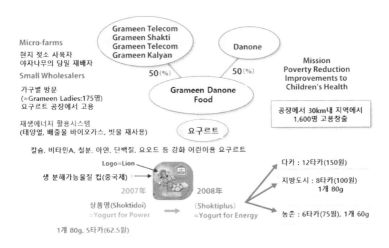

자료 : Hayashi Takabumi(2011), 소셜비즈니스와 그라민은행, Business+IT

<그림 3-6> 그리민다농의 비즈니스 모델

## 8) 조직 운영

그라민다농은 그라민 은행과 세계적인 유제품 생산업체 다농이 함께 설립한 사회적 합작 벤처이다. 동사의 '양해각서'에는 미션으로 "가난한 (지방의 하층계급)에 매일 영양을 가져다주는 독특한 근접 비즈니스(현지 커뮤니티와 연결한 제조 및 유통모델 설계)를 통해 빈곤을 감소시킨다."라고 명시되어 있다.

## 9) 공급네트워크

주요 판매 경로는 그라민 레이디를 통한 가구별 방문을 중심으로 1개 80그램들이 5BTD(=약 60원)에 판매되었다. 2007년 현지(보그라)에서 요구르트 가격은 1컵 당 25BTD(약 300원)이었다. 2008년에는 사료 가격의 상승으로 제조비용이 상승했기 때문에 "Shokti Plus"(= Energy Plus)로 상품 이름을 바꾸고, 농촌에서는 1개 60그램으로 소량화하여, 가격도 6BTD (= 약 70원)으로 하였다. 그러나 소규모 도시에서 1개 80그램에서 8TD(약 90원), 수도 다카에서 12BTD(140원)으로 판매하였다.

## 10) 경제적 성과

그라민다농 식품은 사업 목적을 방글라데시 현지의 사회적 과제인 "어린아이의 건강 증진과 빈곤 퇴치"로 명시하였다. 현지에서 자율적인 비즈니스 생태계를 지향하는, 지역밀착형 사회비즈니스 생태계 모델의 구축을 목표로 한 것이다. 다농은 2008년에만 10억 달러 이상의 이윤을 냈으며, 유럽에서의 거래 침체에도 불구하고 10%가량 성장하였다. 그라민다농은 보그라(Bogra)에서 한 주에 25만 병의 요구르트가 생산하였으며, 2009년 말에는 한 주에 50만 병을 생산하기에 이른다. 이를 위해 250명의 농부가 공장에 우유를 공급하며, 300명의 여성 배달부들이 마을을 돌며, 요구르트를 배달하고 있다.

## 11) 지속적 발전 효과

지속적 발전 효과는 다음 두 가지로 정리할 수 있다. 첫째, 방글라데시 농촌지역 빈곤층 아동들의 취약한 영양 상태를 개선하는 것에서부터 우유를 공급하는 농부 및 여성 판매원들에 대해 고용을 창출하고 구매력을 증가시켜 지역 경제를 활성화시키는 등 방글라데시 지역사회를 위한 사회적 영향력을 발휘하였다. 둘째, 기존의 낮은 구매력으로 인해 자사 제품에 대한 수요가 높지 않았던 서남아시아 지역에 "그라민"이라는 존경받는 브랜드와 파트너십을 맺고, 저렴한 가격과 영양 개선이라는 사회적 명분을 갖춘 프로젝트를 통해, 큰 저항 없이 현지 시장에 성공적으로 진입하는데 성공하였다.

그라민다농은 선진국의 최적화된 생산 기술과 현지의 저렴한 노동력, 소비자를 생각한 상품 개선 등이 맞물리며 아동들의 영양상태 개선이라는 사회적 가치를 끌어내었다. 그라민다농은 존경받는 기업이 되어, 2008년 경제 위기 속에서도 성장과 상승세를 유지하며 지속적으로 글로벌 시장에서의 입지를 넓히고 굳혀나갈 수 있었던 하나의 동력이 되었다. 이런 점에서 그라민-다농은 다국적 대기업의 합작을 통한 성공적인 공유가치창출(CSV) 사례로 평가받고 있다.

# 2장 기업과 IFC의 협력 성공 사례

## 1. 기업과 IFC의 BoP 협력 개요

IFC(International Finance Corporation, 국제금융공사)는 2009년 회계 연도만으로 포용적 비즈니스 모델(Inclusive Business Model, 유엔 등 국제기구는 BoP 비즈니스를 포용적 비즈니스라고 부름, 여기서는 BoP 비즈니스로 통일함.)을 실천하는 35개를 넘는 고객 기업에 7억 8,000만 달러를 투자했다.

IFC의 전체 포트폴리오에서는 BoP 비즈니스 모델을 실천하는 고객 수는 150개를 넘고 있다. BoP 비즈니스 모델을 추진하고 있는 기업은 산업의 영역을 넘은 5개의 핵심 과제에 대처할 필요가 있다는 점이 고객의 경험과 연구 결과에 의해 밝혀졌다. 각 과제에 대해 기업이 채택하는 대책의 경향이 나타나기 시작했다. 또한, 일 반적으로 파트너십과 기술의 활용이 원동력으로서의 역할을 하고 있다. 이들 과제와 대책을 살펴보면 <표 3-4>와 같다.

<표 3-4> IFC와 기업의 협업 과제 개요

| 과제명 | 대책 | 대책의 개요 | 사례 |
|---|---|---|---|
| 고객범위의 확대 | 유통 채널(유통망)의 공유 | 기존의 채널을 갖고 있는 조직과 제휴하여 신속하게 범위를 확대 | 의료 관련 회사가 건강 관련 제품을 판매하고, 서비스를 제공하기 위해 농촌 지역에서 농업 관련 사업의 거점을 활용 |
| | 비공식 채널 | 비공식 경제에서 조업하고 있는 영세·중소기업을 채널로 활용 | 이동통신사가 가족 경영의 점포나 키오스크를 통해 통화 시간용 선불카드를 판매 |
| | 미니·프랜차이즈 | 영세 기업을 위한 표준화된 소규모 프랜차이즈의 기회를 제공 | 마을 전화교환원이 "키트"를 구입하고 통화 시간을 분 단위로 위탁 판매 |
| | 지역 밀착형 대리점·중개인 | 흩어져 거주하고 있는 고객에게 제품이나 서비스를 제공하기 위해 현지인을 고용하여 대리점 네트워크를 형성 | 휴대 POS 단말기를 휴대한 점원이 가구별 방문으로 고객의 금융 거래를 지원 |
| | 허브 앤 스포크 | 집약된 허브가 위성 센터를 지원하여 비용을 분담 | 비교적 작은 도시의 병원이 원격 치료를 통해 더 큰 도시의 병원에 있는 전문가를 활용 |
| 금융서비스에 접근성 촉진 | 현금 대출 | 현금 제공, 또는 자회사 및 제3자를 통한 현금에 대한 접근성을 촉진 | 농산물 구매자가 직접 대여하거나 공급업체를 파트너의 금융 기관에 소개 |
| | 현물 지급의 운전 자본 대출 | 투입 자재 또는 재고를 제공 | 도매업자가 소규모 소매업자에 대해 2주 간의 지불 유예를 부여 |
| | 소액 임대 | 정기적 분할 지불에 의한 상환을 전제로서 생산적 자산을 판매 | 판매업자 또는 금융기관이 고객에 대해 12개월 할부로 재봉틀의 지불을 허가 |
| 발상과 행동의 전환 | 상승 지향 마케팅 | 폭넓게 침투한 사회 및 문화적 동경에 호소하는 브랜드를 구축 | 물 또는 정수회사가 건강에 대한 혜택이 아니고 세련된 외관에 의해 청정수를 판매 |
| | 테스트 판매 | BoP 층은 상품과 서비스의 가치를 확인 또는 체험할 수 있도록 함 | 농업 투입 자재의 판매업자가 다양한 품종 작물의 길이를 실제로 보여주기 위해 작은 구획의 토지에 씨앗을 파종 |
| | 커뮤니티 네트워크 | 신뢰 관계를 통해 입소문을 통한 지지를 확산 | 보험업자가 여성의 자조 그룹을 통해 건강 보험을 판매 |
| | 교육·훈련 | 필요한 지식과 스킬을 구축하고 BoP 층의 능력 향상을 추구 | 금융 지식의 교육·훈련 |

| | | 비즈니스에 금전적, 심리적, 혹은 운영면에서 관심을 가짐으로써 협력의식을 고취 | 지역 사회에서 물의 사용을 감시하여 이용자의 지불 동기를 부여 |
|---|---|---|---|
| | 주인 의식 | | |
| 적정 상품과 서비스의 설계 | 파우치·소량 비즈니스 | 소량(또는 일회용) 포장량, 소분량 | 밀가루 강력분을 1컵 단위로 판매 |
| | 모듈형 | 단독 또는 타인과 결합하여 가치있는 부품을 개별적으로 판매 | 주택을 직접 건설하기 위한 건축 자재를 '1방 단위'로 판매 |
| | 공유 접근성 | 고정비를 분담하기 위해 자산을 복수의 구성원이 이용 | 마을 통신사업자가 전화를 구입하고 이용시간 1분 단위로 판매 |
| | 실질 본위의 상품과 서비스 | 소비자에게 가능한 낮은 가격으로 필요 최소한의 요구에 맞게 설계 | 불필요한 프로그램을 제외한 직업 교육 |
| | 프로세스의 단순화 | 고도한 작업을 공식 자격이 없는 스탭이라도 비교적 저렴한 비용으로 수행하도록 표준화하고 세분화 | 지역 의료종사자가 저렴한 비용으로 진료를 하고 일반적인 질병을 치료 |
| 가격 및 지불 방법의 수립 | 선불 | 고객이 사용하는 제품이나 서비스 요금을 현금이 있을 때 선불 처리 | 동전이나 카드식 측정기를 통해 가구의 전기 요금을 선불 |
| | 이용 횟수제 | 고객은 사용한 만큼의 요금만 지불 | 휴대폰은 서비스 계약에 의한 일괄 요금이 아닌 1분 단위의 이용료를 설정 |
| | 단계적인 가격 설정 | 지불 능력에 따라 다른 가격을 설정 | 비교적 고소득 가구에서 에너지 요금을 높게 하여, 저소득 가구의 채산성을 맞춤 |
| | 보조금 | 상품이나 서비스 구입시 BoP 층에게 직접 보조금을 공여 또는 보조금을 이용할 수 있도록 지원 | 수도 회사가 정부 보조금을 이용하여 저소득 가정의 수도 요금을 낮춤 |

자료 : International Finance Corporation(IFC)(2010), Inclusive Business: Expanding Opportunity and Access at the Base of the Pyramid, pp.5-6

BoP 층을 대상으로 한 비즈니스에서는 같은 생각을 가진 기업이 채택하는 대책의 패턴을 파악하여 BoP 비즈니스 모델을 신속하게 개발하고 더 나은 성과를 거둘 수 있다. 어떤 대책을 언제 사용하는지, 또 그러한 대책을 특정 시장 분야 및 경영 환경에 맞게 어떻게 조정할 것인지를 이해하는 것이 중요하다.

산업, 국가, 사회, 문화, 정치 상황에 따라 기업이 실천하는 대책의 범위는 영향을 받는다. 예를 들어, 프로세스의 단순화(비용 절감을 위해 보유 자격이 적은 인원으로도 대응할 수 있도록 서비스 제공을 표준화하고 세분화하는 대책)는 많은 경우 효과가 있다. 그러나 자격을 갖춘 전문가를 필요로 하는 분야가 규제에 의해 넓게 정의되어 있는 경우, 이러한 대책으로는 충분하지 않다. 예를 들어, 의료업계의 BoP 비즈니스 모델은 강력한 진단 도구를 갖춘 숙련된 의료진을 활용하여 일반적인 질병의 발견과 치료를 실시하여, 전문 의사는 더 복잡한 증상에만 집중할 수 있다. 이 방법은 규제에 의해 면허 약사에 의한 의약품의 처방과 조제를 제한하고 있는 나라에서는 실현될 수 없다.

산업, 국가, 사회, 문화, 정치 상황에 따라 대책을 실천하는 방법도 달라, 환경에 따라 같은 대책을 해도 다른 형태로 표면화된다. 예를 들어, 주택 업계에서는 제품이나 서비스의 설계를 모듈화함으로써 고객은 1방 단위로 건설할 수 있다. 교육은 학생에게 학위 취득을 위한 인증 과정을 단독 또는 복수로 조합하여 제공할 수 있다. 또는 농촌 지역에서 유통 채널의 공유 기회를 추구하는 기업은 소규모 관개 사업을 하는 농민의 협동조합과 소액 보험을 다루는 여성 자조 그룹을 대상으로 할 것이다.

BoP 비즈니스 모델을 실천하기 위해 적절한 조치를 선택 적응시킬 필요가 있다. 이것은 기업이 새로운 경영 환경과 시장 분야를 모색하는 가운데, 시행착오의 연속이 될 수도 있다. BoP 층 비즈니스 기회와 접근의 확대를 위해서는 BoP 비즈니스에서 가장 복잡한

3개의 과제 영역에서 IFC의 고객 각사가 어떻게 문제를 해결했는지가 참가자들에게 공유한다.

- ·유통 네트워크를 통한 고객 범위의 확대
- ·금융 서비스에 대한 접근성 촉진
- ·발상과 행동의 전환에 따른 잠재적인 니즈의 발굴

또한 본 절에서는 기업이 BoP 비즈니스 모델을 더 효과적으로 개발하는 데 비즈니스 개발자의 새로운 프로그램이 어떻게 도움이 되는지에 대한 설명이다.


## 2. 성공 사례의 유형화

성공사례는 다음 세 가지로 분류하여 정리할 수 있다. 첫째, 유통 네트워크를 통한 범위의 확대, 둘째, 금융 서비스에 대한 접근성 촉진, 셋째, 발상과 행동의 전환에 따른 잠재적인 요구 발굴 등이다.

### 1) 유통 네트워크를 통한 규모의 확대

영업 이익률이 낮은 경향이 있는 BoP 층을 대상으로 한 사업은 수익성을 유지하기 위해 규모의 추구가 필요하다. 제품을 대량으로 판매하기 위해서는 상품과 서비스를 BoP층 대상 고객에게 제공할 유통 네트워크가 필요하다. BoP 층의 고객은 인프라가 빈약하고 인구가 분산되어 있는 교외 지역이나 지방의 농촌 등 찾아가기 어

려운 지역에 거주하고 있는 경우가 많기 때문에 이러한 네트워크의
구축은 특히 어렵다. 결과적으로 기존의 유통 채널은 빈약한 것으
로 되어 있는 경우가 많다.

기업 중에는 이용 가능한 네트워크를 갖고 있는 곳도 있고, BoP
시장에 맞게 네트워크를 새롭게 구축하고 있는 기업도 있다. 심지
어 기업, 시민 사회 단체, 그리고 때로는 정부 기관과의 제휴를 통
해 타사 네트워크 이용을 시도하는 곳도 있다. 또한, 기술의 활용이
중요한 원동력으로 부상하고 있으며, 기술을 활용하여 많은 기업에
서는 비용 효율적인 방식으로 자사의 유통 네트워크의 범위를 관리
하고 확장하고 있다.

### ① Companhia Energtica do Maranho (CEMAR) : 에너지, 브라질

CEMAR는 배전 회사로 브라질에서 가장 가난한 주 중 하나인
마라냥 주에서 서비스를 제공하고 있다. 동사는 2004년 이후 모두
가 전력을 사용할 수 있도록 하는 것을 목표로 한 브라질 정부의 프
로그램 "Light for All"(모두에게 전기를)에 참여하고 있다. CEMAR
는 고객 대상 범위를 확대하고 서비스 품질을 높이고, 상업적 손실
을 억제하기 위해 자사의 유통 네트워크를 현대화하고 확대했다.
이 프로그램의 핵심 성공요소 중 하나는 CEMAR과 정부의 협력에
있다. 정부는 CEMAR이 에너지를 저렴한 가격으로 억제하면서도
필요한 인프라의 자본 비용을 충당할 수 있도록 조성금이나 보조금
을 지급하고 있다.

② Coca-Cola Sabco : 소비재, 동아프리카

코카콜라는 전 세계에서 비공식 유통 네트워크를 활용하여 기존의 유통 모델은 미치기 어려운 지역의 고객에게 제품을 제공하고 있다. 동아프리카에서는 코카콜라의 보틀링회사인 Sabco가 영세 기업과 협력하여 트럭이 들어가지 않고, 상품이 닿기 어려운 인구가 조밀한 도시 지역에 있는 레스토랑과 개인 경영의 키오스크 등 소규모 소매업자에게 상품을 제공하고 있다. Sabco는 이러한 기업들이 저렴한 비용으로 직접 배송센터를 설립하여 소량의 음료 제품을 손수레 등의 수동 배송 방법으로 정기적으로 점포에 제공할 수 있도록 지원하고 있다.

③ Anhanguera : 교육, 브라질

Anhanguera Educacional Participaces SA는 브라질 최대의 고등 교육 기관으로 2009년 학생 수는 75만 5,000명을 넘었다. Anhanguera는 2004년에 설립되었지만, 현재는 남미의 어떤 교육 기관보다 많은 학생 수를 자랑한다. 캠퍼스, 직업훈련센터, 원격교육을 이용하는 3계층의 유통모델을 구축하여 국내 모든 지역의 학생들에게 대상을 넓힐 수 있게 되었다.

④ Dialog Telekom PLC : 모바일 통신, 스리랑카

Dialog는 스리랑카의 주요 이동통신 비스 제공업체로서 2009년 계약자 수는 650만 명에 이르러, 4만 이상의 독립유통업체(이 중 15%는 미등록 업체)를 활용하여 농촌 주민으로 대상 고객 범위를 넓혀 가고 있다. Dialog의 소매업자의 81%는 지금까지 공식 실무

교육을 받은 적이 없었기 때문에 교육을 받음으로써 성장하고, 자사에 대한 충성도가 생겨났다. 이러한 구조를 통해 Dialog 자체의 시장 보급률이 높아지면서 경쟁력도 강화되고 있다.

## 2) 금융 서비스에 대한 접근성 촉진

BoP 층의 사람들의 현금 흐름은 제한되어 있으며, 비정기적이고 예측할 수 없는 것으로, 많은 경우 BoP 비즈니스 모델을 실천하기 위해 대출이 필요하다. BoP 층의 사람들은 공급 업체, 유통업자, 소매업자로서 농업 투입 자재에서 휴대폰이나 상품 재고에 이르기까지 일반적인 비즈니스 사이클의 일환으로 구입을 위한 대출이 필요하다. 또한 소비자로서 고액 상품(가정의 수도 연결 장비, 통원, 교육 등)이나 일상 생활필수품(비 내구소비재)의 구입도 대금의 지급을 위한 대출이 필요하다.

많은 BoP층의 사람들은 정규 은행시스템에 접근할 수 없다. 따라서 많은 경우 기업 스스로가 그들에게 대출을 하거나 보다 적절한 지식과 능력을 가진 소액 금융기관, 은행, 정부 등과의 관계를 통해 대출을 촉진하고 있다. 또한 농업 생산성과 금융 교육훈련 등 대출의 상환 능력을 높이기 위한 능력 개발을 제공하는 기업도 많이 생겨나고 있다.

### ① Tribanco : 금융 서비스, 브라질

Tribanco는 남미 최대의 도매업체, 유통업체인 Grupo Martins의 금융 부문에서 브라질에서 30만 명이 넘는 영세·중소기업의 소매업자에게 서비스를 제공하고 있다. Tribanco은 고객의 성장이 회사의 성장을 밑거름이 되고 있다는 점을 인식하고 있으며, 재고 구입 및 매장 개장을 위해 Tribanco을 통해 중소·영세 기업의 고객 15만 개에 대출을 실시하고 있다. 또한 Martins 네트워크의 점포를 방문하여 가장 기업가정신이 넘치는 점포를 특정함으로써 어느 점포에 융자를 할 것인가를 결정하고 있다. Tribanco는 또한 점포 소유자의 추천에 따라 자사 네트워크의 점포 고객에게 404만 장의 신용카드를 발행했지만, 대부분은 과거에 신용카드를 이용한 적이 없었다.

② ECOM : 농업 관련 산업, 중남미

ECOM은 전 세계 농산물 상품 거래기업(상업작물상사)이다. 동사는 중남미 전체에 걸쳐 계절에 따라 엄선된 중기 융자를 실시하는 것이다. 작은 농지 소유자의 농가가 투입 자재의 구입, 농작물의 유지 관리, 수확을 포함한 생산 사이클의 자금을 조달할 수 있도록 지원하고 있다. ECOM은 농가를 직접 방문하여 생산 능력을 추정하고, 필요한 융자 규모(일반적으로 1,000달러 미만)을 결정한다. 그 후, 신용의 승인에서 모니터링 및 대출에 이르기 대출 프로세스를 관리한다.

③ Apollo Hospitals : 의료, 인도

Apollo Hospitals는 인도 최대의 민간 의료 단체의 하나이다. Apollo Reach 병원은 인도의 비교적 작은 도시 및 주변 지역과 인근 교외 지역에 서비스를 제공하고 있다. Apollo Reach 병원에서는 저소득층 환자가 무리 없이 치료비를 지불할 수 있도록 빈곤선 이하 가구를 대상으로 인도 정부가 도입한 국민건강보험제도를 이용하고 있다. 이 제도는 5인 가족 최대 3만 루피(659달러)의 치료비를 지원한다. 수급자는 가입시 30루피(0.66달러)을 지불해야 하지만, 보험료는 중앙 정부와 지방 정부가 부담한다.

④ Jain Irrigation Systems(JISL) : 농업 관련 산업, 인도

인도에 본사를 둔 JISL는 세계 최대의 효율적인 관개 시스템 제조업체이며, 과일의 주요 제조가공업체이기도 하다. JISL은 Yes Bank, Central Bank of India, IDBI Bank를 비롯한 은행과의 관계를 통해 농민이 관개시스템을 구입하기 위해 대출을 촉진하고 있다. 이들 은행은 일부 주에서 제공되는 소규모 관개시스템을 위한 보조금의 교부 창구가 되고 있으며, 보조금은 부족한 자금을 신용으로 제공하는 경우도 다수 존재한다. 5헥타르 미만의 토지를 경작하는 농가는 50%의 보조금을 받고 있다. 관개시스템의 대출 평균금액은 농가 1가구당 약 817달러이다.

## 3) 발상과 행동의 전환에 따른 잠재적인 요구 발굴

BoP 비즈니스 모델을 추진하는 기업은 BoP 층에 새로운 가치를 제안하는 경우가 많기 때문에, 자사에서 제공하는 상품과 서비스 및 고용과 소득 기회에 BoP층의 잠재적인 요구를 이끌어 내야 한다. 그러기 위해서는, BoP층의 발상과 행동을 전환할 필요가 있다. 잠재 고객은 제품의 장점을 잘 모를지도 모른다. 유통업자 및 소매업자는 새로운 제품 라인을 인수하는 비즈니스 스킬을 갖추고 있지 않을지도 모른다. 생산자는 새로운 농작물이나 생산 방법으로 전환하는 위험에 주저할지도 모른다. 소득이나 자산이 한정되어 있는

가운데, 생산과 소비에 대한 새로운 결정에는 대가가 따른다. 금전적인 여유가 없는 BoP층의 사람들은 익숙하지 않은 새로운 서비스에 대해 경각심을 가지고 위험이 있다고 생각하는 경우가 많다.

BoP 비즈니스 모델을 추진하고 있는 기업은 대상으로 하고 있는 BoP에 대한 공급업체, 유통업자, 유통업자, 소비자가 파악하는 위험과 가치의 인식을 바꾸려하고 있다. 회사는 또한 발상뿐만 아니라 행동도 전환하는 데 필요한 계몽, 기술 향상, 사회적 피드백 구조도 구축하려고 하고 있다. 코넬대학교 존슨경영대학원의 Erik Simanis 교수가 강조했듯이, "발상과 행동의 전환은 BoP 비즈니스에서 가장 이해되지 않은 측면 중 하나이며, BoP 비즈니스 모델의 대부분에서 성공 여부를 좌우하는 것이다."

① MANILA WATER : 수도, 필리핀

Manila Water Company는 마닐라 동부에서 상하수도 시설을 운영하고 있으며, 지방자치단체와 지역 사회의 각 단체와 연계해 저소득층이 사는 지역에서 급수 설비를 설계하고 가동시키고 있다. 동사는 수금과 송금 및 설비의 유지 관리를 지역 주민에게 담당하게 함으로써 주인 의식을 함양하고 기한 내에 사용료 지불을 촉진하고, 물 도둑을 방지하는 데 성공했다. 이전에는 이러한 인식의 부족이 지불 능력이 제한된 지역에 서비스를 제공하는 인프라 업체에게 큰 문제가 되고 있었다.

② Mi Tienda : 도매 유통, 멕시코

Mi Tienda는 지방을 중심으로 활동하는 유통업체이고, 중앙 멕시코의 작은 농촌 지역에서 소규모 소매업자에게 서비스를 제공하고 있다. 이러한 소매업자의 대부분은 기존의 키오스크 형식을 채택하고 있어 매출이 한정되어 있다. Mi Tienda는 소매업자당 매출 증가를 목표로 한 성장 전략을 따라 보통 1년에 1주일씩, 각 점포에서 교육과 능력 개발을 수행하는 컨설턴트의 육성에 시간과 자금을 투자하고 있다. 능력 개발의 일환으로 점포 소유자를 설득하고 점포 레이아웃을 현대화하도록 하여 상품을 쉽게 볼 수 진열로 전환하고 있다. 점포의 현대화에 따라 매출은 평균 35% 증가했다.

### ③ FINO : 금융 서비스, 인도

Financial Information Network & Operations Ltd(FINO)는 금융 기관이 주로 인도의 준 도심부 지역과 지방에 거주하는 은행에 접근할 수 없는 주민서비스를 제공 할 수 있는 IT 솔루션을 개발하고 실행하고 있다. FINO는 6,000개 이상의 지역 밀착형 중개자를 통해 고객의 자택을 방문하여 상품의 인지도와 이해의 향상, 고객의 가입 절차, 일반적 거래를 하고 있다. 지금까지 1,400만 명 이상이 가입하고, 그중 다수는 과거에 정규적인 금융 서비스를 이용한 경험이 없었다. 그들에게 금융 교육을 강화하는 것은 단순히 가입뿐만 아니라 거래를 늘리는데 필수적인 요소이다.

### ④ UNIMINUTO : 교육, 콜롬비아

Corporación Universitaria Minuto de Dios(UNIMINUTO)는 콜롬비아 보고타에 본사를 둔 비영리 고등교육기관이다. 교육의 가치는 세계적으로 인정받고 있고, UNIMINUTO는 매우 낮은 비용 모델을 개발하고 있기 때문에 UNIMINUTO에서는 교육을 받을 울타리는 낮아지고 있다. 그러나 동사가 목표로 하는 저소득층 학생들이 이 서비스를 이용하려면 아직도 어려운 점이 존재한다. 즉, 미래의 소득 수준을 높이기 위해, 현재 이미 충분히 적은 소득을 단기적으로 선행 투자해야 하는 것이다. UNIMINUTO는 지역밀착형 마케팅이나 같은 시선을 가진 재학생의 추천을 통해 유망한 학생이 안고 있는 위험의 인식을 완화하도록 지원하고 있다.

## 3. IFC의 사례 분석 프레임워크

### 1) IFC의 개요

IFC(국제금융공사)는 개발도상국의 민간 섹터를 대상으로 자금을 제공하는 국제기관으로서 최대 규모를 자랑하며, 빈곤 감소와 사람들의 생활 향상을 실현하는 수단으로, 동 민간섹터를 위한 투융자을 지속 가능한 형태로 추진하고 있다. 또한, 개발 효과를 최대한으로 끌어올리기 위한 투융자 및 자문 서비스를 결합하여 실시하고 있다.

IFC의 회원국은 182개국에 달하며, 미국 워싱턴 DC에 본부를 둔 IFC는 개발도상국을 중심으로 세계 130군데 사무실을 마련하고 있다. IFC는 세계 은행그룹의 부속 기관이 있지만, 법적으로도 재정적으로도 독립한 조직이다.

&lt;IFC의 조직개요&gt;

· 1956년 민간 부문에 대한 투자 및 융자 지원을 목적으로 설립

· 세계은행그룹에서 민간 섹터의 개발을 담당

· 상품과 서비스 : 출자, 준 출자, 장기 융자, 리스크 관리, 자문 서비스 등

· 신용 등급 : AAA (안정적)

· 현재 회원국 : 182 국(미국에 이어 일본이 2대 주주)

· 전 세계적으로 3,400명 이상의 직원

---

&lt; BoP층의 목소리 &gt;

세계은행의 조사 "Voices of the Poor"(가난한 사람들의 목소리 : 우리의 목소리가 들리나요)에서 실시된 2 만건의 인터뷰에서는 수입이 없을뿐만 아니라, 보다 근본적인 문제로서 상품이나 서비스, 경제적 기회에 접근 할 수 없다는 빈곤층들은 호소하고 있다.

"어디에도 일 자리가 없어요"(에콰도르 여성)
"우리는 공기만큼 간절히 물을 원하고 있다"(키르키스탄 여자)
"건강한 사람도 진료소에 가면 모두가 병이 걸려 나옵니다"(이집트 남성)

---

많은 경우, BoP 층의 사람들은 품질이 떨어지는 제품이나 서비스를 제공받고 있다. 그들은 종종 안정된 일자리, 사업 기회, 수도, 전력, 정비된 도로, 현대적인 통신 환경, 보건 의료, 교육, 또는 금융 서비스에 접근할 수 없다. 때로는 시장이 유효하게 기능하고 있지 않기 때문에 이러한 서비스에 대해 고소득층 사람보다 높은 비용을 지불하도록 강요되어 있으며, 이러한 현상은 "빈곤 페널티"(가난 때문에 발생하는 불이익)로 알려져 있다.

이러한 상황의 영향으로 IFC는 구매력을 환산한 소득에 의하여 기준뿐만 아니라 기본적인 상품과 서비스, 경제적인 기회에 대한 접근성 부족도 기준에 포함하여, BoP 를 정의하고 있다.

## 가. IFC의 BoP 비즈니스

BoP층은 지금까지 원조 또는 자선 사업의 대상으로 간주해왔다. 그러나 1998년 프라할라드와 하트가 "BoP 층은 기업이 주목해야 할 시장이다"라고 주장하면서, 현재까지 BoP 층을 둘러싼 비즈니스는 전 세계에서 활발히 이루어지고 있다. IFC는 BoP층을 소비자, 생산자, 유통업체 또는 소매업자로서 자리매김하는 가치 사슬에 통합한 비즈니스로서 성립하고 규모를 확대할 수 있는 사업 모델을 BoP 비즈니스 모델이라고 부르고 있다. 이것은 자선 사업이나 사회적책임활동(CSR)과 차별화된 기업의 본업으로 비즈니스를 하는 모델이다. BoP 비즈니스는 40억 명에 이르는 BoP 층을 대상으로 할 수 있는 가능성을 가지고 있다.

## 나. 비즈니스 기회로의 BoP 비즈니스

BoP층은 다양한 요구를 안고 있지만, 그 요구를 충족시킬 수 있는 충분한 공급이 널리 제공되지 않고 있는 것이 현실이다. 그 격차를 개선하기 위해서는 재원을 기부금이나 보조금에 의존하지 않고 민간 투자를 활용하는 것이 필요하다. 지속 가능성과 규모의 확대를 달성할 수 있는 사업이기 때문에 재화나 서비스에 대한 접근성이 결여되어 있는 사람들의 경제에 대한 포용적 참여가 가능해진다.

BoP 비즈니스는 신흥국에서의 큰 성장 분야가 된다고 예측되고

있다. 개발도상국의 민간섹터를 위한 투융자를 실시하고 있는 IFC
는 BoP 층에 대한 직접적인 개발 효과가 있는 종합적인 프로젝트
에 대한 투융자를 강화하고 있다.

### 다. IFC와 BoP 비즈니스의 행보

IFC는 BoP 비즈니스가 관심을 끌기 전부터 지난 10년 동안 실
제로 BoP 층을 지원해 왔다. IFC의 고객은 이미 많은 프로젝트에
서 BoP 층 비즈니스 담당자로서 가치 사슬에 편입시켜, BoP층에
재화와 서비스를 제공하고 있다. 주목할 만한 점은 각사가 BoP
비즈니스 모델을 수익성을 올리는 방법으로 실시하고 있다는 점
이다.

IFC는 1956년 설립 이후 세계의 대부분의 개발도상국에서 활동
하고, 각 시장에서의 네트워크를 구축하여 왔다. 몇 개의 BoP 프
로젝트에서는 대출 및 지분 참여 등의 자금면에서 지원과 기술 지
원을 결합하여 보다 포괄적인 BoP 지원이 가능하게 되었다. IFC
가 지금까지 실시해 온 BoP 비즈니스 프로젝트의 개발 효과를
IFC의 다른 프로젝트와 비교한 결과, 매우 높은 사회적 이익을 창
출하는 것을 알 수 있었다. 또한 투자 수익에 대해서도 다른 투자
프로젝트에 비해 전혀 손색이 없는 이익을 창출하고 경제적 효과
와 개발 효과가 병행한다는 점이 IFC의 BoP 비즈니스의 특징이다.

투융자
기술지원
종합적 지원

자료 : IFC(2010)

<그림 3-7> BoP 비즈니스의 실적이 있는 국가

BoP 비즈니스는 혁신, 경제 성장, 경쟁력 강화를 위한 새로운 기회를 가져다 줄 수 있기 때문에 기업이 주목할 만한 비즈니스 모델이다. 또한 지속적인 보조금의 투입을 필요로 하지 않고, 지속 가능하고 자발적으로 확대해 나갈 비즈니스는 개발 효과를 촉진할 가능성을 내포하고 있기 때문에, 2개국 간 혹은 다국 간의 기부자, 재단, 정부, 시민 사회 단체에게도 흥미로운 말할 수 있다. 빈곤층에게는 경제적 기회를 포함한 서비스, 선택에지에 대한 접근성이 확대되고, 생활의 향상으로 이어진다.

# 4. 사례 1 : ANHANGUERA EDUCACIONAL PARTICIPAÇÓES S.A.

## 1) 회사 소개

Anhanguera Educacional Participaes SA(AESA)는 브라질을 거점으로 하는 대규모 민간 비영리 교육기관이다. 1994년 단과 대학으로 설립된 AESA는 현재 브라질 최대의 고등 교육기관이 되었으며, 54개 캠퍼스와 450개의 원격교육센터에 약 25만 5,000명의 학생이 공부하고 있으며, 또한 연간 50만 명의 학생이 학교의 직업훈련프로그램에 참여하고 있다. AESA는 2009년 브라질인 75만 5,000명 이상에게 교육을 실시한 것은 남미의 다른 교육기관보다 많은 숫자이다.

AESA는 캠퍼스 네트워크, 원격 교육, 직업 훈련 센터를 통해 브라질의 모든 주에 진출하고 있다. 동사(주식 약 25%를 보유)의 주요 주주는 특히 AESA에 대한 투자를 목적으로 설립된 전문투자회사 Fundo de Educao parao Brasil이다. 또한 회사의 창업자는 주식 약 2%를 보유하고 있으며, 나머지(73%)는 2007년 AESA가 신규 주식공개(IPO)를 실시한 점에 힘입어 동사에 대한 투자에 관심을 가진 주요 신흥국 시장 펀드 및 자산 매니저 등의 기관 투자자가 보유하고 있다.

AESA는 시장 가치로 말하면 브라질 최대의 상장 교육 관련 기업이고, 2009년 12월 31일 공식적인 종가에 따른 시가 총액은 추정 30억 5,000만 레알에 이르고 있다.

<그림 3-8> AESA의 비즈니스 모델

## 2) ANHANGUERA(AESA)의 BoP 비즈니스 모델

AESA의 목표 시장은 일반적으로 야간 학급에 참석하는 비교적 저소득 노동자 18~30세이다. 입학시 학생의 평균 월급은 660레알(약 290달러)에서 졸업 후 1,000레알(약 450달러)로 증가하고 있다. 수업료는 한달 평균 280.3레알(195 달러)로 AESA의 주요 경쟁 업체에 비해 20~40% 낮은 수준이다.

저소득층에 중점을 둔다는 AESA 결정이 회사의 비즈니스 모델에 큰 영향을 미쳤다. 저소득층 학생의 교육상의 요구는 전 생애에 걸쳐 변화하는 것을 고려하여, AESA은 3개의 사업 내용에 따라 포괄적인 커리큘럼을 수립했다.

첫째, 54개의 캠퍼스에서는 14만 8,000명 이상의 학생에 대해 다양한 학부, 대학원 및 사회인 교육 프로그램에 대한 접근성을 제공하고 있다. 수업료는 한 달에 199~699레알이다.

둘째, 650개 이상의 직업훈련센터는 연간 50만 명의 학생들에게 전문 기술과 직업교육훈련(TVET)를 제공한다. 사업 구상 중에 직업교육훈련을 강조함으로써 동사는 대학에 다닐 수 없는 저소득층 학생을 위한 중등 수준과 대학 수준의 교육 서비스의 차이를 메우는 지원을 하고 있다. 수업료는 한 달 75~120레알이다.

셋째, 450개 이상의 학습 센터와 원격 교육 플랫폼에 따라 AESA는 캠퍼스에서 멀리 떨어져 있거나 공부하는 장소와 시간에 제약이 있는 10만 7,000명 이상의 학생으로 대상 범위를 확대할 수 있었다. 이 플랫폼에서는 대학 졸업생에 단기 코스를 제공할 수 있다. (준비 과정과 학급 배정 시험 등). 수업료는 한 달에 159~400레알이다.

AESA가 직면 한 과제는 저렴한 학비에 의한 양질의 교육 제공과 이에 맞물려 자기 자본 이익률(ROE) 달성의 균형을 취하는 것이다. 동사의 비즈니스 모델은 4가지 중요한 요소에 의해 수익성이 높고 규모를 확대할 수 있는 것으로 입증되고 있다.

첫째, 전국을 망라하고 있어서 도시와 지방 중 어디에서도 일정이 빠듯한 노동자가 이용하기 쉬운 것으로 되어 있다

둘째, 표준화된 커리큘럼을 통해 교원이 소요되는 준비 시간을 최소화하고 사무원 또는 지원 직원의 수를 줄일 수 있다.

셋째, 질 높은 교수 팀, 다수는 전임 교원이 아니라 전문가이다

넷째, 엄격한 모니터링 및 평가를 통해 프로그램이나 교육 현장 전반에 걸쳐 교육의 성과 향상을 확보함과 동시에 수요가 낮은 코스를 찾아내어 배제한다.

대출이나 장학금은 저소득층 학생을 확보해야 하는 데 중요한 성공 요인이 되고 있다. 동사는 2008년 연방 정부, 주 정부, 지방 자치 단체와 제휴해 10만 8,735명의 학생에게 장학금을 지급했다. 평

균적으로 이들의 장학금은 학비의 23%를 부담하는 것이며, 2만 7,677명에게 50% 이상, 8,757명에게 100%를 커버했다. 이들 장학금은 1억 3,470만 레알에 해당된다. AESA 학생들은 브라질 민간 은행이 제공하는 시장 환율로 대출도 이용할 수 있다.

AESA의 혁신적인 마케팅 활동도 동사가 저소득층 학생을 확보하는 데 도움을 주고 있다. 광고 간판이나 유명 인사의 기용이라는 다양한 저비용 프로모션 이외에 동사는 지역 사회에서 활동하는 노력을 노력을 통해 브랜드의 대폭적인 인지도 향상과 친선을 추진했다. 2008년에는 이러한 노력에 따라 다양한 분야의 프로그램을 이용하고 있는 AESA 학생이 80만 명 이상의 중저 소득자 층의 사람들에게 자원봉사 서비스를 제공할 수 있었다. 이러한 활동의 덕택으로 Brand Analytics/Millward Brown은 2009년, 동사를 브라질 최고 브랜드 100에 선정되었다.

### 3) ANHANGUERA 의한 BoP 비즈니스 모델의 원동력

- 고등교육에 대한 수요 증가
- 정부정책이 민간 부문의 시장 기회를 창출한 점
- 소득의 증가에 따라 교육에 대한 지출이 크게 증가함

브라질의 고등 교육은 역사적으로 공공 섹터 영역이고, 수준 높은 공립대학이 무료으로 평가가 높은 학위를 제공하고 있다. 그러나 무상 교육에 열심히 대응함에 따라 규모의 확대가 제한되고, 결과적으로 가장 우수한 학생(통상 사립 고등학교에 다니는 부유층 출신)만이 공적 제도를 사용할 수 있는 상태가 되어 버렸다. 소득

이 낮은 학생들 사이에서는 특히, 교육정책의 개혁에 의해 초·중학교에 다니는 학생의 수가 현격하게 증가함에 따라 고등 교육에 대한 수요가 증가했다.

1990년대 중반에는 교육부가 고등교육에 대하여 늘어나는 수요에 부응하기 위해 민간 섹터에서 교육 기관의 인증 및 권한 부여를 시작했다. 이에 따라 Anhanguera 설립자와 같은 기업가에게 시장 기회가 찾아온 것이다. 사립의 중등후 학교의 수가 수백 개에서 수천 개로 증가함에 따라 입학자 수는 1999년 240만 명에서 2007년에 추정 490만 명에 늘어났다.

최근에는 브라질의 모든 중등교육 이후 학교 학생의 약 75%가 사립학교에 다니고 있으며, 이러한 증가의 대부분은 저소득층에서 발견된다. 최근까지 소득별로는 5계층으로 나눈 인구의 최빈 2층에 속하는 학생은 중등학교에 다니는 전체 학생의 불과 5%였다. 현재 이 계층은 브라질에서 중등 후학교에 입학하는 인구층으로 가장 빠르게 증가하고 있다.

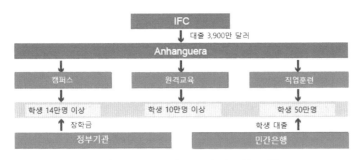

<그림 3-9> ANHANGUERA의 비즈니스 모델

## 4) ANHANGUERA의 BoP 비즈니스 모델의 성과

· 2009년 매출 총 이익은 9억 450만 레알
· EBITDA(이자·세금·감가상각 전 이익)는 20% 이상
· 2009년 교육을 받은 학생 수는 약 75만 5,000명
· 졸업생의 졸업 후 소득 수준이 50% 이상 향상

AESA는 일관된 경영을 통해 많은 놀라운 실적을 올렸다. 2006년부터 2009년까지 매출 총 이익은 1억 1,250만 레알에서 9억 450만 레알, EBITDA는 2,160만 레알에서 1억 8,860만 레알로 증가했다. 2009년에는 EBITDA의 마진이 20% 이상으로 유지되었지만, 새로운 캠퍼스 건설 및 인수를 통해 향후 12~24개월의 기간에 AESA의 대상 범위가 확대됨에 따라 EBITDA의 마진은 더욱 증가할 가능성이 높아지고 있다.

2009년 AESA는 브라질 성인 75만 5,000명 이상에게 교육을 실시했지만, 이 중 60만 명 이상의 저소득층 학생들이 낮 동안에는 일을 계속하면서 스킬과 소득 수준을 높일 수 있는 직업 훈련 및 원격교육프로그램에 참여했다. 동사는 또한 브라질 정부와 민간은행과 연계하여 학생들에게 장학금이나 대출을 제공함으로써 프로그램의 이용 촉진을 목표로 하고 있다.

2008년에는 1억 3,470만 레알 상당의 장학금을 10만 8,735명의 학생에게 지급했다. 학생의 조사에 따르면, AESA 졸업생의 졸업 후 소득 수준이 50% 이상 상승하고 있는 것으로 나타났다. 입학 시 학생의 평균 월급이 약 290달러인 데 비해, 졸업 후에는 보통 450달러를 넘었다. AESA 졸업생의 평생 임금에 미치는 긍정적인

영향은 더 크다. 세계은행의 조사에 따르면, 미국에서는 대졸과 고졸의 학력 간 임금 격차가 74%인 반면, 브라질 경제는 특히 학력 간 격차가 339%에 이른다.

### 5) IFC의 역할과 가치

IFC와 협력을 통한 글로벌 보건 교육 전략의 주요한 핵심 중 하나는 전략적인 고객에 의한 교육 관련 프로젝트에 투자하는 것이다. 이들은 주로 비교적 대규모 민간 영리교육사업자로서 이러한 사업자는 여러 시장에서 성장 및 운영이 가능하고, 저소득 가구에 서비스를 제공하기 때문에 대중 시장에 진출할 수 있는 충분한 능력이 있다. IFC는 이런 종류의 고등 교육이 저소득층의 노동자들에게 요금적으로 가장 저렴하고, 가장 최적인 경우가 많다는 점을 인식하고 있으며, 최근에는 전문 기술 및 직업교육훈련에 대한 투자도 강화하고 있다.

IFC의 보건 교육부(Health and Education Department)는 2개의 프로젝트를 통해 AESA에 약 3,950만 달러를 투자했다. IFC는 또한 AESA가 사업을 명확화하고 네트워크를 확대 할 수 있도록 지원하고 있다. AESA는 브라질에서 큰 성과를 거두었지만, 가장 큰 공헌 중 하나는 저소득층 학생을 대상으로 수익성이 높고 규모를 확대할 수 있는 사업 모델을 실증한 점이다. IFC는 브라질에서 계속 이 모델을 지원하고, 향후 투융자 및 자문 업무를 통해 동 지역 및 전 세계적으로 이 모델을 확산하고 있다.

## 5. 사례 2 : COCA-COLA SABCO

### 1) 회사 소개

코카콜라는 세계 최대의 청량음료 제조회사로서 하루에 약 500
개 브랜드를 생산하고, 16억 명의 소비자에게 상품을 제공하고 있
다. 코카콜라가 진출하고 있는 200개국에서 음료용 시럽(원액)을
300개 이상의 보틀링 파트너에게 제공하고 있으며, 이러한 보틀링
파트너는 이후 현지의 소비를 위해 상품을 생산, 운송, 판매하고 있
다. 보틀링 파트너는 코카콜라가 일부 또는 완전히 소유하거나 독
립적인 현지 기업이다. Coca-Cola Sabco(이하 Sabco)는 아프리카
의 코카콜라 최대의 보틀링 회사 중 하나이며, 아프리카 동부와 남
부에서 18개 보틀링 공장을 운영하고, 7,900명 이상을 고용하고 있
다. 남아프리카 공화국에 본사를 둔 민간투자그룹 Gutsche Family
Investments 주식의 80%, 코카콜라사가 20%를 보유하고 있다.

### 2) COCA-COLA SABCO의 BoP 비즈니스 모델

코카콜라는 다양한 유통 방법을 활용하여 전 세계 소비자가 자사
의 제품에 확실히 접근할 수 있도록 하고 있다. 동아프리카에서는
Sabco가 소규모 유통 업체와 협력하여 손수레 등의 수동배송 방식
을 도입하고, 인구가 조밀한 도시 지역의 소규모 유통 업체에 상품
을 배송하고 있다.

이들 유통업체들은 이전까지는 경제 기회가 한정되어 있으며, 실
직 중 또는 불완전 고용 상태에 있고, 파트타임이나 비공식 경제에

서 일하고 있었다. 예를 들어, 에티오피아에서는 75%, 탄자니아에서는 30%의 유통업체가 지금까지 한 번도 사업 경영에 참여해 본 적이 없다. 그들이 서비스를 제공하고 있었던 소매업체의 대부분은 인근의 고객을 대상으로 한 키오스크 및 소규모 점포에서 겨우 며칠 분의 공급을 관리할 수 있을 정도의 자금과 공간을 갖추고 있었다.

수동배송센터(Manual Distribution Center, 이하 MDC)의 접근방법은 1999년 에티오피아의 아디스 아바바에서 10군데의 MDC와 시범 사업으로 처음 개발되었다. 2002년 동아프리카의 시장 전체를 아우르는 광범위한 규모로 성공 모델을 실행했다. Sabco에서는 새로운 MDC를 설립할 때 다음의 방법을 활용하고 있다.

### ① MDC를 위해 현지의 니즈를 평가

첫째, Sabco가 대상 지역의 모든 소매 점포에 대한 상세한 데이터를 수집한다. 이 정보는 음료수의 수요 예측을 명확히 하여, 새로운 MDC가 필요한지 여부를 결정하는 데 사용하고, 성공 가능성이 높은(잠재적인 수익성) 지역에 MDC를 설립한다.

### ② MDC의 소유자(오너)를 선정

이어서, Sabco 판매 관리자가 MDC의 소유자에 적합하다고 생각되는 후보자를 선정하여 채용한다. 채용자는 풀타임 근무를 기본으로 사업에 직접 참여하고, 확고한 직업윤리, 적절한 현장에 대한 접근성, 예비비를 지원하기에 충분한 자금, 주변의 지역 사회와 좋은 관계를 갖추고 있어야 한다.

### ③ MDC의 영역과 고객 기반을 정의

신규 MDC를 선정한 후 Sabco는 MDC에 Sabco가 커버하는 지리적 범위의 소매점에 대한 독점적 접근 권한을 제공한다. 영역의 구체적인 규모는 서비스를 제공할 예정 소매점의 범위와 예상 판매 수량에 따라 달라진다. 이상적으로는 반경 1km 지역을 하나의 MDC가 지원하고 최대 150개 점포의 소매점을 대상 범위로 한다.

### ④ MDC 설립을 위해 필요에 따른 지침과 지원을 제공

MDC의 소유자는 사업 면허, 손수레, 임대료, 운반용 상자와 콜라병의 초기 재고, 음료 공급품 등 자신의 MDC 준비 비용을 부담할 책임이 있다. 경우에 따라서는 준비 비용 중 가장 큰 비중을 차지하는 나무 상자와 빈 병을 준비하는 신용을 Sabco을 부여할 수도 있다. 현재는 이 모델이 처음 시작된 만큼 자주 이루어지지는 않고 있다. 소유자는 자신의 직원을 고용하고 있지만, 고용 인원과 급여에 대해서는 Sabco 소유자를 지도한다.

이 모델에서 신규 MDC 설립 후 가장 중요한 성공 요인은 정기적으로 교육, 모니터링, 그리고 커뮤니케이션이다. Sabco 직원과의 상호작용 정도에 따라 MDC가 얼마나 뛰어난 실적을 올리는 가가 크게 달라진다. 각 MDC에서 통상적인 접점은 지역영업관리자(ASM)과 레지던트계정개발자(RAD)의 2개가 있다. ASM은 풀타임 Coca-Cola Sabco 직원이고, 1명이 10~20군데의 MDC를 관리한다. 매일 또는 이틀에 한 번씩 MDC를 방문하여 Sabco의 기준에 따라 공급 및 재고를 확인하거나 전체 실적을 모니터링하고 있다. RAD는 일반적으로 임시직 Sabco 직원으로 같은 지역에 거점을 두고, 소매 고객을 유치하고 정기적인 모니터링, 매장에 비치한 음료 제품의 진열 및 생산성 관리를 담당하는 것 외에 필요에 따라 주문 처리를 한다. RAD는 현지 MDC를 매일 방문하여 재고를 확인하고, 경로가 지켜지고 있는지 확인한다.

이러한 상호작용을 통해 MDC는 창고와 배송 관리, 고객 개척, 상품화 계획, 고객 서비스에 대한 지도와 감독을 정기적으로 받는다. 그 외 공식 훈련의 빈도가 낮은 것을 감안할 때, 이러한 지도는 매우 큰 도움이 되고 있다. MDC와 Sabco 직원은 재고, 매출, 시장의 경쟁력, 실적 전체를 추적하기 위해 Sabco가 개발한 일련의 관리 도구를 이용하고 있다.

### 3) COCA-COLA SABCO의 BoP 비즈니스 모델의 원동력

- 기존의 트럭은 운행하기 어려워 상품이 도달하기 어려운 지역에서 매출을 늘리고, 배송을 촉진
- 소매 점포에 대한 소규모이지만 정기적인 배송을 실현한다.

코카콜라는 많은 나라에서 대량의 상품을 트럭 등의 자동차로 대규모 소매 점포에 배송하는 기존의 유통 모델을 채택하고 있다. 그러나 동아프리카처럼 도로 인프라, 소매시장, 비용구조, 고객의 요구가 다른 개발도상국의 대부분은 자전거에서 보트까지 다른 유통 방법이 개발되어 왔다. 따라서 Coca-Cola Sabco의 MDC 모델은 현지의 인프라, 고객의 요구, 시장 상황에 따라 회사의 배송 모델을 도입하기 위한 비즈니스 니즈에서 탄생하였다. Sabco은 MDC 모델을 통해 트럭에 의한 운송이 어려운 인구가 조밀한 도심부에 있는

소규모 소매점에 보다 효과적이고 효율적으로 대응할 수있게 되었다. 지금까지와 비교하여 보다 소량이고 정기적인 배송을 실현함으로써 점포는 매출과 고객 서비스를 개선할 수 있었다.

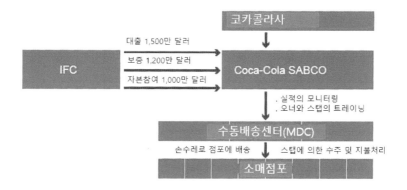

<그림 3-10> Coca-Cola Sabco의 비즈니스모델

## 4) COCA-COLA SABCO의 BoP 비즈니스 모델의 성과

- 기업 수익 4억 2,000만 달러를 창출하고, 고객 서비스를 개선
- 신규 MDC 소유자 2,200명에 대한 창업 기회를 제공하고, 그에 따른 1만 2,000건 이상의 고용을 창출
- MDC 소유자와 직원이 4만 1,000명 이상의 부양 가족을 돌보고, 건강, 교육, 주택에 투자할 수 있도록 함
- 비즈니스 및 고객 서비스 교육을 통해 인적 자본을 구축(능력 개발에 대한 대책)

MDC 모델은 기존의 유통 모델에서는 처리할 수 없었던 소규모

소매점에 대한 서비스를 개선함으로써 Sabco의 매출 향상에 기여했다. 소매유통 업체와 정기적으로 교환하고 제품을 자주 배송하는 것으로 MDC 모델은 재고량을 감소시켰다. 더 많은 수요주도형으로 구매를 결정할 수 있도록 재무 및 공간상의 제약의 정도에도 대처할 수 있게 되었다. 에티오피아와 탄자니아에서는 동사의 국내 총 매출의 80% 이상이 현재는 MDC를 통해 배송되고 있다.

케냐와 우간다는 Sabco가 국내 총 매출의 각각 90%, 99%를 담당하고 있으며,양국은 MDC가 Sabco의 핵심 유통 모델이 되고 있다. 모잠비크는 판매 수량의 50%를 차지하고, 규모는 뒤떨어지지만 나미비아 등 다른 지역에서도 이용되고 있다.

MDC 모델은 3가지 광범위한 분야에서 개발 효과가 있다. 첫째, MDC 모델은 많은 창업 기회와 공식경제에서 고용 기회를 창출하고 있다. 2008년 말 기준으로 Sabco는 아프리카에서 2,200개 거점의 MDC를 설립하고, 1만 2,000건 이상의 일자리를 창출했다. 에티오피아의 MDC 소유자의 3/4, 탄자니아의 MDC 소유자의 1/3은 태어나서 처음으로 사업주로서 사업 경영에 참여하는 사람들이다. 이들은 과거에는 아르바이트 일자리밖에 구할 수 없었거나, 비공식 경제에서 일하고 있었다. MDC의 소유자 및 직원은 약 41,000명의 부양가족을 양육하고 있다. MDC에서 받는 소득을 통하여 현재는 가족을 위해 주택, 건강, 교육에 투자할 수 있게 되었으며, 지방에 사는 친척을 위해 고용 기회를 창출할 수 있게 되었다.

둘째, MDC 모델은 MDC의 소유자 또는 직원으로, 또한 Sabco 매니저 및 판매 직원으로서 여성을 위한 새로운 경제기회를 창출하고 있다. 동아프리카 전역에 걸쳐 MDC는 300여 명의 여성을 위한

<그림 3-11> 코카콜라 운반용 손수레

창업 기회 및 경제 활동에 참여하는 계기를 만들어 내고 있다. 에티오피아와 탄자니아의 샘플 조사에서는 MDC의 각각 19%와 32%가 여성이 소유자로 되어 있는 것을 알 수 있다. 또한 부부 공동으로 소유자가 되고 있는 MDC 비율도 높고, 많은 여성이 경영을 하고 있다.

마지막으로, MDC 모델 사업을 통해 능력 개발에 기여해왔다. 사업을 확실히 성공시키기 위해 Sabco가 제공하는 교육훈련은 MDC의 소유자 또는 직원의 능력 개발에 도움이 된다. 그들은 코카콜라 시스템을 떠난 후에도 교육을 받고 있으며, 고급기술을 필요로 하는 일이나 보다 수익성이 있는 비즈니스 기회의 자격을 얻는데 도움이 되고 있다.

## 5) IFC의 역할과 가치

IFC의 투자는 Coca-Cola Sabco 에티오피아, 케냐, 모잠비크, 탄자니아, 우간다에서 사업을 확대하고 현대화하는 데 중요한 역할을 했다. 특히 에티오피아는 지극히 위험이 높은 국가로 인식되고 있었기 때문에, 선도적인 투자로 받아들여지고 있다. IFC는 2002년, 에티오피아와 탄자니아에서 1,500만 달러의 대부, 최대 1,000만 달러의 출자, 1,200만 달러의 현지 금융기관의 채무 보증을 실시했다. IFC는 또한 에티오피아에서 정부 관계자와의 대화를 촉진함으로써 은행 거래 조건을 둘러싼 과제를 해결할 수 있도록 지원했다.

이 초기 투자를 통해 IFC는 MDC 모델을 확대하는데 중요한 역할을 수행하며, 이후 동아프리카에서 핵심 비즈니스 모델이 되는 BoP 비즈니스 모델의 창출을 지원했다. 2007년에는 코카콜라를 대신하여 IFC가 탄자니아와 에티오피아의 MDC 모델의 성과를 평가하는 조사를 실시하고, 동사의 비즈니스 모델의 개선 및 개발 효과의 향상을 추진하기 위한 조언을 실시했다. 동 조사를 통하여 Sabco은 MDC와 같은 BoP 비즈니스 모델의 기회와 교육, 대출 및 여성의 권리 확대·지위 향상의 효과에 눈을 돌리게 되었다.


# 6. 사례 3 : CEMAR

## 1) 회사 소개

Companhia Energtica do Maranho(CEMAR)는 배전(配電) 회사로서 브라질 북동부 마라냥주에서 서비스를 제공하고 있다. 마라냥주는 브라질에서 가장 가난한 주 중 하나이며, 주민 620만 명의 1인당 소득은 전국 평균을 29%나 밑돌고 있다. 전력에 대한 수요가 증가하고 있으며, 이들의 생활수준을 개선하고 경제성장을 촉진시키기 위해서는 지방의 전력화(電化) 설비가 중요한 요소가 되고 있으며, CEMAR는 주 전체에 대해, 특히 지방에 살고 있는 저소득층에 중점을 두고 전력을 제공하기 위해 노력하고 있다. 동사는 2004년부터 전국을 통해 누구나 전력을 이용할 수있게 하는 것을 목표로 한 브라질 정부의 프로그램 "Light for All"(ProgramaLuz Para Todos : 모든 사람에게 전기를)에 참여하고 있다. 2009년 말에는 CEMAR의 지리적 대상 범위는 해당 주의 97%에 이르고 있어, 가입하는 주민 중 약 100만 명은 저소득층으로 분류되어 있다.

동사의 주요 주주는 상장회사인 Equatorial Energia에서 65.1%를 보유하고 있고, 주로 브라질의 발전, 배전, 송전에 투자하고 있다. 상장 전력회사 ELETROBRAS가 33.6%의 지분을 보유하고, CEMAR 경영진을 포함한 소액 주주가 나머지 1.3%를 보유하고 있다. CEMAR는 규제공익기업으로 관세와 계약상의 의무는 브라질의 국가전력청(ANEEL)이 규정하고 있다.

## 2) CEMAR의 BoP 비즈니스 모델

CEMAR 사업권 계약은 동사의 배전 네트워크에 지속적으로 투자할 것을 의무화하고 있지만, 마라냥 주의 농촌 지역과 저소득층으로 범위를 확대하는 과정에서 많은 도전에 직면했다. 첫째, 지방이나 인구가 드문 지역에 인프라를 확대하기 위해 상당한 자본지출을 필요로 했다. 또한 잠재적인 고객 기반은 주민의 약 88%로, 그 중 약 70%는 저소득층이었기 때문에, 이러한 사람들의 전력 수요와 요금 구분은 상대적으로 낮은 것으로 보인다. 그래도 전력에 대한 수요가 있는 것은 분명하고, CEMAR에게 이것은 매우 큰 고객 기반이 미개척 상태인 것을 의미했다. 따라서 과제는 수익성이 전망되는 형태에서 포괄적으로 지방의 전력 시장을 개발하는 것이었다.

2004년 사모펀드로서 Equatorial의 전 모회사인 GP Investimentos가 CEMAR의 경영권을 획득했다. CEMAR는 브라질에서 2001년 발생한 에너지 위기로 재무적으로 불안정한 상태에 있었다. CEMAR은 GP Investimentos의 지휘하에 새로운 전략을 내세워, 미래의 성장과 지방의 전력화를 위한 강력하고 안정적인 플랫폼 구축을 중시했다. 한편 브라질 정부는 수요를 자극하고, 이러한 농촌 시장을 개발하기 위해 필요한 인센티브를 주는 "Light for All"프로그램을 시작했다.

동사는 3가지 주요 분야의 효율 개선에 중점을 둔 대규모 조직 및 업무 개편을 실시했다. 우선 CEMAR은 노후화된 장비의 교체 및 새로운 배전 라인, 변전소, 전압조정장치의 설치 등 배전 네트워크의 현대화 및 확대에 많은 투자를 했다. 이러한 근대화를 통해 송전시 전력 손실이 완화되었다. 마라냥 주에서 발전 능력이 전무하고, 농촌 지역 범위를 확대하려면 송전선을 원거리에 걸쳐 횡단할 필요가 있는 점을 감안하면 전력 손실은 매우 우려되는 상황이었다. 또한 상업적 손실의 억제가 중요한 요소이며, 이것은 정보시스템의 업그레이드, 배선주에 대한 정확한 GPS 위치 정보의 확보, 네트워크 운영 자동화 등 네트워크의 업무 개선 대책을 다수 실시하는 것으로 대처했다. 이에 따라 요금 회수율의 향상과 전력 도둑에 대한 대책이 가능게 되었다. 또한 근대화에 의해 정전 발생 빈도와 지속 시간이 크게 줄어들고, 서비스 품질과 고객 만족도 향상으로 이어졌다.

마지막으로, 관리구조를 대폭 수정, 비용 절감 및 생산성 향상에 중점을 두었다. 지역 부문을 폐지하고 관리구조를 7계층에서 3계층으로 줄였다. 그리고 청구 처리, 고객서비스, 네트워크 유지보수 등 운영상의 여러 측면을 아웃소싱을 했다. CEMAR는 전 직원에 대한 성과 기반의 보너스와 관리자에 대한 스톡 옵션 등 더욱 강력한 인센티브를 부여하는 데 주력했다.

CEMAR은 정부의 "Light for All"프로그램에 실시 기관으로 참여함으로써, 마라냥 주 전체에 전원을 공급하고, 비용의 15% 부담(나머지는 정부 보조금과 보조금을 이용)을 의무화하였다. 그 목적은 자본 비용 절감이며, 이는 저소득층과 지방의 고객은 초기 접속 비용을 부담할 수 없을 것이라고 생각했기 때문이다. 정부에서는 저소득층 소비자에 대한 보조금을 통해 농촌 시장의 수요를 촉진하기 위한 인센티브를 부여했다. 이 프로그램에 따라 저소득층으로 분류된 고객은 소비 전력량에 따라 최대 65%의 전기 요금을 면제받게 되어, 이 때문에 소비 전력량이 가장 적었던 고객은 전기 요금도 최저 요금이 되었다. 2007년에는 CEMAR 고객의 65%가 저소득층을 위한 할인을 받을 자격이 있었다.

### 3) CEMAR의 BoP 비즈니스 모델의 원동력

- 새로운 고객 기반에 대한 범위 확대
- 보다 우수한 서비스를 효율적이고 저렴한 비용으로 제공
- 브라질 정부의 'Light for All' 프로그램
- 브라질 국가전력청(ANEEL)의 저소득층을 위한 요금 체계

CEMAR의 BoP 비즈니스 모델의 주요 원동력은 연방 정부의 프로그램 "Light for All"이며, 이에 따라 동사가 도달할 수 있는 새로운 시장 분야가 탄생한 것이다. 2003년 수립된 프로그램의 목적은 2010년 말까지 170만 가구, 1200만 명의 주민에게 전력을 공급하는 것이었다.

브라질 북동 지역에서는 지방의 전력화에 대한 수요가 전체의 절반 정도로 가장 높았고, US Commercial Service의 보고서에 따르면 연방 정부의 재정 지원 총액의 약 44%를 받았다. 프로젝트 비용 총액은 추정 95억 레알(43억 달러)로서 71%는 연방 정부의 자금으로 조달하고 나머지는 주정부와 유통 업체가 분담했다.

"Light for All" 프로그램을 통해 100만 명 이상의 주민에게 전력을 공급하는 것으로, 마라냥 주에서는 새로운 전력 수요가 가속화됐다. 브라질 지리통계원의 보고서에 따르면 2004~2007년 마라냥 주의 GDP 성장률은 연평균 10%이었다. 강력한 경제성장에 따라 전력에 대한 접근성 확대와 소비 수준의 급성장이 맞물려 고객층 전체의 전력 수요가 탄력을 받으면서 CEMAR의 전기 부하는 2007~2008년에 4.2% 상승하고, 전국 상승률 2.9%를 넘어섰다. 2009년에는 CEMAR 전기 부하의 상승률이 1.4%에 달해 동북 지역의 상승률 0.2%와 전국의 -1.0%를 모두 밑 돌았다.

### 4) CEMAR의 BoP 비즈니스 모델의 성과

- 2009년 4분기에는 169만 고객으로 범위를 확대
- "Light for All" 프로그램에 따라 새롭게 23만 건의 전력 접속
- 서비스의 효율성을 통한 비용 절감

- 서비스 품질과 신뢰성을 대폭 향상
- 시장의 발전에 따라 전력 수요가 높아져 국가의 경제 성장을 자극

CEMAR이 효율화에 중점을 둠에 따라 전략 방향의 정확성이 입증되었다. 동사는 2004년 이후 두 자리 수의 꾸준한 성장을 계속하고 있다. 순 영업수익과 EBITDA(이자·세금·감가상각 전 이익)은 각각 2004년 5억 2,610만 레알과 8,524만 레알에서, 2009년에는 11억 4800만 레알과 4억 7,030만 레알이 되어 연평균 매출 증가율은 12%에 육박했다. 또한 조직 개혁 후 즉시 매출액 대비 비용 비율이 감소되고, EBITDA 마진이 급속한 개선을 이루었다. EBITDA 마진은 2004년 16.2%에서 2006년에는 40.2%로 증가하고, 2009년에는 41.0% 전후를 유지하고 있다.

강력한 수요에 의해 이러한 성장이 가속화되고, CEMAR에서는 2007~2009년의 전력 총 소비량의 연평균 증가율이 8.5%에 달했다. 또한 수요가 증가함에 따라 고객의 지불상환율은 93.4%로 증가하고, 저소득층 소비자에 대해서는 경제성장과 전력 수요 모두를 자극하는 정책이 지속 가능한 것으로 나타났다. 동시에 CEMAR는 서비스의 품질과 신뢰성을 크게 향상시켜, 장애였던 정전의 발생 빈도와 지속 시간은 2006년에서 2009년 사이 44.6%에서 38.2%로 감소했다.

"Light for All"프로그램을 통한 배전의 확대는 전례가 없는 개발 효과를 거두었다. CEMAR는 지금까지 마라냥 주의 농촌 지역에서 23만 이상의 신규 고객을 확보하고, 이 프로그램에서 100만

명 이상의 주민에게 직접 전기를 공급했다. 또한 프로그램 외에서 확대를 통해 범위를 넓히고, 또한 30만 이상에 달하는 고객에게 전기를 공급하고, 전체 고객 수가 2004년 116만 1,000명에서 2009년에는 168만 8,000명으로 증가했다. 그동안 증가분의 50% 정도는 전원이 공급되지 않는 지역이나 저소득층을 대상으로 하고 있었다. 2010년에는 전체 177만 7,000명의 고객으로 대상을 확대할 전망이다. 전력에 대한 접근성은 사람들의 생활수준을 높이고 경제 성장을 촉진하는 기본 요소이며, 가정용 및 상업용 냉각, 전자 제품의 사용, 기계 및 인공조명을 가능하게 하고 있다.

## 5) IFC의 역할과 가치

브라질에서 전력 부문의 개혁이 이루어짐에 따라 CEMAR는 민영화되어, 2000년 8월 Pennsylvania Power and Light(PPL)가 동사를 인수했다. 그러나 2001년 강우량이 적었기 때문에, 브라질의 주요 에너지인 수력 발전이 급격히 저하되어, 에너지 위기가 발생하여, 배전사들은 심각한 재정난에 빠졌다. 수요가 감소하고 고객의 지불 체납이 증가함에 따라 CEMAR 손실 확대에 직면했다. PPL은 투자 총액을 상각하고, 2002년 브라질의 전력 부문에서 철수했다. 에너지 위기는 누그러졌지만, 투자자의 신뢰는 곧 회복되지 않았고, 지금까지 외화 대출에 의존하고 있던 현지의 기업들은 외환 위험에 직면할 것이라고 우려했다.

IFC는 CEMAR에 8,000만 달러 레알 연동 대출을 실시했지만, 시장에 비해 긴 만기를 가진 현지 통화로 대출함으로써 에너지 위기로 인한 시장 실패를 해결하는 데 도움이 되었다. 이 프로젝트는 또한 CEMAR이 배전 네트워크를 확대하는데, IFC의 사회와 환경의 지속 가능성에 대한 기준이 강화되었다.

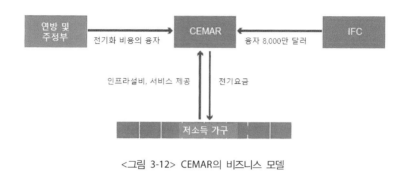

<그림 3-12> CEMAR의 비즈니스 모델

# 7. 사례 4 : DIALOG TELEKOM PLC

## 1) 회사 소개

Dialog Telekom PLC는 스리랑카의 주요 이동통신서비스 제공업체로서 2009년 가입자는 약 630만 명, 국내 시장 점유율은 약 49%이다. 1993년 Dialog는 스리랑카 정부에서 이동통신 서비스를 제공하기 위한 20년간 면허를 허가받았다. 동사의 주식은 83%를 말레이시아의 주요 통신기업 AxiataGroup Berhad가 보유하고, 17%를 독립 주주가 보유하고 있다. Dialog는 콜롬보 증권거래소에 상장되어 있다.

## 2) DIALOG의 BoP 비즈니스 모델

Dialog는 확대 계획에서 남아시아 최초의 "쿼드로풀 플레이 (quadruple play)"[21]전략으로 대응하고 있고, 휴대전화 통신, 고정 무선전화 통신, 광대역 인터넷, 위성을 이용한 유료 TV 방송 서비스를 제공하고 있다. 쿼드로풀 플레이는 4가지 서비스 모두에 걸치는 시너지 효과를 활용함으로써 비용 절감을 추구 할 수 있기 때문에, 충분한 서비스를 받을 수 없는 오지의 주민에게 무선 서비스를 제공하는 것을 가능하게 만든다.

서비스가 부족한 주민에게 액세스하는 중요한 요소로서 Dialog의 유통 네트워크가 있다. Dialog에서는 동사 전담 거래업체 32 개사를 가지고 있으며, 이러한 거래업자는 독립 소매업체에 대한 서비스 제공과 관리를 실시하고 있다. 스리랑카 모든 주에 걸쳐 확대되는 4만 개 가까운 소매업자는 Dialog의 상품을 매입하고 있다. 그중에는 전화카드나 이용자가 소매점을 통해 전자적으로 통화 시간을 구입할 수있는 SMS 기반의 리로드 등이 있다. 이러한 소매업자는 판매하는 Dialog의 제품에 대해 5~7%의 수익을 얻고 있다.

일반적으로 Dialog 소매업자는 별도 본업을 소유하거나 경영하고, 추가적 소득원으로 Dialog의 통화 시간을 판매하고 있다. 이러한 소매업자의 약 60%는 소규모 식품점을 경영하고, 40%는 전화나 인터넷 등 다양한 통신 관련 제품과 서비스를 판매하는 점포를 운영하고 있다. 평균적으로 보면, 이러한 점포는 1일 13시간 영업하고, 직원 수는 1.8명이다. 95%는 개인 경영이고, 50%는 개점 후 5년 미만이며, 15%는 정식 등록을 하지 않았다. 또한 81%는 공식적인 비즈니스 교육을 받은 적이 없다.

Dialog 소매업자는 Dialog과 독점 계약을 맺지 않은 독립 소매업자이기 때문에 동사는 제품의 진열 공간을 두고 다른 모바일 네트워크 사업자와 경쟁해야 한다. 따라서 Dialog는 판매하는 Dialog 제품에 높은 마진을 부여함으로써 이에 대응했다. 동사는 또한 이러한 독립 소매업자에 대해 비즈니스 교육 및 금융에 대한 접근성을 제공, 지원함으로써 그들의 회사에 대한 로열티를 높이고, 강력한 유통 네트워크를 구축할 수도 있다는 점을 깨달았다. 이것은 브랜드를 홍보하고 사업을 확장하는 열쇠이다.

자사 네트워크 내의 소매업자용으로 비즈니스 훈련 및 금융에 대한 접근성을 촉진하기 위해 Dialog는 IFC와 협력하여, IFC에 따르면 SME 툴킷(Toolkit)의 현지어 버전을 활용한 개발 프로젝트 "Dialog Viyapara Diriya"(DVD)를 출시했다. 지금까지 1,835개의 소매업자가 이 프로젝트에 참여하고 있다.

이 프로젝트를 통해 Dialog와 IFC는 이들 유통업자에게 사업계획 및 세금 준수(세제에 대한 신뢰와 납세 과정에서 법령 준수) 등의 업무 능력에 대한 교육을 제공한다. 이러한 교육 훈련을 통해 소매업자는 Dialog의 상품을 관리하고 판매할 뿐만 아니라, 자신의 본업(식료품 및 통신 관련 키오스크 등의 사업)을 운영하는 능력도 향상시킬 수 있었다. 스리랑카의 휴대폰 업계의 경쟁이 점점 격화되는 가운데, 이러한 장점은 Dialog가 충실한 유통업자를 이끌고, 그들과의 관계를 유지하는데도 도움이 되고 있다. 이 강력한 유통 네트워크는 새로운 농촌 시장 범위를 확대하고, 저소득층 소비자에 연결하려는 동사의 노력의 핵심이 되고 있다.

비즈니스 기술 훈련뿐만 아니라, DVD 프로젝트에서는 금융에 대한 접근성을 촉진함으로써 Dialog사에 대한 로열티를 높이고 소매업자의 비즈니스를 성장시키는 것을 목표로 하고 있다. Dialog는 소매업자를 다음의 3가지 범주로 분류하고 있다. 첫째, 카테고리 A는 Dialog 상품의 월간 매출이 500 달러를 넘는 우량 거래업자, 둘째, 카테고리 B는 월간 250~500달러의 판매량으로 보이는 평균 규모의 식료잡화점, 셋째, 카테고리 C는 월간 매출이 250달러 미만 영세 기업이다. DVD를 통한 교육 훈련은 소매업자가 상위 카테고리로 도약하는데 도움을 준다. 동사는 소매 유통업자를 위한 신용을 직접 또는 간접적으로 부여하지 않지만, 이 시스템은 시간이 두고 소매업자의 성적을 추적하고 단계적으로 평가하고 있어, 동사 및 장기적으로 은행에 대하여 어떤 유통업자가 안전한 대출처인지를 알려줄 수 있다. Dialog는 현재 IFC와 연계하여 이미 분쟁이 종결되고 있는 스리랑카 북부와 동부지역의 소매 유통업자를 포함하여 전체 5,000개의 소매업자를 2010년 말까지 교육 훈련할 계획이다.

### 3) DIALOG의 BoP 비즈니스 모델의 원동력

- 새로운 오지 지역의 저소득층에 대한 범위 확대와 브랜드 인지도 향상
- 스리랑카의 모바일 시장 확대에 따른 국내 시장 점유율과 경쟁력 유지
- 이들 목표를 달성하는 일환으로 충실하고 질 높은 판매 네트워크를 구축

2007년 Dialog의 핵심 사업 분야인 모바일통신의 성장률은 27%

로 아시아의 다른 지역에 비해 상대적으로 낮은 수준에 머물러 있었다. 또한 이러한 성장은 국내에서도 비교적 부유한 도시에 집중되어 있었다. 따라서 Dialog는 아직 네트워크에 연결되지 않은 지역을 연결하는 필요, 즉 서비스가 부족한 농촌 지역에 연결하거나 커뮤니케이션의 편익을 확장할 필요성을 강하게 인식했다. 그래서 전파의 대응 지역과 저렴한 서비스를 주요 원동력으로 제공하는 적극적인 확대 프로그램에 착수했다. 2009년에는 국내시장 점유율이 66%에 달해, 시장은 연평균 40%로 성장하고 있었다. 타사가 추격하여 시장에 신규 진입하는 가운데, Dialog는 규모의 경제를 활용하는 강력하고 로열티가 높은 유통 및 판매 네트워크의 필요성을 인식한 것이다.

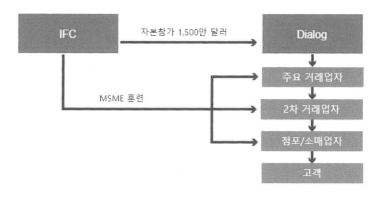

<그림 3-13> DIALOG의 비즈니스 모델

## 4) DIALOG의 BoP 비즈니스 모델의 성과

· Dialog 가입자 수는 2007년 300만 명 증가, 630만 명

· 연평균성장률(CAGR) 32%
· 시장점유율 49%
· 2009년 통화 시간을 판매하는 소매업자의 매출은 전체 1,630
  만 달러, 소매업자당 매출액은 약 408달러
· 1,835개 소매업자가 교육 훈련을 수강

2007년 확대 이후, Dialog는 300만 명 이상의 신규 가입자를 확보하고, 연평균성장률(CAGR)은 32%, 시장 점유율은 거의 50%에 달했다. 가격을 억제하기 위해 '쿼드로플 플레이 전략'을 활용하면서 Dialog는 경쟁이 심한 스리랑카 통신시장에서 선두를 유지하고 있다. 지금까지 서비스가 미흡했던 고객층 범위를 확대시키는 것으로, 지금까지 대응하지 못하고 큰 수요를 얻고 있다. 전기통신의 보급률 확대는 일반적으로 GDP 성장과 빈곤 완화에 관련이 있다. 예를 들어, 휴대전화 보급률 10% 증가, 1인당 GDP에서 0.6% 증가로 이어질 것으로 추정되고 있다.

Dialog의 BoP 비즈니스 모델은 전기통신에 대한 접근성을 확대뿐만 아니라 동사의 상품을 판매하는 영세 및 소규모 소매 업체의 경제 기회도 확대한다. 2006년 Dialog 소매업자는 통화 시간을 판매하고 총 1,630만 달러를 판매했다. 이를 환산하면 소매업자 당 평균 소득은 408달러이다. 현재 1,835개 소매업자에 제공하는 다양한 능력 개발의 노력은 이러한 유통이 더욱 소득을 증가시키는 데 도움이 될 것으로 예상되고 있다.

## 5) IFC의 역할과 가치

스리랑카의 모바일 시장이 성장함에 따라 Dialog는 서비스의 범위를 확대하고 경쟁력을 유지하기 위한 대규모 장기 대출 이외에 동사의 판매 네트워크를 강화하는 기술 지원을 필요로 하고 있었다. 이러한 상황 속에서 IFC는 장기 대출로 5,000만 달러를 제공했고(만기일 이전 2009년 초에 상환 완료), 동사의 확대 및 쿼드로플 플레이 전략의 전체에 대한 대출로 자본금 1,500만 달러를 제공했다. IFC가 관여한 것으로 다른 대출처도 안심하고, Dialog가 추가 대출을 모집하는데 도움이 되었다. Dialog에 의한 확대 노력은 스리랑카 사상 최대의 규모이며, 현지 대출처에게는 지금까지 통신 및 미디어 관련 대출을 한 경험이 부족했던 것을 감안하면 이는 매우 획기적인 일이었다.

IFC는 DVD 프로젝트를 통해 Dialog의 판매 네트워크를 강화하기 위해 SME 툴킷을 사용하여 기술과 실적을 개선하는 교육을 제공했다. IFC 프로젝트인 SME 툴킷은 무료 경영 관련 정보 및 SME 대상으로 디자인된 재무 회계, 사업 계획, 인사, 마케팅 및 영업, 운영 및 정보 기술에 대한 교육을 제공한다. Dialog와 협력을 통하여 IFC는 SME 툴킷의 내용을 스리랑카 상황에 맞게 수정할 수 있었다.

# 8. 사례 5 : MI TIENDA

## 1) 회사 소개

멕시코의 Sistema Integral de AbastoRural SAPI de CV(Mi Tienda)는 1999년 멕시코의 주요 소액금융은행 Banco Compartamos의 공동 설립자인 Jos Ignacio Avalos씨가 설립한 비상장의 지방 유통 회사이다. Mi Tienda는 일반적으로 인구가 5,000명에 못 미치는 인근 마을의 상점에 저장 식품과 퍼스널 케어 제품을 제공하는 단체의 개별 센터로서 중앙 멕시코의 아토라 코무루코에서 사업을 시작했다. Mi Tienda는 대규모 소매업자는 접근할 수 없는 멕시코 지방의 60만 이상의 소규모 소매업자에 중점을 두고 있다

## 2) MI TIENDA의 BoP 비즈니스 모델

Mi Tienda의 고객은 작은 농촌 지역의 소규모 소매업자이다. 이들 소매업자들은 소규모 시장이나 기존 키오스크 형태의 판매 등 매출 확대를 제한하는 많은 도전에 직면하고 있다. 매주 별 점포 매출은 낮고, 규모의 경제를 활용할 수 없다. 전체적인 상황으로 보면 비즈니스 지식의 수준은 낮고, 금융에 대한 접근성도 매우 제한되어 있다. 그들 점포의 대부분은 10평방미터 이하 규모로 소유자의 집과 공유하는 경우가 많고, 압도적인 비율(약 80%)로 여성이 가게를 보는 일을 하고 있다. 대상으로 하는 고객의 하루 평균 소득은 추정 4달러이다.

Mi Tienda는 이들 소매업자에 대해 독자적인 부가가치를 제공하고 있다. 예를 들어, 개별 품목을 48시간 이내에 저렴한 가격에 가구별 배송하는 점, 지불 기간의 연장, 매출을 늘리기 위한 비즈니스 교육 훈련 및 조언 등이 있다. 이것은 고객당 판매 수량과 유통센터의 수, 센터당 소매 고객의 수를 증가시키는 것이 동사의 성장 전략에 포함되어 있기 때문이다.

Mi Tienda의 유통센터는 단순하고 약 1,000평방미터의 제품저장 창고이다. 유통업자는 1주일에 1번 또는 2번, 6~7번의 다른 경로를 순회하며 보통 620~740개의 지방 점포를 순회하고, 노트북으로 주문을 받아, 하루 일과 마감시 창고에서 데이터를 통합한다. 이들 주문은 미리 수작업으로 상자에 모여져, 다음날 배송 운전사가 반출한다. 각 창고는 약 6대의 트럭과 6대의 차량이 준비되어 있다. 비용의 관점에서 중요한 것은 중앙 멕시코의 마을은 상당히 밀집되어 있기 때문에 Mi Tienda은 작업의 효율성과 규모의 경제를 달성했다.

Mi Tienda는 또한 SKU(재고관리품목)를 저장 식품과 퍼스널 케어 제품으로 한정하여 수를 적게 함으로써 비용을 절감하고 있다. Wal-Mart와 같은 대형 소매업자가 SKU 품목을 8만 개나 안고 있는 반면, Mi Tienda는 약 1,000개 품목이다. 상품 구색은 높은 비율로 현지의 요구에 맞추어져 있으며, 창고에 따라 달라질 수 있다. Mi Tienda의 판매 대리업자는 적어도 1주일에 최소 1회는 각 소매점을 방문하고, 무엇이 팔리고, 무엇이 팔리지 않는지에 대한 정보를 수집하는 데 최적의 입장에 서 있다. 또한, 동사의 능력개발 프로그램에 참여하고 있는 점포는 체계적인 니즈 조사를 실시하고 있다. 일반적으로 지방의 멕시코인 소비자는 브랜드 인지도가 매우 높고, 노 브랜드의 세제 대용량 팩보다 브랜드가 있는 소량 팩을 구입하고 싶다고 생각하고 있는 것이 Mi Tienda의 조사에서도 밝혀졌다. 이를 위해 동사에서는 노 브랜드 제품의 재고는 조금 밖에 보유하지 않는다.

Mi Tienda 단품 배송은 소매업자가 자신들의 운전 자본을 보다 효율적으로 사용하는 데 도움이 된다. 동사는 또한 이 점에 대해 판매 성적이 좋은 점포에 대해 지불기간을 보통 7일 연장하는 것으로 지원하고 있다. 매장의 약 60%가 이 옵션을 이용하고 있다. 신용도는 일주일에 1회 또는 2회 방문을 통해 얻은 지식과 개인적인 인맥에 따라 판매 대리업자가 평가한다. 점포는 지불에 늦어지면, 더 이상 제품을 공급받을 수 없다. 상환에 대한 동기 부여는 매우 강력하기 때문에 채무 불이행 비율은 0.1% 미만으로 되어 있다. 단품 배송 및 지불기한 연장 옵션은 모두 Mi Tienda에게 지역 유통 시장에서 중요한 차별화 요소이다. Mi Tienda가 참여하기 전에는 점포 소유자는 대량의 상품 구매를 위해 장거리를 이동하고 현금으로 선불을 해야 했다.

마지막으로, Mi Tienda는 소매업자에 대해 매출, 심지어 동사에서 매입을 증가시키기 위해, 교육 훈련과 능력 개발을 무상으로 제공하고 있다. 동사는 자체 교육 부서를 가지고 있으며, 소속 컨설턴트는 일반적으로 가맹 점포를 방문하여 1주일간 머무르면서, 회계, 자본 관리, 재고 관리, 제품 구색 등을 지도하고 있다. 컨설턴트는 점포 설계를 현대화함으로써 기존 키오스크 형식에서 상품을 쉽게 볼 수 진열로 전환하도록 지원하는 경우도 많다. 현대화된 점포는 매출이 평균 35% 증가하고 있다.

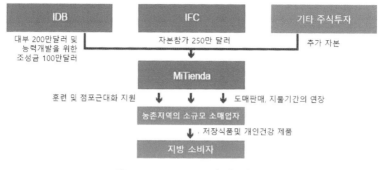

<그림 3-14> MI TIENDA의 비즈니스 모델

## 3) MI TIENDA의 BoP 비즈니스 모델의 원동력

· 멕시코 지방의 효율적인 유통과 관련된 시장 기회
· 지방의 공급망을 효율화하여 지역 가구의 생활수준을 개선하고 싶다는 열정

Mi Tienda는 비즈니스를 구축하면서 동시에 지방의 공급망을 효율화함으로써 지방 가구의 생활 수준을 개선하는 것을 목표로 하고 있다. 멕시코 농촌 지역에서 보다 효율적인 상품 유통에서 다음의 4가지 요소가 시장 기회를 만들어 낸다.

① 여러 층으로 겹친 중개업자
② 영세, 중소 유통기업의 운전자본에 한정된 금융 서비스
③ 거래 및 운송 비용의 높음
④ 식품 및 소비재 기업에게 지역 주민의 요구를 전달하는 메커니즘의 빈약함

지방의 소규모 소매업자는 대부분이 아직 도매업자와 거래하지 않는다. 거래가 이루어지는 경우에도 상품의 양은 최소이며, 운전 자본의 공여는 없다. 예를 들어 Mi Tienda의 첫 번째 유통센터가 있는 아토라코무루코에서는 점포의 30%가 도매업자와는 거래하지 않는다. Mi Tienda의 주요 경쟁사는 전국에 약 2만 2,000개의 유통 센터를 두고 있는 정부기관인 Diconsa 및 현지 도매업자이다. 그러나 이들 도매업자는 상품의 단품 배송을 실시하지 않고, 가격도 비교적 높기 때문에 소매업자의 운전 자본에 대한 수요가 높아진다.

### 4) MI TIENDA의 BoP 비즈니스 모델의 성과

- 2군데의 유통센터에서 1,300개 점포를 관리
- 운영상 손익분기점을 달성
- 200개 점포가 교육 훈련을 받고, 점포 근대화를 추진한 점포에서는 매출이 평균 35% 증가
- 상품에 대한 접근성 향상과 저렴한 가격의 실현

Mi Tienda은 2개소의 유통센터를 가동시켜 약 1,300개 점포를 관리하고, 운영비를 충당할 만큼의 매출을 만들어 내고 있다. IFC에서 자본 250만 달러, 미주개발은행에서 대출 200만 달러, 능력개발을 위한 보조금 100만 달러, 기타 투자자로부터 자본을 이용하여 Mi Tienda는 향후 6년에 걸쳐 34개의 유통센터를 개설해 나갈 예정이다. 전반적으로, 이들 36개의 센터는 2만 5,000개 점포, 470만 가구를 대상으로 범위를 확대시켜 나갈 것으로 전망되고 있다.

Mi Tienda 네트워크의 소규모 소매업자로서는 BoP 비즈니스 모

델에 따라 운전 자본의 수요가 감소하고, 근대화가 진행된 매장에서 매출이 평균 35% 증가했다. 누적 통계로 보면 점포 근대화에 따른 매출 증가는 2016년까지 2억 달러에 이를 것으로 전망되고 있다. 소비자 수준에서는 Mi Tienda의 BoP 비즈니스 모델은 상품에 대한 접근성의 용이성과 저렴한 가격을 실현하고, 효율성 향상과 혜택의 일부를 고객에게 환원하고 있다. 얼마나 절약되는지는 측정하기 어렵지만 2∼3%로 추정되고 있으며, 하루 소득이 4달러의 고객에게 이 적지 않은 금액이다.

마지막으로, 동사는 최종적으로 기타 서비스(소액금융, 보험, 공과금 납부)를 제공할 수 있는 플랫폼 구축에 착수했다. 개발이 진행되면, 이 플랫폼이 큰 원동력이 되어 매출 증가와 개발 효과를 모두 실현될 것으로 기대되고 있다

## 5) IFC의 역할과 가치

비용의 상승으로 인해 전체 수익성을 중기적으로만 예측할 수 없는 가운데, IFC의 250만 달러에 달하는 자본 출자는 Mi Tienda가 확대 계획을 추진하는 데 도움이 되었다. 또한 IFC의 투자가 발판이 되어, 새로운 투자자를 유치할 수 있었다. 투자된 자본 외에도 IFC는 소매 부문의 글로벌 전문 지식을 제공하고, Mi Tienda가 환경, 사회, 기업 지배 구조의 국제 기준을 도입할 수 있도록 지원하고 있다.

## 9. 사례 6 : UNIMINUTO

### 1) 회사 소개

Corporación Universitaria Minuto de Dios(UNIMINUTO)는 1990년 콜롬비아 보고타에서 창립되어, 빠르게 성장하고 있는 비영리 고등교육기관이다. UNIMINUTO는 질이 높고 수업료가 저렴한 교육을 전문학교, 기술학교, 대학교육 분야에서 제공하고 있다. 최대 거점은 학생의 30%가 다니는 보고타 캠퍼스이다. UNIMINUTO의 전국적인 네트워크는 11개 지자체의 34개소에서 3만 5,000명의 학생에 다니고 있으며, 원격교육 프로그램에 500명의 학생이 참여하고 있다.

UNIMINUTO은 신앙에 관계없이 빈곤층을 돕기 위해 Rafael GarcíaHerreros 신부가 1955년에 설립한 가톨릭조직 Minuto de Dios의 지부이다. Minutode Dios는 콜롬비아의 32개 도 중 17개 도의 1,000개 자치단체에서 저소득층의 주거, 보건, 중소기업 융자, 농업, 미디어 교육 프로그램을 실시하고 있다.

### 2) UNIMINUTO의 BoP 비즈니스 모델

UNIMINUTO의 사명은 매우 우수하고 윤리적 책임감 있는 콜롬비아인들의 발전을 지원하기 위해 질이 높고 접근하기 쉽고, 다양한 요구에 대응할 수 있는 고등 교육을 제공하는 것이다. UNIMINUTO는 저소득층의 학생을 대상으로 학부, 기술, 전문석사 과정을 제공하고 있으며, 각 과정에서는 전국에 산재되어 있는 복수의 캠퍼스 및 원격교육 플랫폼을 통해 수업료 및 접근성의 양면에서 편리성을 높이면서, 고용 가능성을 높이는 데 중점을 두고 있다.

UNIMINUTO는 단독 사업뿐만 아니라 다른 대학이나 정부기관과 협력하여 사업을 추진하고 있다. 5군데 캠퍼스를 소유하고 있으며, 기타 복수의 캠퍼스를 임대하고 있다. 또한 정부가 출자하는 도시 근교 지역과 외곽 지역의 캠퍼스 18개소에 대해 관리료를 받고 있으며, 독립적인 고등교육기관 2곳과 협력하여 운영 협정을 통한 교육서비스를 제공하고 있다. 주요 수익원은 수업료이지만, 보조금 및 정부로부터 자금 제공도 받고 있다.

UNIMINUTO의 교육과정은 모듈화된 커리큘럼을 통해 질과 유연성에 중점을 두고 있으며, 필수의 초등 교육에서 핵심적인 내용을 포함하고, 중등·고등교육에서 고급 내용을 커버하기 위한 높은 자격으로 연결한다. 이를 통해 학생의 레벨업이 가능하며, 자격을 취득하고 수료하는 시기를 선택할 수 있다. UNIMINUTO는 필수 인증 요건을 충족하는 것으로 품질기준을 유지하고 있으며, 2012년까지 한층 더 상위기관 인증을 획득할 수 있도록 노력하고 있다. 이 인증은 어려운 편이어서, 현재 콜롬비아 고등교육 기관에서 취득하고 있는 학교는 10% 미만으로 되어 있다.

최종적인 목표는 학생들의 취업이기 때문에 UNIMINUTO 교육에서는 전문기술을 중시하고, 졸업 후 정규직을 얻는 데 필요한 기술을 학생들에게 제공하는 데 주력하고 있다. 또한 기업, 정부, NGO와 협력하여 잠재적인 고용주의 니즈에 맞게 교육과정을 개발하고 있다. 실제로 UNIMINUTO가 제공하는 프로그램의 대부분은 직업 교육을 지향하고 있다. 각 교육과정은 농업과 건설업 등 콜롬비아의 주요 산업이 차지하고 있으며, 캠퍼스에 따라 호텔 경영과 농업 생태학을 다루는 등 지역의 산업 구성을 반영하도록 조정되어 있다. 웹디자인 및 보건 등 잠재적인 고용주로부터 니즈가 있는 스킬은 단기 코스도 준비되어 있다. 마지막으로 UNIMINUTO는 사회 경제적으로 비교적 낮은 계층 출신의 학생을 지원하기 위해 교수와 학생의 비율을 낮게 유지하고 있으며, 학기전의 워크숍과 기본 스킬의 개별지도 등의 프로그램을 제공하고 있다.

UNIMINUTO는 다양한 지역에 펼쳐지는 캠퍼스 네트워크와 원격교육을 통해 지리적 범위의 확대를 실현하고 있다. 보고타 캠퍼스는 주변 지역에 가까운 도심부가 있어, 대중 교통기관이 연결되어 있다. 또한, UNIMINUTO는 34개 캠퍼스를 확장하고 각지에서 107~2,920명의 학생을 수용하고 있다. 2007년 UNIMINUTO는 공개 입찰에서 이기고, 지역의 다른 각 기관과 연계하여 "가상 캠퍼스"를 선보였다. 현재 코스의 1/4은 원격교육을 통해 제공되고 있으며, 500명의 학생을 지원하고 있다. UNIMINUTO는 멕시코 Monterrey Tech와 같은 검증된 대학과 협력하여 지방에서 교원 연수 등 원격교육 교재를 개발하고 있다.

UNIMINUTO 모델의 또 다른 중요한 요소는 수업료이다. UNIMINUTO는 참신한 비용 분담 협정과 기술의 이용을 통해 수업료를 저렴한 가격에 유지할 수 있다. 예를 들어 비즈니스 학부 과정은 1학기당 업계 평균요금이 1,450달러인 반면, UNIMINUTO는 1,000달러 미만으로 설정되어 있다. 요금은 캠퍼스에 따라 다르기 때문에, 다양한 지역의 지불 능력에 맞게 조정되어 있다. 마지막으로, UNIMINUTO는 자회사의 Cooperativa UNIMINUTO를 통해 학자금 대출을 제공하고 있다. Cooperativa UNIMINUTO는 콜롬비아의 공적 학생 대출 대리업자인 ICETEX 통해 제공되는 비교적 장기 대출을 관리하고 있으며, 또한 단기 및 중기 대출을 위한 동 기관 자체의 펀드를 할당하고, 학생이 외부 대출에 신청할 수 있도록 지원하고 있다.

### 3) UNIMINUTO의 BoP 비즈니스 모델의 원동력

- 빈곤층의 지원이라는 모체 조직의 사명에 따라 접근 가능하고 수업료가 저렴한 고등 교육에 대한 시장의 수요
- 공립 고등 교육기관의 불충분한 서비스 및 민간의 고액 서비스
- 졸업 후 취업을 보장하기에 충분한 전문스킬, 기술을 학생들에게 가르치는 프로그램의 부족

UNIMINUTO은 특히 저소득층이나 지리적으로 고립된 학생의 고등교육에 대한 접근을 확대시키기 위한 사회적 요구에 대응하고 있다. 현재 고등교육의 기회는 학생의 사회 경제적 상태와 주요 도시에 대한 거리적 근접성에 따라 크게 달라진다. 콜롬비아에서 약 150만 명의 학생들이 고등교육을 받고 있지만, 전체 진학률은 34%로서, 남미의 다른 중소득 국가를 밑돌고 있다. 진학률은 지역에 따라 크게 다르고, 수도인 보고타에서 50%에 달하는 반면, 도시 지역을 떠난 지방에서는 10%로 되어 있다. 콜롬비아는 283개의 고등교육기관이 있지만, 민간의 서비스는 주요 도시에 집중되어 있고, 고액의 비용이 필요하다. 공공 서비스는 학생의 니즈에 충분히 부응하지 못하고 있다. 또한 공립이든 사립이든, 콜롬비아의 고등교육은 현재 전문지식과 기술의 중요성을 크게 간과하고 있다. 이러한 기술은 노동 시장에서 명확히 요구가 있고, 또한 학생들이 졸업 후

정규직 일자리를 찾는 데 유리하다.

## 4) UNIMINUTO의 BoP 비즈니스 모델의 성과

- 2009년에는 약 3만 2,000명의 학생들이 교육을 받았지만, 그 중 1만 6,000명이 여성으로, 1만 8,000명은 소득별로는 5계층으로 나눈 인구의 하위층 2계층에 속함
- 2006~2009년의 입학자 수의 연평균 증가율은 45%
- 2006에서 2009년 사이 매출이 41% 증가하고, 2013년까지 두 자리 성장이 전망됨

UNIMINUTO은 명확한 시장 요구에 대응하고 있으며, 2006~2009년의 입학자 수의 연평균 증가율은 45%에 달했다. 이것은 콜롬비아의 고등교육의 평균 증가율 5~7%를 크게 웃돌고 있다. 2010년 학생 수는 3만 5,000명에 달하고, 그중 과반수가 여성이었다. UNIMINUTO은 현재 물리적, 기술적 인프라와 이를 뒷받침 조직력을 확충하고 있으며, 2011년에는 4만 5,000여 명의 학생에게 범위를 확대할 계획이다.

UNIMINUTO의 입학자 수 증가는 동 기관이 학생들이 선호하는 큰 가치를 반영하고 있다. 세계은행의 조사에서는 콜롬비아의 평균적인 가정은 고등교육 수업료 지출 금액은 1인당 연간 GDP의 30%를 조금 밑도는 금액으로, 경비를 포함한 총 비용에서는 64%로 추정된다. 이는 고소득 국가를 크게 웃돌고 있다(고소득 국가에서 가정의 지출액은 수업료가 평균 10%로 총 비용이 19%). 이것은 수업료 부담이 콜롬비아의 교육 기회를 제한하고 있음을 보여주

고 있으며, 낮은 가격으로 교육을 제공 할 수 있는 업체로 시장 기회가 있다는 것을 보여준다.

UNIMINUTO는 비용을 낮은 수준으로 억제하고, 학생 대출의 융자를 촉진하여 경쟁력을 유지하고 있다. 실제로 학생의 70% 이상 대출을 제공하는 대출담당 자회사는 2009년 2학기에 대출 1만 4,249건, 770만 달러 상당의 대출을 처리했다. 같은 해 UNIMINUTO은 소득별로 5계층으로 나누어 인구의 최하위 2층에 속하는 학생 1만 8,000명으로 범위를 확대시킬 수 있으며, 2011년까지 이 숫자를 2만 5,000명으로 증가시킬 계획이다.

2006~2009년에서 UNIMINUTO의 매출은 850만 달러에서 2,760만 달러로 증가하고, EBITDA(이자·세금·감가상각 전 이익)에 관해서도 동 기관이 저렴한 학비 설정 및 지방으로 확대에 주력하고 있는 것을 감안할 때 수용 가능한 수준을 달성했다. 2006년부터 2009년까지의 매출 증가율은 41%이고, 2013년까지 두 자리 성장이 기대되고 있다.

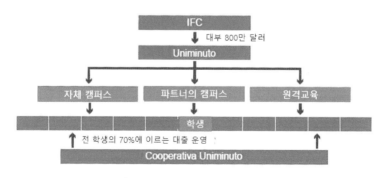

<그림 3-15> UNIMINUTO의 비즈니스 모델

## 5) IFC의 역할과 가치

IFC는 2009년 콜롬비아의 고등교육 시장 확대를 추구한다는 UNIMINUTO의 5개년 계획을 지원하기 위해 계약 총액 최대 800만 달러 가운데 400만 달러를 대출했다. 이 투자에서 IFC는 UNIMINUTO에 대해 새로운 교실, 사무실 및 실험실 공간의 확대, 정보통신기술의 개선, 조직 강화에 원조로 필요한 자금을 제공한다.

IFC의 투자 또한 UNIMINUTO가 향후 타 금융기관에서 장기 대출을 받을 기회를 강화할 것으로 기대되고 있다. 동 지역에서의 경험과 고등교육 업계의 지식을 살려 IFC는 UNIMINUTO에 대해 대학 사업계획의 실시에 관한 전문지식을 제공할 수 있으며, UNIMINUTO가 새롭게 타 대학과 협력 관계를 구축할 수 있도록 지원한다. 또한 보험과 환경에 관한 IFC의 조언에 따라 UNIMINUTO의 계획과 위험관리 프로세스를 지원하고 있다.

# 10. 사례 7 : ECOM AGROINDUSTRIAL CORPORATION

## 1) 회사 소개

ECOM는 1849년 바르셀로나에서 설립된 농산물 상품거래기업(상업작물상사)이다. 처음에는 목화업체였지만, 주로 커피와 코코아의 거래로 확대했다. 회사는 농산물의 원료공급자(originator), 가공업자, 머천다이저이며, Nestle Group, Starbucks, Hershey, Mars, Sara Lee, Kraft, Folgers 등의 브랜드 제품의 제조업체에 제품을 판매하고 있다. 현재는 스위스에 본사를 두고, 자회사 총 30개국에 진출하고 있다.

ECOM은 전 세계적으로 약 6,000명의 직원을 고용하고 있으며, 연간 평균 매출액은 27억 달러로, 커피, 코코아, 면화 세계 주요 거래업체 1개사로 자리매김하고 있다. ECOM의 커피 사업은 세계적 수준이며 5개 대륙 20개 이상의 사무소를 가지고 있다. 최근 ECOM의 커피 거래 총량의 20%가 인증된 품종이며, 동사는 이 비율을 대폭 끌어 올리는 것을 장기적인 비전을 내걸고 있다.

## 2) ECOM의 BoP 비즈니스 모델

주로 BoP 층의 소규모 농민이 커피를 재배하고 있는 중남미에서 ECOM은 커피 재배자와 협력하여 농지의 생산성 향상을 지원하고 인증을 촉진하기도 한다. 이 모델은 투입 자재와 자본의 정비를 위해 계절에 따라 엄선하여 제공하는 중기 융자 외에 수확량을 증대시키고 품질을 개선함과 동시에 ECOM 판매하는 특정 라벨(Rainforest Alliance, Starbucks 4C 또는 Nespresso AAA)에서 인증을 받기 위한 기술 지원이 포함된다.

자금조달의 측면에서 ECOM은 멕시코, 과테말라, 니카라과, 온두라스, 코스타리카의 커피 재배자에게 계절에 따라 신용등급을 부여하고 있다. 이러한 자금의 선불을 통해 생산주기 전반에 걸쳐 농가에 출자를 하고, 비료 등의 투입 자재의 구매, 커피나무의 유지관리, 수확을 지원한다. 신용등급을 부여하기 전에 ECOM은 농가를 방문하여 다음 해 생산 능력을 결정한다. 이 평가에 따라 ECOM과 자회사는 대출 규모(일반적으로 1,000달러 미만)을 결정하고, 신용 등급의 승인에서 모니터링 및 대출 지원까지 대출 절차를 관리한다.

기술지원 측면에서는 ECOM은 IFC가 촉진 파트너십에서 미국에 본사를 두고 지속가능한 생계를 촉진하는 NGO인 Rainforest Alliance 및 프랑스 농업연구센터 CIRAD와 협력하여 농가의 생산성, 지속가능성, 인증 자격 기준을 개선한다. 농가는 생산 프로세스의 문서화, 비료 관리, 노동 조건의 개선 등 대책을 통해 자신의 사업을 개선 촉구하고 있다. 발생하는 문제의 성격에 따라 개선 프로그램의 기간은 다양하며, 토양 보전 및 생물 다양성 보호 등의 주제는 일반적으로 장기간에 걸쳐 대처하고 있다.

Rainforest Alliance와 CIRAD는 트레이너의 훈련과 농가를 대상으로 한 워크숍을 통해 자신들의 전문 지식을 제공하고 있다. ECOM의 직원은 양쪽에 모두 가입한 후 농가를 위한 새로운 지식 공유에 대처한다. 그들은 사후 방문 실시하고 진행 상황을 모니터링하고, 농가가 생산과 인증 취득이라는 목표를 향해 대응하는 과정에서 생기는 실천 문제를 해결한다. 이러한 개선 프로그램이 성공하면 농지의 생산성이 높아져 인증 프로그램의 자격 조건을 충족할 수 있다.

위에서 살펴본 기술지원을 결합한 자금 이외에, Nestle Group의 Nespresso 등 프리미엄 커피 구매자의 참여는 중남미 지역 ECOM의 BoP 비즈니스 모델에 필수적이다. Nespresso의 기여는 Rainforest Alliance와 CIRAD 역할을 대상으로 한 IFC와 공동 출자금이 포함되어 있다. 이 점은 동사가 고품질의 지속 가능한 커피 프리미어 가격에 구입할 의향이 있다는 점에 대해 농가에 강력한 신호를 전달하는 것이며, ECOM은 농가와 협력하여 필요한 분량을 미리 계획할 수 있다. Nespresso의 엄격한 품질 및 지속가능성 기준을 충족하기 위해 필요한 개선 프로그램에 투자해야 할지 여부는 농가가 결정하기 때문에 이러한 신호는 중요한다.

### 3) ECOM의 BoP 비즈니스 모델의 원동력

· 커피 공급의 안정성과 안전성을 확보할 필요성
· 고품질의 인증된 커피와 관련된 판매 프리미엄에 대한 시장의 수요
· 인증된 커피의 거래 확대라는 기업 비전

중남미의 커피 재배의 특성을 고려하면 ECOM은 소규모 농가와 비즈니스를 수행할 필요가 있다. 동사는 이러한 농가의 성장에 적극적으로 투자할 필요가 있고, 조금이라도 경쟁력을 잃어버리면 동사의 공급망의 안정을 위협받게 된다.

농가의 경쟁력은 ECOM가 프리미엄 커피 시장에 접근하는 데 있어서도 필수적이다. 고품질의 인증된 커피에 대한 수요가 높아지고 있어, 커피를 볶는 업자, 소매업자, 소비자는 높은 품질, 환경적 지속가능성, 이력의 추적 가능성, 사회 기준 등 다양한 가치를 추구하고 있다.

시장 상황에 따라 인증된 커피에 지불되는 프리미어 가격은 재배자에게 매우 중요하다. 2008년 시점에서 ECOM 커피의 20%가 인증된 것으로 판매되었다. 동사는 이 숫자를 50~80%로 높여가는 것을 목표로 하고 있다. 이는 ECOM의 공급망에서 소규모 농가가

인증된 품종을 안정적으로 생산되어야, 비로소 실현되기 때문에 동사의 장기 비전에서 소규모 농가에 융자 및 기술 지원을 제공하는 것이 관건이 되고 있다.

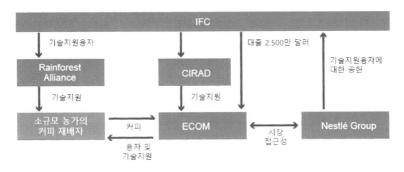

<그림 3-16> ECOM의 비즈니스 모델

4) ECOM의 BoP 비즈니스 모델의 성과

- 대상 농가의 생산성이 향상되고, 일부 프로그램에서는 40% 이상 향상
- 인증된 커피의 구입 수는 48만 1,606봉지, 커피 농가 전체의 부수입 370만 달러에 상당
- ECOM에 대한 농가의 충성도(로열티)가 높아지고, 공급망이 안정
- 인증된 커피의 거래량이 증가

ECOM의 BoP 비즈니스 모델의 비즈니스 성과 및 개발 효과는 밀접하게 관련되어 있다. 소규모 농가에 융자와 기술 지원을 제공

하면, 그들의 생산성, 안전성, 소득 수준이 높아진다. 한편, ECOM은 자사의 공급망을 강화하고, 고품질의 인증된 커피에 대한 접근성을 확대하고, 이러한 제품이 가져다주는 프리미엄을 누린다.

2009년 6월까지 ECOM은 이 모델이 확립된 후 3년간 인증된 커피 48만 1,606개 봉지를 구입했는데, 이는 중남미의 소규모 농가에 지불된 프리미엄 369만 2,000달러 상당한다. 이는 소규모 농가 1만 4,149명에 대한 일시적 자금조달 1,740만 달러 및 인증과 Nespresso AAA, FLOFairtrade, Nestec 4C이 정한 품질 기준을 위한 농가 1만 145명 활동에 대한 기술 지원을 통해 실현했다. 또한 3,282명의 농민이 경영, 가지치기 기술, 교배 식물의 장점에 대한 교육을 통해 생산성을 높이고 있다. 이러한 성과는 고무적이며, ECOM는 향후 중앙아메리카의 재배자 약 12 만 5,000명으로 대상을 확대하는 것을 계획하고 있기 때문에 새로운 개발 효과 확대를 기대할 수 있다.

### 5) IFC의 역할과 가치

ECOM 대한 IFC의 부가가치는 투자 및 자문 서비스를 모두 제공할 수 있는 능력에 있으며, 여기에는 2,500만 달러의 융자와 150만 달러의 기술지원(이 중 IFC는 50%의 자금을 제공)이 포함된다. 투자 및 자문 서비스는 각각 다른 파트너에서 개별적으로 제공되지만, ECOM은 IFC의 종합서비스를 이용함으로써 농가가 스스로의 생산성, 지속 가능성, 그리고 생계를 개선하는 데 도움이 되는 융자 및 기술 지원을 일괄적으로 제공 할 수 있다. 중남미 지역에서 IFC와 ECOM의 관계는, 아프리카(케냐, 탄자니아, 우간다)과 아시아

(인도네시아, 파푸아 뉴기니, 베트남)에 이르는 기업의 지원을 목적으로 하고 있으며, 더욱이 5,500만 달러의 융자와 800만 달러의 기술 지원을 제공하기 위해 연결되었다. 전반적으로, 이러한 새로운 프로그램은 8만 명의 커피 재배자로 대상을 확대할 것으로 예상되며, 이 중 4만 3,000명이 인증을 얻을 수 있다고 추정되고 있다.


## 11. 사례 8 : Manila Water

### 1) 회사 소개

마닐라워터(Manila Water Company)는 마닐라 수도권의 동부 서비스지역의 상하수도 시스템의 25년간 사업권을 가지고 있다. 이 서비스 지역은 리잘 주를 포함한 1,400평방 킬로미터의 지역에서 23개 자치단체가 있고, 610만 명의 주민이 거주하고 있다. 1995년 수자원 위기에 관한 법률(Water Crisis Act)이 제정되어, 위기에 빠져 있던 국유 Metropolitan Waterworks and Sewerage System (MWSS)는 1997년에 민영화되어, 사업을 동서 2개의 사업권으로 분할하고 국제 경쟁 입찰에 붙였다. 1입방 리터당 2.32 필리핀 페소는 일반적인 시세를 73.6%나 밑도는 가격을 제시하고, 입찰에서 승리한 컨소시엄에 의해 마닐라워터가 설립되었다.

1997년 필리핀 최대의 지주 회사 중 하나인 Ayala Group이 새로 설립된 마닐라워터 주식의 52.7%를 획득해 경영권을 얻었으며, 그 즉시 조직의 만성적인 문제에 대처하기 시작했다. 1999년에 흑자 전환한 동사는 성장을 계속하여, 2005년에는 필리핀 증권거래소에 상장을 완료했다. 현재 Ayala 주식의 43.3 %를 보유하고 있으며, 이어 미쓰비시상사와 IFC가 각각 7%와 6.7%, 일반 투자자와 마닐라워터 직원이 나머지 43%를 보유하고 있다.

## 2) Manila Water의 BoP 비즈니스 모델

마닐라워터의 BoP 비즈니스 모델인 Tubig Para Sa Barangay (TPSB) (Water for Poor Communities : 가난한 지역 사회에 물을 공급)은 명확한 비즈니스 사례에 기초하여 저소득층으로 범위를 확대할 것을 목적으로 하고 있다. 물에 대한 접근성이 충분하지 않은 저소득 층 가구는 안전하고 신뢰할 수 있는 물에 대해 비용을 지불할 의사가 있는 것으로 나타나고 있다. 이러한 가구에 물을 보내는 것은 새로운 시장 진입을 의미하며, 수도관에 불법 접속 등으로 인한 비용을 절감할 수도 있다. TPSB 모델에서는 급수 시스템의 설계 및 실행에 적극적으로 지역사회가 스스로 참여할 수 있도록 지방자치단체(LGU) 및 지역사회 밀착형 조직(CBO)과 파트너십을 이용하고 있다. 이에 따라 모든 이해 관계자에게 긍정적인 인센티브가 확립되고 프로그램의 성공과 지속성이 확보되는 것이다. 이러한 파트너십은 각 참가자의 재무 및 운영상의 역할을 법적으로 정의한 Memoranda of Agreement(MoA)에서 정형화되어 있다. 마닐라 워터는 파이프와 측정기 등 인프라의 정비를 주로 담당하고, 지방자치단체는 건축 허가 수수료의 면제, 소액의 보조금 지급, 건설작업원의 파견 등을 통해 비용을 절감한다. 지역 사회는 자신의 참여 정도를 결정할 수 있으며, 특히 저소득층 지역에서는 참여가 높아지는 경향이 있다. 이들 지역에서는 LGU 또는 CBO가 마닐라 워터에 지불하는 요금의 회수 및 지불, 시스템의 모니터링 및 유지 관리, 도난 방지에 책임을 지고 있다. 구체적인 의무는 각 커뮤니티 또는 지방자치단체와 협상한다.

프로그램의 비용은 일반적으로 마닐라 워터, 지자체, 지역사회에서 분담하고 있지만, 일반적으로 지역사회는 건설 종료후 요금을 지불하기 위해 마닐라 워터가 초기 자본 지출의 대부분을 부담한다. 2004~2009년의 기간 동안, 동사는 영업 수익과 차입을 통해 직접 자금을 조달하고 190억 페소(3억 5,185만 달러)를 TPSB의 자본 지출에 충당했다. 비용 분담의 정확한 내역은 MoA별로 결정되지만, 구체적인 예로는 130만 페소 규모의 퀘존시티 프로젝트가 있다. 이 프로젝트에서 마닐라 워터는 비용의 46.2%를 부담하고, 지방자치난체와 지역사회가 긱각 38.4%, 15.4%를 분담했다. 커뮤니티의 부담 부분은 일반적으로 중앙 계측지점에서 개별 가구에 물을 공급하기 위한 비용을 나타내지만, 마닐라워터와 LGU의 어느 쪽도 가능한 한 많은 가구에 대응하는 자금 조달의 구조를 제공한다.

마닐라워터의 BoP 비즈니스 모델의 효율성과 비용 절감의 중심적 역할을 하고 있는 것은 지역사회, 그 자체이다. 수도 미터를 공공장소에서 나란히 볼 수 있도록 배치하여 모니터링을 하기 쉬워 물 사용 및 요금의 투명성이 높이기 위해 커뮤니티는 자신들의 힘으로 관리할 수 있다. 비공식의 집성촌 또는는 토지의 소유권 문제가 있는 지극히 소득이 낮은 지역에서는 일괄 계측 및 비용 분담 프로그램에 따라 연대 책임에 의한 자기 감시를 실시하고 있다. 커뮤니티는 또한 수금, 모니터링, 유지 관리 담당자를 지정하거나 선출하는 것으로 지방자치단체를 직접 지원하고 있다. 이러한 방법은 수도망에 대한 정비를 강화하고, 기한 내에 지불을 촉진하고, 물 도둑을 저지하는 주인 의식과 책임감을 높이는 데 도움이 된다. 이는 커뮤니티에 있어서 서비스 및 수질 개선, 마닐라워터에게는 비용 절감으로 이어진다.

<그림 3-17> 마닐라워터의 비즈니스 모델

## 3) 마닐라워터의 BoP 비즈니스 모델의 원동력

- 마닐라워터의 사업권 협정과 관련된 운영 목표
- 비효율적인 시스템의 비용 절감 및 미터 측정 및 결제율의 증가
- 노후화된 또는 불법적인 수도망에 의한 수질 오염의 완화

마닐라워터가 1997년에 조업을 시작했을 때, 수도 서비스를 받은 주민은 58%에 그쳐, 24시간 이용 가능한 서비스 대상 지역은 불과 26%였다. 수도 접속 수가 1,500개밖에 없는 마닐라의 저소득 가구는 특히 서비스가 불충분하여, 공공 수도에서 물을 퍼오든가, 노점상에서 고가로 구입하거나 인근 수도관을 불법으로 이용하여, 음용수나 요리 용수에 대한 요구를 충족시켜야 했다. 누수하기 쉬

운 파이프라인에서의 물리적 손해도 있어, 요금을 지불하지 않는 물의 비율이 63%에 이르고 있었다. 한편, 노점상에서 구입하는 주민은 마닐라워터의 최대 16배의 높은 가격을 지불해야 했다. 또한 인구의 3%만을 커버하고 있는 하수도시스템에 의한 건강 위험도 존재하고 있었다. 이러한 사태를 해결하기 위해, 서비스 영역의 사업권 협정에서는 23개의 운용 목표를 설정하고, 이것이 마닐라워터의 BoP 비즈니스 모델의 주요 원동력이 되었다. 이러한 목표는 상하수의 대상 범위의 확대, 24시간 공급의 실현, 수질 및 환경 준수, 누수율의 감소 등이 있었다. 이를 실현하기 위해 마닐라 워터는 계약 불이행시 정부가 채권에서 최대 5,000만 달러를 끌어낼 수 있는 이행 보증 7,000만 달러를 투자할 의무가 있었다.

## 4) 마닐라워터의 BoP 비즈니스 모델의 성과

- 1999~2008년 EBITDA(이자·세금·감가상각 전 이익)가 2억 7,700만 페소에서 68억 300만 페소로 증가
- TPSB 프로그램에서는 160만 명에 수도망을 새롭게 확대
- 24시간 급수율이 고객의 26%에서 99%로 개선
- 고객이 현재 지불하는 금액은 지금까지 물 판매 업체에게 청구된 1입방 미터당 비율에서 20배 밑돎

마닐라워터는 적자 경영에서 재무, 사회, 환경상 우량 기업으로 변신한 성공 스토리를 만들었다. EBITDA는 1997년 3,700만 페소로 적자였지만, 1999년에는 2억 7,700만 페소, 2008년에는 68억 300만 페소에 달해 연평균 증가율은 42%가 되었다. 마닐라워터는

또한 사업권 목표도 무사히 달성했다. 2009년까지 전체 3,155.86km 의 수도관이 깔려, 마닐라워터는 100만 이상의 가구에서 600만 명 이상에게 서비스를 제공하고, TPSB 프로그램에서 160만 명의 주 민이 새롭게 혜택을 받았다. 이러한 대상 지역의 99%의 고객은 24 시간 물을 사용할 수 있게 되어, 수도꼭지의 이용도 편리하고 실내 의 배관도 가능할 정도로 수압이 높아지고 있다.

또한 시스템의 손실과 징수하지 못한 물 비율도 극적으로 감소하 여, 1997년 63%에서 2009년 말에는 15.8%로 사업권이 규정하고 있 었던 목표를 넘어 섰다. 이에 따라 회사와 고객 모두에게도 비용을 절감되어, 연결된 가구가 현재 지불하고 있는 금액은 지금까지 물 판매자에게 부과된 1입방 미터당 비율을 20배 이상 밑돌고 있다.

마닐라 워터의 노력으로 필리핀의 음용수 기준의 100% 준수를 달성하고, 사람들의 건강에 직접적인 긍정적 효과를 가져 왔다. 보 건부는 1997~2007년 사이에 설사 증상이 300% 감소했다고 보고 하고 있다. 마지막으로, 지역사회에 수금, 미터의 모니터링, 파이프 라인의 서비스를 할 수 있는 기회를 제공함으로써 마닐라 워터의 BoP 비즈니스 모델은 2,500만 페소 이상의 신규 고용을 창출하고, 지난 몇 년 동안 850만 가구에 혜택도 제공하고 있다.

## 5) IFC의 역할과 가치

IFC는 MWSS의 민영화에 발맞추어 핵심 어드바이저로서 운용 합의 내용을 수립하고, 입찰을 감시했다. 이는 아시아 최초의 대규 모 수도 사업 민영화로 이어졌다. 그러나 사업권의 기간에 대한 목 표를 달성하려면 마닐라워터는 약 27억 2,000만 달러를 필요로 하고 있었다. 민영화는 또한 아시아의 금융 위기와 시기도 겹쳤기 때문에, 마닐라 워터의 달러 기준의 기존 외화 부채 부담은 배 가까이 늘어났고, 이 중에는 MWSS 대출 잔액의 10%를 맡는 의무가 포함되어 있었다. 그래서 마닐라 워터는 금융 시장이 위축된 어려운 시기에 대규모 장기 금융 자본을 필요로 했다.

IFC는 마닐라 워터에 대하여 2003년 3,000만 달러의 대출을 실시하여, 2004년에는 자본 출자로 1,500만 달러, 2005년에는 3,000만 달러의 대출을 실시했다. 자문 서비스는 이들을 지원하고 동사가 기업 지배구조 매뉴얼을 개정하여, 지속가능성 전략을 수립하도록 지원함으로써, 필리핀 기업으로서는 처음으로 환경 및 사회 측면에서의 성과를 매년 공개하게 되었다. IFC의 참여는 시장의 신뢰를 얻게 되고, 동사는 이를 바탕으로 2005년 기업공개(IPO)를 하였으며, 더욱이 9,780만 달러를 조달했다.

# 3장 ICT 기반의 BoP 비즈니스 모델

## 1. ICT 기반의 비즈니스 모델 분석 프레임워크

본 절에서는 인도에서 ICT를 기반으로 하는 BoP 비즈니스 사례를 분석하기 위해 BoP Global Network(2013), Hystra & Ashoka (2012), GIZ & BMZ(2013) 등에서 소개된 전 세계 ICT를 활용한 BoP 비즈니스 사례 중 인도에서 실행되고 있는 사례를 요약 정리한 것이 <표 3-5>이다.

<표 3-5> 인도의 ICT 기반 BoP 비즈니스 사례

| No. | 서비스명 | 분야 | 기술 | 서비스 유형 |
|---|---|---|---|---|
| 1 | ALW | Finance | Mobile app: SMS | Mobile Banking |
| 2 | Babajob | Employment | Mobile app: SMS | Job matching site |
| 3 | Behtar Zindagi (Handygo) | Agriculture | LBS: SMS, WAP, voice | Information services, 일부 education |
| 4 | Drishtee | Retail | Computer kiosks | Retail plus Internet kiosk, e-services |
| 5 | eChoupal | Agriculture | Computer/Internet | Information, products, services, Internet kiosk retail outlet |
| 6 | EKO | Finance | Computer/Internet | Banking Service, Customer Service Point |

| 7 | FINO | Finance | Computer/Internet | Banking Service, Point of Transaction |
|---|---|---|---|---|
| 8 | IKSL | Agriculture | Voice services | Information and extension services |
| 9 | Nano Ganesh | Agriculture | Mobile app: GSM remote control system | Remote irrigation control |
| 10 | mPedigree | Health | Mobile app : SMS | Drug Verification |
| 11 | Narayana Hrudayalaya Hospitals | Health | e-health tech | e-health service(ECG) |
| 12 | Reuters Market Light | Agriculture | Mobile app: SMS | Information services |
| 13 | Simpa Networks | Utilities | Mobile money | Solar lighting via prepaid m-payment |

한편, <표 3-5>에 소개된 사례를 분석하기 위해, 하이스트라 & 아쇼카(Hystra & Ashoka, 2012), 일본무역진흥기구(2012), 히라모토 도쿠타로우(2014), 김장훈(2013)[22]에서 제시한 ICT를 활용한 BoP 비즈니스 모델을 참조하여, ICT 기반의 BoP 비즈니스 모델을 분석하는 틀을 제시하였다. 즉, 비즈니스 모델을 고객에 원하는 정보에 접속하는 유형과 산업 분야로 구성된 "2 X 3" 매트릭스로 구성하였다. 고객이 원하는 정보에 접근하는 종류에 따라 휴대전화에 직접 접속하는 유형과 대리인(현지 에이전트)을 통해 간접적으로 접속하는 유형으로 나눈다. 금융 분야의 경우 휴대전화와 대리인을 통한 접속을 구분하기 어렵고, 직간접인 다양한 수단을 통해 원하는 정보에 접속하므로 직접, 간접, 복합 유형 등 3가지 유형으로 나누었다. 분석 대상 분야는 보건, 농업 및 경제활동 지원, 금융서비스[23]이다. 이를 바탕으로 3개 비즈니스 모델을 <그림 3-18>과 같이 정의하고, 각각의 비즈니스 모델을 대표하는 5개 사례를 심층

분석하였다.

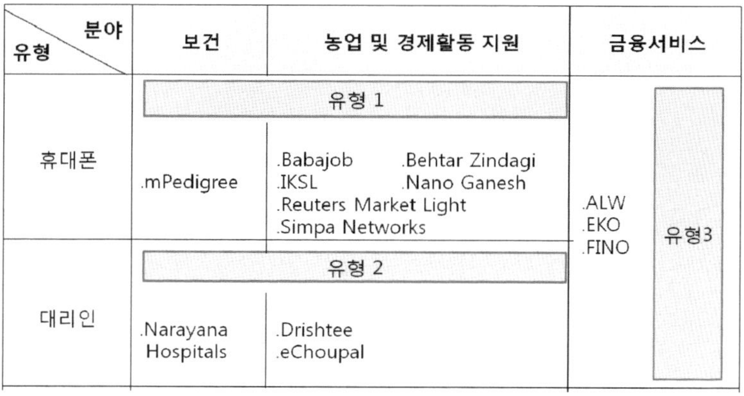

| 유형 \ 분야 | 보건 | 농업 및 경제활동 지원 | 금융서비스 |
|---|---|---|---|
| 휴대폰 | 유형 1 | 유형 1 | |
| 휴대폰 | .mPedigree | .Babajob .Behtar Zindagi<br>.IKSL .Nano Ganesh<br>.Reuters Market Light<br>.Simpa Networks | .ALW<br>.EKO<br>.FINO 유형3 |
| 대리인 | 유형 2 | 유형 2 | |
| 대리인 | .Narayana<br>Hospitals | .Drishtee<br>.eChoupal | |

<그림 3-18> 인도의 ICT 기반 BoP 비즈니스 모델

첫 번째 유형은 저소득층이 휴대전화를 통해 원하는 정보에 직접적으로 접속하는 경우를 말한다. 이러한 서비스는 지역민에게 제공될 수 수 있도록 문화적으로 적절하고, 현지화 또는 개인화된 정보를 제공한다. 예를 들어, RML에서 제공되는 적절한 건강 카운슬링을 통해 저소득층의 건강한 삶을 지원하며, 더 나아가 사회·경제적으로 긍정적인 영향을 미칠 수 있다. 이러한 서비스를 기획하는 기업은 수익을 발생하는 데 많은 시간이 소요되기 때문에, 장기적 안목에서 사업과 마케팅 비용 사이에 투자의 균형을 유지해야 한다.

두 번째 유형은 저소득층이 대리인(현지 에이전트)을 통해 원하는 정보에 접속하는 것을 말한다. 이 서비스는 "대리인"을 통해 제공된다. 휴대전화를 통한 저소득층의 "직접 접속"유형에 비하여, 이 유형은 서비스의 기술 소유권을 가지고 있어야 하며, 저소득층에게 최소한의 문자해독 능력을 지원할 수 있어야 한다. 예를 들어, 반드시 모든 ICT 기반이 필요하지 않고(예 : eKutir, eChoupal, Drishtee), 원격의료 상담(예: NH Hospital)으로 전문화될 수 있으며, 다양한 요구를 수용하기 위해 자사 대리인의 네트워크 공간에서 물리적 인프라를 사용할 수 있다.

세 번째 유형은 저소득층이 원하는 금융서비스에 휴대전화나 대리인 등 직간접적인 수단을 활용하여 원하는 정보에 접속하는 경우를 말한다. ICT를 통해 제공되는 금융 서비스는 기존 오프라인 은행을 통한 금융서비스을 대체할 수 있다. 예를 들어, FINO는 대인결제 대신에 거래 시점에서 카드를 통한 대출상환이 가능하다. 모바일 송금은 ALW, EKO와 같은 물리적 송금으로 대처될 수 있으며, 비즈니스 모델은 다양한 수익원을 들 수 있다.

한편, ICT 기반 비즈니스 모델을 산업 분야별로 살펴보면 다음과 같다. 금융 부문에서 주 고객층은 은행을 이용하기 어려운 전 세계 25억 명의 성인이다. 송금 시스템은 계정 보유, 보험, 대출 등으로 그 영역이 확대되고 있다. 성공적인 금융 서비스(FINO의 경우 2,800만 명)는 500만 명 이상의 고객을 확보하고 있다.

농업 및 경제활동 지원 분야에서는 다양성과 성숙한 ICT 기반을 갖춘 대규모 프로젝트를 통하여 농민들의 경제적 자립 능력을 향상시키고, 더 나아가 중요한 사회·경제적 가치를 제공하고 있다. 이러한 프로젝트는 직접적으로 수익 창출 활동(예를 들어, 농산물의 더 많은 판매 기회 제공)에 연결되고, 저소득층을 위한 프로젝트의 가치를 쉽게 가시화하게 만든다. 농업 부문에는 시장에 진입 중인 프로젝트도 다수 존재하며, Drishteee, Choupal은 수 백 만의 저소득층 고객에게 영향을 미치고 있다.

보건 분야는 ICT 기반 서비스를 개발하는데 매우 적극적인 분야이지만, 지금까지 개발되니 대부분의 사례는 기부금을 통해 운영되는 경우가 많았다. Hystra & Ashoka(2012)에 따르면 보건 분야 100개 이상의 프로젝트 중에서 20여개 정도만 비즈니스 기반이었고, 나머지는 시범사업 단계에 머무르고 있다. 예를 들어, HealthLine은 수백만 고객에게 간단한 건강정보를 제공하고 있으며, NH Hospital의 심장 진단은 수십만 고객에게 전문적인 원격 진단을 제공하고 있다.

다양한 비즈니스 모델에 관한 선행 연구 중에서 오스터왈더 외(Osterwalder et al.)의 비즈니스 모델은 선행 연구자들이 분류한 비즈니스 구성요소를 모두 포함하고 있으며, 가장 많이 인용되는 비즈니스 모델이다(박우성 2009). 이러한 이유로 본 사례연구에서 오스터왈더 외(Osterwalder et al.)가 제시한 9개 구성요소(가치제안, 고객 세분화, 고객관계, 채널, 핵심활동, 핵심자원, 핵심파트너십, 수익원, 비용구조)를 비즈니스 모델의 분석 틀로 설정하고, 상기 절에서 살펴본 ICT 기반의 BoP 비즈니스 사례 중에서 분야별, 사회·경제적 영향 등을 감안하여 분석 대상을 선정하였다. 심층 분석 대상 사례는 인도의 Drishtee, NH Hospital, RML, eChoupal, FINO 등 5개이다.

# 2. 사례 1 : Drishtee[24)]

자료 : drishtee 홈페이지 외 관련 사이트

<그림 3-19> drishtee의 서비스

## 1) 가치 제안

Drishtee(www.drishtee.com)는 우타르 프라데시에 본거지를 두고 설립된 영리 조직이다. Drishtee의 비즈니스는 2000년 전자정부 서비스를 제공하는 IT 키오스크(인터넷 정보단말기) 사업을 인도 북부 주를 중심으로 펼치면서 시작되었다. 인터넷이 연결된 IT 키오스크에서는 호적이나 등기, 차량 면허 발급 등 행정 서비스와 더불어 농산물 유통 지원 등이 제공되었다. Drishtee는 농촌만을 대상으로 하여, IT 키오스크를 운영하는 기업가의 육성에 주력함으로써, 현지 밀착형 사업을 운영하고 있다. 그 후 IT 키오스크 사업에서 축적된 인적, 물적 네트워크를 활용하여, 생활용품 등의 판매로 사업을 확대해 나가고 있다. Drishtee는 현재 1만 4,000명이 넘는 소규모 기업 네트워크를 가지고 있다. 이 네트워크를 유지·확대하고, 농촌의 생활 향상과 자립을 달성하기 위해 비즈니스 모델의 재검토, 유통 비용 절감, 인재 육성 등의 다방면에 걸친 노력도 꾸준히 추진하고 있다.

### 2) 고객 세분화

주요 고객은 인도 농민이다. 초기 타깃은 농촌 마을 주민의 전체 지출 중 5%에 초점을 맞추고 Drishtee의 인지도를 높인다. 그 후, 타깃 마을의 모든 주민에게 상품을 공급하는 것으로 확대한다. 인터넷 키오스크 서비스는 마을 평균 인구의 15%이며, 마을 인구는 3개 주(우타르 프라데시, 비하르, 아삼)에서 1,000~1,500만 명의 농민을 예상하고 있다.

### 3) 고객 관계

Drishtee의 비즈니스를 고객과 만나는 물류 및 소매 분야 측면에서 설명하면 다음과 같다. 농촌에 거점을 두고 있는 기업이 상품이나 서비스의 수요를 감안하여, Drishtee 콜센터에 전화로 주문을 한다. Drishtee 콜센터에서는 창고와 배달 부문과 정보가 연계되어, 매주별 주문된 상품을 배송한다. Drishtee는 농촌에 보내는 상품이나 서비스를 공급하는 기업과도 제휴하고 있으며, 농촌 기업에서 파악한 수요를 바탕으로 기업과 협상하여 필요한 물건을 저렴한 가격에 농촌에 제공하고 있다. 농촌에서 물류 망 개척이 어려운 점을 잘 이해하고 있는 여러 기업이 Drishtee와 협력하고 있으며, Drishtee

와 제휴하는 기업 측에도 큰 장점이 되고 있다. Drishtee에서 제공되는 상품 및 서비스는 매 우 다양하다. 예를 들어, 과자, 비누, 샴푸 등 잡화품에서 IT 교육서비스(컴퓨터 교실)를 저소득층이 지불할 수 있는 요금과 방식으로 서비스를 제공한다. 예를 들어 사탕이나 초콜릿은 1개 단위로 판매하가나, IT교육 수강료는 주간 단위 지불로 요금을 징수하는 등 방식 등을 채택하고 있다.

### 4) 채널

Drishtee의 인터넷 키오스크와 판매 네트워크가 도입되기 전까지, 농민들은 기존 서비스를 이용하기 위해 20~30㎞를 걸어가야 했다. 일반적으로 상품가격이 도시 지역보다 농촌 지역은 50% 이상 비쌌다. 주요 경쟁 채널은 유니레버와 같은 글로벌 기업외에 농촌 유통망을 구축중인 다른 인도 소비재 제조업체이다. 유사 경쟁 모델은 농촌 지역 유통에서 그들의 현지 기업가(Sanchalak)에 의해 도움을 받아 소규모 소매업자를 위해 운영되는 eChoupal 등이 있다.

### 5) 핵심 자원

Drishtee 판매 사업은 도로가 정비되어 있지 못하고, 지도에도 조차 나오지 않는 오지의 농촌 구석구석까지 닿을 수 있는 유통망을 구축하는 것부터 시작되었다. 현지 인재를 채용하여, 지도를 독자적으로 만들고, 촘촘히 연결한 물류 망을 가지게 되었다. 또한 현지인의 생활 실태를 조사하여, 세대수 및 각 가정의 소득, 생활은 어떤지, 어떤 물건이나 서비스를 얼마나 자주 필요로 하는지 등의 정보를 수집하고 있다. Drishtee이 실시하는 이러한 조사는 농촌의 저소득층을 상대로 사업을 실시하는데 있어서 필수적인 노력과 투자이며, 그들이 농촌에서 확고한 사업 기반을 구축하고 있는 까닭이기도 하다. Drishtee는 수집된 정보를 바탕으로 물류망을 구축하고, 농촌에서 필요로 하는 상품을 제공하는 사업을 실시하여, 2005년 사업이 흑자로 전환되었다.

Drishtee의 특유성은 ICT 기반의 서비스에 대한 접근성과 필수적인 상품의 가용성을 결합하여 오지 지역사회의 발전을 촉진하기 위해 ICT를 사용한데 있다. Drishtee는 각 지구(District)별로 20～25개 마을을 연결하는 "밀크맨 루트(Milkman Route)"를 정의한다. 그후, 서비스와 제품 모두에 대한 루트 상의 마을에 있는 소규모 기업의 생태계의 발전을 지원하는 노드로서, 키오스크를 "농촌 루트"로 설정한다. 키오스크는 웹 기반 서비스를 통해 주민들의 요구를 수용하면서, 실제 소비재의 소매 거점이 된다. 각 지구(District)의 허브는 네트워크의 물리적 공급망관리(예를 들어, 콜센터, 원격 재고관리 서비스)에 필수적인 ICT 기반 서비스를 호스팅한다.

## 6) 핵심 활동

Drishtee가 대상으로 하고 있는 마을은 중간 규모의 북인도 지역 마을이다. 구체적으로 살펴보면 북인도의 한 마을에는 6200명이 살고 있으며, 문자 해독률 52%, 전기는 1일 4시간 사용. 전화 보급률 12%. 대출 연체율 60%, 은행계좌 보유율 10%이다. 마을 가구의 월 평균수입 2750루피 중에서 수익의 40%를 음식에 지불하고 있으며, 19%를 보건·의료에, 15%를 가족 행사에 사용하고 있었다.

한 마을에 1000개 가정이 있다고 가정하면 상품으로 연간 80억 달러, 서비스에서 연간 70억 달러의 수요가 있다고 전망된다. 이런 서비스를 통해 중개업자는 30%의 수익을 가져간다. Drishtee 비즈니스 프로세스는 1단계에서는 시장 조사와 마을 커뮤니티에 참여이며, 2단계에서는 마을 기업가 육성과 시범센터 운영이다, 그리고 3단계에서는 제품과 서비스 공급으로 이어진다. Drishtee가 하는 일은 농촌 조합을 만든다는 이미지이며, 농촌과 기업을 Drishtee가 연결하는 구조이다.

## 7) 핵심 파트너십

Drishtee의 사회적 비즈니스 지원 기관은 아쇼카, 아큐먼 펀드, Drishtee 재단, IFC 등이다. 글로벌 ICT 기업은 노키아, 마이크로소프트, 모토로라, 인텔 등이다. 그 외 농촌 은행을 위한 주립 은행, 소비재 제품업체 네슬러와 다농, 헬스케어 업체 Colgate와 Novartis이다. 지역 e-서비스 제공업체는 사이버 Info-Dev(E-GVT), India Times, Janan Swasth Kendra(건강관리업체)이다.

## 8) 수익원

인터넷 키오스크의 수익원은 라이센스 비용(70~200달러), 서비스 제공업체로부터 받는 거래 수수료(서비스 가격의 5~25%), DRRPs를 통한 수익(공급업체에 위탁하는 수수료 5.5%) 등이다.

## 9) 비용 구조

농촌 소매거점은 자체적으로 서비스 가격을 정할 권한을 가지고 있다. 그러나 대부분 경우에는 서비스 제공업체나 제조업체에 의한 사전에 정해진 가격으로 제품을 공급된다. 비용을 전체적 차원에서 보면 Drishtee에 의한 공급망을 포함하여 지구(District) 수준까지의 간접비와 모든 인프라 운영비용, 키오스크에 따른 마을 수준의 인프라 비용이 포함된다. 주민 입장에서 보면 초기 투자비용은 없으며, Drishtee을 통해 가구당 서비스의 직접 비용은 매월 서비스 비용 28달러 중에서 5달러/월(건강 40%, 교육 40%, 부채 20%)이다.

# 3. 사례 2 : Narayana Hrudayalaya Hospital (나라야나 흐루다야라야병원)

## 1) 가치 제안

Narayana Hrudayalaya(이하 NH) 그룹은 인도에서 25개 병원과 두 개의 주요 캠퍼스(헬스시티)를 보유한 민간 병원이다(www. narayanahospitals.com). 주요 헬스시티는 방갈로르, 카르나타카에 소재하고 있으며, NH 그룹은 원격 진단 및 교육을 위한 아시아와 아프리카에 있는 약 800개 장소와 디지털로 연결되어 있다. NH 병원이 제공하는 서비스는 아래와 같다. 어린이용을 포함하여 1등급 병원 서비스(방갈로르 헬스시티의 심장, 정형외과, 암, 안과 치료), 빈곤층에 대한 보험 제도에 의해 환자 수용(예를 들어, 카르나타카의 Yeshasvini, 우타르 파르데시의 Rajeev Gandhi Arogya Yojana) 더 나아가, 보험 적용이 안 되는 환자를 위한 할인 요금을 제공하고 있다. 전문가가 부족한 지역에서 헬스케어 전문가를 제공하기 위한 전 세계 원격의료센터를 설치하여 환자 데이터의 전송, 컨설팅과 전문가 훈련을 위한 화상회의를 실시하고 있다. 그 밖에도 저소득 여성을 위한 환자 보호, 의과 대학생을 위한 전문화된 훈련 서비스도 제공하고 있다.

자료 : Narayana Hrudayalaya Hospital 홈페이지 외 관련 사이트

<그림 3-20> Narayana Hrudayalaya Hospital 서비스

## 2) 고객 세분화

글로벌 고객(고객의 약 20%)을 포함한 도시와 농촌 지역 인구, 그리고 모든 사회·경제적 계층이다. 구체적으로 방갈로르 헬스시티에서는 3,000명의 환자가 있으며, 저소득층 5백만 명이 타깃 고객이다.

## 3) 고객 관계

NH병원이 저소득층에게 의료 서비스를 제공하는 방법은 세 가지가 있다. 첫째, 환자가 NH병원에 찾아오면, 환자는 먼저 300루피의 등록비를 내고 검사를 받고, 의사는 적절한 치료 방법을 제안한다. 병원 경리과는 가장 저렴한 치료비를 계산하여 환자의 지불 능력을 심사한다. 부족한 치료비용은 자선단체 등에 의뢰하여 기부금으로 받는다. 둘째, 이동 진료차가 농촌 지역을 방문하여 무상 의료를 실시한다. 이동진료의 경우도 치료를 하지만, 심도 있는 치료가 필요한 경우 NH병원을 소개하고, 치료비에 대해 조언을 해준다. 셋째, 원격통신 기술을 이용해 진찰한다. 심장병 전문병원과 연계하여 환자에게 NH병원을 소개하도록 한다.

## 4) 채널

인도 의료보험 제도는 두 가지 과제를 안고 있다. 첫째, 자비로 치료받을 수 있는 사람의 80%가 저소득층이다. 둘째, 정부 예산의 대부분이 고도의 의료 서비스에 투입되고 있고, 저소득층이 처음으로 치료를 위해 찾는 기초 의료는 경시되는 경향이 있다. 또한, 인도의 심장병 발병률은 높다. 그 원인으로는 유전학적으로 심장병이 걸리기 쉬운 점, 기름진 식사, 앉아서 일을 하는 경우가 많다는 점을 들 수 있다. 연간 240만 건의 심장 수술이 필요하지만, 실제로는 불과 6만 건이 시술되고 있다. NH병원이 설립되기 전에는 저소득층을 위한 심장 치료에서 유사한 품질을 제공할 가능성이 있는 병원이 없으며, NH 병원은 인도에서 제공된 심장 치료 서비스의

12%를 차지하였다. NH 병원의 네트워크를 보면 2개의 "헬스시티", 인도 내 25개 NH 병원, "팬-아프리카 네트워크"라고 불리는 아프리카에서 56개의 원격의료센터, 글로벌 439개의 원격의료 센터를 보유하고 있다.

## 5) 핵심 자원

인도에서는 심장 수술비용이 매우 높아, 많은 수의 환자가 치료를 받지 못하고 있다. NH병원은 셰티 박사에 의해 저가격으로 환자들에게 심장병 치료를 제공하는 목적으로 2001년에 설립되었다. 방갈로르에 소재하고 있는 NH 건강 도시에는 하루에 10~12명의 어린이를 위한 심장 수술서비스를 포함하여, 세계에서 가장 높은 성공률 중의 하나인 95%의 성공률을 가진 심장병 치료를 위한 1,000여 개의 침상이 있다. NH 병원 시스템은 인도 전체적으로 5,000개 침상을 보유하고 있다. 방갈로르에 있는 주요 심장병원에서는 30만 명 이상의 환자에게 원격심장 치료를 제공하고 있다. 30만 명 이상에게 심장 외래환자 서비스, 70,000건의 심장 심전도 조치, 지난 10년간 47,000건의 심장 수술을 제공하고 있다.

## 6) 핵심 활동

NH병원은 지난 10년 동안 세계에서 두 번째로 큰 심장병원이 되었다. 높은 규모와 낮은 공급 가격으로 서비스를 제공하였다. 모든 부문에서 ICT의 사용 및 운영 직원을 위한 관리적 역할을 최소화하는데 중점을 둔 혁신 활동 덕분에, 많은 환자를 저렴한 가격으로 유치하여 다른 기관보다 더 낮은 비용으로 더 많은 환자에게 서비스를 제공할 수 있었다. 셰티 박사에 의해 시작된 혁신적인 보험제도는 병원 예산의 20%를 부담하는 기부자 기금에 도움을 받고 있으며, 기부금은 저소득층(심장병 치료를 위해 환자의 보험이 부담하는 30%를 포함하여 전체 비용을 지불하지 않는 50%의 환자)에게 세계 최고 수준의 치료를 지속적으로 받을 수 있게 만들었다. NH병원은 2,300달러의 평균 심장 수술비용(미국의 1/10)과 더불어 미국 병원의 평균보다 높은 세금 후 7.7%의 이익을 누리고 있다. NH그룹은 인도를 통한 "의료 도시"의 구축을 위해 인도에서 가장 큰 민간 병원 그룹을 만드는 것을 목표로 하여, 2015년까지 3만 개의 침상을 계획하고 있다.

## 7) 핵심 파트너십

핵심 파트너로서는 중소기업은 Shankaranarayana 건설(토지를 위한 종자 자금)이 참여하고 있으며, 다국적 기업으로는 AIG, 타타 금융, 텍사스 인스트루먼트, Bioson 재단, ICICI 롬바드 등이 참여하고 있다. 시민사회단체는 아시아심장재단, Hrudayalaya 재단과 Nanayana Hrudayalaya 자선 신탁, American Cherch이다.

## 8) 수익원

NH병원은 세계 수준의 심장병 수술을 전문으로 하는 외과의를 모집했다. 부유층에게는 매력적인 치료를 제공하고, 다소 높은 수술비용을 지불하도록 했다. 지불 능력이 없는 환자의 치료비는 부유층에게 받는 수익으로 충당했다. 수술비는 의사의 재량으로 결정한다. 수술 한 건당 손익분기점은 1,800달러지만, 평균 수술비가 2,300달러인 경우도 있다. NH병원(방갈로르 헬스시티)의 종사자는 40명의 심장외과 의사를 포함한 220명의 의사, 인턴 160명, 3,500명의 간호사, 심장병원만 60~70명의 행정 직원으로 구성되어 있다. 인도 내 NH병원 차원에서 보면 1,302명의 풀타임 의사가 연간 11,359명의 치료경험을 보유하고 있다.

## 9) 비용 구조

NH병원의 의료비용은 저소득층 환자가 보험에 가입하지 않더라도 비 의료계 직원과 의사의 추천으로 매일 활용 가능한 기금에 따라 환자에 대한 할인 혜택이 제공된다. 평균 심장 수술은 미국의 2~10만 달러에 비해, NH 병원은 매우 저렴한 2,300달러이다. 한 달에 평균 100만 달러의 기부로 수술비의 일부를 보충하며, 인도 정부가 제공하는 원격의료 서비스를 위한 ISRO의 위성 인프라의 무료 사용, 의료 공급 비용은 대량 구매로 최대 35%까지 비용을 절감시켰다. 신용이 부족한 저소득 환자에 대한 운영비용의 교차보조금(심장 치료 환자의 20%), 빈곤층을 위해 설계된 보험으로 처리되는 비용(30%의 심장치료 환자) 등을 지원받고 있다. NH병원은 2006년 10월에는 9,567명의 외래환자와 1,608명의 입원환자를 진료했다. 2001년부터 2007년 5월까지 NH는 23,000건의 외과수술과 34,000건의 카테테르(소변을 뽑아내는 도관) 수술을 실시했다. 수술환자의 절반에게 250만 달러의 치료비를 보조했다.

# 4. 사례 3 : eChoupal

## 1) 가치 제안

ITC Ltd는 2010년 50억 달러 이상의 매출과 다양한 분야(담배, 호텔, 패키징, 농업 비즈니스 등)에 적극적인 인도의 주요 민간 기업 중 하나이다. eChoupal(www.echoupal.com)은 2000년 6월 거래 비용을 낮추고 농업 상품 소싱의 질을 향상하는 것을 목표로, 농민을 위한 농업 서비스를 제공하기 시작하였다. eChoupal(Choupal은 힌디어로 농촌의 집회소를 뜻함)은 날씨와 농업 경영에 관한 최신 정보를 농가에 폭넓게 제공하고 있다. ITC는 인터넷을 통해 농촌에서 농산물을 사들이는 한편, 농민은 인터넷을 통한 다양한 정보 서비스(농업 기술, 날씨, 시장 가격 등의 정보) 및 상품을 구입한다. eChoupal 덕분에 농민들은 이전처럼 중간 상인에게 착취당하지 않고, 수익을 올리는 것이 가능하게 되었다. eChoupal 사업에는 현재 100만 명이상의 농민이 참여하고 있으며, ITC는 5개주 1만 8,000개 마을에서 3,000개 인터넷 키오스크를 통해, 콩, 밀, 쌀, 새우 등을 매입하고 있다. 동사는 몇 년 이내에, eChoupal을 15개 주로 확대할 계획이다. 또한 ITC는 eChoupal 네트워크를 통해 수수료(30~40%)를 받으면서, 60개가 넘는 회사의 제품(비료 등 농업 관련 제품, 자전거, 오토바이, 보험 상품 등)을 판매하고 있다.

자료 : eChoupal 홈페이지 외 관련 사이트

<그림 3-21> eChoupal 서비스

## 2) 고객 세분화

고객은 농업 서비스를 이용하는 4백만 농민이다.

## 3) 고객관계

eChoupal의 고객 관계를 구축하기 위한 채용 프로세스와 역량 구축을 살펴보면 다음과 같다. Sanchalak(키오스크 운영자)는 기술과 새로운 서비스를 기반으로 ITC에서 훈련되어 신뢰할 수 있는 마을에서 인정을 받고 있는 농민을 채용한다. 마케팅은 Sanchalaks를 통한 입소문, eChoupal 라디오 방송, 지역 농촌 매체, eChoupal 채널을 통해 제작되어 주말시장(Haats)에서 무료 배포 등을 통해 이루어진다. 유통은 반경 5km 이내 600명 농민당 1개 키오스크, 키오스크당 30개 이내 소매업자가 존재한다.

## 4) 채널

eChoupal이 사업을 시작하기 전에는, 판매 채널은 Mandis(현지 시장)에서 일하는 상인(정부 위임 시장; 거래의 90%), 제조 실행 협동조합(거래의 10%)이었으며, 전문적인 정보에 접근할 수 없었다. 최근 eChoupal에 의해 제안된 일부 활동(예를 들어, ICT 서비스를 위한 Drishtee, 금융서비스를 위한 타 은행)을 하고 있으나, 서비스 전반에 걸친 경쟁자는 부재한 실정이다.

## 5) 핵심 자원

eChoupal은 기술 혁신 차원에서 처음 E-service가 설치되었을 때 하드웨어와 Sanchalaks(키오스크 운영자)가 접속할 수 있는 웹 플랫폼은 지속적으로 새로운 서비스를 실행하도록 업그레이드되었다. eChoupal은 이전에 농촌 지역에서 접속할 수 없었던 서비스, 예를 들어 금융서비스, 반드시 기술을 기반으로 하지 않는 다른 서비스를 제공하기 위해 Sanchalaks의 네트워크를 활용한다.

## 6) 핵심 활동

eChoupal는 ITC에 대한 소싱 상품의 비용 절감을 가져오면서, 서비스의 혜택을 받는 키오스크 운영자인 Sanchalaks나 개별 농민 모두에게, 경제적으로 지속가능한 방법으로 포괄적인 서비스를 제공한다. 휴대전화의 급속한 확산은 농민에게 eChoupal의 정보서비스가 덜 필요하게 되어, 다른 채널을 통해 시장 정보에 접속할 수 있다. 농민들의 생산품 판매에서 다양한 대안의 등장은 현금 구매에 따른 매일 보장된 고정가격을 제공하는 ITC와의 거래를 중단하는 경우도 발생하고 있다. 또한 Mandis(현지 시장)에서 투명성의 증가와 농민에 대한 결제 지연을 제거하는데 영향을 미쳤다. 그러나 eChoupal이 농촌 지역에 구축해 온 사회적 자본과 신뢰는 동일한 네트워크에서 추가 서비스를 개발할 수 있도록 도움을 주고 있다. ITC는 보다 효율적인 물류관리와 실시간 정보를 위한 기술의 사용으로 "최단거리 납품"을 가능하게 만들 계획이다.

## 7) 핵심 파트너십

eChoupal의 파트너는 전 산업 분야에 걸쳐 100개 이상이다. 주요 공급 업체는 콜게이트, 비료 공급업체와 같은 상품과 소비재 공급자이다. 은행은 작물 대출을 위한 인도의 주 은행, 보험을 위한 인도 생명보험 회사 등이며, Nokia Life Tools은 모바일 농업 애플리케이션을 위해 eChoupal에 의해 수집된 지역 콘텐츠를 제공한다.

## 8) 수익원

곡물상사 ITC가 설립한 농촌농업정보 IT 키오스크 'eChoupal'는 적정한 가격으로 농산물을 거래하는 시스템이다. 키오스크 운영자(sanchalak)에서 PC를 통해 각종 시장 정보를 제공하며, 1일당 방문자는 80~100명, 거의 100% 확률로 ITC에 농산물을 매각할 수 있다. 수수료는 1킨탈(Quintal : 46kg)당 5루피. 수수료 수입은 월 2000루피(400 킨탈)이다. eChoupal 회사 차원에서 보면 E-services로 부터의 직접적인 매출은 없으며, 무료로 고객들에게 제공한다.

ITC의 거래가격은 시장가격보다 싸지 않지만, 투명성이 높고, 정확, 추가비용이 없어, 즉일 현금결제의 이점이 있다.

## 9) 비용 구조

eChoupal의 비용 구조를 보면 2007년 이전에 ITC에 의해 이루어진 기술 비용, 확장단계에서 투자로서 키오스크 당 3,000~6,000달러이다. 결제는 거래 처리 단계에서 수수료만 발생하며, 농민이 ICT 서비스를 사용하기 위한 직접 비용은 발생하지 않는다. Sanchalaks 금융은 컴퓨터와 ITC에 의해 무료 제공되는 인터넷, 소득의 추가 소스로서, 거래 처리에 따른 수수료(그들이 추천한 소매업자를 통해 판매된 보험과 제품)가 발생한다. 농민 측면에서 보면 초기 비용은 없으며, 가입비도 없다. 평균 가계 소득은 400~1000달러/년이다.

# 5. 사례 4 : FINO

## 1) 가치 제안

인도 최대 규모의 민간 은행인 ICICI 은행이 은행 지점이 없는 농촌 지역에서 금융 서비스에 대한 접근성을 확대하기 위해 인큐베이터 사업으로 모바일 뱅킹 프로젝트를 시작했다. 그 후, 2006년 동 사업은 FINO(Financial Inclusion Network & Operations Ltd)로 독립했다. FINO(www.fino.co.in)는 2006년 7월, 은행을 이용하기 어려운 사람들에게 서비스를 제공하고, 저소득층 시장에 참여하는 기관들의 기술 요구사항을 제공하기 위해, 금융기관을 활성화하기 위한 기술 개발을 목적으로 설립되었다. 2011년 2월 2,800만 고객을 대상으로 제공되는 제품과 서비스는 연금 및 정부제도 혜택, 저축, 대출, 송금 한도, 건강·장애 보험을 위한 은행에 접근하기 어려운 저소득층을 대상으로 한 서비스를 가능하게 하는 금융제도와 타 기관에 대한 기술 서비스를 제공하고 있다.

자료 : FINO 홈페이지 외 관련 사이트

<그림 3-22> FINO 서비스

## 2) 고객 세분화

FINO의 공공기관 고객사는 23개 은행, 10개 미소 금융기관, 15개 정부 기관, 5개 보험대행사이다. 2011년 2월 현재 인도에서 36,000개 지역이 넘는 2,800만 명의 사용자. 인도의 농촌과 도농지역에서 저소득층과 은행에 접근하기 어려운 고객층이다. 고객을 위한 포괄적 금융서비스를 제공하고 있다.

## 3) 고객 관계

FINO의 마케팅 활동을 살펴보면 다음과 같다. FINO는 인도의 농촌 마케팅회의에 참여, 지역의 마을의회, 기관 및 개인에게 봉사 활동, 집집마다 CSP(Customer Service Point, 고객서비스거점) 마케팅을 실시하고 있다. 2010년 이후 버스 정거장에 포스터 부착, 그 외 시각적 광고. 제품 조건을 설명하는 FINO 점포에서 이용할 수 있는 리플렛과 광고 포스터를 활용하고 있다. 핵심 판매 방식은 CSP를 통한 서비스 접근성, 무료 혹은 저가격, 전통적 솔루션에 비해 빠른 금융 처리의 속도이다. mBanking의 경우 고객의 질의에 응답하기 위한 콜센터가 운영되고 있다. 대출은 예금 계좌에 10번 이상의 거래기록을 가진 고객 대상으로 이루어진다. '직접 대출'은 첫 번째 대출로 60달러를 이용할 수 있으며, 그후 신용도에 따라 120달러, 180달러, 240달러까지 대출된다. '담보 대출'은 100달러의 예금을 가진 사람은 200달러까지 이용 가능하다.

## 4) 채널

FINO의 경쟁 상황을 살펴보면 그전에는 클라이언트를 위해 서비스와 고객 획득을 위한 높은 비용 때문에 대안이 없었다. 고객 측면에서 보면 느리고, 높은 비용으로 제한된 금융서비스만 이용할 수 있었다. 경쟁사는 인도 마이크로 연금 솔루션, 인테그라 마이크로 시스템, 아톰 기술, 타타 컨설팅의 시범 프로그램 등이다.

## 5) 핵심 자원

FINO 사업의 특징은 지문에 의한 생체 인식 스마트카드와 이를 읽어 들이는 거래 시점(Point of Transaction : POT) 단말기라는 특수 장비를 사용하여 원격지의 금융 서비스 제공시에 필수불가결한 보안을 확보했다는 점을 들 수 있다. FINO는 우선 금융 서비스에 대한 액세스가 어려운 지역에서 CSP에서 운영자를 고용하고, 금융 지식과 POT 단말기의 사용 방법 등에 관한 교육을 실시한다. 교육을 받은 CSP는 POT 단말기를 사용하여 커뮤니티 기반 서비스를 제공한다. 이 경우 POS 단말기를 휴대하여 지역 내를 순회하는 경우와 가정이나 상점에 설치하여 사용하는 경우가 있다. 이용자는 발급된 스마트카드를 이용하여 FINO의 CSP를 통해 FINO가 제휴하는 은행의 잔액 조회, 예금 인출, 송금 등의 서비스를 은행 창구에 방문하지 않고도 이용할 수 있다. 한편, FINO는 FINO Fintech 재단, 비영리 융자 등을 통해 비즈니스 협력자의 훈련을 통해 농민의 금융 문맹을 없애려고 노력하고 있다. 장기적으로 금융 교육 아카데미를 세우는 것을 계획하고 있다.

## 6) 핵심 활동

FINO 시스템은 매우 유연하고, 사용자 정의, 확장성, 서비스를 위한 준비가 되어 있으며, 과거 은행을 이용하기 어려웠던 사람들에게 금융 서비스를 제공하고 있다. 최근 4년 동안 하루에 30,000명의 고객의 성장 속도는 충분히 수익성을 가지면서 잠재적인 저소득층 고객을 확보하고 있다. 인도에서 은행을 이용할 수 없는 700

만 명을 포함하여 지역 확장을 위한 시장은 크다. FINO의 다음 목표는 글로벌 시장으로 확장하는 것이다.

### 7) 핵심 파트너십

FINO의 참여 파트너를 살펴보면 공공부문 은행은 16% 투자(코퍼레이트 은행, 인도 은행, 유니온 은행, 인도 생명보험회사)이다. 민간 부분 은행은 25%(HBSC), 25%(ICICI그룹), 민간 부문은 텔레커뮤니케이션즈 회사 16%(인텔), 민간 신탁 1%, 글로벌 기관 17%(IFC)이다.

### 8) 수익원

FINO 수익원은 제휴 은행과 정부로부터 받는 서비스 요금에서 얻을 수 있는 구조로 되어 있다. 이용자가 지불하는 요금은 송금 시 수수료뿐이며, 예금이나 인출 수수료는 없다. 은행을 찾아가야 하는 교통비가 필요 없어 농촌의 이용자는 은행 창구에 가는 것보다 싸게 거래를 이용할 수 있다. 서비스의 직접 비용은 200달러까지 송금서비스 당 0.5달러, 보증금과 예금인출은 무료이다. 주요 고객의 가구 당 평균 수입은 매년 1500달러 이내로 생활하는 인도 인구의 52%이며, 전통적인 은행서비스에 비해 FINO 서비스는 4배가량 저렴하며, 은행을 이용하기 어려웠던 사람들의 7백만 명에게 접근성을 제공하고 있다. 회사 차원에서 800명의 종업원, 15,000명의 현장 대리인을 거느리고 있다.

## 9) 비용 구조

FINO의 고객을 위한 비용을 보면, 예금 계좌는 계좌 개설 및 최소 금액 유지를 위한 전통적으로 높은 비용의 장벽을 극복하기 위해 소비자에게 낮은 비용으로 '초저가(No-frill)'로 설계되었다. 등록비, 보증금, 인출비는 무료이다. 송금은 200달러까지 거래당 0.5달러이며, 대출 이자는 24%선이다. 생명 및 장애보험은 사망의 경우 최대 1,000달러까지 연 1달러이며, 영구적인 장애의 경우에는 500달러까지 제공된다. 전자 건강보험은 매일 2달러 이내를 버는 사람들을 위해 설계되었으며, 병원에서 600달러까지 혜택을 받을 수 있는 1달 보험 프리미엄을 제공하고 있다.

# 6. 사례 5 : RML(Reuters Market Light)

## 1) 가치 제안

톰슨 로이터는 기업과 전문가들에게 지적 정보를 제공하는데 중점을 두고 있는 다국적기업이다. 2007년 톰슨 로이터가 운영하는 로이터 마켓 라이트(http://www.reutersmarketlight.com, RML)는 휴대전화의 문자메시지(SMS)를 통해 농민들에게 작물의 시장 가격, 지역의 날씨 정보, 비료와 농약, 관개 방법 등에 대한 조언을 제공하는 서비스를 실시하고 있다. 이러한 정보는 각 지역에서 고용된 직원에 의한 조사 또는 글로벌 네트워크를 통해 수집된 것이며, 각 지역별로 지정되어 있다. 문자메시지는 해당 지역 언어로 농민의 휴대폰으로 전송한다.

자료 : Reuters Market Light 홈페이지 외 관련 사이트

<그림 3-23> Reuters Market Light 서비스

2010년 상용화를 시작하여, 인도의 12개 주에 걸쳐 수십만 명의 농민이 RML에 가입하고 매일 300~2,500명의 가입자가 늘어나고 있다. 주요 상품은 지역화된 맞춤형 날씨 예보, 지역 작물가격, 농업 뉴스와 관련 정보를 매일 4~5회 현지 언어로 개인의 휴대폰에 문자메시지를 보내는 서비스이다.

## 2) 고객 세분화

RML의 주요 고객은 농민이다. 인도의 12개 주(바하라슈트라, 마디아 프라데시, 우타르 프라데시 등)에 걸쳐 40만 명 이상의 가입자를 보유하고 있다. 매일 300~2,500명의 신규 가입자, 인도의 총 농민의 10%에 해당하는 평균 5~7에이커를 소유한 6천만 명의 소규모 농민이 주요 타깃 고객이다.

## 3) 고객 관계

RML의 판매 및 유통 마케팅 부분은 유통업체를 위해 기존 관계를 심화시키고, 전국적인 유통업체와 새로운 관계를 수립하고 있다. 고객을 위해 배너 광고, 포스터, 캠페인, 마케팅 활동이 현지에서 이루어지며, 마을의 'Sarpanches(지도자)'와 같은 오피니언 리더를 통해 구전 마케팅을 실시한다. 품질 관리를 위해 고객의 문의나 불평에 대한 다중 언어 고객지원시스템을 제공한다. 판매 및 유통은 주로 직접 농업 소매업체를 통해 이루어진다. 비용 및 수익 분배를 살펴보면 판매를 통한 수익은 로이터에서 발생한다. 마케팅 비용은 대부분은 리쿠르트 대행사를 통한 콘텐츠 리포터의 비용을 포함하여 로이터가 부담하나, 부분적으로 유통업체가 부담하는 경우도 존재한다.

## 4) 채널

RML 서비스 이전에는 라디오, TV, 신문, 딜러나 상점 주인을 통한 정보 입력, 또는 다른 농민으로부터 정보 공유하거나 eChoupal 키오스크와 같은 서비스를 주로 이용하였다. 경쟁 상황을 보면 아직은 제한적이지만, 모바일 정보 서비스를 제공하는 업체들이 늘어나고 있다. 예를 들어, 문자메시지를 통한 타타컨설턴트 서비스, 웹 플랫폼과 텔레어드바이저리(Tele-advisory)를 통한 정부 주도의 Kissan Kerala, 협력 회원을 위한 무료 음성메시지를 제공하는 IFFCO Kisan Sanchar Limited's(IKSL)이다.

## 5) 핵심 자원

이 산업 분야에서는 RML이 2007년 사업을 시작할 때까지 농민에 대한 개인화된 전문 서비스가 존재하지 않았다. RML 다이렉트는 모든 핸드셋 모델과 서비스 사업자를 통해 다양한 농업 정보서비스의 혜택을 누릴 수 있도록 만든 최초의 스크래치 카드이다. 폭넓게 세분화된 시장에서 뉴스 및 시장 데이터에 대한 소싱 프로세스는 고객의 요구 사항의 평가 및 제공되는 서비스를 통해 지속적으로 향상되고 있다. RML은 초기부터 콘텐츠 소싱에서 전송 및 고객 지원을 통해 전체 운영 모델을 구축했다.

## 6) 핵심 활동

RML은 고객을 위한 저렴한 비용으로 농촌 지역에서 농부들에게 양질의 정보 서비스를 제공할 수 있다는 것을 입증했다. 이 서비스는 시장 가격에 대한 지식과 수익성 개선 전망을 통해 날씨 관련 위험을 완화하였다. 그 이후 2008년 RML에서 수익을 늘려나가면서 작물 재배 및 질병 관리에 대한 지식이 향상되었다. 향후 서비스 규모와 확장 가능성은 높은 품질의 콘텐츠 및 지속적인 자금의 관리, 유통 네트워크를 확장하는 RML의 능력에 달려 있다.

## 7) 핵심 파트너십

RML의 협력 업체를 살펴보면, 콘텐츠의 경우 정부의 마켓 데이터, 날씨 정보를 제외하고, RML 자체 네트워크와 리소스에서 대부분 소싱된다. 그 외, 마하라슈트라 주 농업 마케팅위원회, 펀자브 Mandi 위원회와 협약(MOU)를 체결하였다. 작물 자문 콘텐츠를 위하여 마하라슈트라, 펀자브의 농업대학, 연구소와 협력. 또는 특정한 지역에 대한 특정 정보를 가지고 있는 지역 작물 전문가와 협력하고 있다. 모바일 서비스 제공업체와 같은 파트너를 통해 휴대폰으로 유통되며, RML은 노키아의 Life Tools Program(마하라 슈트라)의 농업분야 독점 공급업체이다. 동사는 다양한 파트너십을 구축하고 있지만, 주요 휴대폰 사업자인 이데아(IDEA Cellular), 에어텔(Airtel)과도 제휴하였다. 이들 이동통신사 이용자에게는 동사의 콘텐츠를 저렴하게 제공함으로써, 이용자 확대하는 데 성공하고 있다.

## 8) 수익원

RML 서비스를 이용하려면 농민은 상점, 우체국, 은행 등에서 판매되고 있는 스크래치 카드를 구입하고, 휴대전화 번호를 입력하여 회원 등록을 한다. 서비스 메뉴는 3개월, 6개월, 1년 이용 중에서 선택할 수 있으며, 가격은 175루피~650루피 선이다. 회원 평균 1일 4개의 문자 메시지를 받고 있다. 이 카드의 유통을 확대시키기 위해 카드를 판매하는 업자에게 이익을 분배하는 방법이나 제휴 기업의 번들 제품으로 제공하는 등의 방법을 사용하고 있다. 또한 RML은 문자해독력이 낮은 농촌 지역에서 이 서비스를 보급하기 위해 각 지역의 언어에 맞게 음성 메시지도 서비스하고 있다.

## 9) 비용 구조

이용자 측면에서 비용을 살펴보면, 투자비용은 기본적인 휴대전화에 대한 접속 비용이며, 서비스는 무료 가입 및 활동(발신 무료전화)이며, 서비스 팩은 분기별 7달러, 반기 10달러, 연간 20달러이다. 가구당 평균 수입은 중간 소득의 농민은 하루 2달러(3개월 RML 팩 비용은 가난한 농민 수입의 4%에 해당)이며, RML 고객에 따르면, RMS 서비스를 활용한 덕분에 연간 소득이 5~25% 증가하였다.

한편, 위에서 살펴본 5개 사례의 분석 결과를 요약하면 <표 3-6>과 같다.

<표 3-6> ICT 기반의 BoP 비즈니스 사례 비교

| | Drishtee | NH Hospital | eChoupal | FINO | RML |
|---|---|---|---|---|---|
| 분야 | 농업(소매) | 건강 | 농업 | 금융서비스 | 농업 |
| 기술 | 키오스크 | e-헬스 기술 | 컴퓨터/인터넷 | 컴퓨터/인터넷 | 모바일 앱: SMS |
| 서비스 유형 | 소매, 키오스크, e-서비스 | e-헬스 서비스 (ECG) | 인터넷 키오스크, 소매업 | 은행업무, 고객서비스거점 | 정보서비스 |
| 서비스 개시일 | 2000년 | 2001년 | 2000년 | 2006년 | 2010년 |
| 운영자 | Drishtee | NH그룹 | ITC Ltd | FINO | 톰슨 로이터 |
| 주요 고객 | 마을 단위 농민 | 도시와 농촌의 저소득층 | 마을 단위 농민 | 은행 접근이 어려운 저소득층 | 소규모 농민 |
| 수익원 | 라이센스 비용, 각종 수수료 | 심장병 치료비, 기부금 | 상품판매, 수수료 | 수수료 | 스크래치 카드 판매 |
| ICT 이용 | 농촌지역에서 소비재와 웹 기반의 서비스 제공 위해 ICT 활용 | ICT의 통합적 사용을 통해, 대중을 위한 고품질의 심장병 치료 제공 | 키오스크를 통해 소규모 농민에게 서비스를 제공 | 은행 이용이 어려운 사람들을 위한 통합 결제 솔루션을 제공 | 농업 SMS를 통해 보다 나은 농부의 삶의 질 제공 |

# 7. 소결론

본 절에서는 선행연구를 바탕으로 ICT기반의 BoP 비즈니스 사례를 분석하기 위해 ICT의 접근 유형과 분석 대상 분야로 구성된 "2 X 3"매트릭스를 구성했다. 고객이 정보에 접속하는 유형은 휴대전화를 폰을 통한 직접 접속과 대리인(현지 에이전트)을 통한 간접 접속으로 나누며, 분석 대상 분야는 보건, 농업 및 경제활동지원, 금융서비스이다. 3개의 ICT 기반 BoP 비즈니스 모델에 맞춘 인도의 13개의 사례를 소개하고, 그중에서 5개의 사례를 심층 분석하였다.

연구 분석의 주요 내용은 다음과 같다. 첫째, 인도의 ICT 기반 BoP 비즈니스 사례는 농업생산성과 수익을 증대시키기 위해 (Babajob, Behtar Zindagi, IKSL, Nano Ganesh, RML, Simpa Networks, Drishtee, eChoupal), 적은 비용의 송금과 은행서비스 (ALW, EKO, FINO), 검증된 의약품 정보에 접근할 수 있도록 (mPedigree), 극빈자를 위한 심장 치료를 제공(NH Hospital)을 통해 인도의 저소득층에 커다란 사회·경제적 영향을 미치고 있다. 둘째, 심층 분석한 5개 사례를 보면 Drishtee는 인도 농촌지역에서 소비재와 웹 기반의 서비스를 제공하기 위해 ICT를 활용하였으며, NH병원은 ICT의 통합적 사용을 통해, 인도에서 시작된 "대중을 위한 고품질의 심장병 치료" 제공하였다. eChoupal은 농민이 운영하는 인터넷 키오스크를 통해 소규모 농민에게 서비스를 제공하고, 농업 소싱을 개선, FINO는 인도에서 은행 이용이 어려운 사람들을 위한 통합 결제 솔루션을 제공하였다. RML은 농업 SMS를 통해 보다 나은 농부의 삶의 질을 제공하였다. 셋째, 고객이 부가가치 정보에 접속하는 유형을 비교한 결과, 휴대전화 모델은 저가 휴대폰이 일정 부분 보급된 지역에서 저소득층이 자신의 필요에 의해 정보에 접근한다. 이에 비해, 대리인(현지 에이전트) 모델은 마을 단위의 시장 개척 차원에서 마을의 신뢰를 얻고 있는 대리인(현지 에이전트)을 통해 인터넷이 접속 가능한 키오스크나 판매거점을 통해 점차적으로 고객 기반을 확충하고 있다.

본 절의 연구를 통해 저소득층을 대상으로 한 ICT 기반 서비스를 만들려는 기업에 주는 시사점은 다음과 같다. 첫째, 농업분야에서는 밑바닥부터 시작하는 것이 중요하다. 먼저 지역의 문제를 정의한 후, 지역에 필요한 솔루션을 개발한다. 성공적인 모델은 지역 솔루션을 바탕으로 지역 문제를 해결하고 있다. 현장 조사에서 발굴한 적절한 콘텐츠의 개발은 산관학 등 다양한 이해관계자의 협조로 이루어져야 한다. 둘째, 보건 분야의 경우, 수요와 니즈를 모두 연구해야 한다. 저소득층이 이미 그들의 수입중 상당한 부분을 질 낮은 서비스, 무료나 시험판으로 제공되어 온 건강 관련 ICT서비스에 소비하는 반면, 저소득층이 재정이 바닥나거나, 서비스에 대한 근본적인 의문점이 떠오르는 순간, 서비스 이용을 포기할 것이다. 보다 효율적이고 질 높은 대안으로 ICT 기반의 건강 서비스를 만들어서 저소득층의 예산에 맞춰 제공해야 한다. 셋째, 금융 서비스의 경우, m-banking 서비스에 집중해야 한다. 최근의 몇몇 연구는 중소기업이 자신들의 비즈니스를 위해 상당한 정도로 m-banking을 사용하고 있다. 중소기업이 개발하는데 돕거나 중소기업에게 실행 가능한 m-banking 서비스를 매우 경제적으로 개발하려는 노력이 필요하다. 향후 농촌 빈곤층을 대상으로 한 금융 서비스 망이 구축되고, 농촌 구석구석까지 다양한 상품이 보급됨에 따라 과거 회사에서 고객으로 간주하지 않았던 저소득층에서도 소비의 다양화·활성화가 급속히 진행되어 갈 것으로 판단된다.

한국 기업에 주는 시사점은 다음과 같다. 첫째, 인도의 BoP 6개 계층 간 지출 상황을 보면 식료품과 에너지 부문의 지출 격차는 적으나, ICT와 교육 분야는 상대적으로 큰 편이다(일본무역기구 2010, p. 16). 일반적으로 건강 유지 등을 위해 필수적인 식품 지출 등과 비교하여 ICT와 교육에 대한 지출 비율은 빈곤층일수록 상대적으로 낮게 나타나고 있다. 인도에서는 BoP 인구가 많은 농촌 지역에서 ICT 및 교육 등 비 식품 분야에 대해 접근하는 것 자체가 큰 제약 요인이 되고 있다. 그러나 역설적으로 인도는 2025년에는 2005년 비해 중산층 인구가 10배 이상 증가할 것으로 전망됨에 따라 향후 저소득층이 다수 중산층으로 편입될 것이다. 이들의 지출 형태가 의식주 보다는 문화·IT 서비스 수요로 집중될 것으로 전망된다. 이에 따라 향후 인도의 BoP 비즈니스에서 ICT 인프라 구축 및 활용은 활발히 진행될 것으로 예상되며, 이는 ICT 강국인 한국 기업에게는 기회의 땅이 될 것으로 전망된다. 둘째, 본 연구 사례에서 소개된 제품 및 서비스를 한국 기업이 제조, 판매할 경우의 비즈니스 방법에 대해 살펴보면 다음과 같다. 한국 기업이 인도에서 ICT를 활용한 BoP 비즈니스에 참가하는 방법은 비즈니스 모델을 처음부터 구축하는 방식보다는 기존 모델의 일부를 담당하는 형태로 진입하는 것이 훨씬 용이하다. 이 방식은 한국 기업이 직접 저소득 계층에 대해 제품이나 서비스를 판매하는 것이 아니라 이미 저소득 계층을 위한 사업을 전개하고 있는 서비스 사업자에게 서비스에 필요한 장비 및 시스템, 소프트웨어를 판매한다. 시장 개척은 기존 사업의 사업자가 할 경우 위험이 적고, 또한 판매 대상도 명확하고 사업의 장애물은 낮다. 셋째, 인도에 진출할 한국 기업에게 유망한 분야를 정리하면 아래와 같다. 보건 분야의 경우 각종 의료 검사 장비, 확장 가능한 원격 의료시스템이며. 이를 원격 의료 시스템 개발업체, 원격 의료 서비스제공업자 등과 제휴하는 것이 바람직하다. 농업의 경우 지역의 요구에 맞는 농업 정보 서비스이며, 휴대폰 서비스 사업자, CSC(Common Service Center)의 SCA(Service Center Agency) 등과 협력한다. 금융의 경우 CSC 금융서비스, 생체인식 기기, QR 코드, 현금 관리기기 등이며, 이를 CSC의 SCA, 각종 원격 서비스제공업자 등과 제휴하는 것이 바람직하다. 넷째, BoP 시장에 진출하려는 기업은 Immelt et al.(2009)가 주장한 역혁신(Reverse Innovation)의 개념을 한국 저소득층 비즈니스에 적용할 필요가 있다. 기존 한국의 중산층이 구입하는 제품과 같은 성능을 갖추면서도 저소득층이 구입할 수 있는 낮은 가격으로 제품을 개발해야 한다. 저가격으로 개발된 제품을 저소득층에 공급함으로써 새로운 소비자층을 발굴하고, 더 나아가 기업의 사회적 책임을 수행으로 연결하려는 노력이 필요하다.

# 4장 인도의 분야별 ICT 활용 사례

본 절에서는 ICT를 적용하여 BoP 비즈니스 활성화시킨 인도의 사례를 소개한다. BoP 비즈니스에 대한 ICT의 적용 분야는 다양하지만 비즈니스의 핵심 부분을 ICT가 담당하는 모델은 휴대폰이나 대리인을 통해 금융, 보건, 농업 등의 정보 서비스를 제공하는 것과 복합적인 서비스를 키오스크(정보단말기)를 통해 제공하는 두 가지 모델로 구분할 수 있다.


## 1. 금융·복합 서비스 분야

인도에서 금융에 대한 접근성은 최근 급속히 확대하고 있지만 농촌과 저소득층에 대한 침투는 아직 충분하다고는 할 수 없고, 도시 지역과 부유층의 격차가 현저하게 나타나고 있다. 저소득 계층의 사람들이 휴대전화나 인터넷 키오스크를 통해 이용하면 도움이 될 것이라는 생각하는 금융 서비스로, 잔액 조회, 예금, 공공요금 지불 등을 들 수 있다. 이러한 문제와 요구에 응하는 형태로 최근 인도정부, 주요 금융기관 등과 제휴해 휴대전화나 인터넷을 통해 다양한 서비스를 제공하는 업체가 증가하고 있다. 이러한 배경에는 인도 정부가 NeGP(National e-Governance Plan) 아래에서 SCA(Service Centre Agency)와 CSC(Common Services Center)에 의한 정부 서비스의 IT화에 열심히 대응하고 있는 점, 또한 2006년 인도준비은행(RBI)의 규제 완화에 따라 비금융 기관이 은행의 비즈니스 협력자라는 대리인으로서 금융 업무를 담당할 수 있게 된 것을 들 수 있다.

### 1) 어리틀월드(A Little World : ALW)

#### ① 기업 개요

거점 : 뭄바이

사업 지역 : 인도 전역(22개 주에서 사업)

설립연도 : 2006년

사업 규모 : 이용자 수 400만 명, CSP(Customer Service Point, 고객서비스 거점) 8,000개 이상

#### ② 사업 개요

휴대전화를 통한 생체인증을 이용하여 금융에 대한 접근이 어려운 농촌 금융 서비스를 제공하는 것이 목적이다. ALW는 제로 플랫폼(Zero Platform)이라는 모바일 뱅킹을 위한 시스템을 개발, 판매하고 있다. ALW 산하에 설립된 비영리 단체(25개 기업)의 32개 제로마스재단(Zero Mass Foundation : ZMF)이 제휴하는 은행의 비즈니스 협력자로 농촌에서 CSP되는 오퍼레이터를 고용하여 서비스를 추진하고 있다. CSP의 교육은 제로마스재단이 담당한다. 재로마스재단은 농촌 여성의 권한위임에 특히 주력하고 활동하고 있으

며, CSP는 마을의 여성 자조단체(Self Help Group : SHG)가 추천하는 여성 2명이 고용되는 것으로 되어 있다.

CSP는 ZMF부터 제공된 휴대전화와 생체인식(지문) 판독기, 영수증 프린터 등을 갖춘 CSP 키트를 사용하여 이용자에게 금융서비스를 제공하고 있다. ZMF는 2011년 시점에서 SBI를 비롯한 은행 14개 및 정부와 협력하고 있으며, 예금 인출, 송금 외에 NREGS의 급여·연금 지급 소규모 보험 등의 서비스도 제공하고 있으며, 제휴 은행 수를 보면 인도 최대의 비즈니스 협력자로 되어 있다.

③ 수익

ALW 서비스의 이용자 수는 약 400만 명에 이르러, 2010/11년도의 매출은 약 36억 루피이며, 사업은 급성장하고 있다. 그러나 장비 및 교육에 대한 초기 투자가 크기 때문에 2011년 말 기준으로 손익분기점에 도달하지 못하고 있다. 주 수입원은 NREGS 지불 수수료이다.

휴대전화를 이용한 금융서비스는 향후 인도에서 더욱 확대될 것으로 예상된다. 2011년 11월에는 HDFC 은행이 보다폰(Vodafone)을 비즈니스 협력자로서 휴대전화를 이용한 모바일 계정을 라자스탄에서 시작한다고 발표했다. 이것은 보다폰 케냐 등 아프리카 국가에서 추진하고 있는 엠페사(m-PESA)와 같은 시스템을 사용하여 금융서비스를 제공하는 것으로, 이러한 모바일뱅킹 확대에 더욱 탄력을 받을 것으로 전망된다.

## 2) NICT

### ① 기업 개요

거점 : 인돌

사업 지역 : 마디아, 프라데시 쥬(인돌과 우쟈인)

설립연도 : 2001년

사업 규모 : 키오스크 수 2,105개 점포

### ② 사업 개요

NICT는 정부의 CSC(Common Services Center) 체계의 SCA
(Service Centre Agency)로 공공요금 수납대행, 토지 농민등록과
출생증명서 등의 행정서비스를 제공한다. 또한 SBI 비즈니스 협력
자로서 예금 인출, 송금 등의 금융 서비스를 제공하고 복합적인 서
비스 제공업체로 성장하고 있다. NICT에 따르면 NICT는 SCA로
SBI와 제휴한 인도 최초의 기업이다. 비즈니스 추진 지역은 마디아
프라데시주의 인들과 우쟈인의 2개 지역으로 한정하고 있으며, 지
역에 밀착한 서비스를 실시하고 있다.

마을에서 키오스크를 운영하는 운영자가 이용자에게 서비스를
제공한다. 운영자는 그 인물의 지역에서의 신뢰와 학력 등의 선정
기준에 고용되어 NICT의 교육을 받고 있다. 키오스크에 따라서는
미니 밴에 장비를 싣고 인근 마을을 도는 순회 시스템에서 서비스
를 제공하는 곳도 있다.

### ③ 수익

수익은 금융 거래의 경우 거래 건당 SBI 보다 0.5%의 수수료가

지급되고, 그것을 2:8로 NICT와 운영자금을 배분하는 구조로 되어 있다. 또한 인증서 및 등록 등의 행정 서비스에서는 이용자가 1건 10 루피 정도를 지불한다. 키오스크에서 수금한 현금은 운영자가 그날에 가까운 은행에 입금하고 NICT에서 매일 체크하고 관리되고 있다. 부정 이용 방지책으로 1일 인출 한도는 1만 루피로 설정되어 있다.

④ 과제

키오스크에서는 대량의 현금을 취급하는 경우도 있기 때문에, 도난 등의 보안 위험이 있다. NICT에서는 금융 서비스 제공을 일정한 조건)을 충족하는 운영자에게 한정하고 있지만 조건에 맞는 인재가 적지 않기 때문에 수익성이 좋은 서비스이면서 금융 서비스의 확대는 제한적이다. 또한 대부분의 키오스크 전력·통신 인프라 상황의 나쁜 농촌 지역에 존재하고 있으며, 발전기와 무정전 전원공급장치(Uninterruptible Power Supply : UPS)를 설치하여 대책을 세우고 있지만, 연료비 등 부담이 수익성을 훼손하고 있다. 또한 지문 인식 등의 장비는 접속 속도도 느리기 때문에 더 높은 품질의 기술이 도입될 것으로 예상되고 있다.

주(그림설명) : 좌측부터 개설을 하려온 여성. 지문 인식기기와 사진으로 등록한다. PC와 프린터를 싣고 마을을 순회하는 모바일 밴

<그림 3-24> NICT의 키오스크의 모습

## 2. 보건 의료 분야

의료 서비스를 받을 때의 문제점으로 의사가 있는 병원에 대한 접근성이 나쁘다는 점이며, 또한 저소득 계층에서도 보건 서비스를 받는 1회당 100루피~400루피를 지출하고 있는 것으로 나타났다. 보건의료분야에서 이러한 문제에 접근하고 있는 사업으로, 화상회의시스템이나 휴대전화 등의 통신기술을 이용한 원격 의료의 모델이 인도에서 확대하고 있다.

### 1) 뉴로사이냅틱 커뮤니케이션
### (Neurosynaptic Communications)

① 기업 개요

거점 : 방갈로르

사업 지역 : 카르나타카 주, 마하라슈트라 주, 안드라 프라데시
　　　　　　주, 우타르 프라데시 주, 비하르 주

설립연도 : 2003년

사업 규모 : 직원 40명

제품 및 서비스 : PC 접속 의료 검사 장비, 원격 의료를 위한 소
　　　　　　프트웨어

② 사업 개요

뉴로사이냅틱은 PC에 연결하여 데이터를 보낼 수 있는 원격의료 검사시스템기기(Remedi)의 개발 및 제조, 판매하고 있다. 이 검사 장비는 청진기, 심전도, 온도계, 펄스 옥시미터가 포함되어 있다.

이 회사의 제품은 저소득층을 위해 개발·설계되어 있기 때문에 타사의 유사 제품에 비해 비용이 낮은 통신 속도가 느린 농촌에서도 쉽게 연결할 수 있다. 태양광 등을 사용한 경우에도 저소비 전력으로 사용할 수 있는 시스템인 것이 특징이다. 판매 후 기기 및 시스템의 유지 보수도 실시하고 있다. 이 제품의 판매처는 원격의료 프로그램을 실시하고 있는 월드헬스 파트너스(World Health Partners : WHP)라는 NGO, 정부 의료기관, 민간 병원 등으로 현재까지 800~850세트를 판매하고 있다. 1세트 당 가격은 약 4만 루피가 있지만, 판매처에 따라 가격을 조정하고 있다. 뉴로사이냅틱의 검사 장비와 시스템을 사용하여 원격 의료를 실시하고, 실제 운용 예로 WHP 프로그램의 개요를 설명한다.

이 프로그램은 마을 건강센터, 중앙 메디컬센터, 의사의 3곳이 연결되어있다. 의사는 WHP가 고용하고 있으며, 120개 건강센터 당 약 10명의 의사가 대응하고 있다. 환자의 직접 응대은 WHP와 계약 연수를 받은 건강센터 운영자가 한다. 운영자는 장비를 사용하여 검사를 실시하여 그 데이터를 중앙 메디컬센터에 보낸다. 그리고 데이터는 처리되어 의사에게 보내진다. 환자 1인당 치료 시간은 5분 정도로 환자에게 문진 및 진단 결과에 대한 설명을 운영자가 실시하는 것으로 의사의 시간을 효율적으로 활용할 수 있고, 더 많은 환자에 대한 대응이 가능 있다. 환자가 지불 진찰료는 50루피(전문의 경우는 200루피)에서 무면허 의사에 비해 약간 높지만, 정규 의사가 상주하고 있는 병원에 가는 경우와 비교하면, 교통비 등을 절약할 수 있기 때문에, 저렴하고 신뢰할 수 있는 진료를 받을 수 있다. 이 시스템을 사용하고 있는 센터는 2011년 12월 현재

우타르 프라데시주와 비하르주에 190개소가 있지만, WHP는 2012년에 센터를 1,350개소로 늘린다는 목표를 내걸고 있다.

### ③ 과제

뉴로사이냅틱은 향후 생화학 검사, 결핵 진단, 말라리아 진단, 시력 검사, 구강 검사 장비 등을 도입해 진료의 폭을 넓히고 싶다고 생각하고 있지만, 새로운 기술의 개발이 필요해지고 있다. 이 회사의 시스템은 검사 장비의 연결 독자 규격을 사용하고 있기 때문에 확장성이 낮고, 기기를 늘리기 위해서는 연결 부분의 개발이 필요하다.

원격의료를 보급시키기 위해서는 통신 및 전력 인프라가 정비되어 있는 것이 전제 조건이지만, 농촌에서는 아직 통신상황이 나쁜 곳이 많아 진단 중인 회선과 전원이 끊기는 등 안정되지 않는 점이 큰 걸림돌이 되고 있다. 또한 센터 운영자의 기술이 충분하지 않기 때문에 현재 시스템에서 진찰에 소요 판단을 기본적으로 의사에 맡기는 설계가 되어 있는 점도 문제를 증폭시키고 있다고 생각된다.

또한 주민의 의식의 문제도 중요하다. 현지 조사에서 방문한 센터는 지역 주민의 약 30%는 컴퓨터를 사용한 의료시스템에 회의적이라는 것이었다. 의료의 질에 대한 인식이 낮고, 일반 의사의 진찰을 받을 수 있다는 원격 의료의 혜택을 충분히 이해하지 못하는 사람도 볼 수 있었다. 결과적으로, 마을 단위에 다수 존재하고 있는 무면허 의사와의 가격 경쟁의 문제가 있었다.

## 2) 이헬스 포인트 (E-Health Point : EHP)

### ① 기업 개요

거점 : 암리토살(펀자브 주)

사업 지역 : 펀자브 주

설립연도 : 2009년

사업 규모 : 직원 275명, 110개 센터를 운영

제품 및 서비스 :원격 의료 시스템, 급수 시스템

### ② 사업 개요

EHP의 비즈니스 모델은 원격 의료와 급수 시스템을 결합하여 지방의 농촌에서 유료로 서비스를 제공함으로써 보건의료 접근성이 나쁜 지역의 요구에 대응하는 것이다. 비즈니스의 전개는 펀자브 주에 맞추고 있다. 이 지역은 교육, 소득 수준이 다른 주보다 높고 새로운 기술에 대한 적응력이 높은 반면, 의료 접근이 나쁘다는 문제가 이 모델을 전개하는 데 있어서 최적의 장소로 간주되었다.

동사는 우선 지역을 클러스터로 나누어 중심부에 원격의료센터와 급수 포인트를 설치. 주변 커뮤니티 (5개~6개)에는 급수 포인트만 설치(물은 먼 곳까지 옮길 수 없기 때문에)하고 있다. 2011년 말 기준으로 이 센터는 110개소가 운영되고 있다. 센터에서는 화상회의시스템을 사용하여 원격의료를 실시해, 혈압이나 심전도 등 70가지 진단 테스트를 실시하고 있다. 급수에 관해서는 역침투막 여과시스템을 도입하고 식수를 제공하고 있다.

이용자의 비율은 급수와 원격 의료 시스템으로 6 : 4로 되어 있다. 센터의 직원은 모두 회사의 직원으로 고용되어 있으며, 프랜차이즈 방식이 아니다. EHP는 프록터앤드갬블(Procter and Gamble : P&G)과 상호 협력의 파트너십을 맺고 있다.

### ③ 수익

환자가 지불하는 1회 진료비는 40루피, 약값과 합쳐도 100루피 정도여서, 병원에 가는 것보다 저렴하다. EHP는 의사와 계약하고 있으며, 월 급여로 약 3만 루피를 지불하고 있다. 급수 시스템 이용자의 1개월의 계약 비용은 75루피에서 하루 20리터의 물을 받을 수 있다.

### ④ 과제

EHP는 NGO는 아니지만, 소셜 비즈니스를 하는 기업이라는 위치에서 설립되었다. 수익은 향상되고 있지만, 아직 손익분기점에 도달하지 않고 있다. 클러스터 1개소의 초기 투자가 5만 루피나 들기 때문에 지속적인 사업하기 위해서는 향후 규모를 확대해 나갈 필요가 있다.

## 3. 농업 분야

인도는 농지 면적이 국토의 55%를 차지하며 인구의 절반 이상이 농업에 종사하는 농업 대국이다. 특히 농촌에서는 대부분의 사람들이 어떻게든 농업에 참여하고 있다. 농민은 시장 가격과 농업 기자재, 날씨, 정부의 규제·조성 등에 관한 정보를 필요로 느끼고 있으며, 이러한 정보를 인터넷에서 얻기를 원하는 사람은 1개의 정보 분당 몇 루피~100 루피 정도 지불해도 좋다고 생각하는 것으로 나타났다. 이하에서는 이러한 요구에 대응하고 농민들에게 농업 정보를 제공하고 성장하고 있는 사업을 소개한다.

## 1) 이프코 키산 산챠르 (IFFCO Kisan Sanchar : IKSL)

### ① 기업 개요

거점 : 델리

사업 지역 : 전국 18개 주

설립연도 : 2007년

사업 규모 : 이용자 수 약 108만 명

제품 및 서비스 : 농업 정보 (작물의 시장 가격, 지역 날씨, 농업 조언 등)

### ② 사업 개요

동사는 인도 농민비료협동조합(Indian Farmers Fertilizers Cooperative Limited : IFFCO)과 에어텔사의 합작 투자이며, 농업 정보를 주로 휴대전화의 음성 메시지 형태로 농가에 제공하고 있다. 또한 농민은 질문할 것이 있으면, IKSL 헬프 라인의 전문가에게 개별 기술 상담을 받을 수 있다. 이 서비스에서 특징적인 것은 IKSL이 통신업체와의 합작이기 때문에, 이용자는 통화료 이외는 무료로 이용할 수 있다는 점이다. IKSL의 SIM 카드를 구입하고 서비스의 회원 가입을 하면 약 1분간 농업 관련 정보가 매일 5건, 음성 메시지로 이용자에게 보내진다.

③ 수익

2011년(4월~12월)의 세후 수입은 4,120만 루피이며, 이용자 수는 약 108만 명에 이른다.


## 4. 기타 분야

지금까지 휴대폰이나 대리인 또는 키오스크를 통해 서비스가 제공되는 사례를 검토해 왔지만, 최근에는 사업자와 이용자의 양방향 정보 교류에 의해 이루어지는 비즈니스 모델도 나타나고 있다. 여기에서는 휴대전화를 사용하여 독특한 정보 서비스를 실시하는 사례를 소개한다.


### 1) 에스엠에스원(SMS One)

① 기업 개요

거점 : 델리

사업 지역 : 푸네(마하라슈트라주)

설립연도 : 2005년

사업 규모 : 직원 9명, 커뮤니티 리더 350명

제품 및 서비스 : 지역 정보 제공


② 사업 개요

에스엠에스원은 SMS의 문자 메시지에서 지역에 뿌리를 둔 정보를 이용자의 휴대전화에 전송하는 서비스를 제공하고 있다. 이 정보를 모아 전달하는 것은 커뮤니티 리더(Community Leader : CL)라는 사회 기업가이다. CL은 실직 중인 젊은 층을 대상으로 회사에서 선발한다. CL로 채용된 젊은이는 프랜차이즈 비용으로 회사에 1,000루피를 지불하고, 그 지역을 돌며 1,000건 정도의 고객 데이터(이름, 전화 번호 등)를 수집하면 회사 플랫폼을 사용하여 이들 고객에게 정보를 보낼 수 있다. CL은 그 지역에서 필요로 하는 정보를 발신하고 싶은 스폰서를 발굴하고 수집한 정보를 고객에게 전송한다. 정보의 내용은 예를 들어 선거 홍보, 정전이나 급수 시간대, 정부의 새로운 보조 사업, 상점 오픈 세일 정보, 결혼 정보, 세미나 및 이벤트 개최 등 다양하다. 고객은 정보를 무료로 받을 수 있다. CL은 정보의 종류에 따라 1건당 0.4루피~4.5루피를 후원에서 받는다. 그러면 CL은 평균 월 3,000 루피~6,000 루피의 수익을 얻을 수 있다.

③ 수익

수익은 정보를 발신하고 싶은 스폰서의 광고 수익에서 얻고 있다. 또한 최근에는 기존 대학이 게시판에서 학생에게 발신하고 있던 정보를 SMS로 전달하는 업무를 대학에서 하청을 받아, 학생 1인당 연간 40루피의 요금이 대학측에서 지급되고 있다. 향후 고용 정보의 발신 등의 사업도 검토하고 있다.

그 외 사업에서는 기업들이 업무 처리의 일부를 외부 업체에 위탁하는 비즈니스 프로세스 아웃소싱(Business Process Outsourcing : BPO)이 인도에서 확산되고 있다. 예를 들어, 콜센터 업무의 아웃소싱이 전형적인 예인데, 이런 BPO는 지금까지 도시 지역에서 이루어지는 것이 일반적이었다. 그러나 농촌 지역의 교육 수준의 향상과 이에 따른 농촌 청년 실업의 증가하는 영향을 받아, 젊은 층의 고용 창출과 비용 절감을 목적으로 한 농촌에 아웃소싱을 하는 기업이 늘고 있다. 루럴쇼어(Rural Shores)과 디시크루솔루션(Desi Crew Solutions) 등의 기업이 그 대표적 사례이다.

또한 대상국은 인도에 한정되어 있지 않지만, 개발도상국의 휴대전화통신사업자와 제휴하여 SMS를 통한 클라우드 소싱의 전개를 통해 개발도상국의 일자리 창출을 목표로 하는 벤처기업도 나타나고 있다. 미국의 자나(JANA)는 시장의 마케팅 조사, 번역 및 전표 처리 등의 가벼운 작업의 아웃소싱을 휴대전화로 실시하고 있으며, 요금은 휴대전화의 통화료 지불 시스템으로 되어 있다. 동사는 인도에서는 에어텔, 타타 도코모, 보다폰 등 주요 이동통신사업자와 제휴하고 있다. 이러한 ICT를 활용한 새로운 비즈니스의 흐름도 주목할 만하다.

# 5장 BoP 비즈니스의 새로운 모델

## 1. 야마하발동기

### 1) 기업 개요

야마하발동기는 1955년 창업 이래 일찍부터 글로벌 시장에 진출하고 개발도상국에 진출한 결과, 현재는 200개 이상의 국가와 지역에 제품을 판매하여 해외 매출 비중은 90%에 달하고 있는 기업이다. BoP 비즈니스라는 말이 없던 시절부터 아프리카에서 선외기(소형 선박에 사용되는 분리 식의 추진 엔진) 비즈니스에 나서면서 시행착오를 반복한 끝에 아프리카 전역에서 야마하 제품의 점유율이 75%를 넘어서게 되었다.

### 2) 추진 배경

동사가 개발도상국 비즈니스에 종사하기 시작한 것은 1960년대로 거슬러 올라간다. 동사는 멕시코와 세네갈 등 마을에 가서, 선외기를 사용한 어업을 지도하여 시장을 개척하고 자사 제품의 판매에 연결하는 활동을 지속해왔다. 이러한 노력이 현재 해외사업개척부의 모태가 되고 있다. 야마하의 매출에서 해외 비중은 아시아, 중남미, 아프리카 등 개발도상국이 58.2%를 차지한다. 동사의 직원들에게 개발도상국 지원은 결코 특별한 것이 아니라 사업을 확대하기 위한 업무라는 의식이 뿌리내려 있다.

동사가 물 정수 사업에 종사하는 계기가 된 것은 91년이다. 인도네시아 자전거 제조 공장에서 일하는 현지 주재원의 가족에서 "수돗물에 누런 철 냄새"가 난다는 불만을 들었다. 그 당시 현지 공장에 다니는 직원 중 절반 이상이 물이 없는 지역에서 공장에 근무하고 있었으며, 하천의 물을 생활용수로 사용하고 있는 것으로 나타났다. 이러한 불만을 바탕으로 하천의 물을 정수하는 대형 장치를 개발했다. 2010년부터 현지에서 시험적으로 판매·운용한 것이 현재의 깨끗한 물 시스템의 원형이다.

### 3) 추진 과정

서부 아프리카에 있는 세네갈의 수도 다카르에서 북쪽으로 약 200km, 세네갈 강을 따라 사막지대에 약 300명 정도가 사는 작은 마을이 있다. 마을의 중심이 되고 있는 것이, 야마하가 2011년 설치한 정수 장치 "야마하 깨끗한 물 시스템"이다.

이 정수 장치는 마을의 생활은 크게 바뀌었다. 정수된 물을 식사와 음료에 사용하는 것으로, 설사와 피부병 등 질병이 크게 줄었다. 이것이 어머니의 위생 의식의 향상으로 이어져 유아 사망률도 감소했다. 그전까지 이 지역에서는 여성과 어린이가 생활용수 조달을 담당하고 있었으며, 이들은 폴리탱크를 메고 규모가 큰 마을까지 물을 사리 갈 필요가 있었지만, 지금은 이런 중노동에서 해방되었다.

정수된 물은 마을 사람들의 손에 의해 폴리탱크 1병을 약 5엔에 판매되고 있다. 마을 주민의 입장에서 보면 결코 싸지 않지만, "깨끗한 물을 사서 생활을 더욱 풍요롭게 하고 싶다."고 생각하는 마을이 늘어났으며, 깨끗한 물을 통해 주민의 삶의 질을 개선하고, 마을의 활기를 불어넣고 있는 것이다.

자료 : 야마하발동기 홈페이지
주 : 그림 왼쪽은 정수 장치. 오른 쪽은 주민들이 소유한 폴리탱크

<그림 3-25> 야마하발동기의 정수장치

정수 장치의 개발에서 중요시 한 것은 장비를 지속적으로 운용하기 위한 구조와 시스템 구축이다. 지금까지 국제원조에 의해 고도한 대규모 정수 시설이 건설된 사례는 있었다. 그러나 정수 장치를 가동시키기 위한 전력 및 운영을 위한 약품을 준비하지 않거나, 외국에서 온 기술자가 귀국하는 경우 설비가 멈춰 버리는 경우가 많았다.

정수는 모래와 자갈을 이용하는 "완속 여과 방식"이라는 구조를 채택했다. 펌프로 퍼서 하천의 물을 모래와 자갈을 깔아 놓은 "전처리 층"을 통해서 진흙이나 먼지를 제거한다. 그 후, "바이오 탱크"라는 장치를 통해서 폐수에 포함된 유기 질소와 인을 제거한다.

바이오 탱크에는 하천에 자생하고 있는 조류를 사용한다. 불순물을 제거하기 위한 응집제나 필터가 필요하므로 운영 비용을 줄이게 된다. 정수 장비 1대로 하루에 약 8000 L, 약 2,000인분의 정수를 공급하는 능력을 가진다. 펌프 가동을 위해 필요한 하루 5키로와트의 전력은 태양광 발전 장치를 설치하여 충당한다. 비의 운영 및 유지보수는 마을 자치 운영위원회를 만들고 현지인들만 운영할 수 있도록 했다. 장비의 운용 외에 물 판매 사업도 제안하고 매출은 장치를 움직이기 위한 전기 요금과 인건비 등으로 충당한다. 태양광 발전을 병설한 장치의 경우 휴대전화 충전 서비스도 제공할 수 있도록 했다.

한편, 정수장치의 설치 대상 결정은 현지 NGO(비정부기구)와 연계하여 많은 사람이 모이는 마을이나 학교 등 수요가 높다고 생각되는 지역을 일부 선택한다. 그 후, 현지 조사를 거쳐 문제가 없으면 설치된다. 현지 NGO는 주민 등에 대한 협상 외에도 장비 설치 후 교육과 자치 운영위원회에 참여한다.

야마하발동기는 이 정수 장치를 아시아와 아프리카의 개발도상국에서 판매하고 있다. 지금까지 인도네시아, 베트남, 캄보디아, 라오스, 미얀마, 스리랑카, 모리타니, 세네갈의 8개국에 약 20대를 설치했다. 현재도 해외 시장 개척 사업부가 교대로 해외를 출장을 다니며, 활발히 비즈니스를 추진하고 있다.

### 4) 자사의 평생 고객화 전략

동사의 목적은 정수 장치의 판매를 통해 개발도상국에 야마하 (Yamaha) 브랜드를 높이고 주력 상품인 오토바이 및 모터보트 판매에 연결시키는 것이다. 물 정수 사업은 저소득층을 대상으로 한 BoP 비즈니스이다. 우선 저소득층에 야마하의 존재를 알린다. 그리고 경제 성장으로 소득이 늘어나는 가운데, 소득이 늘어난 가구는 직장에서 사용하기 위한 소형 자전거 및 소형 선외기 등을 구입한다. 고소득층이 고객에게는 대형 오토바이나 요트 등 레저 상품을 어필한다. 저소득층에 대한 비즈니스는 야마하 제품을 구입할 수 있는 평생 고객의 기초를 만드는 작업이다.

야마하의 2륜차 판매 점유율은 혼다에 이어 세계 제 2위이다. 지금까지, 스즈키, 가와사키중공업을 비롯한 일본 업체들이 세계 시장 점유율의 약 40%를 차지해왔다. 그러나 지난 몇 년은 급성장하는 신흥 시장에서 인도의 히어로 모토콥, 바자즈 오토, 중국의 대장강집단 등의 저가 자전거가 점유율을 확대하고 있으며, 일본 업체는 고전을 면치 못하고 있다.

2014년 매출은 1조 5212억 엔이다. 중기 경영 계획에서는 이를 2017년까지 2조원으로 끌어 올리는 목표를 내걸고 있다. 목표 달성을 위해서는 더욱 경제 발전이 예상되는 동남아와 미개척 아프리카에서의 점유율 확대가 필수적이다. 고객에게 상품 자체로 마케팅을 펼치면 가격 경쟁에 빠져 버린다. 그래서 동사는 생활과 놀이의 장을 포함한 가치를 제공하는 가운데, 오토바이 등의 제품을 판매할 예정이다. 제품 자체의 가치를 넘어서는 가치의 제공을 통해 마을 전체에 야마하 브랜드를 보급시켜, 경쟁업체의 가격 경쟁 전략에 대응한다는 전략이다. 즉, 물 정수 사업은 저소득층이 대상으로 하여, 야마하 브랜드를 널리 침투시켜 가까운 장래에 오토바이나 선외기의 구입으로 연결하는 것이다.

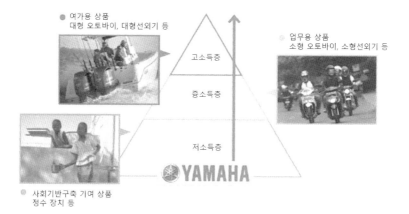

자료 : 닛케이BP환경경영포럼리포트(2015)

<그림 3-26> 야마하 브랜드를 개발도상국의 미래 고객에게 소구

기업 브랜드의 향상은 장기적인 사업 확대를 위해 회사가 내건 중점 전략의 하나이기도 하다. 2020년을 향한 사업의 방향성을 정한 장기 비전 "Frontier 2020"에서도 지속적인 성장을 위해 브랜드력 강화를 전략의 핵심으로 삼고 있다. 물 정수 사업은 바로 이 장기 전략에 따른 사업의 하나이다.

## 5) 향후 과제

현재는 정부의 무상 원조가 중심이며, 기업 스폰서의 참여를 통해 설치 확대를 추진하고 있다. 정수 장치의 가격은 약 500만 엔이다. 자금은 일본 정부의 "풀뿌리 무상 자금 협력"의 활용이 중심을 이루고 있으며, 사업은 아직 시작 단계에 불과하다. 2018년에는 연간 50개 이상의 판매를 목표로 사업 단독으로 흑자를 목표로 하고 있다. 이를 위해서는 공적 자금에 의존하지 않는 사업의 실현이 과제가 된다. 향후 동사는 민간 기업의 스폰서 모집과 소액 금융 등을 활용하여 정수 장치의 설치 수를 늘릴 예정이다.

한편, 동사의 아프리카 저소득층에 대한 브랜드 어필이 얼마나 미래의 매출 증가로 이어질지는 미지수이다. 그러나 조금씩 호의적 반응도 느끼고 있다. 인도네시아는 물을 파는데 야마하의 오토바이를 이용하는 사람이 나타났다. 이런 사례를 늘리고, 야마하 제품 구입에 연결시키기 위해서는 지금보다도 더 주민의 요구에 귀를 기울여 더 나은 삶의 구현에 맞는 제품 개발과 제안도 필요하다.

## 2. 아프리카의 소규모 원예농민 조직 강화 프로젝트

### 1) 사업 개요

세계은행의 "World Development Report 2008"에 따르면, 기상 조건 등과 함께 시장 접근성의 우열이 빈곤률 증감에 큰 영향을 미치고 있고, 빈곤 감소를 위한 수단으로 빈곤층의 대부분을 차지하는 소규모 원예 농부의 시장 접근 개선과 참여 촉진이 제기되고 있다. 소규모 원예 농가의 시장 접근을 개선하고 참여를 촉진하기 위해서는 농가의 개별 활동이 아니라 생산물의 공동 판매 및 비료, 농약, 종자 등의 공동 구매가 효과적이다. 따라서 농가의 조직화가 필요하다는 것은 정부와 개발 파트너에 의해 인식되고 있다.

이에 따라 2013년 6월 개최된 제5회 아프리카 개발회의(TICADV)에서 시장 지향적 접근 방식을 채택하고 소규모 농가의 소득 향상을 추구하는 SHEP(Smallholder Horticulture Empowerment and Promotion :

소규모 원예 농민 조직강화 프로젝트)의 광범위한 추진이 향후 아프리카의 농업 분야의 핵심이 될 것이라 주장하였다. 또한 아프리카 각국은 그 농업 정책에서 자급자족 적 농업에서 상업적 농업으로의 전환이 요구되고 있다. 케냐에서는 "농업부문 개발전략(Agricultural Sector Development Strategy : ASDS) (2010-2020)"을 통해 "혁신, 상업적 사고방식, 경쟁력 있는 현대 농업"을 비전으로 내걸고, 그 실행 방법으로 농업 제품과 사업의 경쟁력을 높이고 생산성을 향상하고 상업화를 추진하는 것 "을 목표 중 하나로 채택하고 있다. 또한, 케냐 농업부의 비전 중에는"사업으로 농업 "이 제기되고 있다.

한편, 르완다는 "농업 개혁전략계획(Strategic Plan for Agricultural Trans-formation : SPAT) (2009-2012)"에서 농가가 농업을 비즈니스로 인식의 중요성을 강조하고, 이를 바탕으로 투자 계획 "Agriculture Sector Investment Plan (2009-2012)"을 수립하고 있다. 가나에서는 장기적인 농업 부문의 개발정책인 "농업부문 개발정책(Food and Agriculture Sector Development Policy : FASDEP II) (2007-2012)"에서 시장 주도의 성장을 고려한 농업 상업화를 가나 농업 개발의 중심 과제로 삼아, 상업 농업화, 작업 소규모 농가의 역량 강화를 실시하고 있다. 이처럼 약간의 뉘앙스의 차이가 있지만 아프리카 각국의 농업 정책은 시장 지향적인 농업을 내세우고 있다.

또한 원예 작물의 공급은 국내 총생산(GDP)의 성장과 함께 높아지는 경향이 있다. 케냐가 다른 아프리카 국가보다 GDP가 높고 다른 동아프리카 국가들과 비교하면 원예 작물의 공급량이 많은 편이다. 또한 아시아의 원예 작물의 공급량이 90년대 이후 경제 성장과 호응하여 급격히 증가하고 있는 것처럼, 케냐에서도 경제성장에 따라 원예 작물의 공급량이 늘어날 것으로 전망되고 있다. 농촌 경제의 성장으로 식생활의 다양화가 진행되고 있어, 역내 소비자가 늘어난 것이 주된 요인이라고 판단된다. 원예작물 재배 농민에게 현금 작물로서의 역할을 담당하고, 비타민, 식이 섬유 등 다양한 영양소의 섭취로 이어 역내의 영양 개선에도 크게 기여하고 있다.

### 2) SHEP 및 SHEP UP 개요

SHEP(소규모 원예 농민 조직강화 프로젝트)는 2006년 11월부터 2009년 11월에 걸쳐 케냐에서 실시된 기술협력 프로젝트이다. 케냐 서부를 중심으로 4개 지역(22개 마을), 122개 농민 조직, 참가자가 약 2,500명에 달하는 농가를 대상으로 했다. 이들 활동을 통해 3년간 참여 대상 농가의 평균 소득을 크게 증가시키는 데 기여했다. 주요한 성공 요인은 농부의 시장과 생산에 대한 의식을 "만들고 나서 판매"에서 "팔기 위해 만드는" 것으로 전환시킨 것이다. 즉, 대상 지역의 소규모 농가는 일반적으로 스스로 시장 현황을 조사하지 않고, 기존의 관행대로 또는 보급원, 중개업자 등 외부의 정보를 바탕으로 재배하고 있었다. 한편, SHEP에서는 파종 전에 "어떤 작물"을 "언제", "누가", "어느 정도 가격으로 사주거나" 등에서 요구되는 품질과 양을 감안하여 재배하는 것을 가르치고, 이를 소규모 농가가 실천했다.

케냐 농업장관은 이러한 일련의 방법에 의한 소득 증가라는 큰 성과 및 연수 등에 소요된 예산의 효율성을 높이 평가하고, 작물국 원예부 아래에 SHEP 지원팀을 설립했다. SHEP 지원팀은 전국의 소규모 원예 농가에 대한 SHEP 방법에 의한 지원을 주요 업무로 하고 있다. 2010년 3월부터 SHEP 지원팀이 지원하는 기술 협력 프로젝트 SHEP UP(Smallholder Horticulture Empowerment and Promotion Unit Project : 소규모 원예 농민 조직 강화 및 진흥 프로젝트)이 5개년 계획하에 실시되고 있다. SHEP UP는 SHEP 기술 도입에 관심이 있는 마을에서 신청 제안을 평가하고 활동 마을을 선발하고 있다. 현재 60개 마을(전국 316개 마을 중)을 대상으로 약 480개 농민 조직, 약 1만 명 이상의 농가를 대상으로 활동을 추진 중이다.

### 3) SHEP 및 SHEP UP 활동

SHEP은 연수 등 다양한 활동으로 구성되어 있다. 주요 활동에 대해 설명하면 다음과 같다. 첫째, 농민에 의한 시장 관련 상황의 이해 촉진과 농민 조직과 원예 분야 관계자와의 연계 강화를 주요 목적으로 한 미팅형 포럼이 개최된다. 포럼에서는 농민 조직 측에게는 원예 분야 관계자의 소개 전단지, 관계자 측에게는 농민 조직의 정보(구성 인원, 활동 지역, 현재 재배 품목, 수량 등)가 각각 배포되어 상업적 논의가 이루어진다. 이어 대상 농민조직 대표(남녀 각 1명) 및 담당 보급원을 대상으로 1주간의 집합 연수(남녀 농가 보급원 집합 연수)가 실시된다. 연수는 주로 시장 조사 실습, 중점 작물 선정 방법, 행동계획 작성 방법, 성별 계발 훈련 등이 실시된다. 집합연수 종료 후, 각 농민 조직이 스스로 실시한 시장조사 결과를 바탕으로 중점 작물이 주체적으로 선정된다. 또한 이러한 중점 작물 생신에서 유통에 이르기까지 현존하는 문제점이 도출되어, 그것을 바탕으로 행동 계획이 농민 조직에 의해 이루어진다. 그 후,

각 농민 단체에서 제출된 행동계획에 따라 담당 보급원의 기술 강화 연수 커리큘럼이 추진된다. 행동계획에서 제시된 요구에 대처하고, 재배 기본 지식의 복습과 중점 작물 재배상의 과제에 대처하는 간편 기술 등의 강의와 실습이 진행된다. 보급원 연수 종료 후 농민 조직에 속한 모든 농가를 대상으로 보급원에 의한 현지 연수가 실시된다.

### 4) SHEP에서 도입한 적정 기술 소개

SHEP 및 SHEP UP에서 도입된 기술은 생산량 및 소득 증가를 가져올 것을 전제로, 농가의 기술력 및 경제력과 함께 사회적 배경

끈을 이용한 새싹 심기

보카시 제조                      개량 제조기

자료: Overseas Agriculture and Rural Development Center(ARDEC)(2013)

<그림 3-27> SHEP가 도입한 기술 사례

을 검토한 후 선정된다. 농가가 즉시 사용할 수 있는지에 대해 논의를 거듭하고 있다. SHEP에서 대중들에게 배포된 보급용 교재는 재배에 관한 11종, 기타 마케팅, 성별, 조직 강화의 분야별로 작성되어 있다. 기술 분야의 교재는 모두 그림 형식으로 되어 있다. 작목별 교재는 예를 들어, 양배추의 경우 양배추의 소개에서 포장 준비, 비료, 잡초, 병해충 방제, 수확, 심지어 영농 기장까지 망라되어 있다. 그 외, 단순 제초 기계를 만드는 방법 등도 보급원을 통해 농가에 보급되고 있다.

## 5) SHEP의 수확량 증가

2009년 10월 전체 대상 농민 조직에 수확량과 소득에 관한 조사가 실시되었다. 조사는 개별 농가에 대한 설문지를 이용하여 실시했다. 설문지 작성 시 담당 보급원이 지원했다. 분고마 지역의 대상 농민 조직에 의해 선발된 중점 작물의 수확량을 상위 3개 품목은 <표 3-7>과 같다. 분고마 지역의 토마토 수확량은 2007년 4월과 비교하여 3.96배 증가했다. 또한 이러한 생산성 향상과 단가의 상승으로 전체 대상 지역에서 농민 1인당 평균 소득이 현저하게 증가했다.

<표 3-7> 분고마지역의 중점 작물 상위 3개 품목의 단위 면적당 수확량의 변화

(단위 : kg / 10a)

| 재배품목 | 2007년 4월 | 2009년 10월 | 농민 조직 수/ 전국 농민 조직 수 |
|---|---|---|---|
| 토마토 | 1,157.1(±53.7) | 4,557.0(±429.9) | 17/30 |
| 케일 | 876.1(±16.5) | 3,212(±256.9) | 11/30 |
| 양파 | 671.0(±19.0) | 799.0(±170.7) | 9/30 |

자료: Overseas Agriculture and Rural Development Center(ARDEC)(2013)

## 6) 향후 전망

SHEP 및 SHEP UP에서는 지금까지 일본 무역협력기구(JICA)의 농업 분야의 기술 협력의 경험을 바탕으로 농가가 적용 가능한 적정 기술을 도입하고 있다. 기술적으로는 기본적인 것이고 특별한 것은 아니지만, 시간이 지남에 따라 대상 농가에 의한 기술의 정착에 힘쓰고 있다.

또한 일련의 활동 방식 속에서 참여의 요소를 도입하여 "각성"의 과정을 중요시했다. 저장성이 낮은 원예 생산의 경우 판매 가격은 시장에 크게 좌우된다. 그래서 SHEP에서는 농가에 의한 최대의 "각성"은 "시장"이라며 재배 전부터 주입시켰다. 이런 과정을 거쳐, 케냐의 소규모 원예 생산 현황에 대응한 SHEP 활동 기법이 확립되었다. 앞에서 살펴본 바와 같이 "이 작물을 그 가격에 팔고 싶다. 그러기 위해서는 지금 기술이 필요하다"며 "지식"의 단계를 통해 자신의 요구 사항을 명확하게 인식하고 있는 상태와 그렇지 않은 경우를 비교하면, 유사한 기술을 도입해도 지식의 과정을 통해 그 효과는 달라진다는 것을 알 수 있다. 이상과 같이 SHEP 의한 시장 지향적 접근 방식은 "시장"이라는 "각성"의 과정을 통해 보다 효율적이고 효과적으로 적정 기술의 도입이 이루어지고 있다.

## 3. SK 이노베이션 : 페루의 사회적기업 야차이와시

### 1) 추진 배경

SK 이노베이션는 사회적 가치와 일자리를 창출하는 사회적 기업 지원 사업을 선도하면서, 기업 사회공헌의 패러다임을 바꿔나가고 있다. SK이노베이션은 단순 기부와 봉사를 넘어, 사회적 기업이 스스로 자생력을 키우고 성장할 수 있도록 하는 사회공헌 활동의 새로운 패러다임을 제시하였다. 사회적 기업이 어려움을 겪고 있었던 제품 서비스의 판로 확대를 지원하고, 사회적경제 모델 발굴을 위한 공모사업을 진행하는 등 지속가능한 사회공헌 모델을 발굴하여 지역사회 발전에 기여하였다.

페루는 SK이노베이션이 LNG를 비롯한 석유 개발에 힘쓰고 있는 지역 중 하나이다. SK이노베이션은 해외 자원 개발에 힘쓰는 만큼, 해외 지역과의 상생을 위해 페루에 농촌 자활 학교를 설립했다. 페루는 농촌 진흥을 위한 국가적 정책이 부족하여 자립적인 농가 육성을 위한 프로그램이 필요한 상황이며, 이를 돕기 위해 SK이노베이션이 나선 것이다. SK는 페루에서 사업을 추진함과 동시에 SK식 사회적 기업 모델을 현지에 전파하고 있는 것이다.

## 2) 사업 개요

남미 토착어로 가르침을 뜻하는 야차이(Yachay)와 장소를 뜻하는 와시(Wasi)를 결합해 만든 야차이와시(Yachaiwasi)는 SK의 사회공헌 프로그램 중 하나인 농촌 개발 프로그램을 '사회적 기업' 형태로 진화시킨 농업기술센터다. 차이와시(Yachaiwasi)는 국내 대기업이 해외에 세운 최초의 자립형 사회적 기업이다.

야차이와시는 SK-Prosynergy 주도 하에 민간기업, 정부, 학계, NGO 등 다양한 이해관계자가 함께 참여하여 설립하였다. 야차이와시는 농촌 진흥을 위한 국가적 정책이 부재할 뿐만 아니라, 정보 및 기술부족으로 인해 극심한 농촌 빈곤, 도시 이주 농민의 빈민화를 겪고 있는 페루 지역에 자립적인 농가를 육성하고자 추진되었다. 야차이와시는 온라인 기반의 농작물 관리 프로그램을 농민들에게 제공하고 있으며, 농업전문가의 농가 방문, 미소금융 주선·지원 등의 원스톱 서비스를 제공하고 있다.

야차이와시 농업 진흥 프로그램은 농촌가정의 지속적이고 통합적인 개발을 위해 실행되었다. 특히 한정된 자원으로 생활하는 농촌 소규모 생산업자와 이제 막 생산을 시작한 가정을 위한 프로그램이다. 생산 표준, 경제, 사회, 문화의 개선을 바탕으로 모든 가족들은 미래에 대한 비전과 함께 자원의 효율적 사용, 주위 환경의 조화로 삶의 질을 지속적으로 개선함을 통해 기업적 시장으로의 지향에 그 목적을 두고 있다.

2012년 12월 야차이와시 1호점 건립을 시작으로 2013년 9월에는 2호점이 오픈하였다. 2014년에는 '마카'와 '키누아' 등 수익성 농산물 시장으로의 진출 등 수익 모델을 개선하여 야차이와시의 지속가능성을 제고하였다. 2015년에는 페루 정부, 학계, 현지 농민들의 큰 호응에 힘입어 야차이와시 3호점 건립을 검토하는 등 지속적인 지원을 이어나갈 예정이다.

한편, 지방정부의 토지 무상 임대, Catholica 대학의 영농기술지원, 미소금융 NGO의 참여를 확보함으로써 민간기업, 정부, 학계, NGO·NPO를 망라하는 협력 모델을 완성한 성공적인 사례로 꼽히고 있다. 더욱이 페루 정부의 반응도 긍정적이어서, 글로벌 파트너십을 구축하는 데 큰 영향을 끼쳤다.

야차이와시 1호점 전경 　　　　　　　야차이와시 2호점 개소식

자료 : SK Innovation(2012, 2015), Sustainability Report

<그림 3-28> SK 이노베이션의 야차이와시 1, 2호점

야차이와시 프로그램은 사회적기업의 발전 수준에 따라 유연하게 적용되며, 다음과 같은 8단계의 과정을 거쳐 실행되고 있다.(한국국제협력단, 2014)

① 동기 부여 : 농촌 가정으로 조직된 그룹은 야차이와시를 방문하여 기술의 이점을 확인한다.

② 계획 : 이러한 기준에서 농촌 가정 그룹의 개발 계획을 수립하고, 주요 경제 활동 중심으로 사업 계획을 구상한다.

③ 평가 : 각종 활동, 실행 및 목표 달성을 위한 필요한 점들을 확인하기 위한 워크숍을 통해 발전에 관한 전반적인 사항들을 자체 평가한다.

④ 융자 : 평가를 실시한 후, 적절하고 유연한 금융 서비스와 함께 사업계획 실행과 기술 획득을 위한 융자를 신청한다.

⑤ 실행 : 야차이와시의 기술 지원과 교육으로 농가 지역에 효율적인 농업 기술을 설치한다.

⑥ 시장 통합 : 시장에 직접 개입함으로써 생산 확대와 함께 가

정의 안전한 먹거리 확보, 흑자 달성, 시장 조사, 사업관리 워크숍으로 생산망을 확보하고 문제점을 개선한다.

⑦ 인식, 자기 확신 : 자체 평가 과정을 통한 기업 및 자신감을 강화시키고, 지역적으로 보다 넓은 범위에서 가족, 지역사회, 도시를 개선한다는 점을 인식한다.

⑧ 운영

프로시너지(Prosynergy)가 야차이와시의 관리를 책임지고 있다. 야차이와시의 기술, 행정관리 직원 및 최상의 지원을 통해 통합적 관리팀을 구성한다.

## 3) 사업의 성과

2014년 야차이와시 농촌진흥 프로그램 진행 성과는 다음과 같다 (SK Innovation, Sustainability Report 2014)

· 방문 농가 : 432개
· 방문 타지방 농가 : 90개
· 농촌학생 방문 : 98명
· 농업기술 이전 : 40건

## 4) 향후 전망

SK이노베이션이 야차이와시에서 추진하고 있는 마이 에코팜(My Eco-Farm) 방식의 사회공헌은 최근에 진행된 새로운 형식의 프로그램이다. 따라서 어떤 결실을 거두게 될지는 여전히 미지수로 남아 있다. 하지만 기업의 가치와 사업방향, 전문성을 사회공헌활동과 결합시켜, 지역 공동체의 빈곤탈출과 권한위임을 추구하고 있다는 점에서, 한국의 다른 다국적 기업과 구분되는 시도라고 볼 수 있다.

사회적 기업은 사회적 가치 창출이라는 측면에서 기존의 NGO 또는 복지시설과 그 기능이 유사하다. 그렇지만, 단체가 영리활동을 통해 사회적 가치를 창출해 내고 스스로 "자생"해 나갈 수 있는 구조를 갖고 있다는 점에서 큰 차이가 있다. 이에 따라 사회적 기업의 자생력을 지원하는 것은 지속가능하고 건전한 생태계를 조성하는 데 기여한다.


## 4. 벤처기업 노을의 모바일 말라리아 진단 키트

### 1) CTS 프로그램 소개

지난 수년간 청년 창업은 많이 증가하였으며, 다양한 아이디어를 가진 창업가들이 개성 강한 스타트업을 세우는 중이다. 이 중에는 기존 창업자들과 다른 방향에서 세상을 바라보는 이들도 있다. 한국이 아니라 해외, 한 걸음 더 나아가 전 세계저소득층을 주요 시장으로 겨냥하여, 사회와 함께 성장할 수 있는 독특한 아이디어를 들고 창업을 결행한다. 이와 같이, 전 세계 저소득층을 찾아간 희망 도전자들은 미국과 프랑스 혁신 기업의 추진하는 다양한 BoP 비즈니스에서 영향을 받았다. 미국과 유럽 주요 국가들은 이들 젊은 도전자들과 함께 학교와 병원을 세워주고 음식과 약품을 공급하는 등 다양한 정부 지원 사업을 진행해왔다. 하지만 저소득층의 삶의 질 향상은 인프라만뿐만 아니라 사회·정치·종교·경제 문제가 섞여 있어, 단순한 물질적인 지원만으론 성공적인 답을 찾기 어려운 실정이다.

이에 따라, 2010년 들어 새로운 접근 방법이 등장했다. 혁신적인 아이디어를 통해 문제 해결을 돕는 사회적 기업가들이었다. 톡톡 튀는 청년 기업들의 아이디어를 받아 사회 문제를 해결하기 위해 등장한 것이 한국국제협력단(KOICA)의 CTS(Creative Technology Solution) 프로그램이다. KOICA는 2015년 7월, 스타트업 예비창업가들의 창의적인 아이디어 및 기술을 통해 기존 방법으로는 해결하지 못했던 개발협력문제를 풀어가는 혁신기술 기반의 창의적 가치 창출 프로그램인 "CTS 프로그램"을 신설하였다. 업체 입장에선 글로벌 시장 진출과 국제 사회 문제 해결이라는 두 가지 목적을 동시에 이룰 수 있게 된 셈이다.

| 제 3세계에 진출한 한국의 벤처기업 | | | | |
| --- | --- | --- | --- | --- |
| 업체 | 대표자 | 사업 아이템 | 분야 | 진출 국가 |
| 오비츠코리아 | 김종윤 | 초소형 시력검안기 | 보건의료 | 방글라데시 |
| 노을 | 이동영 임찬양 | 모바일 말라리아 진단키트 | 보건의료 | 캄보디아 |
| 닷 | 김주윤 | 저가형 점자 시계 | 교육/IT | 케냐 |
| 에너지팜 | 김대규 | 태양광 시스템 | 에너지 | 캄보디아 |
| 힐세리온 | 류정원 | 휴대용 모바일 초음파 진단기 | 보건의료 | 베트남 |
| 만드로 | 이상호 | 3D프린터 의수와 의족 | 보건의료 | 요르단 |
| 나무리프 | 이인구 | 낙엽 재활용 그릇 | 환경/물 | 캄보디아 |
| 제윤 | 조용욱 | 스마트 약관리 시스템 | 보건의료 | 모로코 |

자료 : 도전하는 청년 창업자들, 중앙일보, 2017년 1월 4일자

<그림 3-29> 제3세계에 진출한 한국의 벤처기업

## 2) 추진 배경

말라리아, 모기에 물려 발생하는 급성 열성 전염병이다. 매년 60만~70만 명이 이 병으로 사망한다. 사망자의 90%가 아프리카와 동남아 등 개발도상국에 몰려있다. 치료하려면 조기 진단이 중요하다. 진단은 현미경으로 하는데, 한 시간 정도 걸린다. 하지만 한국 스타트업 '노을'이 개발한 모바일 장비를 사용하면 단 15분 만에 결과를 알 수 있게 되었다. 기존 제품보다 검사 방식이 빠르고 간편하다는 장점을 지니고 있다. 노을의 이동용 대표는 서울대 바이오메디컬 연구원 출신으로 아프리카 말라위에서 1년간 봉사활동을 했다. 이때 제 3세계에 도움을 줄 수 있는 방법을 고민하다가 고교 동창 임찬양 대표와 함께 회사를 세웠다. 목표는 '말라리아 구제'로 잡았다. 그들은 캄보디아 농촌을 다니며 말라리아 진단 키트를 공급한다.

자료 : 도전하는 청년 창업자들, 중앙일보, 2017년 1월 4일자

<그림 3-30> 캄보디아에서 말라리아 진단 키트 사용법 시연

## 3) 사업 추진 과정

당 사업의 1차적 대상국은 '캄보디아'이다. 1,500만 명 캄보디아 인구 중 53%가 말라리아 위험지역에 살고 있다. 매년 2만 명 이상이 말라리아 양성 환자로 보고되고 있고, 말라리아로 인해 연간 집행되는 예산은 2천만 달러에 육박한다. 특히, 캄보디아는 대표적 말라리아 기생충인 열대열 말라리아(55%)와 삼일열 말라리아(45%)가 모두 감염될 수 있는 지역이기도 하다. 또한, 최근 들어 캄보디아 지역 내의 아르테미시닌(Artemisinin) 약제 내성환자가 보고되기 시작하면서, 말라리아 진단의 정확성 및 초기 감염된 환자 진단(Low-level Parasitemia)이 중요한 이슈가 되고 있다. 그러나 캄보디아와 같은 개발도상국에서의 말라리아 현미경 진단법의 낮은 민감도 및 특이성 이슈는 지속적으로 제기되었다.

당사는 기존의 실험실 내에서 숙련된 기술진들이 해야만 했던 현미경 진단법을 모바일 진단기기를 통해 자동진단을 가능하게 함으로써, '실험실'을 통째로 '모바일 기기'로 전환시키는 혁신적인 솔루션을 제안하는 것이다. 이를 위해, 당사는 의공학자, 생명과학자, 의사, 기계공학자, 인공지능 개발자, 소프트웨어 개발자, 모바일 임베디드 시스템(mobile embedded system) 엔지니어, 국제개발 전문가 등의 학제간 연구를 기반으로 혁신적인 시제품을 개발하였다(이동영·임찬양, 2016)

당사는 CTS 사업을 통해 1차 시제품 개발을 완료하였으며, 사업 대상국인 캄보디아에서 임상시험을 진행하였다. 시제품은 일회용 말라리아 칩과 콘솔로 구성되어 있으며, 배터리를 장착하여 휴대가 가능하다. 말라리아 진단시간은 10~20분이 소요되며, 자동진단을 구현함으로써 기타 시약, 재료 및 전문화된 기술진이나 교육이 필요 없다.

### 4) 사업의 성과 및 기대효과

주요 성과를 살펴보면, 노을은 모바일 진단 키트 덕에 지난해 6월 뉴욕의 유엔본부에서 열린 '유엔 과학기술혁신 포럼'에서 '주목할 만한 15개의 이노베이터'로 선정됐다. 앞서 정부 무상원조 전담 기관인 KOICA는 2015년 '창의적 가치창출 프로그램(CTS)' 1기 팀으로 노을을 선정했다. 총 3억원을 지원하며 시제품 완성을 도왔다.

동사의 기대효과는 다음과 같다. 첫째, 동 사업에서 제안하는 말라리아 진단기술은 저가일 뿐 아니라, 신속진단키트와는 달리 조기 진단이 가능하고 말라리아 기생충 감염 종류에 상관없이 진단이 가능하다. 캄보디아 뿐 아니라 아프리카를 포함하여 전 세계적으로 이용이 가능하다는 점이다. 무엇보다 말라리아가 감소되는 지역에서, 고성능의 진단키트 수요를 충족시킬 수 있는 잠재적인 대안으로 자리잡을 것으로 예상된다. 둘째, 당 사업은 새로운 말라리아 진단시장을 창출할 것으로 예상한다. 2014 세계말라리아보고서(World Malaria Report)에 따르면, 전 세계적으로 현미경 진단을 위해 5억장의 슬라이드 글래스가 소모되고 있다. 현재, 이를 대체할 수 있는 기술 혹은 제품은 거의 존재하지 않는다. 당 사업에서 제안하는 진단키트는 기존 신속진단키트 시장 뿐 아니라, 실험실 내의 슬라이드 글래스 및 시약 등의 사용을 대체함으로 새로운 시장을 열 수 있을 것으로 기대된다.

# 맺음말

글로벌 경제 개방으로 인해 전 세계는 이제 국경과 문화를 초월한 무한경쟁 체제에 놓였다. 또한 구매력이 뒷받침되는 선진국과 일부 신흥국의 중상류층 소비자만을 대상으로 기업이 비즈니스를 하기에는 지속적인 성장과 발전을 이어나가기 어려운 상황에 직면해 있다. 특히 선진국의 경제성장률이 지속적으로 둔화되면서 신흥국 저소득층이 새로운 시장의 원천으로 주목받고 있다. 이에 따라 아시아와 아프리카로 대변되는 신흥국 저소득층을 대상으로 한 BoP 비즈니스가 신사업모델로 주목받기 시작했다. 경제협력개발기구(OECD)도 미국의 가계소비 위축이 장기화할 것으로 전망하면서, 이를 대체할 소비 주체로서 아시아의 중·저소득층을 주목하고 있다.

한편, 2000년 9월 유엔회의는 '밀레니엄 개발목표(MDGs)'를 채택하여 2015년까지 1일 1달러 미만 빈곤인구를 절반으로 줄이는 계획을 지원하고 있다. 미국 국제개발청(USAID)은 민간 기업을 비롯하여 재단, 대학, NGO·NPO 등과 연계하여 개발도상국의 개발 과제를 해결하는 PSA(Private Sector Alliances) 프로그램을 실시하고 있다. 일본 정부도 2009년을 "일본 BoP 비즈니스의 원년"이라고 명명하고, 장기적인 성장 동력의 확충을 위한 BoP 시장 개척에 주력하고 있다. 한국의 입장에서 보면 저소득층(BoP)은 포스트 브릭스(BRICs)의 역할을 할 것으로 전망되고 있으며, 성장 가능성이 높은 시장으로 평가되고 있다. 따라서 우리나라 정부도 장기적인 안목을 가지고 준비를 해야 하며, 새로운 경제하에서 성장 동력 발굴, 새로운 수출지역 확보, 일자리 창출 등을 위해 진출 가능성을 구체적으로 검토하는 것이 시급하게 요청된다.

BoP는 이제 막 잠에서 깨어나기 시작한 시장이다. 시장의 확대 잠재력은 큰 반면, 우리 기업에는 미지의 세계에 가깝다. BoP 시장은 저소득층 인구가 향후 중산층으로 다수 편입될 수 있다는 측면에서, 미래의 거대 시장이다. 지금까지는 선진국 기업들의 독무대였지만 향후에는 선진국 기업은 물론 신흥국 기업까지 경쟁에 합류할 것이다.

또 사업 환경이 열악하고 잠재적 리스크도 크다. 따라서 가격이나 품질 외에도 수익성과 지속가능성, 현지 지역경제에 대한 기여 등 다양한 요소들을 고려해야만 한다. 우리나라 기업이 신흥국 시장에서 현재까지 이룩한 성과에 비추어 볼 때, 새로운 BoP 시장은 모험일 수밖에 없다. 하지만 지켜보기에는 시장의 성장 속도가 너무 빠르고, 매력적이다.

지금이라도 아시아, 아프리카의 BoP 시장 진출 전략을 실행하여, 도전을 시작하는 혜택은 매우 크다. 그 이유는 다음 세 가지로 요약할 수 있다. 첫째, 시장 선도자의 효과를 누릴 수 있다. 자사의 입장에서 규모가 있는 시장으로 판단될 때는 자사만의 에코시스템을 구축할 수 있는 기회가 존재한다. 자사가 먼저 진입한 시장에서는 새로운 사업에 도전할 수 있는 기회가 생기는 시너지 효과가 발생한다. 둘째, 작은 시작으로 할 수 있다. 선진국 기업은 소수 정예의 인력으로 BoP 시장을 탐색하고 있다. 현지에는 구할 수 있는 인재와 파트너가 풍부하다. 이들을 잘 활용하면 적은 투자비용으로 시장에 진입할 수 있다. 셋째, 몇 년의 테스트 기간을 확보할 수 있다. BoP라는 잠재된 시장에 진입하는 데 따른 시행착오를 줄이고, 세심한 마케팅 및 시행 기간 확보로 위험의 감소가 가능하다.

이제 선행 투자로 BoP 비즈니스에 대응하는 것은 10년 후 경쟁이 격화된 거대 시장에서 부족한 "시간"을 구입하는 것과 같은 개념이다. 기업의 BoP 비즈니스에 대한 미래 전략은 다음과 같이 정리할 수 있다. 첫째, 기존의 관행으로 시장으로 인식되지 않았던 개발도상국의 저소득층을 대상으로 비즈니스를 수행하려면, 저소득층의 생활 실태를 파악해야 한다. 그들 속으로 들어가 잠재적 요구를 파악하는 동시에, 그들의 요구에 맞춘 제품과 서비스를 그들이 구입 가능한 가격대로 제공하는 것이 필요하다. 둘째, 자사만의 에코시스템을 만들어야 한다. 팔리는 상품과 소비자에 대한 접근 능력 같은 에코시스템 형성이 비즈니스의 승패를 좌우한다. 다양한 파트너와 협력하는 비즈니스 모델이 중요하지만, 매력적인 파트너에 대해서는 해당 시장에 진출하는 기업 간 쟁탈전이 치열해질 수 있다는 점을 감안해야 한다. 셋째, 자사만의 브랜드 만들기다. BoP에서는 처음 효과를 실감한 경험, 판매량이 중요하지만, 브랜드는 한 번 정착하면 당분간 역전하기 쉽지 않다. 과거 예상했던 것보다 BoP층을 대상으로 다양한 상품과 서비스가 개발되기 시작했다. 넷째, 자사만의 인재 육성이다. 새로운 상식이 지배하는 시장에서 싸울 사원·경영자는 해당 시장에서 경험을 쌓는 것으로 육성의 원칙이다. IBM이나 삼성도 개발도상국에 인재를 보내 경험을 축적하고 있다. BoP 시장에서의 기업 브랜드 파워가 현지 인재 확보 측면에서도 공헌하고 있다.

마지막으로, 기존 신흥국시장의 주요 진출 시장이 브릭스(BRICs) 국가에서 아시아, 아프리카 BoP 시장으로 바뀌고 있다. 지금까지 우리나라 기업은 국가별, 지역별 특성에 맞는 현지화 전략을 구사해 왔지만, 앞으로는 세계 공통의 저소득층을 대상으로 한 거대 시장을 공략하는 비즈니스 전략 수립이 필요한 시점이다.

# 참고문헌

**&lt;국문&gt;**

고바야시 노리타카 외 저, 정성우 외 역(2013), BoP 비즈니스 : 시족적인 기
    업 성장의 마지막 기회, 서울: 에코리브르.

김장훈(2013), 신흥국 저소득소비(BoP) 시장과 진출 기업의 특성을 고려한
    비즈니스 모델 연구, 남아시아연구, 제18권 3호, pp.49-81.

박우성(2009), 국내 제품디자인기업의 비즈니스 모델에 관한 연구, 한국과학
    기술원 석사논문.

신혜정(2012), 개도국 저소득층의 삶의 변화를 이끄는 모바일. SERI 경영노
    트 제165호, pp.1-12.

오화석(2013), 100년 기업의 힘 타타에게 배워라, 매경출판.

유엔개발계획 저, 전혜자 역(2011), 넥스트 마켓: BoP 시장을 개척하는 5가지
    성공 전략, 에이지 21.

프라할라드 저. 유호현 역(2006), 저소득층 시장을 공략하라. 서울:럭스미디어.

이동영, 임찬양(2016), KOICA CTS 프로그램 사례분석, 국제개발협력, 제4
    권, pp.41-52

이종원(2011), 인도 빈곤층(BoP)시장의 현황과 시장분석에 관한 연구, 통상정
    보연구, 제13권 2호, pp.51-73.

정후식(2010), 빈곤츤 대상 비즈니스(BoP) 현황과 시사점, 한은 금요강좌, 한
    국은행.

한상춘(2013), 미국 사회에 또다시 거세게 부는 워런 버핏 신드롬, 한국경제
    신문사, 2013년 11월 4일.

**&lt;영문&gt;**

Aiyar, S.S.A.(2006), "Misfortune at bottom of pyramid," *The Economic Times*,
    25 October.

Akula, V.(2008), "Business Basics at the Base of the Pyramid," *Harvard*

*Business Review*, June 2008:53-57.

Alt, R. & H. Zimmermann(2001), "Introduction to Special Section-Business Models," *Electronict Markets*.

Arnold, D.J. and J.A. Quelch (1998), "new strategies in emerging economies," *Sloan Management Review*, 40(1): 7-20.

Arnold M. G., K. Hockerts(2010), *The greening Dutchman: Philips' process of green flagging to drive sustainable innovations*. Business Strategy and the Environment. DOI: 10.1002/bse.700.

Anderson, J. and C. Markides(2007), "strategic Innovation at the Base of the Pyramid," *MIT Sloan Management Review* Fall 2007: 83-88.

Anderson J, N. Billou(2007), "Serving the world's poor: innovation at the base of the economic pyramid," *Journal of Business Strategy*, 28(2): 14-21.

Andrew, C, M. Dirk and J. Laura(2008), Spence, Corporate Social Responsibility--Readings and cases in a global context, Routlege.

Ansoff, I.(1965), *Corporate Strategy - an Analytic Approach to Business Policy for Growth and Expansion,* McGraw-Hill: New York.

Barney, J. B.(1986), "Strategic Factor Markets: Expectations, Luck, and Business Strategy," *Management Science*, 32(10): 1231-1241.

Barney, J. B.(1991), "Firm Resources and Sustained Competitive Advantage," *Journal of Management*, 17(1): 99-120.

Barney, J. B.(1996), *Gaining and Sustaining Competitive Advantage*, Addison-Wesley: Reading, MA.

Barney, J. B, Hesterly W.S.(2009), *Strategic Management and Competitive Advantage,* Pearson: Upper Saddle River, NJ.

Banerjee, A.V. and E. Duflo(2007), "The economic lives of the poor," *The Journal of Economic Perspectives*, 21(1): 141-68.

Bendell, J.(2005), *From Responsibility to opportunity: CSR and the future of corporate contributions to world developme*, mhg monthly feature.

Bellur, V. V., S. P. Saraswhati, R. Chaganti(1990), "The white revolution - how Amul brought milk to India," *Long Range Planning*, 23(6): 71-79.

Burke, I., J. M. Logsdon(1996), "How corporate social responsibility pays off," *Long Range Planning*, 29(4): 495-502.

Bartlett, C. A. and S. Ghoshal(1989), *Managing Across Borders: The Transnational Solution*, Harvard Business School Press: Boston, MA.

BCA(2010), *Measuring Value of Business Call to Action Initiatives: A Results Reporting Framework*, The Business Call to Action: New York, NY.

BoP Global Network(2013), *Rasing the Base of the Pyramid through Enterprise: Innovative Case Studies of BoP Venture and Initiatives.*

Carroll, A.B.(1979), "three-dimensional conceptual model of corporate performance," *Academy of Management Review*, 4(4): 497-505.

CFA Institute(2008), *Environmental, Social, and Governance Factors at Listed Companies- A Manual for Investors*, CFA Institute.

Charles W., Jr. Kegley, and G. A. Raymond (2009), *The Global Future: A Brief Introduction to World Politics*, 3rd Edition, Wadsworth Pub Co.

Chandler A. D.(1962), *Strategy and Structure: Chapters in the History of the American Industrial Enterprise. Cambridge*, MA: MIT Press.

Chesbrough, H., S. Ahern, M. Finn, and S. Guerraz(2006), "Business Models for Technology in the Developing World: the Role of Non-governmental Organizations," *California Management Review*, 48(3): 48-61.

Choi, C. J., S. Lee, and J. Kim (1999), "Note on countertrade: Contractual uncertainty and transaction governance in emerging economies," *Journal of International Business Studies*, 30: 189-201.

Christensen, C. M. (1997), *The innovator's dilemma: when new technologies cause great firms to fail*, Harvard Business School Press: Boston, MA.

Clarkson, M. B. E.(1995), "stakeholder framework for analyzing and evaluating corporate social Performance," *Academy of Management Review*, 20(1): 92-117.

Cochran, P. L., R. A. Wood(1984), "Corporate social responsibility and financial performance," *Academy of Management Journal*, 27(1): 42-56.

De Soto, H. (2000), *The Mystery of Capital: Why Capitalism Triumphs in the West and Fails Everywhere Else*, Basic Books: New York, NY.

DiMaggio, P. J. and W. W. Powell(1983), "The Iron Cage Revisited: Institutional Isomorphism and Collective Rationality in Organizational Fields," *American Sociological Review*, 48: 147-160.

Dow Jones Indexes(2011), *Dow Jones Sustainability World Indexes Guide Book*, Version 11.6, 7, September 2011.

Drayton, B. & B. Valeria.(2010), "A New Alliance for Global Change," *Harvard Business Review*, Sep, 88(9): 56-64.

EBRD(1998), *Transition Report 1998*, European Bank for Reconstruction and Development London.

Eisenhardt, K.(1989), "Building Theories from Case Study Research," *Academy of Management Review*, 14(4): 532-550.

Eisenhardt, K and M. Graebner(2007), "Theory Building from Cases: Opportunities and Challenges," *Academy of Management Journal*, 50(1): 25-32.

Elkington, J.(1994), "Towards the Sustainable Corporation: Win-Win-Win Business Strategies for Sustainable Development," *California Management Review*, Winter 1994: 90-100.

Freeman, E.(1984), *Strategic Management: A Stakeholder Approach*, Pitman: Boston, MA.

Friedman, M.(1962), *Capitalism and Freedom*, University of Chicago Press: Chicago, IL.

Friedman, M.(1970), "The Social Responsibility of Business is to Increase Its Profits," *The New York Times Magazine*, September 13.

Garriga E., D. Melé(2004), "Corporate social responsibility theories: mapping the territory," *Journal of Business Ethics*, 53(1/2): 51‑71.

Gibbert, M., W. Ruigrok and B. Wicki(2008), "Research Notes and Commentaries: What Passes as a Rigorous Case Study?," *Strategic Management Journal*, 29: 1465-1474.

GIIN(2011), *Data Driven: A Performance Analysis for the Impact Investing Industry*, Global Impact Investing Network: New York, NY.

GIZ & BMZ(2013), *Connect the BoP ; A Guide to Leveraging ICT for Inclusive Business*, GIZ(Deutsche Gesellschaft für Internationale Zusammenarbeit).

Gradl, C., A. Krämer, F. Amadigi(2010), "Partner selection for inclusive business models ‑ the case of Casa Melhor," *Greener Management International*, 56: 25‑42.

GRI(2011), *Sustainability Reporting Guidelines*, Global Reporting Initiative: The Neatherlands.

Hahn, R.(2009), "The Ethical Rational of Business for the Poor─Integrating the concepts bottom of the pyramid, sustainable development, and corporate citizenship," *Journal of business ethics*, 84: 313-324.

Hahn, R.(2008), *Sustainable development at the BoP ‑ on integrated approaches beyond trade-off-thinking. In Sustainability Challenges and Solutions at the Base of the Pyramid: Business,* Technology and the Poor, Kandachar P, Halme M (eds). Greenleaf: Sheffield; 446–461.

Hall, J., S. Matos(2010), "Incorporating impoverished communities in sustainable supply chains. International," *Journal of Physical Distribution and Logistics Management,* 40(1/2): 124–147.

Hamel, G.(2000), *Leading the Revolution,* Havard Business School Press.

Hammond, A., W. J. Kramer, J. Tran, R. Katz, and C. Walker(2007), *The Next 4 Billion: Market Size and Business Strategy at the Base of the Pyramid,* World Resources Institute: Washington, DC.

Hammond, A. L. and C. K. Prahalad(2004), "Selling to the poor," *Foreign Policy,* May/June: 30-7.

Hart, S.(1992), "An integrative framework for strategy-making processes," *Academy of Management Review,* 17(2): 327–351.

Hart, S. L. (1997), "Beyond Greening: strategies for a sustainable world," *Harvard Business Review,* Jan-Feb.

Hart, S. L. (2007), Capitalism at the Crossroads: Aligning Business, Earth, and Humanity. Pearson Education Inc. : Upper Saddle River, NJ.

Hart, S. L., and C. M. Christensen(2002), "The Great Leap: Driving Innovation from the Base of the Pyramid," *MIT Sloan Management Review,* 44(1): 51-56.

Hart. S. L. and M. Milstein(1999), "global sustainability and the creative destruction of industries," *Sloan Management Review,* 41(1): 23-33.

Hart, S. L. and S. Sharma(2004), "Ongaging fringe stakeholders for competitive imagination," *Academy of Management Executive,* 18(1): 7-18.

Hemphill, T.(2010), "The'creative capitalism' corporate governance model: How radical an approach to modern capitalism?," *International Journal of Law and Management,* 52(2): 110–123.

Hienerth, C., P. Keinz and C. Lettl(2011), "Exploring the Nature and Implementation Process of User-Centric Business Models," *Long Range Planning,* 44: 344–374.

Hill, T., R. Westbrook(1997), "SWOT analysis: it's time for a product recall," *Long Range Planning,* 30(1): 46–52.

Hillman, A. J., G. D. Keim(2001), "Shareholder value, stakeholder management, and social issues: what' the bottom line?," *Strategic Management Journal*, 22: 125-139.

Hockerts K., R. Wüstenhagen(2010), "Greening Goliaths versus emerging Davids ⁻ theorizing about the role of incumbents and new entrants in sustainable entrepreneurship," *Journal of Business Venturing*, 25(5): 481-492.

Hopkins, M.(2005), *The Fortune to be Gained by CSR: Part I. mhg monthly feature*. http://www.mhcinternational.com/corporate-social-responsibility/ publications/the-fortune-to-be-gained-by-csr-part-i.html

Hoskisson, R. E., L. Eden, C. M. Lau, M. Wright(2000), "strategy in emerging economies," *Academy of Management Journal*, 43(3): 249-267.

Hystra & Ashoka. 2009. Access to Energy for the Base of the Pyramid.

Hystra & Ashoka. 2012. Leveraging ICT for the BoP.

IFC & WRI(2007), The Next 4 Billion : Markets Size and Business Strategy at the Base of Pyramid. http://www.ifc.org/wps/wcm/connect/3c2787004cc 75e6094d7b59ec86113d5/Pub_009_The%2BNext%2B4%2BBillion.pdf ?MOD=AJPERES (accessed Sep 16, 2014)

Imelt, J., V. Govindarajan, and C. Trimble. (2009) "How GE Is Disrupting Itself,"Harvard Business Review, October 2009, Reprint R0910D: 1-11.

Ireland J. 2008. Lessons for successful BoP marketing from Caracas' slums. Journal of Consumer Marketing 25(7): 430⁻438.

Ireland RD, Hoskinsson RE, Hitt ME. 2011. The Management of Strategy ⁻ Concepts and Cases, 9th edn. Cengage: Florence.

Itami, H. (1987). Mobilizing Invisible Assets, Harvard University Press: Cambridge, MA.

Jaiswal, A.K.(2007), "Strengthen the 'bottom of the pyramid'," available at: www.thehindubusinessline.com/2007/12/19/stories/2007121950130900. htm (accessed May 29, 20015).

Jamali, D., R. Mirshak(2007), "Corporate social responsibility (CSR): theory and practice in a developing country context." *Journal of Business Ethics*, 72: 243⁻262.

Jensen, M.(2002), "Value Maximization, Stakeholder Theory, and the Corporate Objective Function," *Business Ethics Quarterly*, 12(2): 235⁻236.

Kahneman, D.(2003), "Perspective on Judgment and Choice: Mapping

Bounded Rationality," *American Psychologist*, 58(9): 697-720.

Karnani, A. (2007) "The Mirage of Marketing to the Bottom of the Pyramid: How the private sector can help alleviate poverty,"California Management Review, 49(4): 90-111.

Kamal. M., A. Shahzad, G. Tricia(2010), "Beyond the hype: Taking business strategy to the 'Bottom of the pyramid," *Advances in strategic management*, 27: 247-276.

Khana, T. and K. Palepu(1997), "Why focused strategies may be wrong for emerging markets," *Harvard Business Review*, 75(4): 125-134.

Kinsley, M. and C. Clarke(2008), *Creative Capitalism: A Conversation with Bill Gates, Warren Buffett, and Other Economic Leaders*, Simon & Schuster.

Kirchgeorg, M. and M. I. Winn(2006), "Sustainability marketing for the poorest of the poor," *Business Strategy and the Environment*, 15(3) : 171-84.

Klein, H.(2008), *Poverty Alleviation through Sustainable Strategic Business Models: Essays on Poverty Alleviation as a Business Strategy*, ERIM Ph.D. Series Research in Management 135, Erasmus University Rotterdam, the Netherlands.

Kolk, A., R. Tulder(2006), "Poverty alleviation as business strategy? Evaluating commitments of frontrunner Multinational Corporations," *World Development*, 34(5): 789‒801.

Landrum N. E. (2007), "advancing the 'ase of the Pyramid'Debate," *Strategic Management Review*, 1(1):1-12.

Letelier, M. F., F. Flores and C. Spinosa(2003), "Developing productive customers in emerging markets," *California Management Review*, 45(4): 77-103.

Levitt, T. (1958) "The Dangers of Social Responsibility,"Harvard Business Review, September-October: 41-50.

Lingane, A and S. Olsen (2004) "Guidelines for Social Return on Investment," California Management Review, 46(3): 116-135.

London, T.(2009), "Taking Better Investments at the Base of the Pyramid," *Harvard Business Review*, May 2009:106-113.

London T, and S. L. Hart(2004), "reinventing Strategies for Emerging Markets: Beyond the Transnational Model" *Journal of International*

*Business Studies*, 35:350-370.

Mahajan, V. and K. Banga(2005), *The 86 Per Cent Solution: How to Succeed in the Biggest Market of the Twenty-first Century*, Wharton School Publishing, Upper Saddle River, NJ.

Margolis, J. D., H. Elfenbein, and J. Walsh(2007), "Does It Pay To Be Good? A meta-analysis and redirection of research on the relationship between corporate social and financial performance," a paper presented at the Academy of Management Annual Meeting, Philadelphia, PA.

Margolis, J. D. and J. P. Walsh(2003), "Misery loves companies: Rethinking social initiatives by business," *Administrative Science Quarterly*, 48: 268-305.

McWilliams, A., D. S. Siegel and P. M. Wright(2006), "Corporate social responsibility: strategic implications," *Journal of Management Studies*, 43(1): 1–18.

Meyer K.E. (2004), "Perspectives on multinational enterprises in emerging economies," *Journal of International Business Studies*, 35:259-276.

Meyer, K. E., S. Estrin, S.K. Bhaumik and M.W. Peng(2009), "Institutions, resources, and entry strategies in emerging economies," *Strategic Management Journal*, 30: 61-80.

Milstein, M., and S. L. Hart(2002), *Corporate initiatives to serve poor markets as a driver for innovation and change: a longitudinal study*. National Science Foundation: Washington DC.

Mintzberg, H.(985), "Strategies, deliberate and emergent," *Strategic Management Journal*, 6(3): 257–272.

Molteni, M. (2006), "The social-competitive innovation pyramid" *Corporate Governance*, 6(4): 516-526.

Monitor Institute(2009), *Investing for Social & Environmental Impact: A Design for Catalyzing an Emerging Industry*, Monitor Institute: Cambridge, MA.

Nghia, N. C.(2010), "Management research about solutions for the eradication of global poverty: a literature review," *Journal of Sustainable Development*, 3(1): 17–28.

Nielsen, C., P. Samia(2008), "Understanding key factors in social enterprise development of the BoP: a systems approach applied to case studies in the Philippines," *Journal of Consumer Marketing*, 25(7): 446-454.

Nonaka, I.(1994), "A Dynamic Theory of Organizational Knowledge Creation," *Organization Science*, 5(1): 14-37.

OECD(1979), *The Impact of the Newly Industrializing Countries on Production and Trade in Manufactures: Report*, Organisation for Economic Co-operation and Development: Paris.

Oliver, C. (1991) "strategic responses to institutional processes,"Academy of Management Review, 16: 145-179.

Oliver, C.(1997), "sustainable competitive advantage: Combining institutional and resource-based views," *Strategic Management Journal*, 18: 697-713.

Osterwalder, A. and Y. Pigneur, and C. Tucc(2005), "Clarifying Business Models: Origins, Present, and Future of the Concept," *Communications of the Association for Information Systems,* l(16): 1-25.

Pagell, M., Z. Wu(2009), "Building a more complete theory of sustainable supply chain management using case studies of 10 exemplars," *Journal of Supply Chain Management*, 45(2): 37-56.

Paton, B., M. Halme(2007), "Bringing the needs of the poor into the BoP debate," *Business Strategy and the Environment*, 16(8): 585-586.

Polanyi, K.(1944), *The Great Transformation: The Political and Economic Origins of Our Time*, Farrar & Rinehart, New York and Toronto.

Peloza, J.(2006), "Using Corporate Social Responsibility as Insurance for Financial Performance," *California Management Review*, 48(2): 52-73.

Peloza, J.(2009), "The challenge of measuring financial impacts from investments in corporate social performance," *Journal of Management*, 35(6): 1518-1541.

Peng, M. W.(1997), "Firm growth in transition economies: Three longitudinal cases from China, 1989-96," *Organization Studies*, 18 (3): 385-413.

Peng M. W.(2003), "Institutional transitions and strategic choices," *Academy of Management Review*, 28(2): 275-296.

Peng, M. W. and P. Heath(1996), "The growth of the firm in planned economies in transition: Institutions, organizations, and strategic choice," *Academy of Management Review*, 21: 492-528.

Penrose, E.(1959), *The Theory of the Growth of the Firm*, John Wiley and Sons: New York, NY.

Perez-Aleman, P., and M. Sandilands(2008), "Building Value at the Top and the Bottom of the Global Supply Chain: MNC-NGO partnerships," *California Management Review*, 51(1): 24-47.

Pitta, D.A., R. Guesalaga and P. Marshall(2008), "The quest for the fortune at the bottom of the pyramid: potential and challenges," *Journal of Consumer Marketing*, 25(7): 393-401.

Porter, M.E.(1979), "How competitive forces shape strategy," *Harvard Business Review*, 57(2): 137-145.

Porter, M.E.(1980), *Competitive Strategy*, Free Press: New York.

Porter, M.E.(1998), *On Competition*, Harvard Business School.

Porter, M.E(2008), "The five competitive forces that shape strategy," *Harvard Business Review*, 86(1): 78-93

Porter, M.E. and M.R. Kramer(2002), "The Competitive Advantage of Corporate Philanthropy," *Harvard Business Review*, December 2002, Reprint R0212D: 5-16.

Porter, M.E. and M.R. Kramer(2006), "Strategy & society: the link between competitive advantage and corporate social responsibility," *Harvard Business Review*, December 2006: 1-13.

Porter, M.E., and M.R. Kramer (2011) "Creating Shared Value: How to reinvent capitalism ¯and unleash a wave of innovation and growth," *Harvard Business Review*, Jan-Feb, Reprint R1101C: 2-17.

Prahalad, C.K.(2005), *The Fortune at the Base of the Pyramid: Eradicating Poverty through Profits*, Wharton School Publishing, Upper Saddle River: NJ.

Prahalad, C.K. and G. Hamel(1990), "The Core Competence of the Corporation," *Harvard Business Review*, 68(3): 79-1.

Prahalad C.K. and A. Hammond (2002), "Serving the world' poor, profitably," *Harvard Business Review*, September 2002: 4-11.

Prahalad, C.K. and A. Hammond(2004), "Selling to the poor," *Foreign Policy*, may/june, pp.30-37.

Prahalad, C.K. and S. Hart(2002), "The Fortune at the Bottom of the Pyramid," *strategy+business*, 26:1-14.

Prahalad, C.K. and K. Lieberthal(1998), "The End of Corporate Imperialism," *Harvard Business Review*, July¯ugust.

Prasad, S. and V. Ganvir(2005), "study of the principles of innovation for the BoP consumer —the case of a rural water filter," *International Journal of Innovation and Technology Management*, 2(4): 349-366.

Rajivan A.(2007), *Building Security for the Poor - Potential and Prospects for Microinsurance in India*, United Nations Development Program: Colombo.

Ricart, J. E., M. J. Enright, P. Ghemawat, S. Hart, and T. Khana(2004), "New Frontiers in International Strategy," *Journal of International Business Studies*, 35:175-200.

Rosa, J.A., and M. Viswanathan eds.(2007), *Product and Market Development For Subsistence Marketplaces*, Elsevier: Oxford,UK.

Rumelt, R.P. (1974), *Strategy, structure, and economic performance*, Harvard University Press: Boston, MA.

Rumelt, R.P. (1991), "How much does industry matter?" *Strategic Management Journal*, 12(3): 167-185.

Saroja, S., and J. T. Gomez-Arias(2008), "Integrated approach to understanding consumer behavior at bottom of pyramid,", *Journal of Consumer Marketing*, 25(7): 402-412

Schaltegger, S., M. Wagner(2011), "Sustainable entrepreneurship and sustainability innovation: categories and interactions," *Business Strategy and the Environment*, 20(4): 222–237.

Schrader, Ch.(2011), Beiträge multinationaler Unternehmen zur Nachhaltigen Entwicklung in Base of the Pyramid-Märkten [Contribution of Multinational Companies to Sustainable Development in Base of the Pyramid Markets]. Mering: Munich. Sen AK. 1992. Inequality Reexamined. Oxford University Press: Oxford.

Seuring, S.(2008), "Assessing the rigor of case study research in supply chain management," *Supply Chain Management: an International Journal*, 13(2): 128–137.

Seuring S.(2011), Supply chain management for sustainable products – insights from research applying mixed-methodologies. Business Strategy and the Environment. DOI: 10.1002/bse.702

Shiozawa, S(1995), "Philanthropy as a Corporate Strategy," *Japanese Economic Review*, 46(4): 367–82.

Simanis, E., S. Hart and D. Duke(2008), "The base of the pyramid protocol: beyond basic needs business strategies. Innovations: Technology, Governance," *Globalization*, 3(1): 57-84.

Simanis, E. and S.L. Hart. 2009. "Innovation From the Inside Out." *MIT Sloan Management Review*, Summer: 77-86.

Smith C. E.(2007), Design for the Other 90%, Cooper-Hewitt, National Design Museum, Smiths. Models and Market Creation in the Context of Deep Poverty: A Strategic View," *Academy of Management Perspectives*, November 2007: 49-63.

Stephen, B., A. Millington (2008), "Does it pay to be different? An analysis of the relationship between corporate social and financial performance," *Strategic Management Journal*, 29: 1325-1343.

Stuart, I., D. McCutcheon, R. Handfield, R. McLachlin and D. Samson(2002), "Effective case research in operations management: a process perspective," *Journal of Operations Management*, 20(5): 419-433.

Subrahmanyan, S., J.T. Gomez-Arias(2008), "Integrated approach to understanding consumer behaviour at bottom of pyramid," *Journal of Consumer Marketing*, 25(7): 402-412.

Surroca, J., J.A. Tribo, and S. Waddock(2009), "Corporate responsibility and financial performance: the role of intangible resources," Strategic Management Journal, 31: 463-490.

Teece, D., G. Pisano, and A. Shuen(1997), "Dynamic Capabilities and Strategic Management," *Strategic Management Journal*, 18(7): 509-533.

Tendai, C, F. Richard (2012), "Revisiting the marketing mix at the bottom of pyramid (BoP): from theoretical considerations to practical realities", *Journal of Consumer Marketing*, Vol. 29 Iss 7 pp. 507-520.

UNDP(2008), *Creating Value for All: Strategies for Doing Business with the Poor*, United Nations Development Programme, New York, NY.

UNEP(2006), *Show me the money: Linking environmental, social and governance issues to company value*, UNEP Finance Initiative: Genève, Switzerland.

Vachani, S., and N.G. Smith(2008) "Socially Responsible Distribution: Distribution Strategies for Reaching the Bottom of the Pyramid," *A California Management Review*, 50(2): 52-84.

Venkatraman, N. andn J. C. Camillus(1984), "Exploring the concept of fit' in strategic management," *Academy of Management Review*, 9(3): 513-525.

Viswanathan, M., Sridharan, S. and R. Ritchie(2008), "Marketing in subsistence marketplaces," in Wankel, C. (Ed.), Alleviating Poverty through Business Strategy, Palgrave Macmillan, Houndsmills, pp. 209-31.

Walsh, J.P., J.C. Kress, and K.W. Beyerchen(2005), "Book Review Essay: Promises and Perils at the Bottom of the Pyramid," *Administrative Science Quarterly*, 50(3):473-482.

Wernerfelt, B.(1984), "A resource-based view of the firm," *Strategic Management Journal*, 5(2): 171-180.

Williamson, O.E.(1975), *Markets and Hierarchies: Analysis and Antitrust Implications*, Free Press: New York, NY.

Williamson, O.E.(1991), "Strategizing, economizing, and economic organization," *Strategic Management Journal*, 12(2): 75-94.

Wright, M., I. Filatotchev, R.E. Hoskisson and M.W. Peng(2005), "strategy research in emerging economies: challenging the conventional wisdom," *Journal of Management Studies*, 42(1): 1-33.

Watanabe, S., T. Hiramoto and N. Tsuzaki(2012), *Developing BoP Business as the Principle Strategy in Emerging and Developing Economics,* NRI Papers 172: 1-18.

Yin, R.(1981), "The Case Study Crisis: Some Answers," *Administrative Science Quarterly*, 26: 58-65.

Yin, R.(2009), *Case Study Research: Designs and Methods*, Fourth Edition, SAGE Publication: Thousand Oaks: CA.

Yin, R.(2012), *Applications of Case Study Research*, SAGE Publications: Thousand Oaks: CA.

Yunus, M.(2008), *Creating a World Without Poverty: Social Business and the Future of Capitalism*, PublicAffairs.

Yunus, M., B. Moingeon, L. Lehmann-Ortega(2010), "Building social business models: lessons from the Grameen experience," *Long Range Planning*, 43(2/3): 308-325.

Zott, C. and R. Amit(2009), "Business Model Design: An Activity System Perspective." *Long Range Planning*, l(43): 216-226.

## <일문>

金井一頼(1995),「地域の産業政策と地域企業の戦略」,『組織科学』, 29(2),
pp.25-35.

金井一頼、腰塚弘久、田中康介、中西昌、松木邦男、松元尚子、涌田幸宏
(1994),『21 世紀の組織とミドル: ソウシオダイナミクス型企業と社際
企業家』産能大学総合研究所.

五井平和財団編(2010),『これから資本{主義はどう変わるのか』,英治出版.

河口真理子(2009), 欧州主要年金基金のESG投資事情~欧州年金基金取材報告~」,
大和総研Consulting Report, 2009年 8月 19日.

国連経済社会局(2010), 国連ミレニアム開発目標報告 2010, 国際連合広報セン
ター.

小林慎和, 高田広太郎, 山下達郎, 伊部和晃.(2011),『BoP 超巨大市場をどう攻
略するか』,日本経済新聞出版社

塩澤修平(1991),「公益活動と企業の社会的役割」,『フィナンシャル・レ
ビュー』,大蔵省財政金融研究, Nov. 1991, pp.1-18.

新宅純二郎 (2009),「新興国市場開拓に向けた日本。企業の課題と戦略」,『国際
協力銀行 国際調査室報』, 第2号, pp.53-66.

曹佳洁(2013),「日本企業におけるBoPビジネスの戦略的展開 ―能動的BoP ビ
ジネス・戦略形成プロセス・協働の視点から―」, 京都産業大学大学院,
博士論文.

平本督太郎(2014), 第15回 BoPビジネスの成功事例分析からひも解く成功モデ
ル, アジアBoPリアルリポー. 野村総合研究所. http://www.nikkeibp.co.jp/
article/asiacolumn/20140708/406544/?P=4(accessed Sep 16, 2014)

日本貿易振興機構(2010), BoPビジネスに関する 潜在ニーズ調査 - インド: 教
育・職業訓練分野, 平成21年度 社会課題解決型の官民連携プログラ
ム支援事業 実施報告書.

日本貿易振興機構(2012), BoPビジネス潜在ニーズ調査報告書-インド: 情報通
信技術分野.

天野倫文(2009),「新興国市場戦略論の分析視角~経営資源を中心とする関係
理論の考察」,『国際協力銀行 国際調査室報』, 第3号: 69-87.

中村まり(2005), 貧困層を顧客とするビジネス: 特集「貧困」で学ぶ開発―諸学
の協働, http://www.ide.go.jp/Japanese/Serial/Poverty/200506/04.html
(accessed Sep 16, 2014).

野村総合研究所 平本督太郎, 松尾未亜, 木原裕子, 小林慎和, 川越慶太(2010),

『BoP ビジネス戦略―新興国・途上国市場で何が起こっているか』，東洋経済新報社.

菅原秀幸(2010),「日本企業によるBoPビジネスの現状と今後の方向性」,『国際ビジネス研究』，第2巻　第 1号．pp.1-5.

渡辺珠子(2012)，インド市場:Drishtee Foundationから農村ビジネスの要諦を学ぶ．Diamond Online.　Ｍｓ.ＢＯＰチームの「新興国ソーシャルビジネス」最前線，http://diamond.jp/articles/-/16008?page=7 (accessed Sep 16, 2014).

# 부록
# 글로벌 BoP 비즈니스 기관 및 단체 목록

## 1. 비즈니스 지원 서비스(BUSINESS SUPPORT SERVICES)

비즈니스 지원 서비스를 통해 기업은 경쟁 업체와 협력하여, 제품 전략을 테스트하고, BoP 비즈니스에 서 ICT 활용 역량을 구축할 수 있음.

□ BoP 혁신 센터(BoP Innovation Center)
기업 또는 사회적 조직이 BoP 시장을 위한 비즈니스 전략을 개발할 수 있는 창업보육센터
www.bopinc.org

□ 빈곤 퇴치 비즈니스(Business Fights Poverty)
회원 간 지식 교환에 참여할 수 있는 기회를 제공하며, 사회적 영향력을 발휘하기 위해 비즈니스를 개발하는 최신 뉴스와 통찰력을 제공
www.businessfightspoverty.org

□ 아이데오(Ideo.org)

아이데오는 미국에 소재한 사회적 조직이며, 빈곤에 직면한 사람들에게 인간 중심의 디자인을 제공하며, 비영리 단체, 사회적 기업 및 재단과 협력하여 빈곤 관련 문제에 대한 해결책을 모색

www.ideo.org


□ 매사추세츠공과대학 D-Lab(Massachusetts Institute of Technology(MIT) D-Lab)

MIT의 프로젝트는 저소득 가구의 삶의 질을 향상시키는 저렴한 기술을 홍보함으로써 지속 가능한 ICT 기반 솔루션의 개발을 촉진

www.d-lab.mit.edu


□ 실용적 행동(Practical Action)

기술을 사용하여 빈곤 문제를 해결하고 종종 민간 부문과 협력하여 일하는 국제 NGO.

www.practicalaction.org


□ 중소기업 툴킷(Small and Medium Enterprises Toolkit)

중소기업을 대상으로 무료 사업 관리 정보 및 교육을 제공하는 IFC 프로그램.

www.smetoolkit.org/smetoolkit/en


□ 전문가 허브(The Practitioner Hub)

포용적 비즈니스 벤처가 성장하도록 돕고, 경험을 공유하고 새로

운 통찰력을 얻을 수 있는 기회를 제공하는 실무 중심의 포럼.
www.businessinnovationfacility.org

□ **일본 BoP비즈니스지원센터(Japan Inclusive Business Support Center)**

BoP 비즈니스의 진흥을 위한 각종 정보를 제공하고 있음. 특히 BoP 관련 국가별 현황 및 다양한 현장 리포트를 제공하고 있음
www.bop.go.jp

□ **일본 국제협력기구(JICA)**

국제협력기구는 본부 민간제휴사업부 및 각국 해외사무소에서 BoP 비즈니스를 지원. 또한 "NGO-JICA Japan DeskP에서 일본 NGO가 개발도상국 현장에서 국제협력활동을 수행할 때 지원과 NGO와 JICA의 협력 추진에 대응하고 있음
www.jica.go.jp

□ **한국국제협력단의 CST프로그램(KOICA CST Program)**

혁신적 아이디어와 기술을 통해 개발문제를 해결하고, 기술기반 청년 스타트업·기술집약적 초보기업의 ODA 참여를 유도하여 글로벌 창취업을 지원하는 ODA 최초 포용적 혁신 유도형 프로그램
http://koica-cts.com/cts

## 2. 혁신 허브(INNOVATION HUBS)

혁신 허브는 새로운 ICT 벤처 창업에 필요한 서비스와 지원을 제공. 지역 개발자들과의 파트너쉽의 많은 장점 중 하나는 지역 생태계에 대한 깊이 있는 이해를 제공

### □ 21212

미국에 기반을 둔 창업보육센터로 브라질에서 시설을 운영하며 기업가 및 창업 기업을 위한 소프트웨어 개발 및 비즈니스 개발 지원을 제공

www.21212.com

### □ 아프리랩(AfriLabs)

14개국 19개 기술 및 혁신 허브로 구성된 범 아프리카 네트워크 조직. 신흥지역 연구에 자원, 멘토링 및 네트워킹 기회를 제공함으로써 아프리카 기술 분야의 발전을 촉진.

www.afrilabs.com

### □ 그라민 재단 앱랩(Grameen Foundation AppLab)

앱랩은 조사 및 현장 테스트를 통해 저소득층에게 빈곤 퇴치의 기회를 제공할 수 있는 휴대폰 기반 솔루션을 개발

www.grameenfoundation.applab.org

□ 앰랩 동아시아(mLAB East Asia)

infoDev가 후원하는 mLAB는 모바일 애플리케이션 개발 커뮤니
티가 혁신적인 아이디어를 구현하고 투자자에게 접근할 수 있는 기
회를 제공하는 모바일 혁신 챌린지(Mobile Innovation Challenge)
를 운영

www.mic.mlab.vn/en/


□ 웨이라(Wayra)

텔레포니카(Telefonica)가 후원하는 웨이라는 유럽 및 남미 국가
에서 인큐베이터 서비스를 제공. 프로젝트의 성숙도와 필요성에 따
라 성공적인 신청자는 최대 5만 유로의 기금을 받을 수 있음

www.wayra.org


## 3. 공공기금 및 개발금융기관(PUBLIC DONORS AND DEVELOPMENT FINANCE INSTITUTIONS)

공공 기금 및 기관은 챌린지 기금, 민관 파트너십 프로그램, 부
채 및 주식 자금 조달을 지원

□ 아프리카개발은행(AfDB)

프로젝트를 통해 지속 가능한 방식으로 빈곤을 줄이려는 아프리
카의 노력을 지원하고, 기술 지원 및 기타 서비스를 제공

www.afdb.org

□ 아프리카 기업 도전 기금(The Africa Enterprise Challenge
   Fund(AECF))

아프리카의 녹색 혁명을 위한 동맹(AGRA)이 주최한 민간 부문
기금. 새롭고 혁신적인 사업 아이디어를 위한 투자 지원에서 민간
기업 간의 경쟁을 장려.

www.aecfafrica.org


□ 독일 경제협력개발부(BMZ)

독일의 경제협력개발부(BMZ)는 독일 개발 정책의 기본 원칙과
전략을 수립. BMZ의 협력 국가 및 국제기구와 협력하여 개발된
협업 프로젝트 운영

www.bmz.de/en


□ 유럽재건개발은행(European Bank for Reconstruction
   and Development (EBRD))

중부 유럽에서 중앙 아시아까지 환경적으로 건전하고 지속가능
한 발전을 촉진

www.ebrd.com


□ 미주 개발 은행(Inter-American Development Bank (IADB)

라틴 아메리카와 카리브해에서 빈곤을 줄이기 위한 지속 가능한
프로젝트, 자금 조달, 기술 지원 및 기타 서비스를 지원

www.iadb.org

□ 국제 금융 공사(International Finance Corporation (IFC))

투자 및 자문 서비스를 통해 개발도상국의 민간 부문을 지원

www.ifc.org


□ 미국국제개발청(USAID)

경제 및 인도주의적 지원을 제공하는 미국 정부기관

www.usaid.gov


□ 유엔개발계획(UNDP)

유엔 산하의 글로벌 개발기관이며, 빈곤삭감과 새천년개발목표의 달성 등을 목표로 각국이 지식, 경험, 자금에 접근할 수 있도록 지원을 제공

www.undp.org

# 주

1) 프라할라드의 견해에 따르면, 전 세계 빈곤층의 빈곤 문제 해결을 위해 개발원조, 보조금, 정부 차원의 지원, NGO에 기초한 해결책 등 다양한 방법을 모색해왔으나, 공적·사적 기관을 통한 넓은 의미의 '기업가정신'이 빈곤을 해결하는 방법으로 정착하지 못하였다. 그는 이에 '만약 우리가 저소득층으로 살아가는 40억 인구의 문제를 함께 해결하기 위해 대기업의 자원, 연구 인력을 동원하고, 도움이 필요한 지역 사회에 대기업의 투자 능력을 동원할 수 없는가.'라는 관점에서 빈곤층의 문제 해결을 위해서는 기업의 참여가 필요하다고 강조하였다. 기업이 저소득층의 니즈에 가득 찬 시장을 함께 창조할 때 비로소 빈곤을 감소시킬 수 있다고 주장하였다. 이를 위해 그는 두 가지 논점을 제시하고 있다. 첫째, 40~50억 명의 빈곤층은 서서히 자본주의 체제의 일부로서 편입되고 있다. 따라서 현재의 침체 상태에 대한 대책으로 기업 활동을 저평가된 저소득층의 소비 사회에 중점을 두고, 성장 가능성을 가진 이들의 잠재 시장에 초점을 맞추어야 한다. 둘째, 저소득층이 역동적인 시장 경제로의 전환하는 것이 필연적이다. 따라서 저소득층의 변화는 그와 관련된 모든 것에 성장 기회를 제공할 것이며, 그 변화를 위해서는 새롭고 창조적인 접근이 필요하다(프라할라드 2006).

2) 빈곤층의 정의는 관련 기관에 따라 다르다. 세계은행은 빈곤층을 1인당 연간 소득 370달러 이하로 정의하며, 국제연합개발계획(UNDP)에서는 40세 미만 사망률, 의료 서비스와 안전한 물에 대한 접근성 비율, 5세 미만의 저체중아 비율, 성인식자율 등을 조합한 지표로 측정하고 있다.

3) World Resources Institute(WRI) & International Finance Cooperation(IFC) (2007), Next 4 Billion.

4) 동 보고서는 Hart and Prahalad(2002), Prahalad and Hammond (2002), Prahalad(2005) Hart(2005)에 의해 BoP 개념이 소개된 이후 수 많은 연구자(Banerjee and Duflo 2006; Kahane and others 2005; Lodge and Wilson 2006; Wilson and Wilson 2006; Sullivan)가 발전시킨 개념에 근거하고 있다. 위에서 소개한 연구에서 연구자들은 각자가 산정한 BoP의 정의에 따라 세계의 BoP 인구를 대략 40~50억 명으로 추산하고 있다. 이에 'Next 4 billion'은 BoP 연구에서 실증적 기반과 세계 각국 공통의 일련의 기본 데이터를 제공한다는 의미에서, 동 보고서를 발간하게 되었다.

5) 개발도상국에서 경제적 가치와 사회적 가치의 양쪽을 추구하는 추구는 영리 사업의 명칭으로서, 선진국에서 "BoP비즈니스"가 정착된 느낌이 있다. 그러나, 일부에서는 이 Bottom, Base라는 말에 차별적 느낌이 있어, 유엔을 비롯한 국제기관에서는 지금까지 공식 경제에 참여하지 않은 사람들도 "포용한다"는 의미에서 "inclusive business"라는 단어가 정착하고 있다. 본 논문에서는 기업의 BoP 비즈니스 전략을 논의한다는 의미에서 "Inclusive Business"를 "BoP Business"라는 개념으로 통일하여 사용한다.

6) 노무라종합연구소(2010), BoP비즈니스전략: 떠오르는 거대시장을 위한 비즈니스전략.

7) IMF, World Economic Outlook database

8) 여기서 설명하는 BoP층의 정의는 1인당 연간 소득이 PPP 기준으로 3,000달러 이하이다. 인도의 2011년 구매력 평가는 달러당 19.566 루피이다(IMF "implied ppp conversion rate"). 따라서 3,000달러는 5만 8,698 루피에 해당된다. 2001년 인구 조사의 가구당 평균 인원 5.3명을 사용하면 가구 소득은 31만 루피가 된다. 이것은 인도에서 중산층에 해당하는 해당 표의 데이터는 저소득 계층뿐만 아니라 상당수 중산층도 포함되어 있음에 유의할 필요가 있다.

9) 2010년 인도 정부는 빈곤 기준치의 설정은 너무 낮은 현실을 반영하지 않는다는 비판을 받아들여, 민간 전문가 그룹이 보건과 교육 관련 지출을 고려하여 설정한 빈곤선 지표의 하나로 채택

한다고 발표했다. 이 새로운 빈곤선은 1인당 소득이 도시 3,000루피, 농촌 2,250 루피로 상향 조정되었기 때문에, 이 새로운 기준으로 볼 경우의 빈곤율은 농촌 41.8 %, 도시 25.7%, 빈곤 인구 총 4.07억 명으로 대폭 상승하게 되었다.

10) Planning Commission(2007), "Volume III: Agriculture, Rural Development, Industry, Services, and Physical Infrastructure", in Eleventh Five Year Plan 2007-12, p.100-102.

11) Sonalde et al.(2010), "Human Development in India: Challenges for a Society in Transition", p.24.

12) Central Bureau of Health Intelligence(2010), "National Health Profile 2010", http://planningcommission.nic.in/index.php

13) World Health Organization(WHO), "World Health Statistics 2009".

14) World Health Organization(WHO), "World Health Statistics 2009"and Sonalde et al.(2010), "Human Development India: Challenges for a Society in Transition".

15) Japan Bank for International Cooperation(JBIC), (2006), "Poverty Profile: India", p.17.

16) World Bank(2009), "World Development Indicator 2009", NCAER, Maryland University "Indian Human Development Survey",http://www.ihds.umd.edu/

17) Reserve Bank of India: RBI Database, http://www.rbi.org.in/scripts/statistics.aspx

18) World Bank(2006), "Improving Access to Finance for India's Rural Poor", p.20.

19) TRAI(2012), The Indian Telecom Services Performance Indicators July-September 2011, p.16.

20) 인도 델리 부근 6 가정의 조사는 2015년 11월 현지 통신원과 인도 내 인적 네트워크의 도움을 받아, 해당 조사원이 현지 가정을 방문하여 심층 인터뷰를 진행한 후 그 결과를 정리한 내용 이다.

21) 쿼드로풀 플레이(quadruple play)는 음성통화(유선), 데이터 통신(인터넷), 영상 전송(텔레비전 방송), 휴대전화 등의 이동통신 등 총 4개의 서비스를 하나의 사업자가 제공하는 것을 말한다.

22) 선행연구의 검토를 바탕으로 본 연구 모델을 수립한 과정은 다음과 같다. Hystra & Ashoka (2012)는 저소득층이 원하는 정보에 접근하는 방식에 따라 단방향, 쌍방향, 크라우드 소싱 등 으로 나누고 있으나, 크라우드 소싱 방식 등은 아직 인도에서 활성화되어 있지 않은 편이다. 히라모토 도쿠타로우(2014)는 성공한 BoP 비즈니스 모델과 유형을 제시하였으나, BoP 분야에 따른 모델 분류를 설명하고 있다. 김장훈(2013)은 BoP 시장의 지리적 특성과 기업이 추 가하는 가치에 따라 네 가지 모형으로 나누고 있으나, BoP 모형으로 일반화하기에는 분석에 사용된 사례 수도 적고, 선행 연구된 사례를 중심으로 소개하고 있다는 한계점을 보이고 있다. 일본무역진흥기구(2012)의 경우 BoP 비즈니스를 단일서비스인 '휴대폰/대리인'과 복합서비스 인 '키오스크형'으로 나누고 있다. 이 경우 Drishtee와 같이 대리인이 키오스크를 갖춘 소매거 점을 운영하는 사례를 반영하지 못하고 있으며, 금융서비스의 경우 고객의 서비스 이용 형태 가 휴대폰과 대리인, 키오스크를 통해 복합적으로 이루어지고 있어, 이용에 따른 구분이 어렵 다는 문제점을 가지고 있다. 또한 BoP 비즈니스가 초기 단일형에서 시간이 지남에 따라 규모 가 커지고, 복합형으로 발전하는 흐름을 반영하지 못하는 한계점을 가지고 있다. 이에 따라 본 절에서는 비즈니스 모델을 고객이 원하는 정보에 접근하는 방식에 따라 휴대폰과 대리인을 나 누고, 분석 대상으로 보건, 농업 및 경제활동지원, 금융서비스로 나누었다. 세부 유형으로 휴 대폰을 통한 직접 접속, 대리인을 통한 간접 접속, 직·간접적 방법을 통한 금융서비스 접속의 세 가지 유형으로 분류하였다.

23) Hystra & Ashoka(2012)의 ICT를 기반으로 한 전 세계 BoP 사례를 분석한 결과, 전체 136개 (서비스 중이거나 서비스가 종료된 사례 포함) 중 보건이 103건(48.5%), 금융서비스 57건 (20%), 농업 53건(19%), 교육 21건(7%), 기타 순을 보였다. 이에 따라 가장 많이 이용되고 있는 분야인 보건, 금융서비스, 농업을 분석 대상으로 선정하였다. 보건 분야인 mPedigree의 경우 SMS를 통한 의약품 검증이라는 특수 영역에 한정되어 있어, 저소득층의 일반적 건강 개선이라는 측면에 부합되지 못하여 분석대상에서 제외하였다. 교육의 경우 인도 저소득층의 직접적인 경제 활동에 대한 지원이라기보다는 간접적인 인프라 제공이라는 측면이 강하다. 저소득층을 위한 교육 훈련용 키오스크나 PC의 보급, 통신 인프라 구축 등은 비교적 광범위하고 다양한 이해관계자가 참여하는 체계적인 준비가 요구된다. 또한 BoP 층을 대상으로 한 사업의 활성화 차원에서 ICT 활용 교육을 보조적인 수단으로 활용하는 사례가 많고, 분석 분야의 중복성을 감안하여, 본 연구의 분석 대상에서는 제외하였다.

24) 사례분석으로 소개한 5개 사례는 각각 BoP Global Network(2013), Hystra & Ashoka(2012), GIZ & BMZ(2013), 일본무역진흥기구(2012), 히라모토 도쿠타로우(2014)의 선행연구 자료와 각 사례의 홈페이지, 그리고 참고문헌에 소개한 각 사례의 관련 자료를 참고하여 본 연구의 분석틀에 맞추어 정리하였다.

김윤호

경기대학교 교양학부 강사(경영학 박사)
㈜메가리서치 연구위원
(전)우송대학교 국제경영학부 초빙교수
(전)한국데이타하우스 이사
중소기업청, 정보통신부, 한국콘텐츠진흥원 심사평가위원

◆ 저・역서
- 『팹라이프』(역서, 2018), 『팹랩과 팹시티』(2017), 『인터넷 창업경영』(2016)
- 『예수를 만나는 UCC세상』(2008), 『UCC 비즈니스: 글로벌 현장 리포트』(2007)
- 『인터넷의 이해』(2005), 『모바일 콘텐츠 비즈니스로 가는 성공 로드맵』(2003)

◆ BoP 관련 논문 및 과제
- 논문
  - 〈한국기업의 개도국 저소득층(BoP) 시장 진출을 위한 전략적 제휴-협력에 관한 사례연구〉(2016)
  - 〈BoP(저소득층)비즈니스의 개념과 전략적 진화: 탄자니아의 솔라랜턴 사례를 중심으로〉(2015)
  - 〈BoP(저소득층) 시장을 위한 ICT기반의 비즈니스 모델 전략에 관한 연구〉(2014)
  - 〈인도의 ICT를 기반으로 한 저소득층(BoP) 비즈니스 모델 연구〉(2014)

- 과제
  - 〈남아시아 저소득층 시장의 진입 전략: 제도적 공백을 중심으로〉(한국연구재단 2018년 시간강사연구 지원 사업)
  - 〈글로벌 저소득층(BoP) 비즈니스 전략〉(한국연구재단, 2015년 인문학술저서 지원 사업)
  - 〈인도의 ICT를 기반으로 한 저소득층(BoP) 비즈니스 모델 연구〉(대외정책연구원, 2014년 전략지역심층연구 논문공모)

(e-mail: kic555@naver.com)

# BoP 저소득층
# 비즈니스
# 블루오션

초판인쇄  2018년 10월 25일
초판발행  2018년 10월 25일

지은이  김윤호
펴낸이  채종준
펴낸곳  한국학술정보㈜
주소  경기도 파주시 회동길 230(문발동)
전화  031) 908-3181(대표)
팩스  031) 908-3189
홈페이지  http://ebook.kstudy.com
전자우편  출판사업부  publish@kstudy.com
등록  제일산-115호(2000. 6. 19)

ISBN  978-89-268-8593-2  93330